国家文化产业资金支持媒体融合重大项目

高等职业教育教学改革融合创新型教材·现代物流管理专业

智慧仓配运营

Intelligent Warehousing and Distribution Operations

郭俐 刘佳 主编

东北财经大学出版社 Dongbei University of Finance & Economics Press 大连

图书在版编目（CIP）数据

智慧仓配运营 / 郭俐，刘佳主编．—大连：东北财经大学出版社，2025.9.

（高等职业教育教学改革融合创新型教材·现代物流管理专业）

ISBN 978-7-5654-5046-4

Ⅰ.智… Ⅱ.①郭… ②刘… Ⅲ.①智能技术-应用-仓库管理-高等职业教育-教材 ②智能技术-应用-物流管理-高等职业教育-教材 Ⅳ.F25-39

中国国家版本馆CIP数据核字（2023）第228581号

智慧仓配运营

ZHIHUI CANGPEI YUNYING

东北财经大学出版社出版

（大连市黑石礁尖山街217号 邮政编码 116025）

网 址：http://www.dufep.cn

读者信箱：dufep@dufe.edu.cn

大连市东晟印刷有限公司印刷 东北财经大学出版社发行

幅面尺寸：185mm×260mm 字数：451千字 印张：19

2025年9月第1版 2025年9月第1次印刷

责任编辑：张晓鹏 周 慧 责任校对：那 欣

封面设计：原 皓 版式设计：原 皓

书号：ISBN 978-7-5654-5046-4 定价：49.00元

教学支持 售后服务 联系电话：（0411）84710309

如有印装质量问题，请联系营销部：（0411）84710711

前　言

党的二十大报告强调："加快发展数字经济，促进数字经济和实体经济深度融合，打造具有国际竞争力的数字产业集群。"这一战略部署为智慧仓储与配送的发展提供了广阔的空间。通过数字化、智能化技术的应用，仓储与配送行业能够实现资源的高效配置和业务的精准管理，提高整体运营效率和服务水平；通过物联网技术的应用，仓储与配送企业可以实时监控库存状态、运输轨迹等信息，优化资源配置和调度策略，降低运营成本和提高客户满意度；通过建设智慧仓储和智能配送网络，企业可以实现库存的精准管理并快速响应市场需求的变化，提高供应链的整体效率和灵活性。聚焦党的二十大报告，深刻理解智慧仓储与配送的内涵及在新时代的任务，校企合作组建编写团队，我们适时推出了《智慧仓配运营》一书。

本教材对标物流类专业教学标准、职业技能大赛标准、X证书考核标准，契合高等职业教育人才培养目标，将课程教学内容模块化，深度融入思政元素，突出教材主体的双元性、内容的开放性。本教材主要特色如下：

1. 提取了典型的工作任务清单

编写人员通过下企业实践锻炼、企业访谈、案例分析等一系列活动，提炼典型的仓储与配送工作任务，并将先进技术、工艺、方法等编写成任务清单。

2. 融合"岗课赛证"开发教学内容

本教材融合仓储与配送作业的典型工作任务，融入了物流管理、智能仓储大数据分析1+X证书的职业技能标准、智慧物流职业技能大赛标准。

3. 融入思政元素

本教材深度挖掘智慧仓配运营课程思政元素进行教学设计，做到知识学习、技能提升和思政教学深度融合。

本教材编写团队由具有丰富教学经验和企业实践经验的一线教师组成，由内蒙古机电职业技术学院郭俐副教授、刘佳副教授担任主编；内蒙古机电职业技术学院王洁、温越、张枫和张艳荣担任副主编；内蒙古机电职业技术学院刘志文、阿荣、北京络捷斯特科技发展有限公司陈炳帅参与了部分内容的编写。其具体分工如下：郭俐编写了项目一、项目二、项目三、项目十三；刘佳编写了项目五、项目六、项目七；王洁编写了项目十、项目十一；温越编写了项目八、项目九；张枫编写了项目十二；张艳荣编写了项目四；陈炳帅从企业角度参与了项目五、项目六和项目十三的思路整理和提纲编写；刘志文参与了项目

二、项目三的思路整理和案例收集；阿荣参与了项目七、项目八的思路整理和案例收集；王海玲完成整本教材的审核工作。全书最后由郭俐总纂定稿。

本教材是一本富有特色的阐述智慧仓配运营的规范化教材，适合高职院校财经商贸类专业学生使用，也可以作为物流企业人员、管理人员的参考用书。

本教材在编写过程中参考了大量相关著作、网络资料和文献，吸收和借鉴了同行的相关成果，在此谨向相关作者表示诚挚的谢意和敬意！

限于编者水平，书中难免存在疏漏之处，敬请读者提出意见和建议，以便我们修订和完善。

编　者

2025年5月

目　录

项目一　智慧仓储与配送业务认知

本项目思维导图

- 智慧仓储与配送业务认知
  - 智慧仓储业务
    - 仓库的分类
    - 仓储的功能
    - 智慧仓储的含义及特点
    - 智慧仓储的业务流程
      - 入库作业
        - 入库前准备
        - 货物接运
        - 货物验收
        - 组织入库
      - 在库作业
        - 保管
        - 养护
        - 移库
        - 盘点
      - 出库作业
        - 订单处理
        - 分拣货物
        - 核查货物
        - 拣选打包
        - 装车出库
    - 常见的智能仓储设备
    - 智慧仓储的组织结构
    - 智慧仓储的岗位职能
  - 智慧配送业务
    - 配送的含义、功能、类别
    - 配送作业流程
      - 进货作业
      - 订单处理
      - 拣选作业
      - 补货作业
      - 配送作业
      - 送货作业
      - 退调作业
      - 信息处理
    - 配送企业组织结构
    - 配送岗位智能

学习目标

知识目标：

（1）了解仓库的概念、功能、分类；

（2）掌握智慧仓储的概念与特点；

（3）理解智慧仓储的作业内容，掌握智慧仓储管理的内容及主要方法；

（4）掌握仓储业务与配送业务的组织结构；

（5）了解仓储作业岗位与配送作业岗位。

能力目标：

（1）能够分析、判断仓库的类型与功能；

（2）能够判断企业目前仓储管理所处的阶段并为企业发展提出建议；

（3）能够识别仓储与配送企业的组织结构。

素养目标：

（1）培养学生与时俱进的理念，时刻关注行业新科技、新动态；

（2）培养学生积极进取、细致周到的专业素养；

（3）培养学生一定的团队协作和沟通能力。

重难点：

（1）仓库的分类及不同类型仓库的适用情况；

（2）仓库的功能及仓储管理原则；

（3）仓储业务活动和配送业务活动。

案例导入

京东物流亚洲一号：国内智能仓储行业的标杆

位于上海嘉定的京东“亚洲一号”上海物流中心，作为亚洲范围内B2C行业建筑规模最大、自动化程度最高的现代化物流中心之一，配备了AS/RS、输送线、分拣机、提升机等自动化设备，极大支撑和推动了京东大平台的物流运营。

上海亚洲一号厂区内共有3栋建筑，A1栋为立体仓库区域，A2栋为人工作业及阁楼货架区，A3栋为分拣车间。其中，立体仓库库高24米，货物以托盘形式存放。立库区又分为存储区和拣货区，存储区有14个巷道、12层、36 288个货位，托盘尺寸为L1 200*W1 000*H1 350（含托盘）；拣货区有8个巷道，其中存储一侧为12层，拣选一侧为8层，共17 280个货位。A2栋的一层为人工作业车间，二层为阁楼货架存储区。其中，阁楼货架为4层，分托盘货架存储区和隔板货架存储区，由提升机及立体仓库进行补货。A3栋共3层：第一层为分拣发货车间，第二层为复核打包区，第三层为促销品临时存放区，与输送分拣设备相连接。

亚洲一号是京东物流自建的亚洲范围内建筑规模最大、自动化程度最高的现代化智能物流项目之一，通过在商品的立体化存储、拣选、包装、输送、分拣等环节大规模应用自动化设备、机器人、智能管理系统，来降低成本和提升效率，目前在全国范围内运营的就有28座。京东物流对涉及仓储、拣货、复核、打包等环节的代码进行全新编写，1 260万行代码重构了整个WMS（仓储管理系统），让京东物流北斗新仓拥有了更加智能的“大脑”。

资料来源　微风中的蒲公英．京东物流亚洲一号的智能化升级与行业未来［EB/OL］．［2025-04-13］．https://baijiahao.baidu.com/s?id=1829222525824458301&wfr=spider&for=pc.

思考：（1）京东物流亚洲一号仓除作为储存仓库之外，还有哪些功能？

（2）查阅资料并思考京东物流亚洲一号仓在智能仓储方面有哪些技术突破。

任务一　智慧仓储业务活动

1.1.1　仓库的认知

1）仓库的概念

仓库通常是指以库房、货场及其设施、装置为劳动手段，对商品、货物、物资进行收进、整理、储存、保管和分拨等作业的场所。国家标准《物流术语》（GB/T 18354—2021）对仓库的定义如下：仓库是用于储存、保管物品的建筑物和场所的总称。

现代仓库有别于传统仓库，其更大意义上考虑经营上的收益。因此，现代仓库在运输周转、储存方式和建筑设施等方面都重视通道的布置、货物的分布和堆积的最大高度，并配置经济有效的机械化、自动化存取设施，及信息化和数据化手段，以提高储存能力和工作效率。

日常生活中，你接触过哪些仓库？

2）仓库的分类

从现代物流角度来看，仓库是从事储存、包装、分拣、流通加工、配送等物流作业活动的物流节点设施，不同国家、不同地区、不同企业的物流系统需要的仓库也是形式多样的，它们的结构形态各异，服务范围和对象也存在较大的差异。依据不同的标准，仓库可划分为不同的类型，分别见表1-1、表1-2、表1-3和表1-4。

表1-1　按仓储活动运作方式分类

类型	特点
自营仓库（Private Warehouse）	是由企业或各类组织自主经营和自行管理，为自身的物品提供储存和保管服务的仓库（国家标准《物流术语》，GB/T 18354—2021）。自营仓库能更大程度地进行管理控制，管理更具灵活性，仓储成本低，有利于企业树立良好的形象
公共仓库（Public Warehouse）	是面向社会提供物品储存服务，并收取费用的仓库（国家标准《物流术语》GB/T 18354—2021）。公共仓储资金投入有限，可以满足企业在库存高峰时大量的额外库存需求，管理难度低
合同仓库	是指企业将仓储等物流活动转包给外部公司，为企业提供综合物流服务，是一种定制的公共仓储形式。合同仓库最大的优势在于能够降低运输成本，并且可以更有效地控制季节性产品的影响

表1-2 按储存货物性质分类

类型	特点
专用仓库	是一种配有冷藏、保温等设施的仓库，适用于储存性能比较特殊及需要配置一定技术装备的货物。如药材、禽畜肉等货物容易霉变、腐烂，且数量较大，需要冷藏或恒温储存
通用仓库	又称普通仓库，一般是指具有常温保管、自然通风等特殊功能的仓库。通用仓库根据货物性能一致、保养措施一致的原则，对货物进行分区分类管理。这类仓库不需要特殊的技术设备，在中国商业仓库中占比较大
危险品仓库	是一种有特殊装备和相应的消防手段，能对危险品起到一定的防护作用的专用仓库。由于危险品具有易燃、易爆、有毒、腐蚀性、放射性等特性，因而严禁与一般物品混放。危险品仓库的主要任务是确保各类危险品安全存储

表1-3 按仓库功能分类

类型	特点
储备仓库	主要是用于储存常年生产、季节性消费货物，或季节性生产、常年消费的货物的仓库。这类仓库可以设置在货物运输的起点（生产地）、中途（物流枢纽）、终点（消费地）。上述货物对储备仓库的养护要求较高
批发仓库	主要用于储存商业批发部门收购进来的货物，然后向零售商或其他商业批发部门陆续供应；根据要货单位的要求，一般提供货物的续配、拆零、改装等服务。批发仓库适用于数量少、批次多、吞吐频率高的业务，适合设在消费地
零售仓库	主要是为零售商店短期存货，零售部门从批发部门进货后，进行必要的拆包、检验、分类、分级、分装、改装等加工作业。零售仓库一般附设在零售商店内
中转仓库	主要用于满足货物在运输途中由于换装运输工具的暂时停留而产生的仓储需要，一般设在车站、码头附近

表1-4 按仓库构造分类

类型	特点
单层仓库	是指建筑物是平房、结构简单、高度一般为5～6米的仓库，建筑费用便宜、人工操作简单
多层仓库	是指建筑结构在两层及以上的仓库，该类仓库可以减少土地的使用面积，进出库作业可以采用机械化和半机械化，作业成本相对较高
高层货架仓库	是指以高层货架为主要存储形式的仓库，建筑结构是平房，内部货架层数较多，具有可以保管10层左右货架或托盘的能力，一般配备拣选式巷道堆垛起重机等自动化设备
柱式仓库	构造呈柱形或球形，主要用来储存石油、天然气、液体化工产品等
简易仓库	构造简单，造价低廉，包括一些固定的简易货棚，一般为临时使用的一种仓库
露天仓库	露天料场，以露天储存为主，有的会设有围墙，有的没有

请描述烟花爆竹需要在什么类型的仓库存储。

1.1.2　仓储的认知

1）仓储的定义

仓储随着物料储存的产生而产生，又随着生产力的发展而发展。仓储与运输长期以来被称作物流活动的两大支柱，仓储是物流系统的一个子系统，是货物流通的重要环节之一。在社会分工和专业化生产的条件下，为保证社会再生产过程的顺利进行，必须储存一定数量的物料来弥补生产与需求在空间和时间上的差异。可以说，储存在整个物流系统中起着缓冲、调节和平衡的作用。

国家标准《物流术语》（GB/T 18354—2021）对仓储的定义如下：仓储是利用仓库及相关设施设备进行物品的入库、储存、出库的活动。“仓”即仓库，为存放、保管、存储物品的建筑物和场地的总称，可以是房屋建筑、洞穴、大型容器或特定的场地等，具有存放和保护物品的功能。“储”即存储、储备，表示收存以备使用，有收藏、保管、交付使用的意思。“仓储”是利用特定场所对物资进行存储、保管以及组织相关活动的总称。

仓储有狭义和广义之分，狭义是指通过仓库对物料进行储存和保管；广义是指货物在从生产地向消费地转移的过程中在一定场所、一定地点、一定时间的停滞。储存是物流的一种运动状态，是物料流转中的一种作业方式，在这一阶段对物料进行检验、保管、加工、集散、转换运输方式等多种作业。

现代“仓储”不是传统意义上的“仓库”“仓库管理”，而是经济全球化与供应链一体化背景下的仓储，是现代物流系统中的仓储。它表示一项活动或者一个过程，在英文中用“Warehousing”表示。它是以满足供应链上下游的需求为目的，在特定的有形或者无形的场所，运用现代化技术对物品的进出库、库存、分拣、包装、配送信息进行有效的计划、执行和控制的物流活动。现代仓储的基本内涵见表1-5。

表1-5　现代仓储的基本内涵

序号	内涵
1	仓储是一种物流活动，不是生产，不是交易，而是为生产与交易服务的物流活动中的一项。这说明仓储只是物流活动之一，应该融入整个物流系统中，并与其他物流活动相联系、相配合
2	仓储活动包括进出库、库存、分拣、包装及其信息处理等方面。其中，物品的入库、在库、出库管理是仓储的最基本活动，并与分拣、包装等活动共同构成现代仓储的基本功能
3	仓储与物流配送紧密结合。现代仓储正在向配送中心发展，配送是仓储的延伸，仓储是配送的内在要求，并付诸信息处理后推动现代仓储的发展
4	仓储的目的是满足供应链上下游的需求。其不仅能满足“直接”客户的需求，也能满足“间接”客户的需求。仓储的角色定位与服务功能要基于供应链的整体需求
5	仓储的条件是特定的有形或无形的场所与现代技术。“特定”是因为各个企业的供应链是特定的，仓储场所当然也是特定的。有形的场所是指仓库、货场、储罐。现代经济背景下，仓储可以在虚拟的空间进行。现代仓储离不开现代化设施设备和信息技术
6	仓储的方法和水平体现在有效的计划、执行和控制等方面。科学、合理、经济的仓储，离不开有效的计划、执行和控制

你是如何理解仓储的？

2）仓储的功能

仓储的功能包括基本功能、增值功能和社会功能，其中基本功能是仓储企业直接经济利益的来源。伴随着市场经济的激烈竞争，企业为了获得更大的竞争优势，不仅要增强原有的服务功能，还要提供新的增值服务（如图1–1所示）。

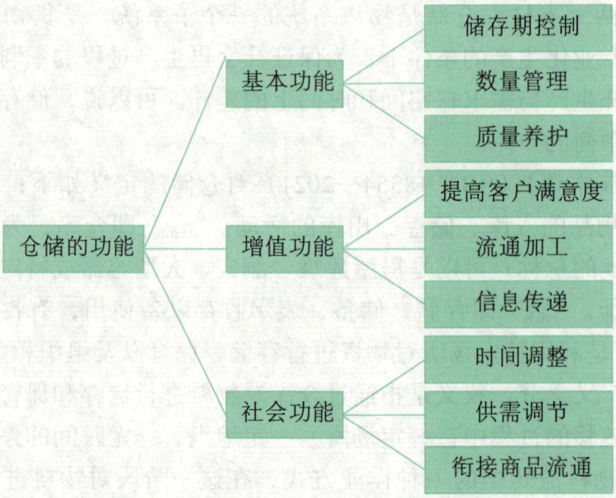

图1–1　仓储的功能

想一想　仓储还有哪些功能？

3）仓储的角色定位

伴随着供应链管理的发展，企业开始注重仓储作为供应链中一个资源提供者的重要角色。仓储在物流和供应链管理中的角色定位主要体现在以下四个方面（如图1–2所示）：

（1）库存成本是供应链管理的主要成本之一，因此，管理库存、减少库存、控制库存就成为仓储在供应链背景下降低供应链总成本的主要任务。

（2）仓储与供应链的效率和反应速度有着直接关系。人们希望现代仓储处理物品的准确率更高，并能够对特殊要求做出快速反应。

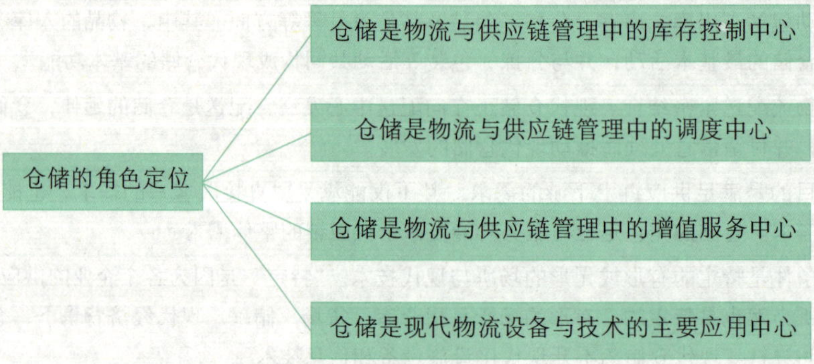

图1–2　仓储的角色定位

（3）现代仓储不仅提供传统的存储服务，还提供与制造业的延迟策略相关的后期组装、包装、打码、贴标签、客户服务等增值服务，以提高客户满意度，从而提高供应链上的服务水平。

(4) 供应链一体化管理是通过现代管理技术和科技手段的应用而实现的。仓储的高效率促进了供应链一体化运作，而软件技术、互联网技术、自动分拣技术、光导技术、RFID、声控技术等先进的科技手段和设备的应用，夯实了仓储效率提升的基石。

想一想　仓储如何降低库存？

1.1.3　智慧仓储的认知

1）智慧仓储的定义

智慧仓储是智慧物流的重要节点，是指仓储数据接入互联网系统，通过对数据的提取、运算、分析、优化、统计，再利用物联网、自动化设备、仓储管理系统（WMS）、仓储控制系统（WCS），实现对仓储系统的智慧管理、计划与控制。

智慧仓储是一种仓储管理理念，是通过信息化、物联网和机电一体化共同实现智慧物流的仓储新业态。通过合理运用无线射频识别技术及相关网络技术等，实现对仓储管理过程的信息化，能够对入库、盘点、出库等过程的相关数据进行采集并加以利用，从而降低仓储成本，提高运营效率，提升仓储管理能力，使仓储管理更加智慧化。

因此，智慧仓储是运用软件技术、互联网技术、自动分拣技术、光导技术、射频识别、声控技术等先进科技手段和设备对物品的进出库、存储、分拣、包装、配送及其信息进行有效的计划、执行和控制的物流活动。简而言之，智慧仓储是通过智能软硬件、物联网、大数据等智能化技术手段，提高仓储系统的智能化分析决策能力、综合操作执行能力和仓储运作效率的现代化物流环节。

2）智慧仓储的特点

(1) 仓储管理信息化。仓储作业伴随着大量的货物信息、设备信息、环境信息和人员信息等，如何实现对信息的智能感知、处理，利用信息对仓储作业的执行和流程进行优化？智慧仓储在仓储管理业务流程再造的基础上，利用RFID、网络通信、信息系统等信息化技术以及大数据、人工智能等管理方法，实现入库、出库、盘库、移库管理的信息自动抓取，自动识别、自动预警及智能管理，以降低仓储成本，提高仓储效率，提升仓储智慧管理能力。

(2) 仓储运行自动化。其配备自动化立体仓库、自动分拣设备、分拣机器人以及可穿戴设备，并对设备及机器人进行智能控制，使得设备之间能够进行沟通和协调，设备和人之间也可以进行交互，大大减轻人力劳动的强度，提高操作效率。因此，自动化和智能控制是实现智慧仓储系统运作的核心。

(3) 仓储决策智慧化。其广泛应用大数据、云计算、人工智能、物联网等技术进行商品的销售和预测，以及智能库存的调拨和对个人消费习惯的挖掘，能够实现根据个人的消费习惯进行精准销售。在仓储管理过程中，各类仓储单据、报表快速生成，问题货物实时预警，通过信息联网与智能管理，形成统一的信息数据库，为供应链整体运作提供可靠依据。

请你说一下智慧仓储还有哪些特点。

微课 1-1

走进仓储与配送

3）智慧仓储业务活动

以仓储为主营业务的第三方物流企业有很多，制造企业、流通企业也都涉及大量仓储业务。企业要开展仓储业务，一般需要配备适当的资源，如堆场、仓库、信息化系统等设施设备和相关的仓储管理人员。仓储业务活动作业流程如图1-3所示。

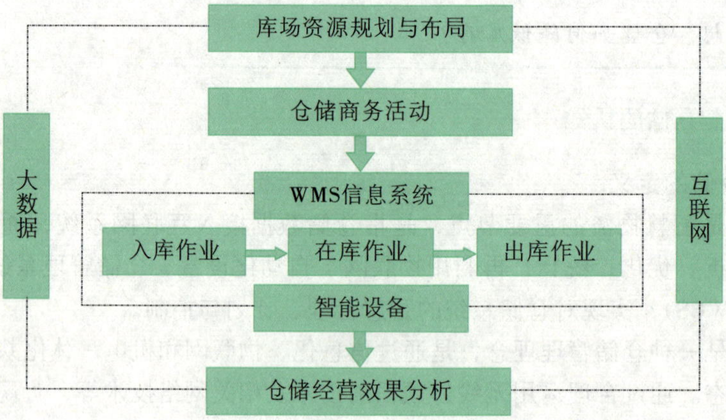

图1-3　仓储业务活动作业流程图

常见的仓储业务有库场资源规划与布局、仓储商务活动、仓储操作、仓储经营、客户服务等。

（1）库场资源规划与布局，主要完成仓库和堆场的设计、内部空间布置、智能设施设备的选择等作业。

（2）仓储商务，主要包括库场设施的租赁、仓储业务的推广、合同的洽谈与签订等业务。

（3）仓储操作。其利用信息化系统和智能化设备完成库存物资入库、在库和出库作业及管理。

（4）仓储经营。其包括库存控制、仓储经营核算、经营效果分析和仓储经营决策等业务。

（5）客户服务。其针对仓储企业的客户提供咨询、投诉处理、异常处理、跟踪调查等一系列服务。

请你说一说智慧仓储还有哪些业务活动。

1.1.4　智慧仓储发展现状与趋势

当前，因物流市场供需变化较大，我国仓储业正在向仓储作业自动化、仓储信息化、仓储标准化、仓储管理现代化的方向发展。

1）发展现状

（1）自动化管理。智慧仓储已实现了全程自动化，包括RFID等新一代技术的应用，使得库存流程更精准，物流环节得到更好的控制。

（2）高科技应用。新兴技术如智能制造、物联网、云计算、AI等被广泛应用于智慧仓储中，使程序变得更灵活；智能化程序能收集流通领域中的信息，使仓储管理者能够更加客观地获取信息，提高作业效率。

（3）新型技术的广泛应用。自动标注技术、传感技术、机器人码垛技术、物料分拣技术等新技术在智慧仓储中得到应用，能够利用简单技术解决更多问题，降低存储成本和提升控制质量。

2）未来趋势

（1）人工智能的应用。随着人工智能技术的不断发展和应用，智能仓储系统将能够更好地识别物品，预测和规划仓库资源和供应链，并在智能仓储中发挥更重要的作用。

（2）无人仓库的发展。随着自动化和机器人技术的进步，未来可能会出现更多的无人仓库。无人仓库可以更高效地管理货物，实现物流自动化和订单自动处理。

（3）智能物流。智能仓储系统将与智能物流系统相结合，形成一个完整的物流生态系统，通过该系统，可以实现仓储、运输和交付等环节的无缝衔接和协同。

此外，随着科技的不断发展和人类社会的进步，智能化仓储物流系统在全球范围内得到了广泛应用和快速发展，提高了生产效率、降低了成本，并对环境保护和可持续发展产生了积极影响。

1.1.5　常见的智能仓储设备

智能仓储依托物联网、人工智能、大数据、云计算、机器人技术（如AGV/AMR）等先进技术，实现从入库、仓储、拣选、包装、分拣、发货到售后的全流程智能化管理。在智能仓库中，商品的拣选不再是人拿着单子推着货架去拣货，而是AGV机器人根据WMS的调度，到指定货位拣取商品，然后驮着货架，排队跑过来等待拿货，打破了传统的“人到货”的拣选模式，实现了“货到人”拣选。

1）AGV小车

智能AGV小车（如图1-4所示）将条形码技术、无线局域网技术和数据采集技术结合起来，并配备无线车载终端，将货物输送到指定的上料机或下料机上面，实现从物料入仓到产线再到成品入仓、出货的物流运输智能化和无人化。AGV小车具有定位精度高、实用性强和输送方式灵活等特点。

图1-4　AGV搬运小车

2）自动化立体仓库系统（AS/RS）

自动化立体仓库系统是目前所有的仓储设备当中自动化集成度最高的，它由高层货架、托盘（集装箱）、巷道堆垛机、输送机系统和WCS/WMS系统组成，实现了从仓储、自动化运输、自动化生产到成品配送的完整物流自动化作业，如图1-5所示。

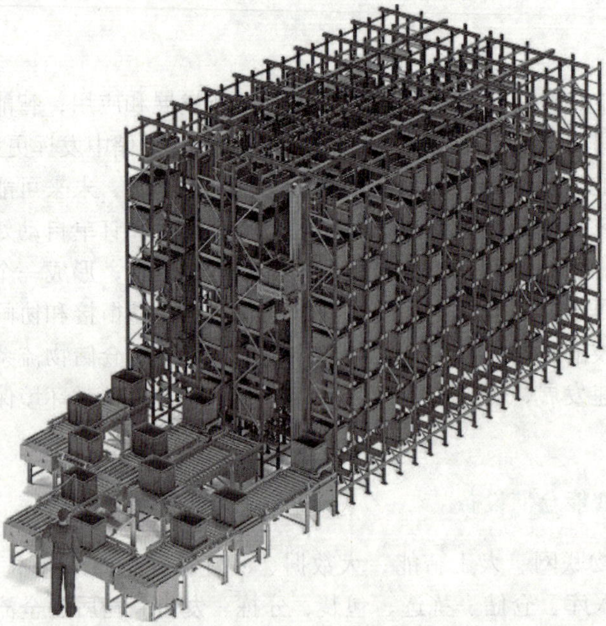

图1-5 自动化立体仓库系统

3）穿梭车

穿梭车是在物流系统中用于执行往复运输任务的小车，通过在仓储货架系统中的导轨上往复运动来完成托盘货物或料箱货物的运输。穿梭车可实现密集存储和快速存取，从而提升作业效率和准确性。穿梭车根据货物输送单元的类型可分为托盘式穿梭车和料箱式穿梭车，根据功能上的不同可分为两向穿梭车、子母穿梭车以及四向穿梭车（如图1-6所示）。

图1-6 四向穿梭车

4）智能拆垛机械手

智能拆垛机械手借助3D视觉和深度学习算法，实现机器人手臂作业的自我训练、自我校正，无须箱形和垛形的数据库维护。机器人通过3D深度摄像头识别顶层货物轮廓，当首次拾起一个箱子时，它就建立一个关于箱子外形的模型，并基于这个模型加快对下一个箱子的识别（如图1-7所示）。

图1-7　智能拆垛机械手

5）自动输送设备

常见的自动输送设备有滚筒式输送机和链条式输送机。其中，滚筒式输送机（如图1-8所示）分为动力式和无动力式。无动力式呈一定坡度，使货物靠自身重力从高端移动到低端；动力式由一系列排列整齐的具有一定间隔的辊子组成，驱动装置将动力传给滚筒，使其旋转，通过滚筒表面与输送物品表面间的摩擦力输送物品。链条式输送机（如图1-9所示）以链条作为牵引和承载体输送物料。链条式输送机的输送能力强，主要输送托盘、大型周转箱等。

图1-8　动力式滚筒输送机

图1-9　链条式输送机

请描述一下智能化的好处。

任务二　智慧仓储业务组织结构认知

1.2.1　智慧仓储管理的含义与任务

1）智慧仓储管理的含义与原则

智慧仓储管理是指将仓储数据接入互联网系统，通过对数据的提取、运算、分析、优化、统计，再通过物联网、自动化设备、仓储管理系统、仓库控制系统，实现对仓储系统运作全过程的智慧管理、计划、组织、协调和控制。

2）智慧仓储管理的原则

智慧仓储管理以效率管理为核心，实现以最少的劳动投入获得最大的产品产出。劳动投入包括劳动力、设施设备的数量以及人力资源的作业时间、使用时间。因此，智慧仓储管理需遵循以下原则：

（1）效率原则。效率，即在一定的劳动要素投入时的产品产出量。高效率是指投入较少的劳动要素，产出较多的产品。高效率意味着劳动产出大、劳动要素应用率高。

仓储的效率主要体现在仓容利用率、货物周转率、进出库时间、装卸车时间等指标上。高仓储效率表现为多存储、保管好、快进快出。

第一，仓容利用率。其计算公式如下：

$$\text{仓容利用率}=\frac{\text{仓库实际储存量}}{\text{仓库的储存能力}}\text{（一定时间条件限制）}$$

第二，货物周转率。其计算方法有两种，即库存周转率和资金周转率。其计算公式如下：

$$\text{库存周转率}=\frac{\text{销售或使用的产品量}}{\text{平均库存量}}$$

$$\text{资金周转率}=\frac{\text{年度销售总额}}{\text{平均资金占用额}}$$

问题 1　某公司当年销售收入 800 万元，当年年初存货余额为 90 万元，年末存货余额为 110 万元，则资金周转率是多少？

（2）服务原则。仓储活动是为社会提供仓储服务的，服务是贯穿仓储活动的一条主线。仓储管理要围绕服务定位，紧抓提高服务水平、改善服务质量工作。仓储的服务水平和仓储的经营成本之间有密切的相关性，即仓储的服务水平与仓储的经营成本存在效益悖反现象。服务好、成本高、效益好，仓储管理就是在降低成本和提高服务水平之间保持平衡。此外，仓储管理应正确定位服务范围。

（3）经济效益原则。企业经营以获得最大利润为目的，实现利润最大化则需要实现经营收入最大化和经营成本最小化。

仓储企业在追求最大经济效益的同时，要承担保护环境、维护社会稳定的职责，满足人们不断增长的需求，在获得企业最佳经济效益的同时统筹社会效益。

1.2.2　智慧仓储组织结构认知

1）组织结构设计的步骤

（1）确定组织目标。通过收集同类组织的结构形式、经营管理思想和人员配备等方面的资料，外部环境的各种资料及组织内部现有资源、规模、形式、运行状况及存在的问题等资料，进行设计前的评估，以确定组织目标。

（2）确定业务流程。根据组织的工作内容和性质，以及工作之间的联系，将组织活动组合成具体的管理单位，并确定其业务范围和工作量，进行部门工作划分。

（3）确定组织结构。按组织设计要求，确定组织的层次及部门结构，形成层次化的组织管理系统。在设计组织框架时，应认真处理好管理幅度和管理层次的关系、纵向与横向的协调关系，实现信息上下传递及反馈的灵活方便。

（4）进行职能分解。确定各个部门或岗位之间的关系、职责，分析工作流程，了解不同部门或岗位之间的依赖程度。

（5）确定岗位职责权限。确定各个部门或岗位所负责的具体任务和决策权限，通过明确职责和权限，可以避免职责重叠或职责不清的情况，提高工作效率和员工的工作积极性。

（6）配备岗位人员。按职务、岗位及技能要求，配备恰当的管理人员和员工。

组织结构设计的步骤如图1-10所示。

图1-10　组织结构设计的步骤

2）典型的仓储企业组织结构

根据仓储管理的性质、规模、物资种类及进出库的频率等因素，仓储企业的组织结构可分为直线型、职能型、直线职能型、事业部型。

（1）直线型组织结构。它是由一个上级直接管理多个下属的一种组织形式。这种组织形式适合仓库规模小、人员少、业务单一的小型仓储企业或部门。其组织结构如图1-11所示。

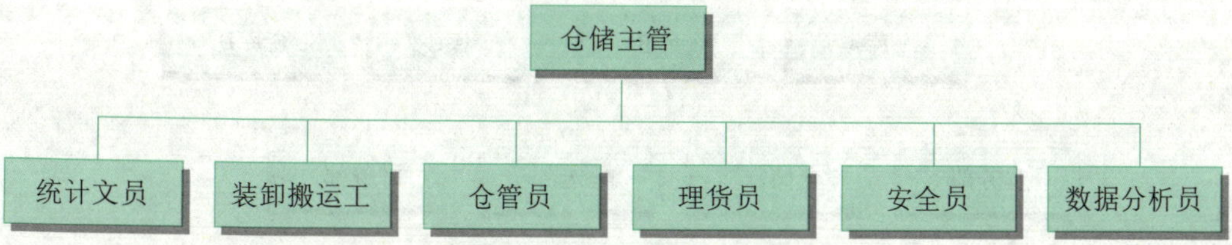

图1-11　直线型组织结构

（2）职能型组织结构。其要求行政主管把相应的管理职责和权力交给相关的职能机构，各职能机构有权在自己的业务范围内向下级行政单位发号施令（如图1-12所示）。

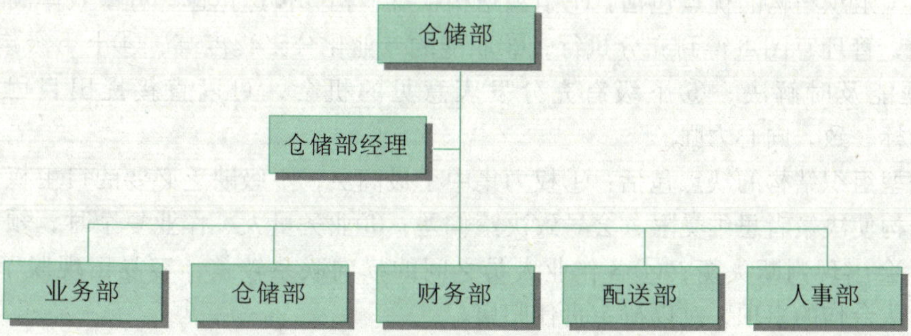

图1-12　职能型组织结构

（3）直线职能型组织结构。它是指在直线型组织结构的基础上加上职能部门。在这种组织结构形式中，各职能部门分管不同的工作。其适合中型企业（如图1-13所示）。

（4）事业部型组织结构。它是一种较为复杂的仓储组织结构形式，是在总公司的领导下，以某一职能部门为事业部，实行统一管理、分散经营（如图1-14所示）。

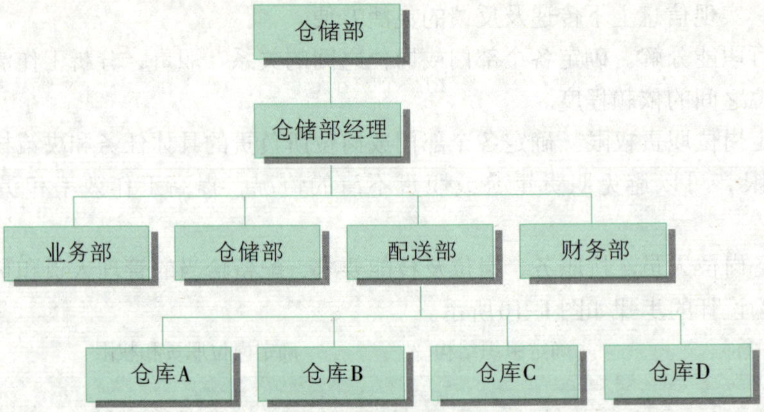

图1-13 直线职能型组织结构

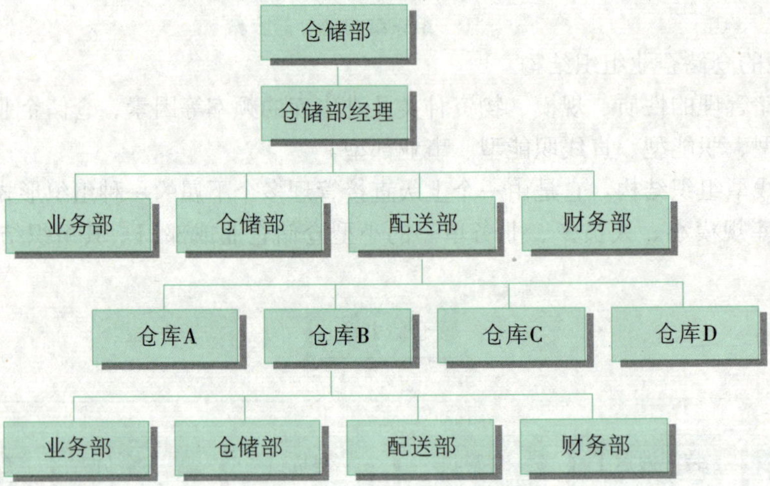

图1-14 事业部型组织结构

3）常见的仓储企业组织结构优缺点

（1）直线型组织结构优缺点。

直线型组织结构的优点包括：①组织结构精炼，指令传达迅速，办事效率高；②责任权限明确，管理意图可得到充分执行；③职能的专业化分工程度高；④上下级沟通方便，发现问题能及时解决；⑤下级有充分发表意见的机会，可以直接提出自己的意见；⑥工作目标一致，向心力强。

直线型组织结构的缺点包括：①权力集中于最高层，下级缺乏必要的自主权；②单一的领导结构使决策者思维受限，会导致决策偏差；③业务量大、作业复杂时，领导者的压力增大，会出现判断失衡；④各作业人员之间的横向联系较差，容易出现脱节和矛盾；⑤需要团队合作的事项，难以确定责任归属。

（2）职能型组织结构优缺点。

职能型组织结构的优点包括：①针对较简单的工作环境，能充分发挥职能机构的专业管理作用；②可以减轻直线领导人员的工作负担。

职能型组织结构的缺点包括：①缺乏必要的集中领导和统一指挥，容易形成多头领导；②容易造成纪律松弛、生产管理秩序混乱。

（3）直线职能型组织结构优缺点。

直线职能型组织结构的优点包括：①适应现代企业技术复杂、分工细密、管理工作专业化的需要；②“集权式”管理模式，权力集中于最高管理层，上层指令可以得到充分执行；③可以发挥职能科室的专业管理作用，减轻直线领导人员的工作负担；④保证管理体系的集中统一，在各级管理者的领导下，充分发挥各专业职能科室的作用。

直线职能型组织结构的缺点包括：①权力集中在最高层，下级缺乏必要的自主权；②各职能机构之间的横向联系较差，容易出现脱节和矛盾；③不利于建立健全各级管理责任人和职能机构的责任制；④需要多职能小组合作的事项，容易出现抢功、推诿现象；⑤上级管理者对职能机构的指导和命令出现矛盾时，影响工作的正常进行。

（4）事业部型组织结构优缺点。

事业部型组织结构的优点包括：①管理层决策程序完善，仓储运作效率高；②各事业部的管理权力相对集中，有独立经营能力、抗风险能力；③高层领导可以从烦琐的事务中脱离出来，更好地进行发展规划；④单个事业部与市场的联系更加紧密，增强了库存物资的流通性。

事业部型组织结构的缺点包括：①单个事业部相对独立，容易形成小集体，忽视仓储管理的长远发展，损害整体利益；②相对独立的事业部，难以驾驭；③独立的事业部之间容易产生矛盾，协调较难。

1.2.3　智慧仓储作业流程

由于产品性质不同，各个企业的仓储作业流程会存在一定的差异，但大体的作业流程都包括入库、在库以及出库三大块。

1）智慧仓储入库作业

入库作业是仓储作业的起点。物品入库作业是在接到入库通知单后，从提货到办理入库手续等一系列将物品快速、安全地运到仓库中的相关作业。该过程中需要调动人力、物力，并严格按照作业流程履行相应的职责。在物流企业的实际运行过程中，不同仓库的入库作业流程各有不同，但大体流程都包括入库前准备、货物接运、货物验收、组织入库。以RFID射频识别技术为例，智慧仓储入库作业流程如图1-15所示。

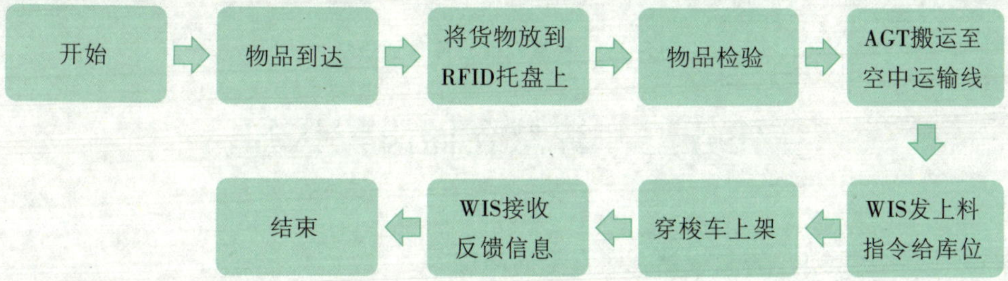

图1-15　智慧仓储入库作业流程

2）智慧仓储在库作业

物品在库作业是保证储运物品安全的重要环节，主要包括保管、养护、移库和盘点作业（见表1-6）。

表1-6　在库作业主要内容

保管	➢为库存货物提供适宜的存储环境和良好的保管条件 ➢确保存储货物的数量准确无误 ➢保证存储货物质量完好 ➢利用现代信息技术做好货物监管工作
养护	➢确保货物存储在适宜的条件下 ➢保证储运安全及物品的质量和品质 ➢减少货物损耗 ➢节约费用开支
移库	➢对物品的存储位置进行改变所进行的相关作业管理 ➢移库前，WMS发出指令，供应链管理系统接到工作指令后，操纵穿梭车运行，将物品移动到相应的仓库位置，并对其进行扫描确认。若确认失败，则发出警报；若确认正确，物品被运送到指定位置 ➢移库后，WMS接到指令，对物品存储信息进行更新
盘点	➢检验存储货物的数量和账面是否一致 ➢检验存储货物的质量与实物是否一致 ➢盘点货物可采用明盘和暗盘两种方式

3）智慧仓储出库作业

出库作业是仓储作业的终点，涉及订单处理、分拣、发放等多个环节。如果作业过程中发生错发、漏发、多发等情况，将会影响企业的利益和客户满意度。在物流企业实际运行过程中，不同仓库的出库作业流程各有不同，但大体流程都包括订单处理、分拣货物、核查货物、拣选打包、装车出库。以穿梭车智慧仓储为例，智慧仓储出库作业流程如图1-16所示。

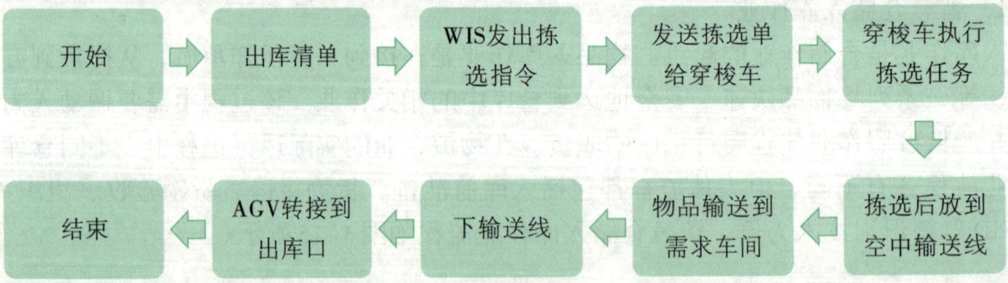

图1-16　智慧仓储出库作业流程

任务三　智慧仓储岗位认知

微课1-2

认识仓储与配送岗位

1.3.1　智慧仓储企业常见的岗位

不同仓储企业的岗位设置有一定的差异，以京东为例，其包括四级岗位：一级仓储运营经理；二级岗位设置入库管理岗、生产管理岗、退货管理岗和质控管理岗等；三级岗位设置收货组长岗、理货组长岗、上架补货组长岗等；四级岗位设置收货岗、理货岗等作业岗（如图1-17所示）。

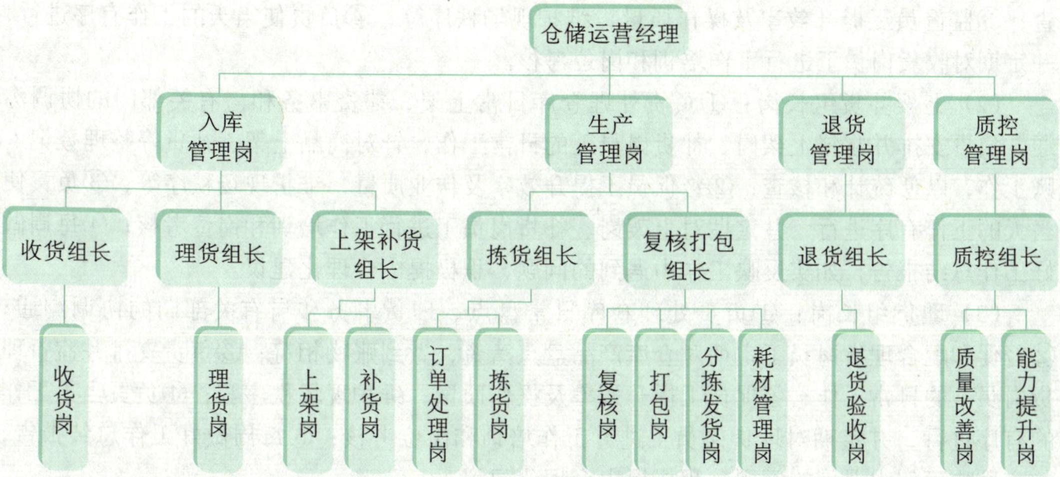

图1-17　仓储企业岗位设置

1）一级岗位设置

仓储运营经理：①负责仓库日常运营管理工作，合理管控成本；②负责部门员工的考核，完善、健全内部人员管理制度，并负责人才梯队的建设等，打造高效团队；③负责编制各项仓储管理制度，执行和完善仓库的规章制度，规范作业标准及流程，提升仓储作业效率；④提升服务质量和运营效率，持续提高运作稳定性和作业效率。

2）二级岗位设置

（1）入库管理岗：①负责整体的收货、理货、上架、补货等业务安排和指导，确保各项工作日清，并对各项运营指标进行异常分析；②收货时遇见异常情况，及时与其他部门沟通，以快速解决问题；③负责部门日增报表的提报和分析，不断优化和改进现有流程，并持续改善部门KPI；④进行库存与品类分析、保质期商品的效期管理分析，做到库存商品的先进先出。

（2）生产管理岗：①负责整体的拣货、复核、打包等业务安排和指导，确保各项工作日清，并对各项运营指标进行相关异常分析；②负责部门日常报表的提报和分析，不断优化和改善现有流程和工作，并持续改善部门KPI；③负责生产相关部门员工日常操作业务的培训与指导、团队建设和人才梯队培养，加强与员工的沟通，提升团队士气，制定相关生产目标及绩效考核制度，并对效率进行分析。

（3）退货管理岗：①负责整体退货作业安排和指导，确保各项退货工作及时处理，并对各项退货指标进行相关分析；②负责部门日常报表的提报和分析，不断优化和改善现有流程和工作，并持续改善部门KPI；③负责退货相关部门员工日常操作业务的培训与指导、团队建设和人才梯队培养，加强与员工的沟通。

（4）质控管理岗：①负责整体质量管控，确保各项工作日清，并对各项运营指标进行相关异常分析；②负责部门质量管理体系的建设与完善，指导和监督质量管理提升；③负责员工培训、人力发展规划。

3）三级岗位设置

（1）收货组长岗：①负责处理仓库日常收货事务和与有关部门的协调沟通；②负责安排并监督收货岗员工的日常工作，对商品进仓、验货等整理登记入账工作，以便统计和检查；③监督员工提升效率及操作质量，维护现场秩序等；④负责使当天的工作有序进行，并定期对收货岗员工进行工作培训和岗位考核。

（2）上架补货组长岗：①负责处理仓库日常上架、补货事务和与有关部门的协调沟通，负责安排并监督上架岗、补货岗员工的日常工作，针对商品上架、补货等整理登记入账工作，以便统计和核查；②督促员工提升效率及作业质量，维护现场秩序等；③负责使当天的工作有序进行，并定期对上架岗、补货岗员工进行工作培训和岗位考核；④每周做好工作总结报告，如实反映工作中遇到的问题，积极提出合理化建议。

（3）理货组长岗：①负责处理仓库日常盘点、理货事务和与有关部门的协调沟通；②督促和配合理货岗员工定期对仓库产品盘点清查，做到账物相符；③负责安排并监督理货岗员工的日常工作，督促员工提升效率及操作质量，维护现场秩序等；④负责当天工作的有序进行，并定期对理货岗员工进行工作培训和岗位考核；⑤每周做好工作总结报告，如实反映工作中遇到的问题，积极提出合理化建议。

（4）拣货组长岗：①负责处理仓库日常拣货事务和与有关部门的协调沟通；②负责安排并监督拣货岗、订单处理岗员工的日常工作；③督促拣货岗员工提升效率及操作质量，维护现场秩序等；④负责当天工作的有序进行，并定期对拣货岗和订单处理岗员工进行工作培训和岗位考核；⑤每周做好工作总结报告，如实反映工作中遇到的问题，积极提出合理化建议。

（5）复核打包组长岗：①负责处理仓库的日常复核、打包、分拣发货、耗材管理事务和与有关部门的协调沟通；②负责安排并监督复核、打包、分拣发货、耗材管理岗员工的日常工作；③督促复核、打包、分拣发货、耗材管理岗员工提升效率及操作质量，做好现场5S管理工作等；④负责当天工作的有序进行，并定期对复核、打包、分拣发货、耗材管理岗员工进行工作培训和岗位考核；⑤每周做好工作总结报告，如实反映工作中遇到的问题，积极提出合理化建议。

（6）退货组长岗：①负责处理仓库日常退货事务和与有关部门的协调沟通；②负责安排并监督退货岗员工的日常工作，督促退货岗员工提升效率及操作质量，维护现场秩序；③负责当天工作的有序进行，并定期对退货岗员工进行工作培训和岗位考核；④每周做好工作总结报告，如实反映工作中遇到的问题，积极提出合理化建议。

（7）质控组长岗：①负责处理仓库日常质量控制事务和与有关部门的协调沟通；②负责安排并监督质量改善、能力提升岗员工的日常工作；③督促质量改善、能力提升岗员工提升效率及操作质量，做好现场5S管理工作；④负责当天工作的有序进行，并定期对质量改善、能力提升岗员工进行工作培训和岗位考核；⑤每周做好工作总结报告，如实反映工作中遇到的问题，积极提出合理化建议。

4）四级岗位设置

（1）收货岗：①确认送货单的有效性，并将明确信息反馈给送货商；②指挥送货商将送货车辆停靠到指定的月台；③依据采购单信息打印预检单，包括商品编号、规格、送货数量等；④月台巡检，指导送货商对商品进行码盘缠膜；⑤对商品进行验收作业；⑥验收完成后打印回执单，双方签字后，将回执联交予送货商，并为其开具车辆放行单；⑦负责工作区域内的5S管理（整理、整顿、清洁、清扫、素养）。

（2）上架岗：①将接收完的商品上架到拣货位或备货位上；②通过移库合并储位内少

量商品，以达到空出更多储位、增加库容的目的；③将客退商品上架到优先出库区；④补货任务较多时，协助补货员进行补货；⑤负责工作区域内的5S管理。

（3）补货岗：①领取紧急补货任务，将备货位的商品移至拣货位，并准确完成系统录入；②积极完成主动补货任务，提高全仓的拣备比例（拣货位上的商品数与备货位上的商品数之比）；③负责工作区域内的5S管理。

（4）理货岗：①对库内商品进行盘点，并处理库存差异，保证库存准确率达标；②对生产过程中的异常商品进行处理，保证订单商品及时出库；③对生产取消的商品及时返架，保证拣货区有货；④处理破损商品；⑤保质期核对，保证先入先出；⑥负责工作区域的5S管理。

（5）拣货岗：①及时领取拣货任务，尽快准确完成拣货，然后送至复核台或打包台；②支援打包岗和复核岗工作，及时完成本次生产任务；③负责工作区域的5S管理。

（6）复核岗：①及时完成复核作业；②积极主动地帮助打包岗完成打包作业；③负责工作区域内的5S管理。

（7）打包岗：①及时按要求完成打包作业，保证订单商品及时出库；②积极配合其他岗位的工作；③负责工作区域内的5S管理。

（8）订单处理岗：①负责接收商品订单及订单的上传下达；②根据订单分类规则或货主、承运商、件型、复杂程度、操作模式、商品存储区域等因素对订单信息进行分类；③对分类后的订单进行组合下发。

（9）耗材管理岗：①根据入库流程进行耗材入库，严格执行入库手续，货单要一致；②存货入库后应及时入账，准确登记；③按照审核无误的领料单和先进先出的原则进行发料；④为使仓库库存账实相符，必须做好日常盘点和月末盘点工作；⑤随时了解仓库的储备情况，有无储备不足或超储积压、呆滞和不需要现象的发生，并及时上报。

（10）分拣发货岗：①对完成包装的商品，按照城市、站点、承运公司、承运方式等内容进行分拣集成；②与快递公司进行单据与商品的交接；③合理安排发货顺序以及发货时间，做好调车计划，保证车辆满载。

（11）退货验收岗：①对退货商品进行验收，需核对退货单号与系统是否一致、包装内商品与清单是否一致，包装内商品是否残损和使用过；②根据核对的实际情况，对商品按照实际信息进行入库。

（12）质量改善岗：①组织开展物流标准化建设相关工作与活动；②负责制订物流标准化工作计划与实施方案；③日常标准化工作的监督与落实；④质量管理体系的建设和组织实施；⑤推进质量管理体系的建设与完善；⑥指导和监督仓单或模块质量管理提升工作；⑦为现场运营团队赋能培训。

（13）能力提升岗：①负责部门员工培训工作（对新入职员工进行岗位认证、标准化操作培训）；②负责部门员工人才发展梯队规划（依据总公司下发的组织架构规划，搭建本部门团队，强化人员素养）；③联合各方资源组织、策划、协调各类活动（组织辖区内的各项活动，传播公司文化，以产生团队凝聚的效果）。

1.3.2　智慧仓储管理人员的素质要求

智慧仓储管理人员应具备的素质包括：

1）认真贯彻仓储保管工作的方针、政策

具有高度的责任感，忠于职守、廉洁奉公，热爱仓储工作，具有敬业精神；树立为客户服务、为生产服务的理念，具有合作精神；树立讲效率、讲效益的思想，关心企业的经营管理。

2）严格遵守仓储管理的规章制度和工作规范

严格履行岗位职责，及时做好物资的入库验收、保管保养和出库发运工作；严格履行各种手续，做到收有据、发有凭，登记销账及时准确，手续完备，账物相符，把好收、发、管三关。

3）熟悉仓库的结构、布局、技术定额

在库容使用上做到妥善安排货位，合理高效利用仓容，堆垛整齐、稳固、间距合理，方便作业、清点、保管、检查、收发。

4）熟悉仓储物资的特性、保管要求

针对货物特性开展保管工作，防止货物损失，提高仓储质量；熟悉账表填写、单证制作事项，能妥善处理各种单证业务；能够减轻风、雨、热、冻等自然灾害对仓储物资的影响，减少损失。

5）重视仓储成本

妥善保管剩料、废旧包装，收集和处理好地脚货，做好回收工作；妥善保管、细心使用苫垫、货板等用品用具，重视仓储技术使用，提高仓储利用率，降低仓储物损耗率，提高仓储的经济效益。

6）熟练掌握计量、衡量、测试用具以及仪器仪表的使用

及时掌握仓储管理的新技术、新工艺，适应仓储自动化、现代化、信息化的发展，不断提高仓储管理水平；了解仓库设施设备的性能要求，做好设备维护和维修工作。

7）严格执行仓储安全管理的规章制度

做好防火、防盗、防破坏、防虫害等安全保卫工作，防止各类灾害和人身伤亡事故，确保人身、物资、设备安全。

8）较强的团队协作能力和吃苦耐劳精神

仓储管理人员应具备较强的事务处理能力，能够做到大事化小、小事化了，且具备一定的财务知识和吃苦耐劳精神。

想一想 作为仓储管理员，还应该具备哪些素质？

任务四 智慧配送业务活动认知

1.4.1 配送的含义、特点、类别及作用

1）配送的含义

配送是指在经济合理区域范围内，根据用户要求，对物品进行拣选、流通加工、包装、分割、组配等作业，并按时送达指定地点的物流活动。关于配送，应掌握以下几个要点：

（1）配送的资源配置作用。配送是“最终配置”，因为是接近顾客的配置。对现代企业而言，“接近顾客”是至关重要的。

（2）配送的实质是送货。配送的主要经济活动，尤其是接近顾客的经济活动是送货。

（3）配送是现代送货。“现代”两个字表述了配送和一般送货的区别。

（4）配送是“配”和“送”的有机结合。配送利用有效的分拣、理货工作，使送货达到一定的规模，利用规模优势取得较低的送货成本。

（5）配送是市场经济形式。配送是在市场经济条件下，在供大于求的买方市场中所派生出的一种形式。

（6）配送以用户需求为出发点。在配送的定义中强调“根据用户要求”，明确了用户的主导地位。配送是从用户利益的角度出发，按用户要求开展的一种活动。

（7）配送是按时将货物送达指定地点的物流活动。对配送而言，在满足用户要求、按时送达指定地点的同时，应当在时间、速度、服务水平、成本、数量等多方面寻求最优，实现双方共同受益，即“双赢”。配送活动和送货活动的对比见表1-7。

表1-7　**配送活动和送货活动的对比**

项目	配送活动	送货活动
组织管理	是流通企业的专职要求，利用现代化技术，将分货、配货、送货等活动有机结合起来的配送	由生产企业承担，中转仓库的送货只是一项附带业务
基础设施	以现代交通运输网络和管理水平作为基础；同时，还要和订货系统紧密联系，依赖现代信息技术的作用，将配送系统建立起来	没有具体要求
时间要求	时间准确，计划性强	时间不一定准确，计划性相对较差
工作效率	充分地考虑车辆的货物配载。重视运输路线优化，强调距离最短，并且一辆货车向多处运送	科学制定运输规划，货车一次向一地运送
技术装备	有现代化物流技术和装备的保证，在规模水平、效率、速度和质量等方面均占优势	技术装备简单
行为性质	是面向特定用户的增值服务	是企业销售活动中的短期促销行为，是偶然行为

想一想　配送活动和送货活动的联系和区别有哪些？

2）配送的特点

配送是按客户需求开展的商品组配与送货活动，作为物流系统的重要功能之一，它具有以下特点：

（1）配送是一种末端物流活动。配送对象是零售商、加工点、消费者或者终端客户。配送是与长距离、大批量运输相连接的为终端客户提供的短距离、小批量物流服务活动。配送处于供应链的末端，是一种末端的物流活动。

（2）配送是“配”和“送”的有机结合。在配送业务中，除了送货外，还有拣选、分货、包装、分割、组配等工作，配送的优势在于分拣、配货。

（3）配送是以客户需求为出发点的物流活动。配送是以客户订单为核心、满足客户需求的服务活动，充分体现了客户的主导地位。配送的物品、时间、数量、品种、规格、地点都必须满足客户需求，以客户满意为服务目标。

（4）配送是物流和商流有机结合的商业流通模式。配送融合了商流、物流，是一种有效的商业模式，配送作业的起点是集货。

（5）配送是一种小范围、综合性的物流活动，是一种专业化的分工形式，是大生产、专业化分工在流通领域的体现。

（6）配送全过程有现代化技术和装备的保证。

3）配送的类别

为了适应不同产品、不同企业、不同流通环境的要求，经过较长一段时间的发展，目前配送已具有多种形式。

（1）按照配送组织者的不同分类（见表1-8）。

表1-8 按配送组织者划分的配送类别

配送类别	特点	优点	缺点	适用范围
商店配送	是一种销售配送形式，将商店经营的品种配齐；或代用户外订、外购部分商品，和本店经营的品种配齐后送达客户处	组织灵活，可以随机配送	组织者实力有限，配送数量小	商业或者物资门市网点
配送中心配送	专为配送设计，有配套的配送设施、设备和装备；实行计划配送	规模大、配送能力强、品种多、数量大	灵活性差、服务对象固定，投资高	专业性强、有固定用户的配送
仓储配送	对仓库进行改造，在保持储存保管功能的前提下增加一部分配送职能	投入资金少	规模小、专业化差	中等规模配送
生产企业配送	直接由本企业向用户配送，不需要将产品发送到配送中心进行配送	减少了中转环节，可以快速配送	品种单一，无法进行集货配送	实行多品种生产的生产企业

（2）按照配送商品种类及数量不同分类（见表1-9）。

表1-9 按配送商品种类及数量划分的配送类别

配送类别	特点	优点	缺点	适用范围
单品种大批量配送	单独一个品种或者几个品种达到较大的运输量	批量大，适合整车运输	必须是运输能力很强的配送组织	工业配送
多品种少批量配送	多品种小批量，符合现代社会的消费方式	满足客户的个性化需求	作业难度大，技术要求高，使用设备复杂，组织难度大	消费品配送
配套成套配送	一般按照生产企业的需求，将零部件定时送达生产企业处	配送组织承担了生产企业的大部分零部件供应工作，使生产企业专注于生产	配送组织的专业性比较强，不利于配送组织向外发展	装配型企业的配送组织

（3）按照配送时间及数量不同分类（见表1-10）

表1-10　**按配送时间及数量不同划分的配送类别**

配送类别	特点	优点	缺点	适用范围
定时配送	按规定的时间间隔进行配送	时间固定，易于安排工作计划，易于按计划使用车辆，也方便用户安排接货	当数量和品种发生较大变化时，会使配送运力出现困难	一般适用于消费品配送
定量配送	按照规定的批量，在一个指定的时间范围内进行配送	数量比较固定、备货工作较为简单，运输组织简便，配送效率高	难以满足准时配送要求，难以对多个用户实行共同配送	有一定的仓储能力、服务水平中等的生产配送
定时、定量配送	按照规定的时间和规定的数量进行配送	兼有定时配送和定量配送的优点	服务要求比较高，管理和作业难度较大，计划难度较大；成本高，难以实现共同配送、联盟配送	产品批量较大的生产制造企业和大型连锁商场的部分商品配送
定时、定线路配送	根据运输路线运到站点的时间表，沿着规定的运输路线进行配送	可以有计划地安排运送和接货工作，有利于配送企业实行共同配送，易于管理，成本降低	灵活性差	消费者集中的地区配送

4）配送的作用

配送的本质是运输，是“最后一公里的运输”，它创造了空间效用。但配送不等同于运输，它是运输功能的延伸。相对于运输而言，配送既有创造空间效用的功能，又有延伸功能，具体表现为：

（1）完善运输系统。现代的大载重量的运输工具固然提高了运输效率，降低了运输成本，但是其更适合长距离、大批量的干线运输。支线运输具有高频次、小批量、短距离、服务性强的特点，且具有灵活性和适应性，使用载重量大的运输工具将会造成浪费。而配送与其他物流环节密切结合，将干线运输与支线运输连接，可以实现运输系统的合理化。

（2）消除交叉输送（如图1-18所示）。在没有配送中心的情况下，由生产企业直接运送货物到用户处，这就产生了交叉运输。交叉运输输送线路长、规模效益差、重复运输多、运输成本高。如果在客户之间建立配送中心，采用配送中心模式（如图1-19所示），则可消除交叉运输；在配送中心先整合各客户的零散货物，然后再实施配送，可以使输送距离缩短、成本降低。

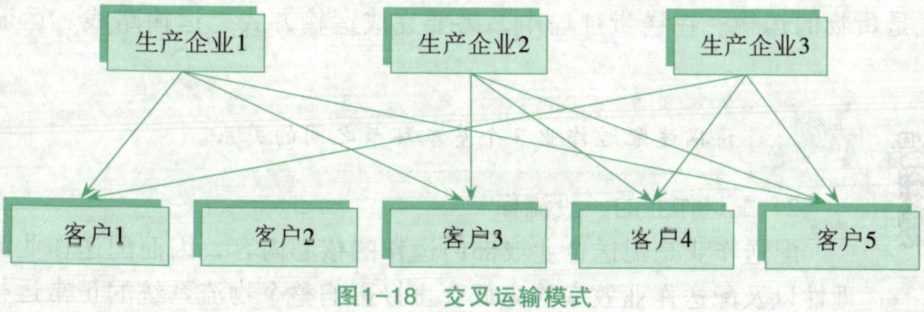

图1-18　交叉运输模式

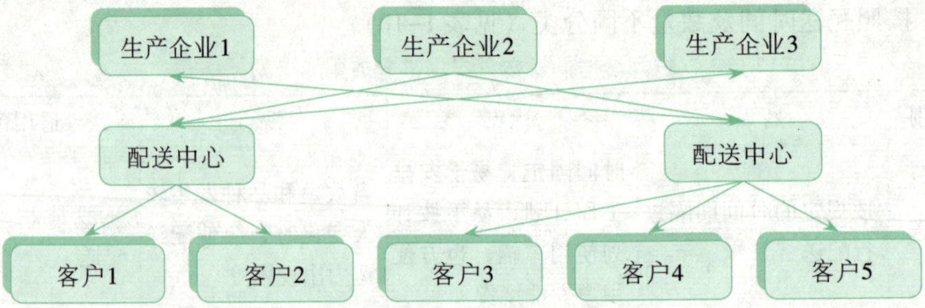

图1-19 配送中心模式

（3）提高末端物流的经济效益。合理选择配送模式，通过配货和集中送货，或者与其他企业协商实施共同配送，可以提高物流系统的经济效益。

（4）实现低库存或者零库存。利用集中库存，在相同的服务水平下，配送可以使系统总库存水平降低，既降低了存储成本，又节约了运力和其他费用。特别是采用准时制配送方式后，生产企业可以依靠配送中心准时送货，而无须保持自己的库存，或保持少量的安全库存即可。这就可以实现生产企业的零库存或者低库存，从而减少资金占用，改善财务状况。

（5）简化手续，方便用户。采用配送方式，用户只需向配送供应商进行一次委托，就可获得全方位、多功能的物流服务，从而简化了委托手续，减少了工作量，且节省了相关费用。

想一想 配送还有哪些作用？

1.4.2 配送业务活动

1）配送作业的基本环节

配送是按照用户的要求，把货物分拣出来，按时按量发送到指定地点的过程。从总体上讲，配送作业包括备货、理货和送货三个环节。其中，每个环节又包含若干项具体的、枝节性活动。

（1）备货。它是准备货物的系列活动，是配送的基础环节。严格来说，备货包括筹集货物和存储货物两项活动。

（2）理货。它是配送的一项重要内容，包括货物分拣、配货和包装等经济活动。其中，分拣是指采用适当的手段和方式，从存储的货物中选出用户所需要的货物。分拣货物一般采用两种方式来操作，即播种式拣选和摘取式拣选。

（3）送货。它是配送作业的核心，也是备货和理货工序的延伸。在物流活动中，送货实际上就是货物的运输。在送货过程中，需要完成运输方式、运输路线、运输工具的选择。

微课1-3

仓储作业流程和配送作业流程

请描述配送作业3个基本环节之间的关系。

2）配送作业的一般流程

配送作业是配送企业或部门运作的核心内容，因而配送作业流程的合理性以及配送作业效率的高低会直接影响整个物流系统的正常运行。配送作业的一般流程如图1-20所示。

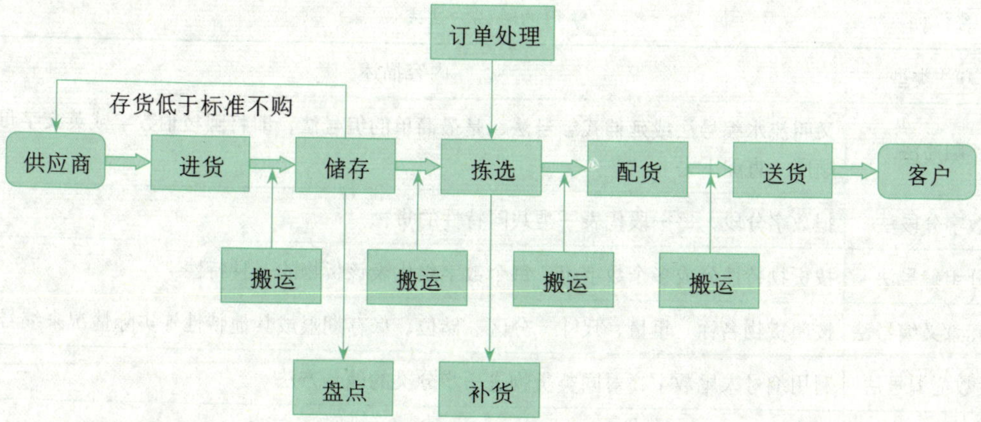

图1-20　配送作业的一般流程

收到用户订单后，首先按其性质进行“订单处理”；根据处理后的订单信息，进行从仓库中取出用户所需要货物的“拣货”作业。如果存货量低于规定标准，则向供应商采购。从仓库拣选出的货品经过审核后即可准备“发货”，等到一切发货工作准备就绪，相关人员便可将货品装到配送车上，向用户进行“送货”作业。另外，在所有作业环节，“搬运”活动不可或缺。

（1）进货作业的基本流程（如图1-21所示）。

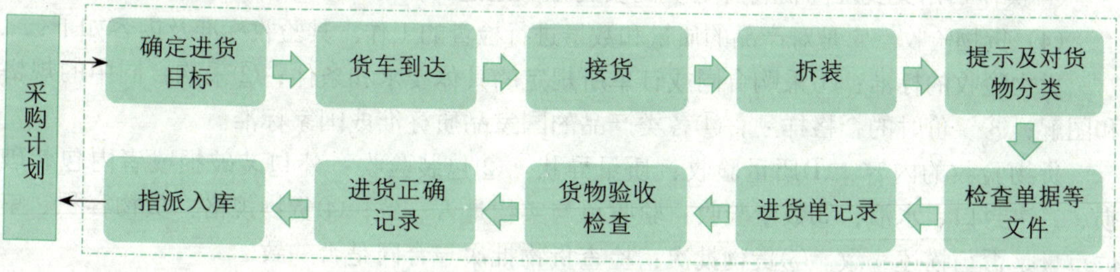

图1-21　进货作业的基本流程

进货作业包括接货、卸货、验收入库及将相关信息书面化的一系列工作。在进货作业流程中，需要注意以下事项：①利用配送车司机卸货，以减少公司作业人员和避免卸货作业的拖延；②尽可能将多种活动集中在同一工作站，以节省空间；③尽量避开进货高峰期，并依据相关要求安排作业，以实现距离最小化；④详细记录进货资料，以备后续核查。

（2）货物编码。作为配送作业的首要环节，进货作业的质量直接影响后续作业效率。为确保全流程作业的准确性、高效性，同时保障货物品质和作业标准，制定并实施科学的货物编码体系至关重要。编码体系设计需兼顾以下原则：其一，编码结构应具备良好的可识别性和记忆性；其二，提升存储空间利用率；其三，最大限度地降低编码处理差错率，从而全面提高信息处理效率（见表1-11）。

（3）货物分类。它是指将多品种货物按其性质或其他条件逐次区分，分别归入不同类别，并进行系统的排列，以提高作业效率。

在实际工作中，品项较多的分类储存，可采用两阶段分层分类法，即通过上下两层输送系统并行作业，实现高效分拣与储存，从而优化整体物流效率。

① 由条码读取机读取箱子上的物流条码，依照品项进行第一次分类，然后确定是归

属上层还是下层的存储输送线。

表1-11 常用的编码方法表

方法类型	内容描述
顺序法	又叫流水编号法或延伸式编号法，是最简单的编号法，即将阿拉伯数字或英文字母按顺序一直编下去
数字分段法	把数字分段，每一段代表一类共同特性的货物
分组编号法	按货物特性分成多个数字组，每个数字组代表该货物的一种特性
实际意义编号法	按照货物名称、重量、尺寸、分区、储位、保存期限或其他特性等实际情况来编号
后数位编号法	利用编号末尾数字，对同类货物进一步分类的编号方法
暗示编号法	用数字和文字组合来编号。它暗示了货物内容

② 由上、下层的条码读取机再次读取条码，并按照不同的品项对箱子进行第一次分类，确定是归属上层还是下层的存储输送线。

③ 在每条存储线的末端，系统实时监测装箱状态：当单层托盘达到满载容量时，系统自动完成货物切离；整层货物经输送系统移送至核心处理区；通过自动化堆垛设备按预设层数进行精准叠放，直至完成最终分类。

④ 操作员用叉式堆高机将分好类的货物依次运送到储存场所。

(4) 货物验收。它是对产品的质量和数量进行检查的工作。其验收标准及内容如下：

货物验收的标准：①采购合同或订单所规定的具体要求和条件；②采购合同中的规格和图解；③议价时的合格样品；④各类产品的国家品质标准或国家标准。

货物验收的内容：①质量验收：质量异状。②包装验收：外包装破损或者内包装破损、二次封口、水渍；③数量验收：验收单与实物是否一致；④货物规格：货物容积、单位重量是否与描述一致。⑤货物批次：检查货物批次与合同是否一致。

3）订单处理

(1) 订单处理的含义。从接到客户订单开始到着手准备拣货之间的作业阶段，称为订单处理。通常，其包括订单资料确认、存货查询、单据处理等内容。

(2) 订单处理的基本内容及步骤。订单处理分人工和计算机两种形式，人工处理具有较大的弹性，但只适合少量的订单处理；计算机处理速度快、效率高、成本低，适合大量的订单处理（如图1-22所示）。

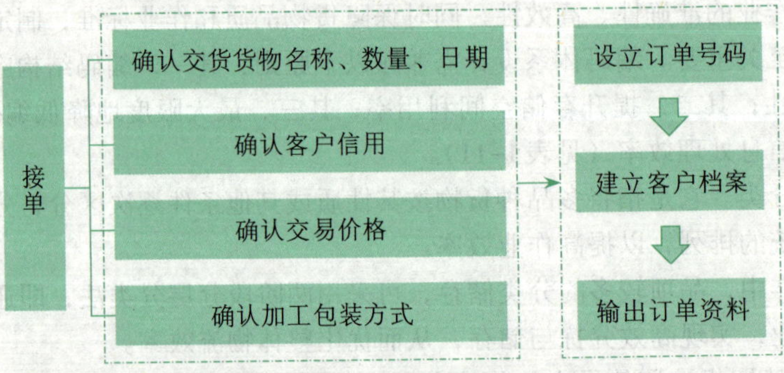

图1-22 订单处理的基本内容及步骤

（3）订单确认。接到订单后，必须对相关事项进行确认（见表1-12）。

表1-12　订单事项确认信息表

确认类型	确认内容
货物名称、数量及日期确认	检查货物品名、数量、送货日期等是否有遗漏、笔误或不符合公司要求的情形，尤其是当送货时间有问题或者出货时间已延迟时，更需要与客户再次确认订单内容或更正运送时间
客户信用确认	配送系统要检查客户的财务状况，以确认其是否有能力支付该订单的账款；要检查客户的应收账款是否超过信用额度
订单状态确认	（1）一般交易订单 交易形式——一般交易订单，即接单后按正常的作业程序拣货、出货、发送、收款的订单 处理方式——接单后，将资料输入订单处理系统中，按正常的订单处理程序处理，资料处理完后进行拣货、出货、发送、收款等作业 （2）间接交易订单 交易形式——客户向配送中心订货，直接由供应商配送给客户的交易订单 处理方式——接单后，将客户的出货资料传给供应商，由其代配，自行制作或者委托供应商协助制作送货单；同时，应对出货资料加以核对确认 （3）现销式交易订单 交易形式——与客户当场交易直接给货的交易订单 处理方式——因货物已交付，故订单中不再涉及拣货、出货、发送等作业，只需记录交易材料即可 （4）合约式交易订单 交易形式——与客户签订配送契约的交易 处理方式——在约定的送货日，将配送资料输入系统中处理，以便出货配送；或一开始便输入合约中的订货资料，并设定各批次送货时间，以便在约定日期系统自动生成所需的订单资料
订单价格确认	对于不同的客户（批发商、零售商）、不同的订购批量，可能对应不同的售价，因而输入价格时系统应加以检核。若输入的价格不符（输入错误或业务员降价接收订单），系统应加以锁定，以便主管审核
加工包装确认	客户订购的商品是否有特殊的包装、分装或贴标等要求，或有关赠品的包装等材料，系统都需加以专门的确认并记录

4）拣选作业

拣选是配送作业的中心环节。所谓拣选，就是依据客户的订货要求或配送中心的作业计划，尽可能迅速、准确地将商品从其储位或其他区域拣取出来的作业过程。拣选作业系统的主要组成要素包括拣货单位、拣货方式、拣货策略、拣货信息、拣货设备等。

（1）拣选作业流程。拣选作业在配送作业环节中工作量大、工艺复杂，而且要求作业时间短、准确度高、服务质量好。拣选作业流程如图1-23所示。

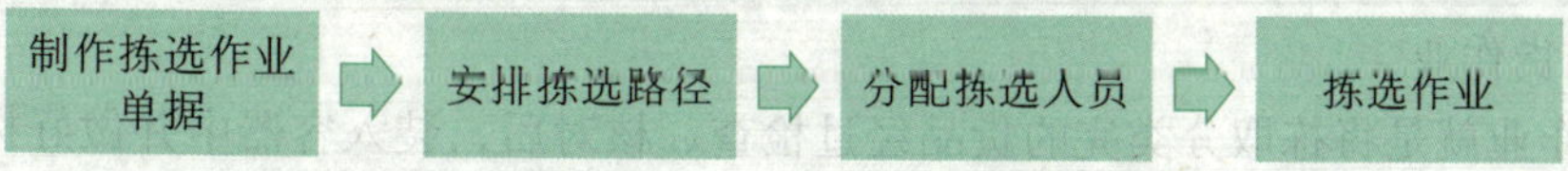

图1-23　拣选作业流程图

（2）整个拣选作业时间消耗（如图1-24所示）。

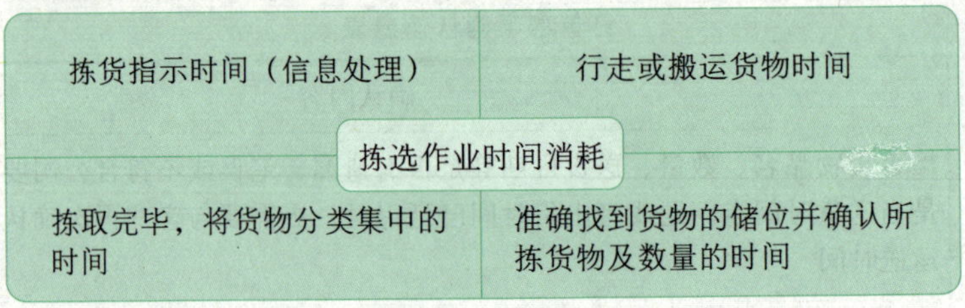

图1-24 拣选作业消耗时间构成

（3）拣选方式（见表1-13）。

表1-13 拣选方式信息表

拣选方式类型	内容
按订单拣取	分别按每份订单拣选货物
按批量拣取	多张订单汇总成一批，形成拣选单，然后按照拣选单的指示一次性拣取商品，再根据订单进行分类
复合拣取	结合以上两种方式，根据货物的品种、数量及出库频率，确定哪些货物适合按订单拣选，哪些货物适合按批量拣选，然后分别采取不同的拣选方式

5）补货作业

补货作业是将货物从仓库保管区域搬运到拣选区的工作，其目的是确保商品能保质保量按时送到指定的拣选区。

第一，补货方式（如图1-25所示）。

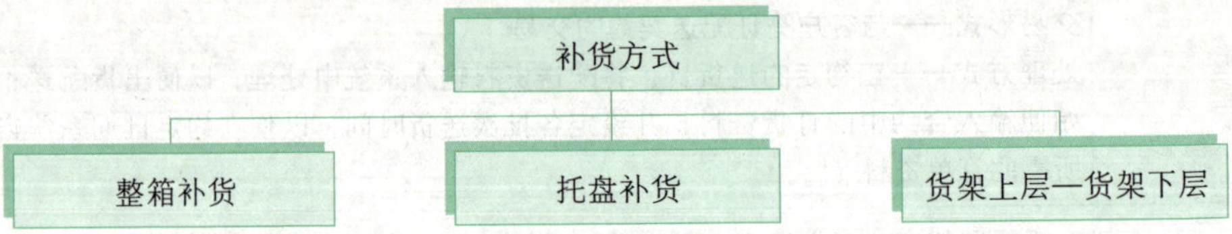

图1-25 补货方式

第二，补货时机（见表1-14）。

表1-14 补货时机信息

类型	内容	适用范围
批组补货	每天核算补货总量，并在拣选前一次性补足，满足全天拣货量需求	适用于一天内作业量变化不大、紧急插单不多、每批次拣选量大的情况
定时补货	每天划分为若干时段，补货人员在补货时间检查库存货物，若库存不足则及时补货	适用于分批拣货时间固定、紧急处理时间较充裕的情况
随机补货	指定专门的补货人员，随时巡视动管拣选区的货品存量，发现不足则随时补货	适用于每批次拣选量不大、紧急插单多以至于一日内作业量不易事先掌握的情况

6）配货作业

配货作业就是将拣取分类完的货品经过检查、核对后，装入容器中并做好标识，再运到配货准备区，待装车后发送。配货作业流程如图1-26所示。

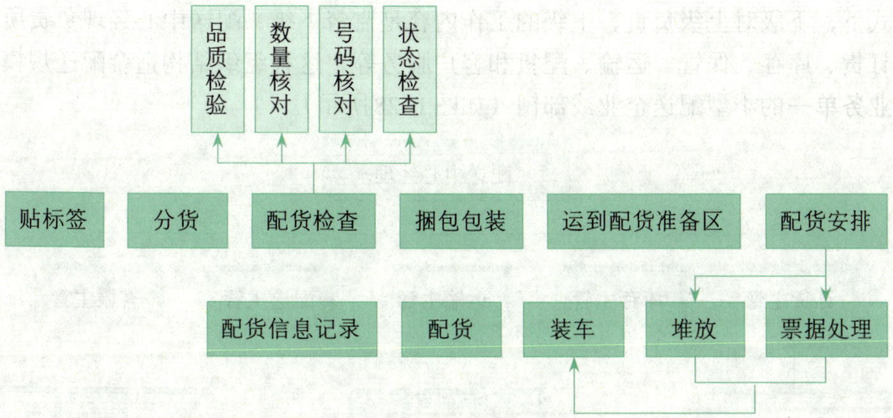

图1-26　配货作业流程

7）送货作业

送货作业是利用配送车辆把用户订购的物品从制造厂、生产基地、批发商、经销商或配送中心送到用户手中的过程。送货是一种短距离、小批量、高频率的运输形式，它以服务为目标，以尽可能满足客户的需求为宗旨（如图1-27所示）。

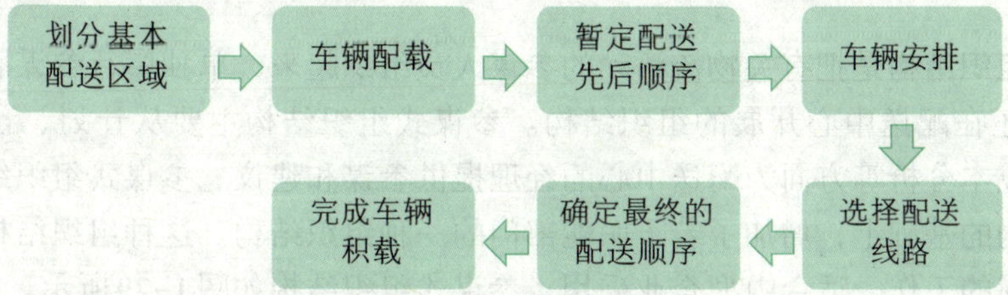

图1-27　送货作业流程

8）退调作业

退调作业是指退货商品的接收和处理。其主要完成退货商品的分类、整理、退给供货商或报废销毁以及账务处理。

9）信息处理

信息系统是配送中心的神经中枢，其对外与生产商、批发商、连锁商场及其他客户等联网，对内向各子系统传递信息，把收货、储存、拣选、流通加工、配送等物流活动整合起来，协调一致，指挥、控制各物流设备与设施高效运转。配送系统是物流、信息流和资金流深度融合的集成化枢纽，通过“三流”的协同运作与智能联动，实现供应链全流程的高效协同与价值整合。

请利用 Word 中 SmartArt 绘制配送作业流程图。

任务五　配送企业的组织结构认知

1.5.1　金字塔式组织结构

金字塔式组织结构也称直线职能型组织结构，是按配送的基本职能来层层划分的。在这种模式下，下级对上级负责，上级的工作内容是监督下级，配送中心经理负责所有的活动，如订货、库存、保管、运输、配货和客户服务等。这种组织结构适合配送规模小、人员少、业务单一的小型配送企业或部门（如图1-28所示）。

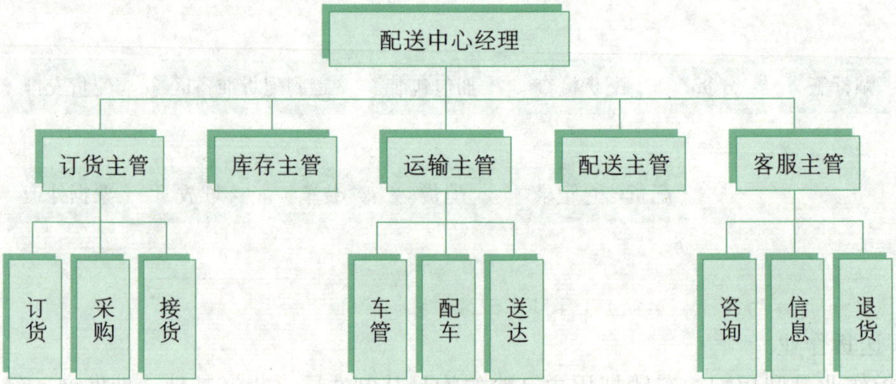

图1-28 金字塔式组织结构

1.5.2 参谋式组织结构

参谋式组织结构是把有关物流活动的参谋人员组织起来，单独履行参谋职能，而基本的物流活动还在配送中心开展的组织结构。参谋式组织结构主要从计划、预测、顾客服务、技术及成本分析等方面为配送中心的经理提供参谋和建议。参谋式组织结构是在金字塔式组织结构的基础上，增加了若干职能部门的一种组织结构。这种组织结构中的各职能部门分管不同的工作，适合中型企业采用。参谋式组织结构如图1-29所示。

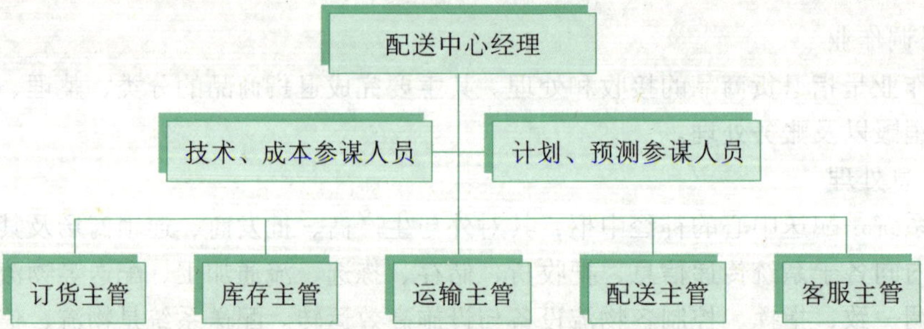

图1-29 参谋式组织结构

1.5.3 矩阵式组织结构

矩阵式组织结构是在参谋式组织结构的基础上，通过增设横向管理维度而形成的复合型组织体系。这种结构通过纵向职能管理与横向项目管理的交叉协同，构建起一个动态、高效的任务执行网络，能够灵活应对特定规划任务的复杂需求。这种组织结构的成员一般接受两方的领导，即在工作业务方面接受原单位和部门的垂直领导，而在执行具体规划任务时，接受规划任务负责人的领导。这种组织结构机动、灵活，可随项目的开发和结束进行组织和解散，可避免各部门的重复劳动，使管理方法更加专业化（如图1-30所示）。

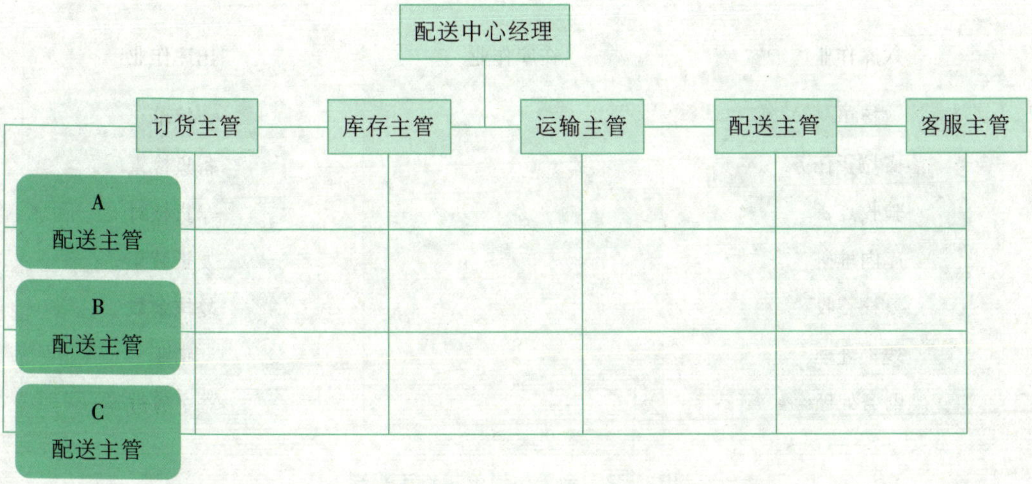

图1-30　矩阵式组织结构

矩阵式组织结构是一种分级管理、分级核算、自负盈亏的组织结构形式。它在总公司层面实施统一决策、分散经营，适合规模庞大、业务繁多、技术复杂的大型配送企业。

任务六　配送岗位认知

1.6.1　常见的操作岗

不同配送企业的岗位设置有一定的差异。常见的操作岗位主要有订单处理员、仓管员、拣货员、补货员、配送员等。

1）订单处理员

（1）订单处理岗操作流程（如图1-31所示）。

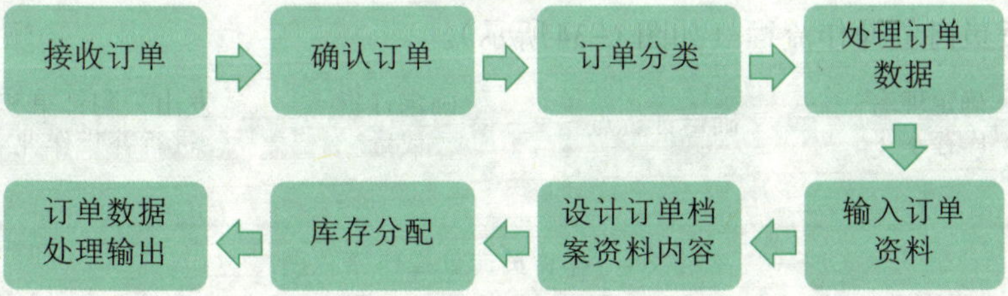

图1-31　订单处理岗操作流程图

（2）订单处理岗位职责范围。其包括：①接收订单资料；②在规定时间内，对客户的订单进行确认和分类，并判断与确定要配送货物的种类、规格、数量及送达时间；③建立客户订单档案；④对订货进行存货查询，并根据查询结果进行库存分配；⑤对处理结果进行打印输出，形成拣选单、出库单；⑥根据对应仓库/配送中心的单据进行出货作业。

2）仓管员

（1）仓管员岗位操作流程（如图1-32所示）。

（2）仓管员岗位职责。其包括：①熟悉货物品种、规格、型号、产地及性能，对货物进行标记，分类排列；②按规定做好出库验收、记账、发放工作，及时清仓，做到账账相

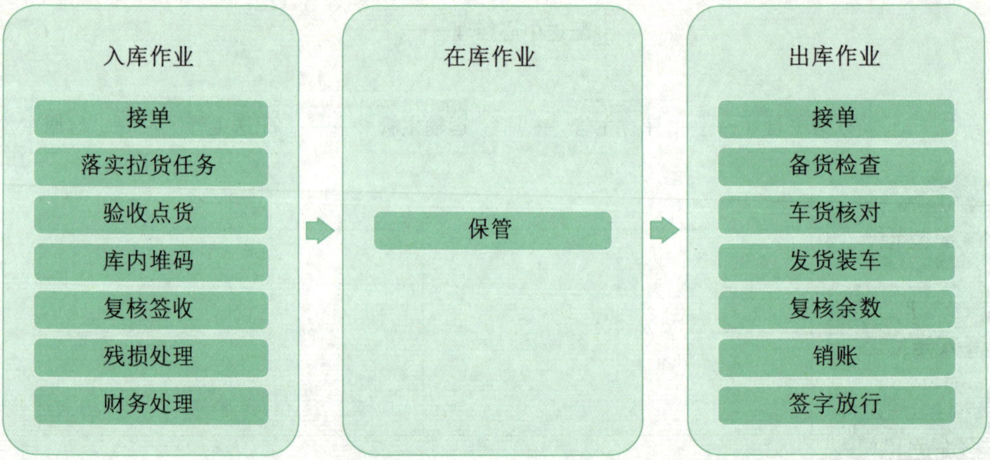

图1-32　仓管员岗位操作流程图

符、账实相符；③随时掌握库存动态，保证材料及时供应，切实提高周转效率；④做好安全管理工作，及时检查防火、防盗、防爆炸等设备设施，纠正不安全因素。

3）拣货员

（1）拣货员岗位操作流程（如图1–33所示）。

图1–33　拣货员岗位操作流程图

（2）拣货员岗位职责。其包括：①根据客户的订单要求，从储存货物中将客户所需货物分拣出来，放到货场指定位置，以备发货；②熟练掌握拣货作业流程，认真完成每日拣货作业；③撰写拣货作业总结和报告；④做好拣货设备的定期检查工作，如发现设备处于不良状态，及时向保养人员报告。

4）补货员

（1）补货员岗位操作流程（如图1–34所示）。

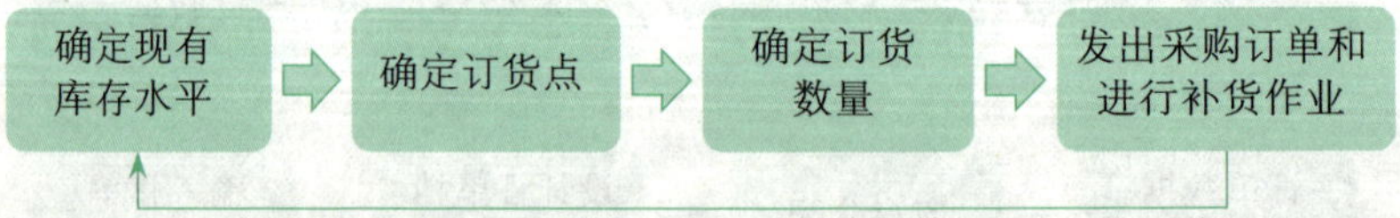

图1–34　补货员岗位操作流程图

（2）补货员岗位职责。其包括：①根据以往经验和相关统计数据，确定现有库存水平；②根据库存模型及计算机系统的计算结果，确定最优库存水平、最优订货量和订货点；③发出订购指令进行订购；④按补货程序进行补货操作。

5）配送员

（1）配送员岗位操作流程（如图1–35所示）

图1–35　配送员岗位操作流程图

（2）配送员岗位职责。其包括：①负责客户委托代理货物的运输安排与组织；②针对提货、送货等业务，与承运部门、客户加强联系，并就有关问题进行协调与处理；③负责将到车站、码头、机场、邮局提取货物的到货凭证以及发货单、结算单据等单证、资料交业务受理员；④熟悉各种运输方式的业务流程和要求，了解和掌握社会运输资源、有关信息和标准、交通路况，熟悉和掌握本单位的自有运输能力和车辆、设备状况。

1.6.2 常见的管理岗

不同配送企业的岗位设置有所不同，常见的管理岗位有配送经理、配送主管（见表1-15）。

表1-15 不同配送岗位职责

岗位	岗位职责范围
配送经理	➢对营运部负责，主持配送中心的日常管理工作，负责收货区进出的货物及相关单据的审核、把关，快速、准确地传递单据 ➢负责库存货物的调拨、送货和对账的管理工作 ➢确保收货区库存货物的质量完好、数量完整 ➢对货物进出过程中存在的问题及时处理，重大事件及时通报有关部门 ➢合理分配员工工作，负责下属员工的管理、监督、考核、培训 ➢监督检查防火、防盗、防鼠、防汛工作，负责仓库财产安全 ➢制订并实施本部门的配送计划，并对执行情况进行监控、评估 ➢建立和修订本部门的管理制度和实施细则，使其具备可行性和合理性 ➢积极配合各部门的工作，并协调处理各部门与本部门之间的相关工作
配送主管	➢做好配送中心的收货、退货、送货管理，以及有关单据的审核、把关工作，快速、准确地传递单据 ➢确保库存货物和配送货物包装完好、数量正确 ➢做好例会主持及下属员工的管理、监督、培训工作 ➢积极配合各部门的工作，并协调处理各部门与本部门之间的关系 ➢定期对仓库物品进行清查、整理，确保商品安全 ➢做好储存货物的盘点工作，做到账实相符 ➢负责往来单据及凭证的记录、整理工作，建立货物出入库台账，按期对账，并向财务交送对账单和各种有效单据 ➢监督检查防火、防盗、防鼠、防汛工作，严格执行安全消防规定，确保人身和财产安全 ➢熟练掌握各种装卸搬运设备，了解其基本功能，保证库区工作环境整洁

假如你想成为一名拣货员，你必须具备哪些能力？

基本训练

一、单项选择题

1. 自动化立体仓库又称为（　　）。

A.AS/RS 系统　　B.AGV

C.RGV　　D.WMS 系统

基本训练 1

2.以下不属于仓储基本功能的是（ ）。

A.基本功能　　B.增值功能　　C.社会功能　　D.存储功能

3.对批量拣取描述正确的是（ ）。

A.分别按每份订单拣选货物

B.多张订单汇总成一批，形成拣选汇总单，然后按照拣选单的指示一次性拣取商品，再根据订单进行分类

C.根据货物的品种、数量及出库频率，确定哪些货物适合按订单拣选，哪些货物适合按批量拣选，然后分别采取不同的拣选方式

D.从仓库保管区域搬运到拣选区的工作，其目的是确保商品能保质保量地按时送到指定的拣选区

4.关于分组编号法描述正确的是（ ）。

A.其又称流水编号法或延伸式编号，是最简单的编号法，即将阿拉伯数字或英文字母按顺序一直编下去

B.把数字分段，每一段代表一类具有共同特性的货物

C.按货物特性分成多个数字组，每个数字组代表该货物的一种特性

D.利用编号末尾数字，对同类货物进一步分类的编号方法

5.对配送中心配送描述正确的是（ ）。

A.一种销售配送形式，将商店经营的品种配齐，或代用户外订、外购部分商品，和本店经营的品种配齐后送达客户处

B.直接由本企业向用户配送，不需要将产品发送到配送中心进行配送

C.对仓库进行改造，在保证储存、保管功能的前提下增加一部分配送职能

D.专为配送设计，有配套完善的配送设施、设备和装备；实行计划配送

二、多项选择题

1.对于仓储角色定位，以下描述正确的有（ ）。

A.仓储是物流与供应链管理中的库存控制中心

B.仓储是物流与供应链管理中的调度中心

C.仓储是物流与供应链管理中的增值服务中心

D.仓储是现代物流设备与技术的主要应用中心

2.智慧仓储的特点包括（ ）。

A.仓储管理信息化　　B.仓储运行自动化

C.仓储决策智慧化　　D.仓储作业无人化

3.对智慧仓储管理的原则描述正确的有（ ）。

A.效率原则　　B.成本最小化原则

C.经济效益原则　　D.服务原则

4.对配送员岗位职责描述正确的有（ ）。

A.负责客户委托代理货物的运输安排与组织

B.就提货、送货等业务与承运部门、客户联系，并针对有关问题进行协调与处理

C.负责将到车站、码头、机场、邮局提取货物的到货凭证以及发货单、结算单据等单证、资料交业务受理员

D.熟悉各种运输方式的业务流程和要求，了解和掌握社会运输资源、有关信息和标准、交通路况，熟悉和掌握本单位的自有运输能力和车辆、设备状况

5.货物检查的主要内容包括（　　）。

A.品质检验　　B.数量核对　　C.号码核对　　D.状态检查

三、简答题

1.简述智慧仓储的主要特点。

2.简述仓储业务活动作业流程。

3 简述常见的智能仓储设备。

4.简述订单确认的类型和内容。

5.简述常用配送企业的组织结构类型。

四、实训题

实训目的：通过到商贸流通仓储企业参观见习，学生感受仓储环境，了解仓储工作任务、仓库工作的一般流程、仓储企业组织结构、仓储各岗位职责，并了解现代物流企业对仓储管理人员的素质要求。

实训方式：组织学生校外参观见习，校内完成见习调研报告。

实训内容及步骤：

（1）教师事先联系当地一家企业，主要是以仓储服务为主的商贸物流企业。

（2）学生每4人一组，每组设组长1名，全班根据人数分若干组。

（3）每位同学必须带笔记本和笔，及时做好记录，在允许拍照的情况下，拍摄一部分照片。

（4）教师带领学生到商贸物流企业参观见习，公司业务部经理负责接待。首先，经理对公司经营状况作简要介绍；其次，重点对仓储管理工作及人员安排进行详细介绍，对仓储人员的素质要求进行描述；最后，带领大家参观该企业的物流中心。物流中心根据存放物资类型的不同而分为不同的仓库，如食品仓、日用品仓、服装仓等。在这里还可以观摩流通加工工作。

（5）参观见习时，由企业工作人员负责介绍，学生记录、拍摄参观内容，并与企业工作人员交流。学生需重点了解仓储工作任务、仓库工作的一般流程、仓储企业组织结构、仓储各岗位职责。

实训结果：学生返校后以小组形式整理调研记录，总结企业仓储管理工作的主要内容及业务流程，并制作ppt，分组汇报展示。

项目二　智慧仓储布局规划

本项目思维导图

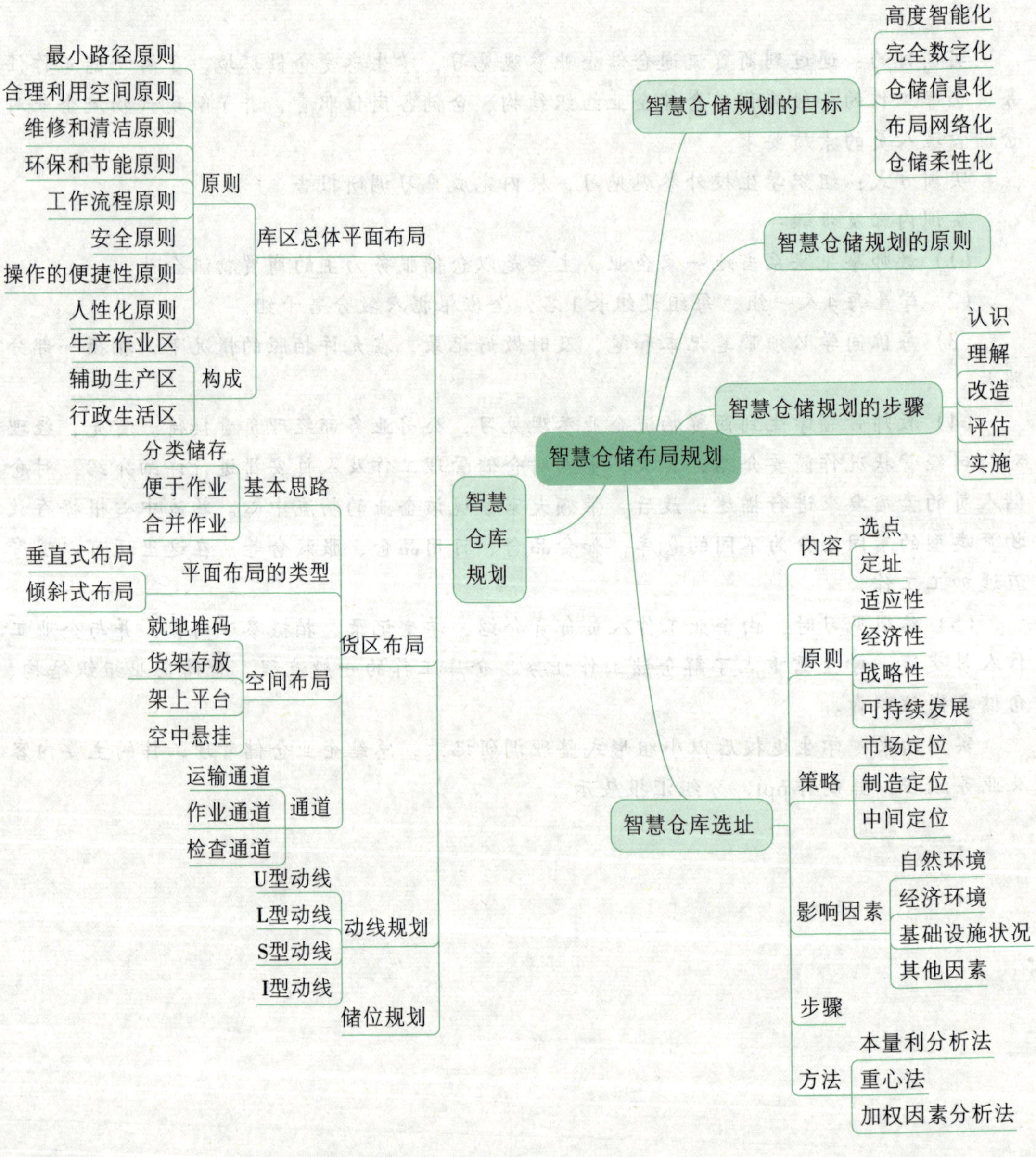

学习目标

知识目标：

(1) 了解智慧仓储规划的目标；

(2) 掌握智慧仓储的概念与特点；

(3) 理解智慧仓储的作业内容，掌握智慧仓储管理的内容及主要方法；

(4) 了解智慧仓库规划的原则和步骤；

(5) 了解智慧仓库选址的原则和策略；

(6) 掌握智慧仓库的选址方法：重心法、本量利分析法和综合因素分析法；

(7) 了解仓库总体平面布局的构成；

(8) 理解物流线的形式和功能。

能力目标：

(1) 能够根据智慧仓库目标完成选址分析；

(2) 能够完成仓库总体平面布局设计；

(3) 能够根据仓库作业流程完成库区动线规划。

素养目标：

(1) 培养学生与时俱进的能力，时刻关注行业新科技、新动态；

(2) 培养学生具备精益求精、一丝不苟的专业精神和素养；

(3) 培养学生理论和实践相结合的精神。

重难点：

(1) 遵循仓库选址的原则和策略，选择正确的选址方法完成仓库选址工作；

(2) 仓库内部物流动线规划；

(3) 仓储业务活动和配送业务活动。

案例导入

天津瑞海危险品仓库选址错误酿成大祸

2015年8月12日深夜，位于天津滨海新区天津港的瑞海国际物流公司危险品仓库发生特别重大火灾爆炸事故（以下简称天津港8·12瑞海公司爆炸事故），巨大的冲击波和漫天的烈焰，吞噬了165人的生命，8人失踪，重伤轻伤七百余人，方圆数千米范围内的楼宇住宅、堆场仓库遭到不同程度破坏，公私财产损失初步估算达数十亿元。对于这起中华人民共和国成立以来罕见的化学品特大火灾爆炸事故，原本国家规定的危险化学品仓库与周边建筑、交通干线应至少保持1 000米的红线，而瑞海物流仓库选址建设时却被突破。早在2001年，国家安监局就颁布了《危险化学品经营企业开业条件和技术要求》。其中，明确规定大中型危险化学品仓库应与周围公共建筑物、交通干线（公路、铁路、水路）、工矿企业等距离至少保持1 000米。

公开信息显示，瑞海物流仓库占地面积46 226.8平方米，在国家安监局的上述规定中，9 000平方米即属于大型仓库范围，应执行1 000米红线规定。

显然瑞海物流仓库并未执行上述规定。腾讯财经在地图中测距发现，距离物流仓库500多米处，为S11海滨高速、津滨轻轨，600多米处，则是万科海港城三期居民楼。

资料来源 作者根据网络相关资料整理.

1. 仓库选址要考虑哪些问题？
2. 建仓库要考虑哪些技术参数？

任务一　智慧仓储布局规划认知

仓储作为智能制造的后端环节，在产品多样化、个性化的趋势下，智慧仓储物流承担着提升效率、提升客户体验、提高企业核心竞争力的重任，随着大数据、物联网、机器人、传感器等技术的不断进步，智慧仓储作为以上技术的载体，将迎来高速发展。随着土地使用成本以及人工成本的增加，仓储费用也有明显的增加，降本增效是我国仓储行业未来发展的核心。合理规划设计智慧仓储，减少人工及土地的使用，降低物流费用是我国仓储行业发展的必经之路。智慧仓库的成功建设，可以帮助企业更加精准、高效地处理仓库日常业务，促进零件、半成品和成品的流通；有效提升作业效率，降低物流成本，合理控制库存，提高客户满意度，在激烈的竞争中保持领先地位。

2.1.1　智慧仓储规划的目标

智慧仓储在仓储管理业务流程再造基础上，利用RFID射频识别、网络通信、信息系统应用等信息化技术及先进的管理方法，实现仓储作业中入库、出库、盘库、移库管理等信息自动抓取、自动识别、自动预警等智能管理功能，以降低仓储成本、提高仓储效率、提升仓储智慧管理能力。

仓储规划是物流规划中的一个重要环节，决定了仓储作业的效率、夯实了作业便利性和数据准确性等方面的基础性。智慧仓储规划是指在一定区域或库区内，对智慧仓储的平面布局、仓库内设施设备等各种要素进行科学规划和整体设计。

从仓储物流行业的发展历程来看，我国物流仓储主要可分为人工仓储物流、机械化仓储物流、自动化仓储物流、集成自动化仓储物流以及智能自动化仓储物流阶段。目前，我国仓储物流行业正处于仓库管理升级的阶段，即自动化和集成自动化向智能自动化不断升级的阶段。随着信息技术的快速发展，仓储物流行业将联合工业互联网技术不断向智能化升级。因此，智慧物流大势所趋，也将推动物流行业降本增效快速发展。

不同企业推进智慧仓库升级的手段有所不同，但就其实质来看，智慧仓储的规划目标可归结为以下五个方面：

1）高度智能化

智能化是大数据时代下智慧仓储的显著特征。智慧仓储不只是自动化，更不局限于存储、输送、分拣等作业环节，而是仓储全流程的智能化，主要包括应用大量的机器人（AGV）、RFID标签、MES、WMS等智能化设备与软件，以及物联网、人工智能、云计算等技术。

2）完全数字化

智慧物流时代的一个突出特征是海量的个性化需求，想要对这些需求进行快速响应，就需要实现完全的数字化管理，将仓储与采购、制造、销售等多个供应链环节结合，在智慧供应链的框架体系下，实现仓储网络全透明的实时控制，快速准确满足客户需求。

3）仓储信息化

无论智能化还是数字化，其基础都是仓储信息化的实现，而这也离不开强大的信息系统的支持（见表2-1）。

表2-1　仓储信息化内容

特征	内容
互联互通	信息系统有效运作，必须将它与更多的物流设备、系统互联互通，以实现各环节信息的无缝对接，尤其是WMS、WCS等，从而确保供应链的流畅运作
完全准确	依托信息物理系统（CPS）、大数据等技术，实现网络全透明和实时控制的仓储环节，解决数据的安全性和准确性传递

4）布局网络化

在仓储智能化升级中，布局网络化是实现高效协同和全局优化的关键。其核心是通过物联网（IoT）、互联网、5G等技术，将仓储内的设备、系统、数据及外部供应链无缝连接，形成一个智能、实时、可扩展的协同网络。布局网络化是智能仓储的“神经系统”，通过连接人、机、货、系统，实现仓储运营的实时化、柔性化和智能化。

基于这样的网络化布局，仓储系统可以与整个供应链快速地开展信息交换，并实现自主决策，从而确保整个系统的高效率、准确运转。

5）仓储柔性化

在新零售和“大规模定制”时代，消费者需求的高度碎片化、个性化，使传统标准化仓储模式难以适应快速变化的市场。柔性化能力成为智慧物流的核心竞争力，其本质是通过技术、流程和组织的灵活性，实现仓储作业的快速响应、动态调整和高效协同，从而支撑个性化需求的高效履约。

2.1.2　智慧仓储规划的基本原则

智慧仓储规划必须遵循一定的原则，通过具体的需求分析，实现能力与成本的合理规划，使系统既能满足库存量和输送能力的需求，又能够降低设计成本。仓储规划应当视具体情况而定，为了做出更加完善合理的设计，仓储规划应当遵循以下8个原则：

1）总体规划原则

智慧仓储规划要遵循统筹规划思维，综合分析智慧仓储中物流、信息流、商流、资金流，合理地对它们进行集成与分流，从而更加高效、准确地实现物资流通与资金周转，实现“四流一体化”。

2）最小移动距离原则

物资移动的距离越短，所花费的时间和费用也就越少。为此，在进行仓储规划时，尽可能保持物资移动的路线保障物流畅通，避免路线交叉；保持仓库内各项操作之间的距离最短，物资和人员流动距离尽量缩短，以此来节省物流时间，降低物流费用。设备安排、操作流程尽可能使物流搬运和存储按自然顺序逐步进行，避免迂回、倒流的现象出现。

3）物资处理次数最少原则

仓储管理涉及大量物资处理作业，而每一次物资处理都需要耗费时间和费用，也可能形成安全隐患。在进行仓储规划时应当遵循物资处理次数最少原则，减少不必要的移动，或引入可以同时进行多个操作的设备。

4）充分利用空间、场地原则

充分利用空间，包括垂直方向与水平方向，在安排设备、人员、物品方面，最大限度地利用平面与空间，节省建设投资，但也必须保证设备能够顺畅作业。

5）成本和效益原则

成本与效益原则，就是要考虑投资成本和系统效益，在满足仓储管理需求的前提下，尽量减少投资成本。例如，根据周转箱尺寸大小选择合适的货架设计；根据存储物品的大小尺寸、品种、重量和数量等选择相应材质的货架；考虑仓储管理的需求，选择采购新型货架，优化布局等。

6）柔性化原则

智能时代的仓储环境复杂多变，仓储物的品种、规格和数量千变万化，客户需求千差万别。因此，在进行仓储规划时应当遵循柔性化原则，采购具备柔性的机械和机械化系统，并确保仓库可以扩大规模，能够保持一定的空间，以利于设备的技术改造和工艺的重新布置。

7）能力匹配原则

为了避免设备能力的浪费，设备的存储和输送能力要与系统的需求及频率相协调。例如，货架位置摆放应基于物资尺寸、周转箱灵活性强的要求，确保物资出入库方便快捷，先进先出，同时也要满足智慧仓储自动化存取作业的需求等。

8）安全性原则

设计过程中要充分考虑智能设备的运行安全、物品存储的安全性、操作人员的安全和方便等安全因素，堆垛层数要考虑地坪荷载、物资货箱自重、货物特性等综合因素，货架强度、刚度要满足载重需求。对于特殊物品（易燃易爆品等），应严格遵守国家相关法律、法规，同时加强仓库管理员职业培训，提升其道德修养。

仓储空间利用率不高在很大程度上是因为货架类型不合适、货架位置不合理、仓储设备选择不当、作业流程不合理等。因此，为了最大限度地提高仓储空间利用率，就要完善仓储布局规划。

请你说一下你心中的智慧仓储。

2.1.3 智慧仓储规划的步骤

企业在仓储规划中既要关注细节，又要注意顶层设计。仓储作为物流的一个重要战略节点，仓储规划的局限性会影响整个物流系统的全局性。需要按照以下步骤对仓库进行系统规划（如图2-1所示）：

图2-1 智慧仓储规划的步骤

1）认识——从供应链全局看仓储

仓储规划要从供应链的角度看，把供应链的结构当作一个工具来理解，了解我们要规划的仓储所处的环境。从这样的视角去规划可以带来以下好处：

（1）更具前瞻性。纵观全局，有助于更加清晰地理解当前所规划的节点在当前应该解决什么问题，可能出现什么风险，在未来可能会发生什么样的演变，帮助客户从专业和更为宏观的角度审视和理解后面将要陈述的方案。

（2）定位清晰。不同的仓储节点功能下的规划，所规划的要素参数不同，作业方式和效果可能完全不同，所以要从全局的角度把仓储定位弄清楚，规避可能出现的偏差。

2）理解——分析存储对象的特征

仓储中的核心对象主要是存储的物资，而物资的SKU较多，那么要进行科学合理的分类，就必须深刻理解并掌握仓储对象的特征，合理规划（见表2-2）。

表2-2　存储对象的特征

角度	内容
物理特性	分析物品的物理属性是对存储对象的基础性认识，分析所要规划对象的外形特征，长、宽、高，便于对容器和货位尺寸的规划，梳理存储对象所需要的存放条件的要求，比如温度要求、通风要求、消防要求、摆放要求等。物品物理属性的分析过程属于静态环境的分析，是首要的，也是必不可少的
数据特征	对仓储对象进行数据分析是非常重要的分析环节，通用的分析方式是EIQ（E是指Entry，I是指Item，Q是指Quantity，即从客户订单的订货次数、品项、数量等方面出发，进行配送特性和出货特性的分析），基于前面的物品分类，对其按订单、物品等多维度进行分析，找出分类对象在一个动态环境中的特征。物品的进出作业可能存在季节性，存在高频次和低频次，每天也存在多个批次
运作流程	在仓储规划中，串联整个仓储活动最重要的步骤之一是对流程进行分析或配置，为了对仓储流程分析得更清晰，可以构造一个流程的模型，分为多层级。第一层级是主要的几个作业活动，比如入库、理货、上架、分拣等；第二层级就可以按对象进行细分，不同的物品对象分类下可能会用到不同的流程或活动，比如有的物品只用一次分拣，有的需要二次分拣，有的甚至是越库操作，所以要按具体活动分清楚。越是精细的操作生产力评估，就越要进行细分，因为每个活动都会用到“资源”，产生成本

3）改造——核心在于设计仓储布局

前面的分析最终都会在仓储布局上进行直观体现，仓储布局实际是对仓储内的所有对象进行重组，这需要看精细程度。

（1）如果只是规划到大的功能区，那么可以将功能区作为对象进行拆分，通常主要功能区和次要功能区加在一起会有10～20个功能区（同类功能区可能会有多个分区），将这些功能区按照一定的逻辑进行布置就可以完成简单的仓储布局。

（2）如果需要做精细化的仓储布局，甚至要设计详细货位，那么相对会更复杂，随着技术的发展，更多的仓储会通过智能化的调度来实现仓储作业，这样的仓储布局会更加灵活，完全颠覆之前的布局。

(3) 如果仓储布局中对象拆分得很细，要求的效率很高，那么随机存储、"货到人"拣选这样的智能化方式会广泛应用，这样布局的方法会更多地使用启发式的算法来寻找最优解决方案。

4) 评估——系统评价

系统评价是仓储规划的一个非常重要的步骤，需要把仓储作为一个"系统"，才能最好地解释仓储规划的所有逻辑。

从作业流程的角度，把流程作业中人、设备、功能区等看作服务台，仓储中需要处理的货物形成队列，与服务台串联，上一个流程完成的作业，到下一个流程又形成了新的队列，这就是系统，有输入也有输出。通过仿真模拟作业过程中人、设备、设施的资源利用率，进而从仿真的角度对所规划的操作系统进行生产力评估。

请你描述一下智慧仓储规划过程中怎样利用好数据分析。

5) 实施——运作支持

仓储规划的落地实施需要考虑操作中所需要的设施设备、信息化系统和建筑条件。在规划中将流程进行细分，设备和信息化都按照流程中的操作需求进行匹配，并在系统评估的时候选出最佳方案。

(1) 设备配置。按照仓储规划的模型将仓储流程进行细分后，每一步操作都会按照流程活动进行，从系统模型的角度看，设备的操作无非是在处理"数据"。设备的配置根据规划的需求，如果规划有明确的预算，就可以把预算作为约束条件，来进行最后的配置。如果仓储追求示范效应，那么可以参考智能化的标准在合理范围内进行配置。总之，设备配置要追求科学的方式，遵循作业要求、高效运作、合理成本对设备配置的约束。

(2) 信息化需求。信息化是仓储规划的必备要素，大多数的仓储都有信息化工具，区别在于工具的功能是不是更加方便和符合现代化物流管理的要求。随着现代数字化供应链的推广，对仓储的信息化要求也越来越高，不论是从上下游模块间的对接，还是在数字化决策支持以及可视化管理方面都在不断迭代。

因此，以仓储流程中的实际需求为出发点，考虑整个仓储的功能定位。首先要对信息化要求做一个完整的架构，需要了解覆盖哪些模块，交付哪些数据，达到什么样的管理要求。然后对功能进行配置，与业务场景结合，这样才能实现一个既实用又具有扩展性和战略性考虑的信息化建设。

(3) 建筑设计。我们先考虑物流需求再进行仓库建设。因为从建筑的角度看，在一定的参数范围内进行设计和实施都是可以的，但是最后选择的参数对于仓储作业来说不一定是最合理的。越是复杂的仓储环境越需要优先考虑物流作业要求。在通过充分的仓储规划后，出具仓储功能区与设备的布局图纸，然后建筑设计院在此基础上进行建筑设计，如果有冲突的地方再协商调整。

2.1.4 智慧仓库选址规划

1) 智慧仓库选址原则

仓库位置的选定包括两方面的内容（如图2-2所示）：

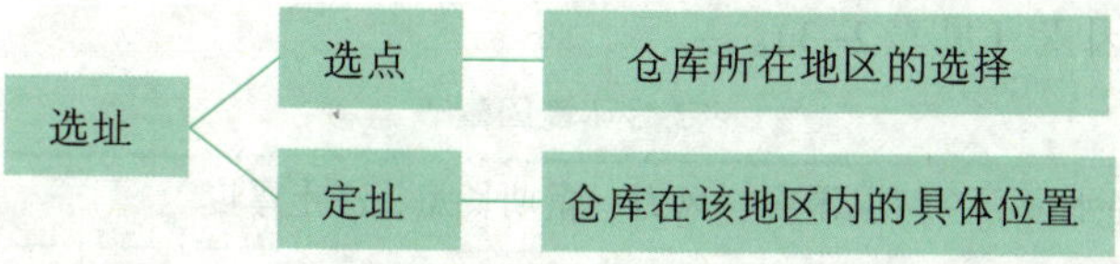

图2-2　选址内容

合理的厂址选择有利于充分利用人力、物力和自然资源；有利于促进该地区的经济发展；有利于保护环境和生态平衡。因此，仓库选址遵循以下原则：

（1）适应性原则，即仓库的选址要与国家及地区的产业导向、产业发展战略相适应，与国家的资源分布和需求分布相适应，与国民经济及社会发展相适应。

（2）协调性原则，即仓库的选址应将国家的物流网络作为一个大系统来考虑，使仓库的设施设备在区域分布、物流作业生产力、技术水平等方面相互协调。

（3）经济性原则，即选址的结果要保证建设费用和物流费用最低，既要考虑土地费用，又要考虑将来的运输费用。

（4）战略性原则，即要有大局观，一是要考虑全局，二是要考虑长远。

（5）可持续发展原则，主要指在环境保护上，充分考虑长远利益，维护生态环境，促进城乡一体化发展。

2）智慧仓库选址策略

微课 2-1

仓库选址策略

（1）市场定位策略。它是指将仓库选在离最终服务用户最近的位置，通过缩短“最后一公里”的配送距离，优先提升客户体验（如更快交付、更低运费），即使这可能增加上游供应商的运输成本。

市场定位策略最常用于食品分销仓库的建设，这些仓库通常接近所需服务的超级市场，使多品种、小批量库存补充的经济性得以实现。制造业的生产物流系统中把零部件或常用工具存放在生产线旁也是市场定位策略的应用，它可以保证适时供应。

影响这种仓库位置的因素主要包括运输成本、订货周期、产品敏感性、订货规模、当地货物运输的可获得性和所要达到的客户服务水平。

（2）制造定位策略。它是指将仓库设置在靠近生产工厂或原材料产地的位置，通过集中存储产成品，并利用规模化运输（如整车/集装箱运输）来降低物流成本。其核心逻辑是优先优化上游供应链效率，而非末端配送速度。

影响这种仓库位置的因素主要包括原材料的保存时间、产成品组合中的品种数、客户订购的产品种类和运输合并率。

（3）中间定位策略。它是指把仓库选在最终用户和制造商之间的中点位置。中间定位仓库的客户服务水平通常高于制造定位的仓库，但低于市场定位的仓库。企业如果必须提供较高水平的服务和由几个供应商制造的产品，就需要采用这种策略，为客户提供库存补充和集运服务。

3）仓库选址的影响因素

仓库选址需要考虑自然环境、经营环境、基础设施状况及其他因素四个方面的内容。

（1）自然环境因素（见表2-3）。

表2-3 **自然环境因素表**

气象条件	主要考虑降水量、空气温湿度、风力、霜期长短、冻土厚度
地质条件	土壤的承载能力，仓库是大宗物资的集结地，物资会对地面形成较大的压力，若地下存在淤泥层、流沙层、松土层等不良地质环境，则不宜建设仓库
水文条件	经过水文资料的分析，需要远离容易泛滥的大河流域上游的地下水区域，地下水位不能过高，故河道及干河滩不宜建设仓库
地形条件	仓库宜建在地势高、地形平坦的地方，避免山区及陡坡区，最好选择长方形地形

（2）经营环境因素（见表2-4）。

表2-4 **经营环境因素表**

政策背景	选择建设仓库的地方是否有优惠的物流产业政策，以及对物流产业的支持，这些将对物流业的效益产生直接影响。当地劳动力素质也是需要考虑的因素
物资特性	经营不同类型物资特征的仓库应该分布在不同区域，如生产型仓库的选址应与产业结构、产品结构、工业布局紧密结合进行考虑
物流费用	仓库应该尽量建在接近物流服务需求地，如大型工业区、商业区，以便缩短运输距离，降低费用等
物流服务水平	物流服务水平是影响物流产业效益的重要指标之一，所以在选择仓库地址时，要考虑能否及时送达。应保证客户无论在任何时候向仓库提出需求，都能获得满意的服务

（3）基础设施状况（见表2-5）。

表2-5 **基础设施状况表**

交通条件	仓库的位置必须交通便利，最好靠近交通枢纽，如港口、车站、交通主干道、铁路编组站、机场等，应该有两种运输方式相衔接
公共设施状况	要求城市道路畅通，通信发达，有充足的水、电、气、热的供应能力，有污水和垃圾处理能力

（4）其他因素（见表2-6）。

表2-6 **其他因素表**

国土资源利用	充分利用土地并节约用地，充分考虑地价的影响，还要兼顾区域与城市的发展规划
环境保护要求	要保护自然环境与人文环境，尽可能减少对城市生活的干扰，不影响城市交通，不破坏城市生态环境
地区周边状况	一是仓库周围不能有火源，不能靠近住宅区；二是仓库所在地周边地区的经济发展状况是否对物流产业有促进作用

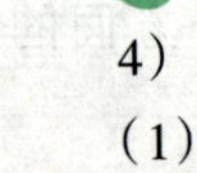

请你思考一下，仓库选址还需要考虑哪些因素？

4）仓库选址的步骤

（1）确定目标。仓库选址时，首先要确定建设仓库的必要性，明确所需仓库的类型、大小和所需达到的仓储服务水平。

（2）调查准备。其包括：①组织准备。由相关工程技术人员、系统设计人员和财务核算人员成立一个专门的工作小组。②技术准备。根据拟建新仓库的任务量大小和拟采用的存储技术作业设备对仓库占地面积进行估算。调查了解仓库所处地区自然环境、经济条件、交通运输条件、地震、地质、水文、气象等资料。

（3）现场调查。其主要任务是具体考察仓库地点的实际情况，掌握第一手资料，并进行综合分析，确定多个备选地址。

（4）提出选址报告。仓库选址报告主要包括如下几方面内容：

① 选址概述。简明扼要地阐述选址工作组组成情况，选址工作进行过程，选址依据和原则。简单介绍可供选择的几个地点，并推荐一个最优方案。

② 选址要求及主要指标。需阐明为了适应仓库作业的特点，完成仓库生产任务，备选地址应满足的基本要求。阐述各备选地址满足要求的程度。列出地址的主要指标，如仓库总占地面积、仓库存储能力、仓库职工总数、水电供需量。

③ 库区位置说明及平面图。说明库区的具体位置，四周距主要建筑物及大型设施的距离，附近的地形、地貌等，并画出区域位置图。

④ 建设时占地及拆迁情况。说明仓库建设占地范围内的耕地情况，拆迁户数及人口数，估计征地和拆迁总费用。

⑤ 当地地质、地震、气象和水文情况。说明选址的地质情况、地震烈度、水温和降水量、汇水面积、历史最高洪水位等。

⑥ 交通及通信条件。说明备选地的铁路运输、公路运输、水路运输、航空运输及通信的设施条件和可利用程度。

⑦ 地区协作条件。说明备选地供电、供水、供暖、排水等协作条件及设施共享的可行性。

⑧ 方案对比分析。对提出的多个备选地址，依照已经确定的原则和具体指标对比分析，分析每一个仓库选址方案的利弊得失。

（5）分析筛选。采用合适的方法分析各个选址方案并筛选出最佳方案，以便评价和确定方案。

（6）评价结果。从仓库建设的市场适应性、服务质量、建设费用、可行性等方面对筛选出的选址方案进行评价，并得出方案是否可行的结论。

（7）复核与确定选址方案。进一步复核筛选出来的仓库选址方案。如果复核通过，则该方案即为最终确定方案；如果经复核发现该方案不符合选址的目标和原则，则须重新进行分析筛选、评价、复核，直至选出最佳方案。

5）仓库选址方法

常用的仓库选址方法有：

（1）本量利分析法

微课 2-2

仓库选址方法

第一，本量利分析法的含义。本量利分析法是成本–产量（或销售量）–利润依存关系分析的简称，也称为CVP（Cost-Volume Profit）分析，是指在变动成本计算模式的基础上，以数学化的模型与图文来揭示固定成本、变动成本、销售量、单价、销售额、利润等变量之间的内在规律性的联系，为预测决策和规划提供必要信息的一种定量分析方法。

本量利分析（CVP分析）又称量本利分析（VCP分析）。它着重研究销售数量、价格、成本和利润之间的数量关系。它所提供的原理、方法也是企业进行决策、计划和控制的重要工具。

第二，假定条件。其包括：①无论厂址选在何处，产品的销售价格相同；②企业的收入增长与成本投入同比例增长；③产出在一定范围内，固定成本不变，只是变动成本随产量的增加而增加。

第三，分析原理。任何选址方案都有一定的固定成本和变动成本，不同的选址方案的成本和收入都会随仓库储量变化而变化。在同一储量点上选择利润最大的方案。

第四，计算方法——图示比较法（如图2-3所示）。其共分为三步：①确定每一备选地址的固定成本和可变成本；②在同一张图中绘制每一备选地址的总成本曲线；③寻找每一备选方案的盈亏平衡点，并取得不同备选地址在预定产量时的决策结果。

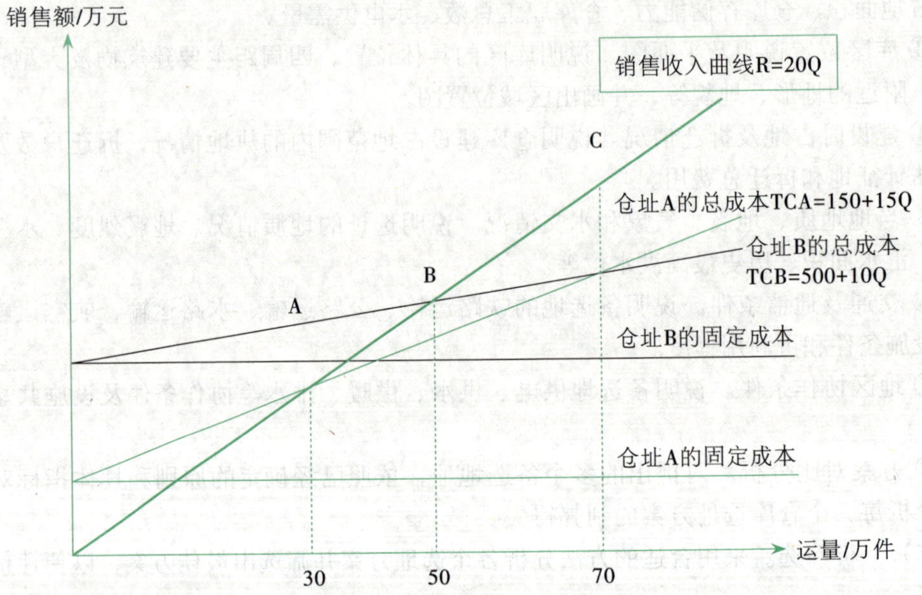

图2-3 本量利图示比较法

根据图2-3的信息可以明确：仓址A的总成本曲线与收入线交于A点，A点的运量为30万件，即仓址A的盈亏平衡点为30万件，说明运量超过30万件，仓址A才能获利；同理，仓址B运量超过50万件，仓址B才能获利；C点为两个仓址总成本曲线的交点，说明当运量超过70万件选择仓址B，运量小于70万件选择仓址A。

（2）重心法。它是指将物流系统中的需求点和资源点看成分布在某一平面范围内的物体系统，将各点的需求量和资源量分别看成物体的重量，那么物体系统的重心就是仓库的最佳设置点，然后通过求物体系统重心的位置来确定仓库位置。

第一，重心法的原理。利用费用函数求出由仓库至顾客间运输成本最小的地点，选址因素只包括运输费率和该点的货物运输量。

第二，重心法的假设条件。其包括：①货物需求集中于某一点（而实际上货物需求来自分散在广阔区域内的多个销售点）；②仓库在不同地点的建设费用和营运费用相同；

③运输费用与运输距离成正比；④运输路线为直线。

第三，问题描述。设有一系列点分别代表供给点和需求点，各自有一定量货物需要以一定的运输费率运向位置待定的仓库（或从仓库运出），该仓库如何选址？

选址因素：运输成本（运输费率和运输量）。

选址目标：总运输成本最小化。

$$T=\sum a_j w_j d_j \quad (1)$$

$$d_j=\sqrt{(x_d-x_j)^2+(y_d-y_j)^2} \quad (2)$$

$$T=\sum a_j w_j \sqrt{(x_d-x_j)^2+(y_d-y_j)^2} \quad (3)$$

式中：T——运输总成本；w_j——P_0到节点J的运输总量；a_j——P_0到节点J的运输费率；d_j——P_0到节点J的距离。

求解（x_d，y_d）使T最小：

（1）考虑d_j

$$x_d=\frac{\sum a_j w_j x_j/d_j}{\sum a_j w_j/d_j} \quad (1)$$

$$y_d=\frac{\sum a_j w_j y_j/d_j}{\sum a_j w_j/d_j} \quad (2)$$

（2）不考虑d_j

$$x_{d0}=\frac{\sum a_j w_j x_j}{\sum a_j w_j} \quad (1)$$

$$y_{d0}=\frac{\sum a_j w_j y_j}{\sum a_j w_j} \quad (2)$$

【例 2-1】某物流公司拟建一仓库负责向四个工厂进行物料供应配送，各工厂的具体位置与年物料配送量如右图所示，设拟建物流公司仓库对各工厂的单位运输成本相等。利用重心法计算确定物流公司的仓库坐标位置。

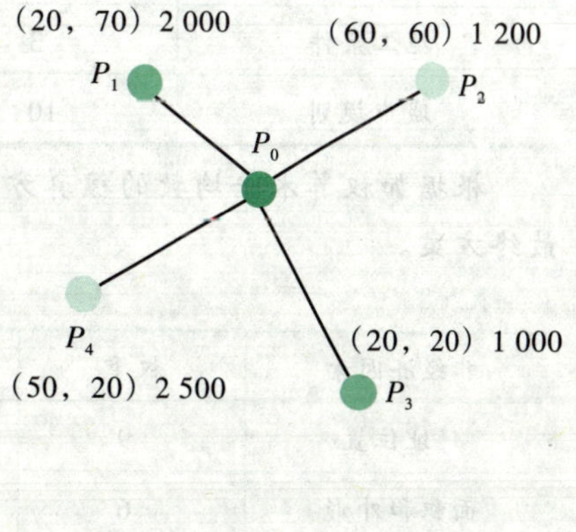

（1）$x_{d0}=\frac{\sum a_j w_j x_j}{\sum a_j w_j}$，

=（20×2 000+60×1 200+20×1 000+50×2 500）/（2 000+1 200+1 000+2 500）=38.4

（2）$y_{d0}=\frac{\sum a_j w_j y_j}{\sum a_j w_j}$

=（70×2 000+60×1 200+20×1 000+20×2 500）/（2 000+1 200+1 000+2 500）

= 42.1

（3）加权因素分析法。把选址方案的各种影响因素（定性、定量）划分成不同等级，并赋予每个等级一个分值，分值表示该因素对选址方案的满足程度；同时，根据不同因素对选址方案的影响重要程度设立加权值，利用加权算术平均数核算不同选址方案的综合评分，根据评分值的高低评价方案的优劣。

第一，加权因素比较法的步骤。其包括：①评价因素的确定。根据仓库选址的基本要求列出所要考虑的因素。②确定加权值。按照各因素的相对重要性赋予不同的权重，权重大小为1～10。③因素评价等级的确定。对每个备选厂址进行审查，并按每个因素由优到劣排出等级。可分为5个等级，分别赋分5、4、3、2、1。④初步评价。将每个因素的权重乘以其对应级别的赋分，得到该因素所得分数，将各因素所得分数相加，得出总分数。⑤最终评价，总分数最大者为选址方案。

第二，加权因素分析法的计算公式。

$$U=\sum_{i=1}^{n} W_i f_{ij}$$

式中，U——方案的总分；f_{ij}——第i个因素对方案j的评价等级分值；W_i——第i个因素的权重系数。

【例2-2】某仓库要在4个备选仓址中选择，专家对非经济因素的权重和评级分数进行了确定，具体信息见表2-7。根据加权算术平均数的核算方法，完成各方案的总评分，并选择最终方案。

表2-7　4个备选方案权重及评级分数表

非经济因素	权重	A	B	C	D
厂址位置	9	4	3	2	2
面积和外形	6	4	4	3	0
地势和坡度	2	1	3	2	2
风向、日照	5	3	3	2	2
铁路接轨条件	7	2	3	2	4
施工条件	3	2	0	3	4
城市规划	10	4	3	3	2

根据加权算术平均数的核算方法，完成各方案的总评分，计算结果见表2-8，并选择最终方案。

表2-8　4个备选方案总分数表

非经济因素	权重	A	B	C	D
厂址位置	9	36	27	18	18
面积和外形	6	24	18	12	12
地势和坡度	2	8	6	4	4
风向、日照	5	20	15	10	10
铁路接轨条件	7	28	21	14	14
施工条件	3	12	9	6	6
城市规划	10	40	30	20	20
各方案总分数		168	126	84	84

任务二　智慧仓储规划内容

2.2.1　库区总体平面布局

1）仓库布局的概念

仓库布局是指一个仓库的各个组成部门，如库房、货棚、货场、辅助建筑物、铁路专用线、库内道路、附属固定设备等，在规定范围内，进行平面和立体的全面合理的安排，即设计仓库总平面图。

2）仓库平面布局的要求

（1）要适应仓储作业过程的要求，要有利于仓储作业的顺利进行，适应仓储作业流程。确保库房、货棚、货场等储放场所的数量和比例与储存物资的数量和保管要求相适应，保证物资流动方向的合理性，减少运输距离和装卸环节，提高仓库面积利用率，并确保运输通畅和方便保管。

（2）要有利于提高仓库经济效益。总体布置时要考虑地形、地质等条件，因地制宜，避免不必要的土方工程，充分利用库内固定设备，如叉车、货架等，以提高设备效能和空间利用率。

（3）要有利于保证安全和职工的健康。库内各区域间、各建筑物间应留有适当的防火间距，并配备防火、防盗等安全设施。同时，库内布置应符合卫生要求，考虑通风、照明、绿化等情况，有利于职工的身体健康。

（4）仓库竖向布置。与总平面布置相适应，充分考虑库房、货场、专用线、道路、排水、供电等因素，进行综合平衡，满足仓储生产需要，方便作业，并符合安全生产要求。

（5）多层仓库的特殊要求。多层仓库在遵循单层仓库布置原则的基础上，还需遵守防火规范，确定最大占地面积、防火隔间面积和层数。在多层仓库中，轻便、周转快的物品应放置在较低层，且应遵循“上轻下重”的原则。当设有地下室时，地下室净空高度不宜小于2.2米，楼板载荷控制在2吨/平方米左右为宜。

总之，仓库的合理布局，以提高仓储效率、经济效益和安全性为核心要领。

3）仓库平面布局的原则

（1）最小路径原则。为了提高工作效率，仓库内的路径应最短。通过合理规划货架和储物区域的位置，减少员工在仓库内移动的时间和距离。同时，路径应考虑避开狭隘的区域，确保顺畅的货物流动。

（2）工作流程原则。仓库内部的工作流程应合理规划，使得货物可以按照顺序流动，并尽量减少人工搬运。不同的货物应分配到不同的区域，便于按照工作流程进行分拣、装载和出库。

（3）合理利用空间原则。仓库内部每一寸空间都应得到充分的利用。通过合理设定货架的高度和间距，以及合理布置储物区域，可以提高仓库的存储密度，增加存货的容纳量。但同时也需要注意货架的稳定性和货物的取放便利性。

（4）安全原则。仓库平面布局必须优先考虑员工的安全。货架和储物区域应遵循合理的承重原则，确保不会因过载或不稳定而造成事故。货物和设备的摆放应安全可靠，避免堆放过高或摆放杂乱导致的倒塌或伤害。

（5）维修和清洁原则。仓库内部的通道和工作区域应留出足够的空间，方便员工进行维修和清洁工作。设立必要的机械设备维护区域和保洁区域，充分考虑机械设备的操作和人员的安全。

（6）操作的灵活性原则。仓库平面布局应充分考虑未来的业务发展和变化。设计时要考虑到货物种类和数量的可能改变，以保证布局的灵活性和可调整性。合理设定货架和储物设备的位置，便于进行重新布局或新增设备。

（7）环保及节能原则。仓库平面布局应充分利用自然采光和通风。合理规划照明设备的位置和数量，以减少能源的浪费。同时，选择可回收和可再利用的材料，减少对环境的影响。

（8）人性化原则。仓库内部的工作区域和通道应根据员工的工作习惯和人体工程学进行合理规划。如设置符合人体工程学的工作台和工具架，减轻员工的劳动强度。同时，设置员工休息区和卫生间等设施，为员工提供良好的工作环境。

微课2-3

库区规划

4）仓库总体平面布局的构成

一个仓库通常由生产作业区、辅助生产区和行政生活区三大部分组成（见表2-9）。

表2-9 仓库功能区主要内容

区域	功能	主要建筑物
生产作业区	生产作业区是仓库的主体。仓库的主要业务和货物保管检验、包装、分类、整理等都在这个区域里进行	库房、货场、站台，以及加工、整理、包装场所等
辅助生产区	在辅助生产区内进行的活动是为主要业务提供各项服务	维修加工以及动力车间、车库、工具设备库
行政生活区	行政生活区由办公室和生活场所组成	办公楼、警卫室、化验室、宿舍和食堂等

（1）生产作业区。它是仓库的主体部分，是货物储运活动的场所，主要包括储货区、运输专用线、道路、装卸台等。储货区是储存保管的场所，具体分为库房、货棚、货场。货场不仅可以存放货物，同时起着货位周转和调剂的作用。运输专用线、道路是库内外的货物运输通道，货物的进出库、库内货物的搬运，都要通过这些运输线路。专用线应与库内道路相通，保证畅通。装卸台是供货车或汽车装卸的平台，有单独站台和库边站台两种，其高度和宽度应根据运输工具和作业方式而定。生产作业区结构组成如图2-4所示。

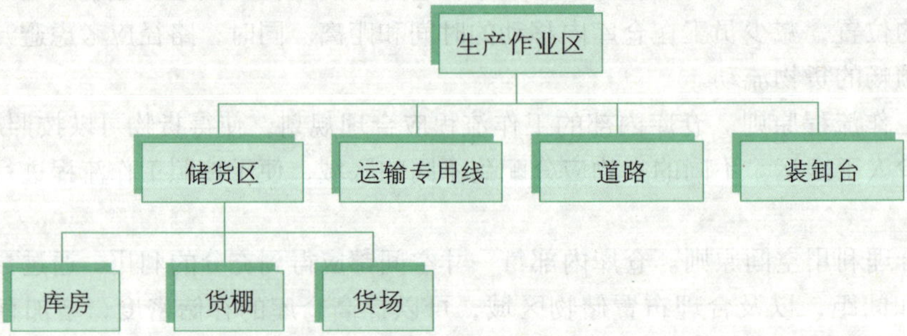

图2-4 生产作业区结构组成图

（2）辅助生产区。它是为了货物储运保管工作服务的辅助车间或服务站，包括车库、变电室、油库、维修车间等（如图2-5所示）。

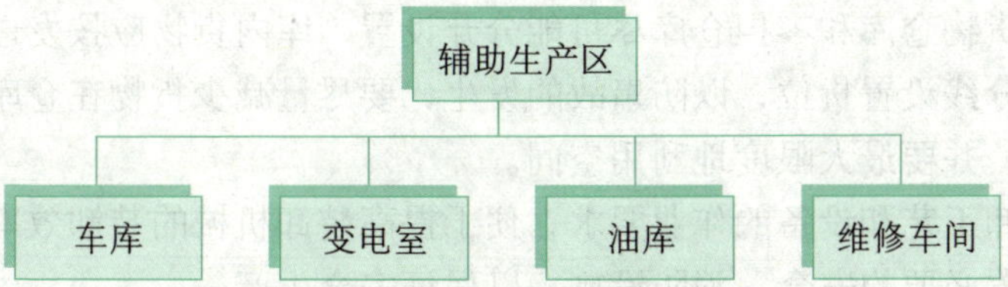

图2-5　辅助生产区结构组成图

（3）行政生活区。它是仓库行政管理机构和生活区域。行政生活区一般设在仓库入库口附近，便于业务接洽和管理，与生产作业区应分开，并保持一定距离，以保证仓库的安全及居民生活的安静。

不同功能库区比例见表2-10。

表2-10　不同功能库区比例表

区域库区名称	占比
合格品储存区面积占总面积	40%～50%
通道占总面积	8%～12%
待检区及出入库收发作业区占总面积	20%～30%
集结区占总面积	10%～15%
待处理区和不合格品隔离区占总面积	5%～10%

假如你的家乡要建立一个生鲜仓库，占地面积1 000m²，请你帮忙规划库区各区域的占地面积。

2.2.2　仓库内部布局

仓库是仓库管理人员工作的主要场所，同时也是商品存储的主要空间。通过对仓库内部空间进行合理规划，不仅能够增加仓库的存储容量，而且还能保证仓库活动中各项作业协调、高效地运作。

库内布局规划，是指根据仓库场地条件、仓库业务性质和规模、物资储存要求以及技术设备的性能和使用特点等因素，对仓库各组成部分，如存货区、理货区、配送备货区、通道以及辅助作业区等，在规定的范围内进行平面和立体的合理安排和布置，最大限度地提高仓库的储存能力和作业能力，并降低各项仓储作业费用。库内的货区布局和规划是仓储业务和仓库管理的客观需要，其合理性直接影响到各项工作的效率和储存物资的安全。

1）库内布局原则

（1）尽可能采用单层设备，造价低，资产的平均利用效率高。

（2）货物在出入库时尽可能单向和直线运动，避免逆向操作和大幅度变向的低效率运动。

（3）采用高效率的物料搬运设备及操作流程。

（4）规划有效的存储计划。储存过程既能对所储存的货物提供足够的便利与保护，又能充分利用现有的存储空间。

（5）考虑物料搬运设备大小、类型、转弯半径的限制后，尽量减少通道所占用的空间。

（6）尽量利用仓库的高度，有效地利用仓库的容积。

2）库内布局的功能要求

（1）仓库位置应便于货物的入库、装卸和出库，库内区域划分明确、布局合理。

（2）集装箱货物仓库和零担仓库尽可能分开设置，库内货物应按发送、中转、到达货物分区存放，并分线设置货位，以防事故的发生，要尽量减少货物在仓库的搬运距离，避免任何迂回运输，并要最大限度地利用空间。

（3）满足装卸工艺和设备的作业要求，便于提高装卸机械的装卸效率。

（4）仓库配置必要的安全、消防设施，以保证安全生产。

（5）仓库货门的设置，既要考虑集装箱和货车集中到达时的同时装卸作业要求，又要考虑由于增设货门而造成堆存面积的损失。

3）货区布局

货区布局的目的一方面是提高仓库平面和空间的利用率；另一方面是提高物品保管质量，方便进出库作业，从而降低物品的仓储处置成本。

（1）货区布局的基本思路（如图2-6所示）。

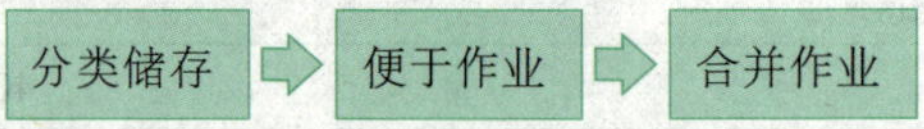

图2-6 货区布局思路

货区布局的主要内容见表2-11。

表2-11 货区布局的主要内容

步骤	内容
分类储存	➢基于物品特性分区分类储存，将特性相近的物品集中存放 ➢将单位体积大、单位质量大的物品存放在货架底层，并且靠近出库区和通道
便于作业	➢周转率高的物品存放在进出库装卸搬运最便捷的位置
合并作业	➢将同一供应商或者同一客户的物品集中存放，以便进行分拣配货作业

（2）平面布局。它是指对货区内的货垛、通道、垛间距、收发货区等进行合理的规划，并正确处理它们的相对位置。平面布置的形式可以概括为垂直式和倾斜式。

第一，垂直式布局。它是指货垛或货架的排列与仓库的侧墙互相垂直或平行，具体包括横列式布局、纵列式布局和纵横式布局。

①横列式布局（如图2-7所示）：是指货垛或货架的长度方向与仓库的侧墙互相垂直。这种布局的主要优点是主通道长且宽，副通道短，整齐美观，便于存取和查点，且有利于通风和采光。

图2-7 横列式布局

②纵列式布局（如图2-8所示）：是指货垛或货架的长度方向与仓库侧墙平行。这种布局的优点主要是可以根据库存物品在库时间的不同和进出频繁程度安排货位；在库时间短、进出频繁的物品放置在主通道两侧，在库时间长、进出库频率低的物品放置在里侧。

图2-8　纵列式布局

③纵横式布局（如图2-9所示）：是指在同一保管场所内，横列式布局和纵列式布局兼而有之，可以综合利用两种布局的优点。

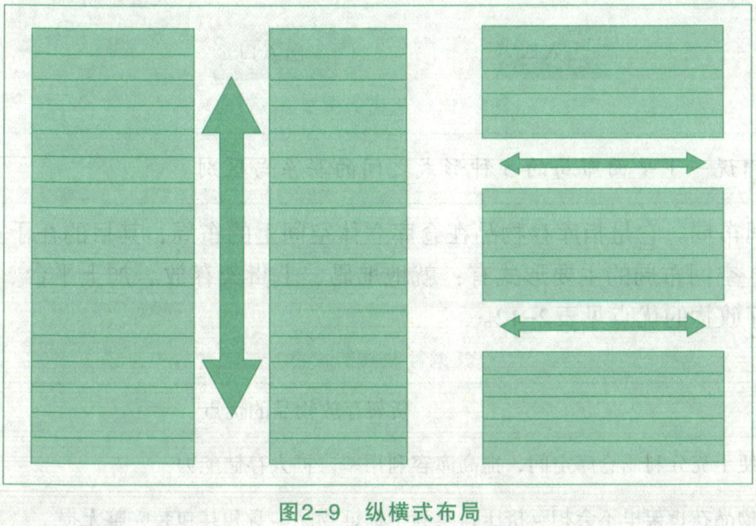

图2-9　纵横式布局

第二，倾斜式布局。它是指货垛或货架与仓库侧墙或主通道成60°、45°或30°夹角，具体包括货垛倾斜式布局和通道倾斜式布局。

①货垛倾斜式布局（如图2-10所示）：是横列式布局的变形，它是为了便于叉车作业、缩小叉车的回转角度、提高作业效率而采用的布局方式。

②通道倾斜式布局（如图2-11所示）：是指仓库的通道斜穿保管区，把仓库划分为具有不同作业特点的区域，如大量存储和少量存储的保管区等，以便进行综合利用。采用这种布局形式的仓库内部复杂，货位和进出库路径较多。

图2-10 货垛倾斜式布局

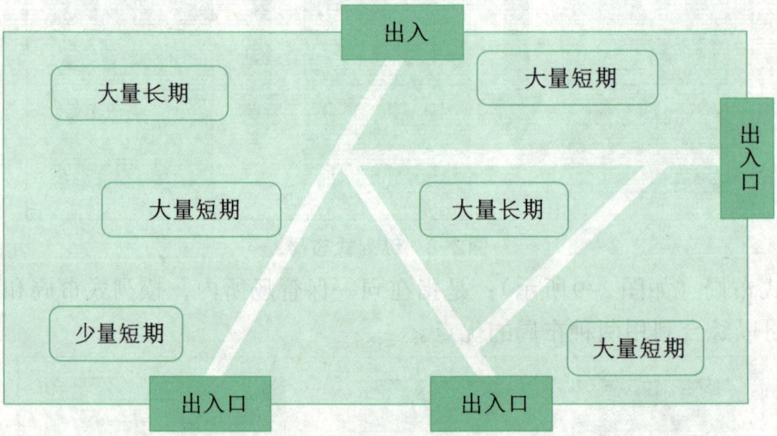

图2-11 通道倾斜式布局

请你说一下平面布局的5种形式之间的联系与区别。

（3）空间布局。它是指库存物品在仓库立体空间上的布局，其目的在于充分有效地利用仓库空间。空间布局的主要形式有：就地堆码、上货架存放、加上平台、空中悬挂等。其中，货架存放物的优点见表2-12。

表2-12 货架存放物的优点

序号	货架存放物品的优点
1	便于充分利用仓库空间，提高库容利用率，扩大存储能力
2	物品在货架里不会相互挤压，有利于保证物品本身和其包装完整无损
3	货架各层中的物品可随时自由存取，便于做到先进先出
4	物品存入货架可防潮、防尘，某些专用货架还能起到防损伤、防盗、防破坏的作用

（4）通道。库房内的通道分为运输通道（主通道）、作业通道（副通道）、检查通道。

第一，运输通道。其供装卸搬运设备在库内行走，其宽度主要取决于装卸搬运设备的外形尺寸和单元装载的大小。运输通道的宽度一般为1.5～3米。如果使用叉车作业，其通道宽度可以通过计算求得。当单元装载的宽度不太大时，可利用下式计算：

$A = P + D + L + C$

式中：A——通道宽度；P——叉车外侧转向半径；D——货物至叉车驱动轴中心线的间距；L——货物长度；C——转向轮滑行的操作余量。

第二，作业通道。它是供作业人员存取、搬运物品的行走通道。其宽度取决于作业方式和货物的大小。当通道内只有一人作业时，其宽度可按下式计算：

$a = b + l + 2c$

式中：a——作业通道的宽度；b——作业人员身体的厚度；l——货物的最大长度；c——作业人员活动余量。

一般情况下，作业通道的宽度为1米左右。

第三，检查通道。它是供仓库管理人员检查库存物品的数量及质量时行走的通道，其宽度只要能使检查人员自由通行即可，一般为0.5米左右。

想一想　仓库内部消防安全通道如何设置？

2.2.3　物流动线规划

1）仓库功能区域

仓库功能区布局如图2-12所示。仓库不同功能区的功能见表2-13。

图2-12　仓库功能区布局图

表2-13　仓库不同功能区功能

功能区名称	功能区功能
收货区	用于入库商品的清点核对（数量检验）、外观检验（质量检验）、入库交接、入库暂存等操作
存储区	用于在库商品的储存和保管，根据需要，有些仓库又将储存区划分为平面储存区（地面堆码存放）和货架储存区（使用货架存放）
拣货区	存拣合一模式：即直接从储存区拣货，存储区也为拣货区 另设拣货区：先将待拣物品从储存区移动到拣货区，在拣货区按单拣货，这种方式可以减少拣货人员的行走距离，提高工作效率，适用于拣货品种较少的场合
出库区	用于出库商品的暂存、扫描复核、包装、称重、贴标签等操作
退货处理区	用于退换货的登记、质检、包装，退货上架前和次品退仓前的暂存操作

微课2-4

动线规划

2）仓库动线

（1）仓库动线规划的原则。其包括：①不迂回：防止无效搬运。②不交叉：避免动线冲突，搬运不安全。③动线最佳化：一般通过行走距离最小原则来进行精确的计算，但是由于方法复杂而且缺乏准确、充分的数据，所以在实际操作中往往根据货物整体的进出货特性选择合适的动线模式。

（2）仓库动线认知。仓库动线是指由人或物在仓库内移动形成的一系列的点连接而成的线。拣货员由拣货设备存放区至某个拣货储位再到其他储位，最后至复核区，这一系列的点构成的线即拣货动线。在实际操作过程中，往往根据行走距离最短、整体进出货的特征选择合适的动线类型。其具体包括以下几种：

第一，U型动线。其布局的特点是适用于库存品流动具有强烈的ABC特征，即少量的SKU具有高频率出入库活动的仓库，可以应对进出货高峰同时发生的情况。

U型物流中心的出、入货台集中在同一边，只需在物流中心其中一边预留货车停泊及装卸货车道，一方面，可以更有效地利用物流中心的外围空间；另一方面，也可以集中货台管理，减少货台监管人员数目。

U型动线示意图如图2-13所示。U型动线优缺点见表2-14。

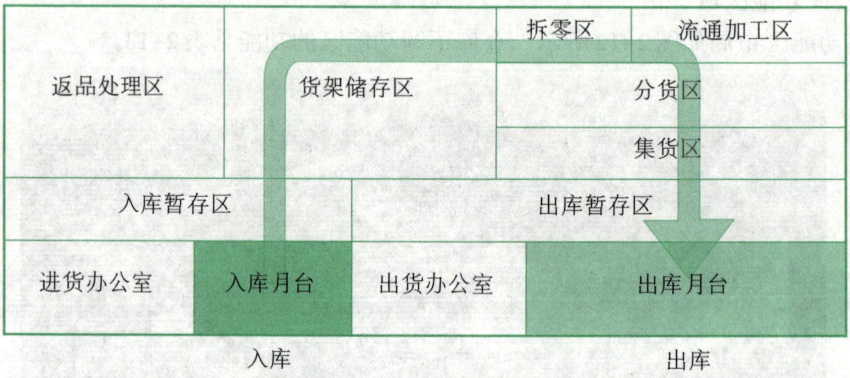

图2-13 U型动线示意图

表2-14 U型动线优缺点

优点	缺点
存储区靠里布置，比较集中，可以充分利用	货物行走路线复杂，拣货效率不高
便于越库作业	同一车道供车辆出入，进出货高峰期容易造成拥堵
—	仓库的增值服务能力不强

第二，I型动线。它可以应对进出货高峰同时发生的情况；常用于接收相邻加工厂的货物，或用不同类型的车辆来出货和发货。适合一些快速流转的货物，进行集装箱或是货物转运业务。

I型动线物流出、入货台相距甚远，增加货物的整体运输路线，降低效率；出、入货台分布在物流中心的两旁，需最少两队保安小组负责两个货台的监管，增加了人员投入及运作成本。

I型动线优缺点见表2-15。I型动线示意图如图2-14所示。

表2-15　**I型动线优缺点**

优点	缺点
货物中转效率高	货物流动性强，不利于存储时间较长的物品
进、出库作业区互不干扰，可以应对进出库高峰期同时发生的情况	进出库车辆占用仓库外围空间较大，整个库区仓储利用率不高
—	仓库的增值服务能力不强

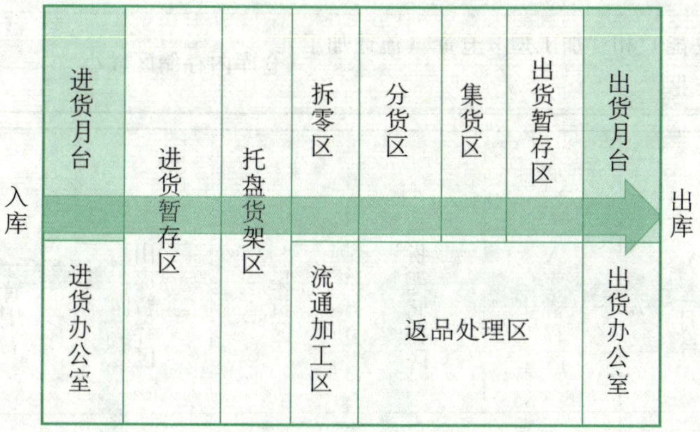

图2-14　I型动线示意图

第三，L型动线。它可以应对进出货高峰期同时发生的情况；适合越库作业的进行；可同时处理“快流”及“慢流”的货物。仓库通常同时处理“快流”及“慢流”的货物，把“快流”的货物储存在L型流向范围内，把“慢流”的货物储存在L型流向范围外，按货物的搬运频率有效利用物流中心内的各功能区。

L型动线的优缺点见表2-16。L型动线示意图如图2-15所示。

表2-16　**L型动线优缺点**

优点	缺点
进出库作业不在同一侧，可以应对进出库高峰期同时发生的情况	货物拣取流程较长，出库作业效率不高
适合有库存（存储功能）和“加工型”仓库（流通加工功能）同时并存的作业	进出库的车辆占用仓库外围空间较大，整个库区仓储利用率不高

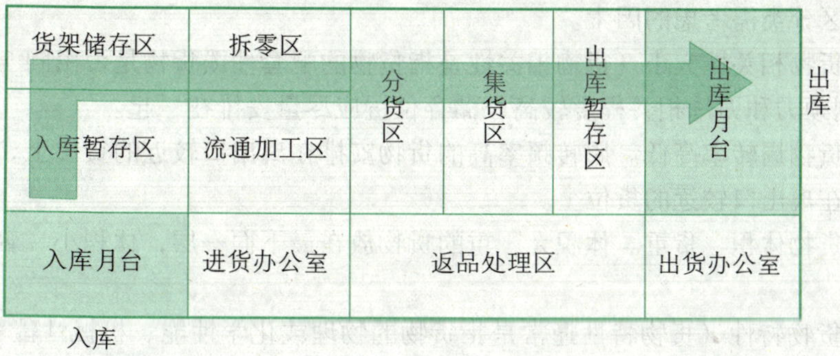

图2-15　L型动线示意图

第四，S型动线。S型布局形式是指出货区和进货区设置在仓库相对的两侧，货物可以在仓库里完成流通加工等作业。货物的“进-存-出”形成了类似“S”形的移动路线，即S型布局形式。

S型动线的优缺点见表2-17。S型动线示意图如图2-16所示。

表2-17 **S型动线优缺点**

优点	缺点
可以满足流通加工等多种作业的需要	货物行走路线复杂；拣货效率不高
适合有库存（存储功能）和“加工型”仓库（流通加工功能）同时并存的作业	仓库内存储区较小

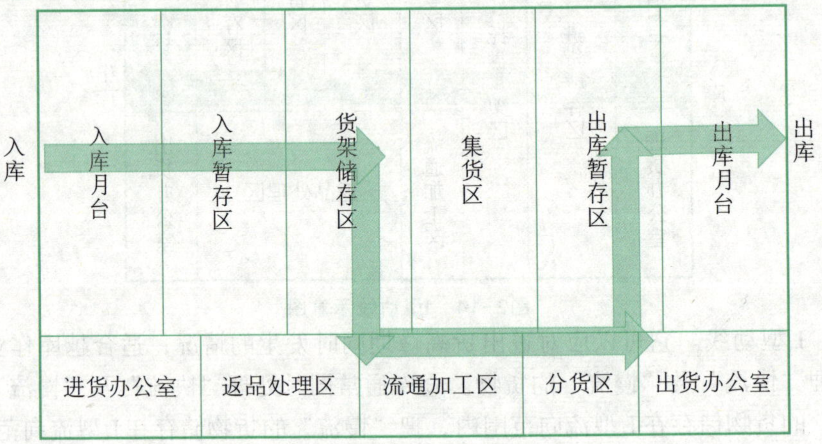

图2-16 S型动线示意图

请对比分析一下四种动线的优缺点和适用条件。

2.2.4 储位规划

1）库区的分区分类

库区的分区分类储存是根据“四一致”的原则把仓库划分为若干保管区域，把储存的货物划分为若干类别，以便统一规划储存和保管。其中，“四一致”主要指性能一致、养护措施一致、作业手段一致、消防方法一致。

(1) 分区分类需考虑的因素。

第一，货物相关性大小（货物相关性是指货物的配套性或货物是否由同一家顾客所订购等）。如剃须刀和刀片相关程度较高，储存位置应尽量安排在一起。

第二，货物周转率高低。周转频率高的货物安排在离出口较近的货位上，周转频率低的货物安排在离出口较远的货位上。

第三，货物体积、货重。体积大、重的货物放在最下面一层，体积小、轻的货物放在上层。

第四，货物特性（货物特性通常是指货物的物理或化学性能、机械性能等）。货物属性相同的放在一起，如食品类、日化类、家电类、服装类分别存放，这样存放利于保管。

（2）分区分类的方法。由于仓库的类型、规模、经营范围、用途各不相同，各种仓储货物的性质、养护方法也迥然不同，因而分区分类储存的方法也有多种，需统筹兼顾，科学规划。常见的分区分类方法有4种（见表2-18）。

表2-18　不同分区分类法内容

方法	内容
按储存物品性质不同划分	按照库存物品的理化性质进行分类管理，如化工品区、纺织品区、金属材料区、冷藏品区等。在这种分类方式下，理化性质相同的物品集中堆放，便于仓库对库存物品采取相应的养护措施，同时还便于对同种库存物品进行清仓盘点
按储存物品货主划分	根据物品的所有权关系来进行分区分类管理，以便于仓库发货或货主提货，如家乐福区、沃尔玛区
按储存物品流向划分	根据物品的发货区域来进行分区分类管理，以便于仓库快速发货。这类方法在快递行业运用较普遍
按储存物品储存条件划分	根据物品的储存条件进行分区分类管理，以便将储存条件相近的货物集中保管，保证货物的保管质量。如普通库、冷藏库等

想一想　生鲜类产品蔬菜、水果、肉禽蛋可以混合存储吗？

（3）分区分类规划的原则。

第一，存放在同一货区的物品必须具有相容性，即性质互相影响、互相抵触的不能同库保存。例如气味容易挥发的货物不能与易串味的物品放在一起，如汽油、香料和食品、面粉等不能存放在一起。容易受到污染的电子类零部件不能与易散发灰尘的物品存放在一起。

第二，保管条件不同的物品不混存。当物品保管要求的温度、湿度等条件不同时，不宜把它们放在一起，因为在一个保管空间同时满足两个或多个保管条件是不可能的，且是不经济的。

第三，作业手段不同的物品不混存。当存放在同一场所中的物品体积和重量悬殊时，将严重影响该区域所配置设备的利用率，同时还提升了作业组合的复杂性、作业难度及作业风险，作业效率会下降。

第四，灭火措施不同的物品决不能混存。灭火方法不同的物品存放在一起，不仅大大增加安全隐患，而且灭火控制的难度和危险性也增加了。

2）储位编码

储位是货物存放的位置，它是在分区分类和划分好货位的基础上，将仓库范围的房、棚、场以及库房的楼层、仓间、货架等按地点、位置顺序编列号码，并做出明显标识。一封信只有在收信人地址、姓名都写清楚的条件下才能被迅速准确地送到收信人手中。储位编号好比货物的地址，而货物编码就如同姓名一般，通过它们可以在仓库中迅速地找到货物，为货物存取工作方便、快捷地开展提供了条件。

在物品收发作业过程中，按照货位编号可以迅速、方便地进行查找，不但提高了作业效率，而且有利于减少差错。

（1）库房编号。把整个仓库的所有储存场所，以其地面位置按顺序编号。库房的号码可统一写在库房外墙上或库门上。编号要清晰、醒目，易于查找（如图2-17所示）。

图2-17　库房编号示意图

（2）库房内货架编号。根据库内业务情况，按照库内主干道、支干道分布，划分为若干货位，按顺序以各种简明符号与数字，来编制货区、货位的号码，并标于明显处（如图2-18所示）。

图2-18　库房内货位编号示意图

（3）货架上货位编号。可先按仓库内的货架进行编号，然后再对每个货架的货位按层、位进行编号。通常采用的是“四号定位”方法。

（4）储位编码的方法。其通常采用“四号定位”法，其中“四号定位”法有四个要点（如图2-19所示）。

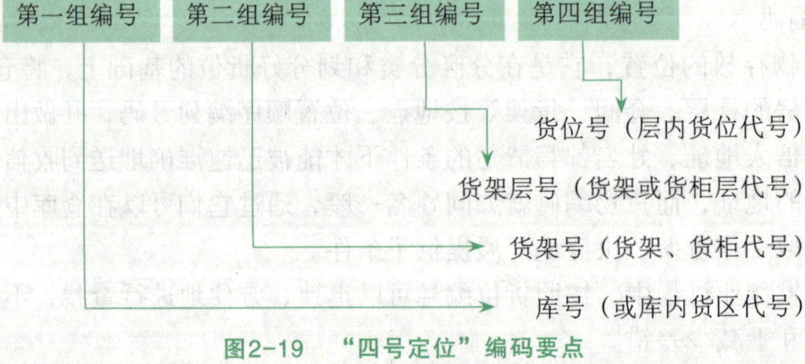

图2-19　“四号定位”编码要点

四号定位法，即库号-货架号-货架层号-货位号，编码规则如图2-20所示。

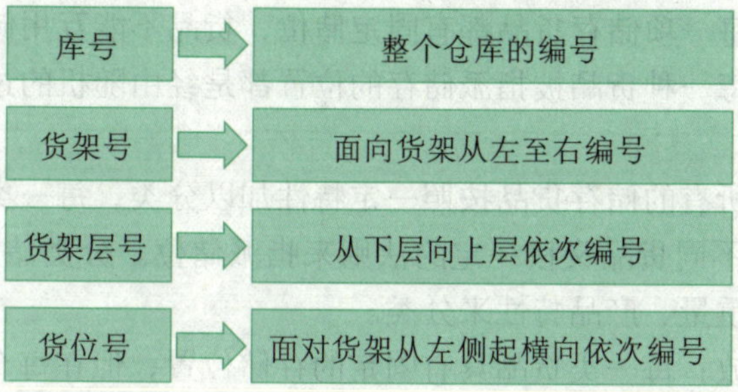

图2-20　“四号定位”法编码规则

例如，储位编号3242中：

第一位数字：3——表示仓库号码，即货物存放在3号库；

第二位数字：2——表示分区号码，即三号库的2号分区中；

第三位数字：4——表示分区中货架的排次号码，即3号库中的第二分区的4号货架；

第四位数字：2——表示货架的层次号码，即该区4号货架的第二层货位。

请你利用“四号定位”法描述一下编号为2—12—3—14的货物存放位置？

（5）储位编码的作用。

第一，为进出货、拣货、补货等工作人员存取货品提供位置依据，以方便货品进出、上架及查询，节省重复寻找货品的时间，从而提高运作效率。

第二，可让仓储及采购管理人员了解、掌握储存空间，以控制货品存量。

第三，可避免货品胡乱堆置致使过期而报废，并可有效掌握存货而降低库存量。

（6）储位编码的要求。做好储位编码工作，应根据不同仓房条件、货物类别和批量的整零情况，做好货位划分及编排序号工作，以符合“标志明显易找、编排循规有序”的要求。

第一，标志设置要适宜。储位编码的标志设置要因地制宜，采取适当方法，选择适当位置。例如，仓库标志，可在库门外挂牌；多层建筑库房的走道、支道、段位的标志，一般都刷置在水泥或木板地坪上，但存放粉末类、软性笨重类货物的库房，其标志也有印制在天花板上的；泥土地坪的简易货棚内的货位标志，可利用柱、墙、顶、梁刷置或悬挂标牌。

第二，标志制作要规范。目前，仓库货位编号的标志制作很不规范统一，可谓多种多样。例如，有以甲乙丙丁为标志的；有以ABCD为标志的；也有以东西南北为标志的。这样很容易造成单据串库，货物错收、错发事故。若统一使用阿拉伯数字制作货位编号标志，则可以避免以上弊病。另外，制作库房、走道和支道的标志，可在阿拉伯数字外，辅以圆圈标示。可用不同直径的圆圈标示不同处的标志。

第三，编号顺序要一致。仓库范围内的库房、货棚、货场以及库房内的走道、支道、储位的编号，基本上都以进门的方向左单右双或自左而右的规则进行。

第四，段位间隔要恰当。段位间隔的宽窄，应取决于货种及批量的大小。编排段号时，管理人员可沿着货物画线，通常保持间隔1～2米。整个仓间段号间隔应该等距，这除了有利于管理人员正确掌握存货位置、加速发货和据此填报空仓外，还有利于其从间隔的段号上推算出仓间或走支道的深度和宽度。

3）储位管理策略

（1）定位储存：每一项储存货品都有固定储位，货品不能互用储位。

（2）随机储存：每一种货品被指派储存的位置都是经由随机的过程产生的，而且可经常改变。

（3）分类储放：所有的储存货品按照一定特性加以分类，每一类货品都有固定储放的位置，而同属一类的不同货品又按一定的法则来指派储位。分类储放通常按产品相关性、流动性、产品尺寸和重量、产品特性来分类。

（4）分类随机储放：每一类货品具有固定的存储位置，但在每个存储区内的储位指派是随机的。

（5）共同储放：在确定知道各货品的进出仓库具体时间的前提下，不同的货品共用相同储位。

基本训练

基本训练2

一、单项选择题

1.以下关于智慧仓储规划信息化的描述，正确的是（　　）。

A.任何设备或系统通过物联网、互联网技术智能地连接在一起，在全方位、全局化的连接下，形成一个覆盖整个仓储环境的网络，并能够与外部网络无缝对接

B.将仓储与采购、制造、销售等多个供应链环节结合，在智慧供应链的框架体系下，实现仓储网络全透明的实时控制，快速准确满足客户需求

C.信息系统有效运作，必须将它与更多的物流设备、系统互联互通，以实现各环节信息的无缝对接，尤其是WMS、WCS等，从而确保供应链的流畅运作

D.依靠更强的柔性能力，企业才能应对高度个性化的需求，并缩短产品创新周期、加快供给速度，提升服务节奏

2.智慧仓储规划的步骤描述正确的是（　　）。

A.认识-理解-改造-评估-实施

B.理解-认识-改造-评估-实施

C.理解-改造-认识-评估-实施

D.认识-理解-改造-实施-评估

3.以下对仓库选址策略的定位描述正确的是（　　）。

A.仓库选在离最终服务用户最近的位置。仓库的地理位置接近主要客户，会增加供应商的供货距离，但缩短了向客户进行第二次运输的距离，这样可以提高客户服务水平

B.将仓库选在接近产地的地方，通常用来集运制造商的产成品。产成品从工厂被运往这样的仓库，再从仓库将全部种类的物品运往客户处

C.把仓库选在最终用户和制造商之间的中点位置

D.以上都不对

4.正确描述最小路径原则的是（　　）。

A.使得货物可以按照顺序流动，并尽量减少人工搬运

B.通过合理设定货架的高度和间距，以及合理布置储物区域，可以提高仓库的存储密度，增加存货的容纳量

C.仓库平面布局应充分利用自然采光和通风

D.通过合理规划货架和储物区域的位置，减少员工在仓库内移动的时间和距离

5.以下关于U型动线优点的描述，正确的是（ ）。

A.存储区靠里布置，比较集中，可以充分利用

B.进出库作业区互不干扰，可以应对进出库高峰期同时发生的情况

C.进出库作业不在同一侧，可以应对进出库高峰期同时发生的情况

D.适合有库存（存储功能）和"加工型"仓库（流通加工功能）同时并存的作业

二、多项选择题

1.仓库位置选择的主要内容包括（ ）。

A.选点　　B.仓库所在地区的选择

C.定址　　D.仓库在某地区的具体位置

2.仓库选址遵循的原则有（ ）。

A.适应性　　B.经济性

C.战略性　　D.可持续发展

3.货区平面布局的形式有（ ）。

A.横列式布局　　B.纵列式布局

C.纵横式布局　　D.以上都不对

4.一个仓库总体平面布局的构成包括（ ）。

A.生产作业区　　B.辅助生产区

C.行政生活区　　D.生产服务区

三、计算题

1.甲产品单位售价为30元，单位变动成本为21元，固定成本为450元。要求：

（1）计算保本点销售量?

（2）若要实现目标利润180元，其销售量是多少?

（3）若销售净利润为销售额的20%，计算销售量。

（4）若每单位产品变动成本增加2元，固定成本减少170元，计算此时的保本点销售量。

（5）就上列资料，若销售量为200件，计算单价应调整到多少才能实现利润350元。假定单位变动成本和固定成本不变。

2.已知某仓库服务于3个需求点，假设三个需求点的位置为A（2，3），B（4，6），C（6，9），需求量分别为w_1=10，w_2=20，w_3=30，请利用重心法确定仓库的位置。

四、实训题

实训目的：通过实训任务实现存储空间利用率最大化，优化商品存取流程，提高作业效率，并引入智能化设备和管理系统，实现自动化和智能化仓储。

实训背景：某电商企业计划对其仓储中心进行智能化改造，以提高仓储效率、降低成本并提升客户服务质量。该仓储中心占地面积为2 000平方米，主要用于存储和分拣各类商品。

实训内容及步骤：完成平面空间规划设计。

1.区域划分

存储区：用于存放各类商品，根据商品尺寸、重量和存取频率等因素进行分区。

分拣区：用于对商品进行分拣和打包，配备自动化分拣系统和打包设备。

出入库区：用于商品的入库和出库操作，配备自动化输送线和扫码设备。

办公区：用于仓储管理人员的办公和监控，配备电脑、打印机等设备。

2.设备选型与布局

自动化立体货架：用于存储商品，提高存储空间利用率。货架高度可根据实际需求进行调整，配备自动化堆垛机进行存取操作。

自动化分拣系统：用于对商品进行快速分拣和打包，提高分拣效率。系统可根据订单信息自动将商品分配到相应的打包区域。

自动化输送线：用于连接存储区、分拣区和出入库区，实现商品的快速输送。输送线可根据实际需求进行扩展和调整。

智能仓储管理系统：用于对整个仓储中心进行实时监控和管理，包括库存管理、入库管理、出库管理等功能。系统可与自动化设备进行数据交互，实现自动化作业。

3.作业流程优化

入库流程：商品到达仓储中心后，通过扫码设备进行信息录入，然后自动输送到相应的存储区进行存放。

出库流程：商品分拣完成后，通过自动化输送线输送到出入库区进行出库操作。出库时，通过扫码设备进行信息核对和确认。

存储流程：商品在存储区内按照指定的货位进行存放，通过自动化堆垛机进行存取操作。系统可根据商品存取频率和货位使用情况自动调整货位策略。

分拣流程：当订单到达时，系统根据订单信息自动将商品分配到相应的分拣区域，然后通过自动化分拣系统进行分拣和打包。

实训结果：学生分组规划出设计好的平面规划方案，并制作文档进行汇报。

项目三　智慧仓储与配送设施设备

本项目思维导图

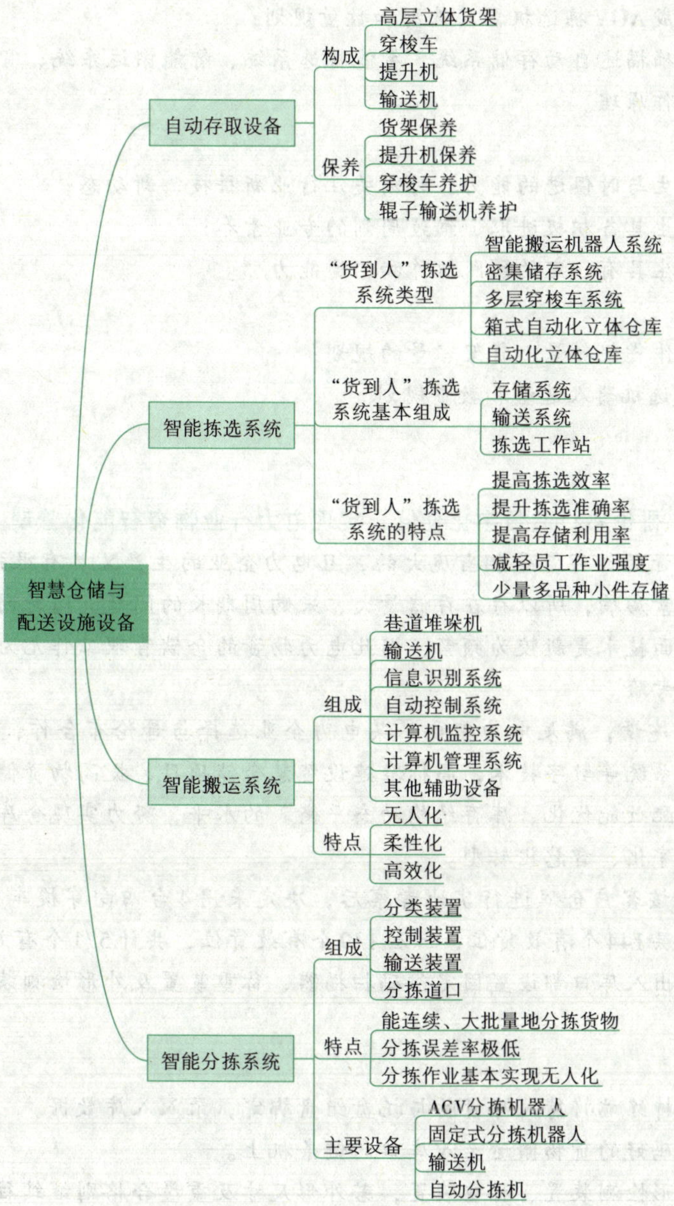

学习目标

知识目标：

（1）了解智慧仓储硬件系统的种类；

（2）理解自动存储系统、智能拣选系统、智能搬运系统、智能分拣系统的组成；

（3）掌握自动存储系统、智能拣选系统、智能搬运系统、智能分拣系统各自的特点；

（4）掌握智慧仓储各硬件系统的适用条件及配套设备选型。

能力目标：

（1）能够完成高层立体货架数量、货架容量的规划；

（2）能够完成AGV拣选机器人选型和数量规划；

（3）能够准确描述自动存储系统、智能拣选系统、智能搬运系统、智能分拣系统的主要技术参数和工作原理。

素养目标：

（1）培养学生与时俱进的能力，时刻关注行业新科技、新动态；

（2）培养学生具备积极进取、细致周到的专业素养；

（3）培养学生具有一定的团队协作和沟通能力。

重难点：

（1）高层立体货架数量、货架容量的规划；

（2）AGV拣选机器人选型和数量规划。

案例导入

哥伦布打造数字化仓储，实现电力行业物资智能化管理

电力企业物资的储存量是相当庞大的，且电力企业的生产又具有很强的社会供应性，容易受到外部因素影响，所以存在存储量大、采购周期长的问题，同时因为电力行业的特殊性，在生产方面技术更新较为频繁，因此电力物资的仓储管理工作尤为繁重，对管理人员也有着很大的考验。

为加快电网建设，满足电力需要，某电力企业选择与哥伦布合作，运用仓储管理系统、四向穿梭车系统等数字技术，高标准建设智慧仓储项目，提高物资储备“共享共用机制建设、统筹调配效能优化、库存结构动态平衡”的水平，努力实现仓库智能化运营，驱动供应链业务数字化、智慧化转型。

哥伦布在对该客户仓库进行实地考察后，决定采用4台四向穿梭车，规划4层货架，一、二、四层每层144个有效货位，三层139个有效货位，共计571个有效货位。规划2个出入库口，每个出入库口都设置固定条码扫描器、称重装置及外形检测装置，出入口可互为备用。

入库流程

（1）通过手持终端将待入库货物与托盘组盘绑定，录入入库数据。

（2）叉车将码好的货物搬运至入库口的链条机上。

（3）经过外形检测装置、称重装置，若外形尺寸及重量合格则继续往前，若不合格则

退回重新整理。

(4) 经扫码器扫码确认货物信息，WMS分配货位，货物相关信息显示至显示屏上。

(5) 若分配货位在一层，则四向车至接驳口取货搬运至指定货位存储。

(6) 若分配货位在二层及以上，则货物经输送机输送至提升机内，提升机载货换层至指定层，并输送至提升机口输送机上。

(7) 四向穿梭车至提升机口输送机处顶升取货，搬运货物至指定货位存储。

(8) 上报WMS系统，完成入库任务，修改货位属性。

出库流程

(1) 导入出库电子单据，WMS下发出库任务。

(2) 若待出库货物在一层，则四向穿梭车至指定货物下方顶升取货，搬运货物至提升机口的输送机。

(3) 若待出库货物在二层及以上，则四向穿梭车至指定货物下方顶升取货，搬运货物至提升机口的输送机上，输送机输送货物至提升机内，提升机载货换层至一层。

(4) 经输送至出库口输送机，叉车搬运离线。

(5) 上报WMS系统，完成出库任务，修改货位属性。

实施效果

哥伦布打造的自动化立体库主要由高层货架、巷道堆垛机和出入库的接驳输送设备系统等组成，具有节约空间、存储量大、减少货物损失、降低库存和降低人工成本等特点。

通过搭配哥伦布的软件系统，该电力企业突破了空间距离，实现了资源共享，以及数据在互联网内的传输和信息共享，大大提高了物流活动效率，在采购、存货、出货、营销、配送等决策方面更加迅速和科学

另外，能够通过扫描货物条码，获得货物的具体信息，实现智能出入库搬运、存储、配送，提高了物流作业的效率和准确性。出入库效率平均30托/时，实现无人化搬运，实现“货到人”智能存储拣选和全流程信息化管理。

资料来源　佚名. 哥伦布打造数字化仓储，实现电力行业物资智能化管理［EB/OL］.［2023-08-15］. https: //news.sohu.com/a/712044027_121119260.

1. 哥伦布打造数字化仓储主要体现在哪些方面？
2. 实现数字化仓储需要从哪些方面开展规划？

任务一　自动存取设备

自动存取系统（Automated Storage and Retrieval System，AS/RS），一般指密集型智能仓储系统，简称智仓，以自动化立体仓库为核心，一般是指采用高层货架来储存单元货物，用相同的物品搬运设备进行货物入库和出库作业的仓库。其利用立体仓库设备可实现仓库高层合理化、存取自动化、操作简便化。

自动存取系统是综合利用计算机、云计算、互联网和物联网等先进技术，将高位立体货架、巷道堆垛起重机、升降设备、自动出入库输送设备、自动分拣系统装备、室内搬运车、机器人等设备进行系统集成，形成具有一定感知能力、自行推理判断能力、自动操作

能力的智慧系统。自动化立体仓库系统如图3-1所示。

微课3-1

仓储设施设备规划

图3-1 自动化立体仓库系统示意图

1）自动存取系统的优点（见表3-1）

表3-1 自动存取系统的优点

密集存储	采用高密度存储货架，穿梭车式密集型仓储系统取消了叉车或堆垛起重机作业通道，大大提高了空间利用率
快速存取	可实现多维度、多层、多小车同步运作，大大缩短了作业时间，同时，穿梭车具有高度的灵活性，可实现“货到人”拣货，提高工作效率
系统柔性	可根据订单任务量大小，灵活增减小车数量，适应性强，特别适合订单波动性较大的仓储环境。同时，当穿梭车发生故障时，可快速更换故障小车，保证仓库运行不受影响
实现物品先进先出	自动存取系统能够自动绑定每一票货物的入库时间，自动实现货物先进先出
节省人力资源成本	立体仓库内，大部分作业由各类自动化设备代替，大大降低人力资源成本

2）自动存取系统的劣势（如图3-2所示）

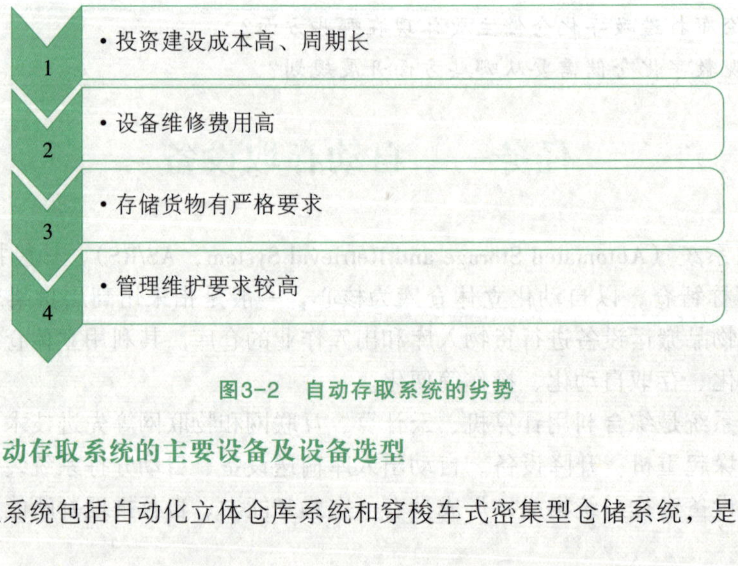

图3-2 自动存取系统的劣势

3.1.1 自动存取系统的主要设备及设备选型

自动存取系统包括自动化立体仓库系统和穿梭车式密集型仓储系统，是由密集高层立体货架、堆垛起重机或提升机+穿梭车、出入库输送系统、中央调度系统（自动化控制系统、计算机仓库管理系统）及其周边设备组成，可对货物实现快速存取的自动化、智能化仓储系统。

下面以穿梭车式密集型智慧仓储的存储系统为例，主要从主要设备的特点、参数及设备的选型问题展开描述（如图3-3所示）。

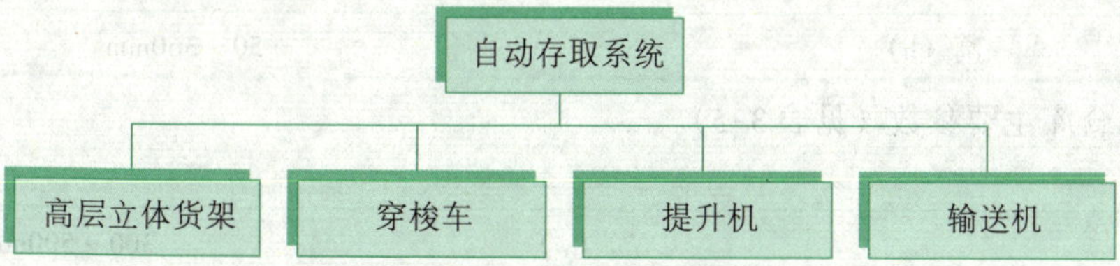

图3-3　自动存取系统的构成

1）高层立体货架

仓库的存储方式由平面存储向高层化立体存储趋势发展，货架是立体仓库的主体。由满足不同功能要求的各种不同形式的货架所组成的多种多样的自动化、机械化仓库，已成为仓储系统的重要组成部分。

高层立体货架是智慧仓储中自动存取系统的重要组成部分，主要功能为存放货物，按照形式的不同分为钢制结构货架和钢筋混凝土结构货架。企业仓库使用的多是钢货架。

高层货架一般都在10m以上，从设备折旧和工作效率的角度考虑，一般情况下立体仓库货架的最佳高度在15～21m。

（1）高层立体货架按承载能力大致分为重量型货架、中量型货架及轻量型货架三种形式（见表3-2）。

表3-2　高层立体货架按承载能力分类

货架类型	承载重量/每个单元层	适用范围
轻量型货架	100～150kg	适合中小单元、零部件等轻型货物的存储
中量型货架	200～500kg	适用于中小型仓库存放货物
重量型货架	≥800kg	适用于大型或超大型仓库中

高层立体货架按照货架配套使用的容器单元来划分，有托盘式立体仓库货架和料箱式高层立体货架两种（见表3-3）。

表3-3　高层立体货架按货架配套使用的容器分类

货架类型	配套系统
托盘式立体仓库货架系统	巷道堆垛起重机、托盘、AGV小车、输送机
料箱式高层立体货架系统	穿梭车、提升机、工作站、物品箱、自动输送机

不同货架系统，在进行规划设计时，货架的尺寸规格都是不同的。具体的尺寸规格选择都是根据仓库的大小与高度，以及所需存储的货物尺寸与重量来决定的。

在智慧仓储中，较常用的是托盘式立体仓库货架和料箱式高层立体货架。其中，料箱式高层立体货架可用于多品种货物的存储，应用较广。

（2）货架相关尺寸参数。

①料箱主要参数（见表3-4）。

表3-4 料箱主要参数

长（d）	300～500mm
宽（w）	450～675mm
高（h）	50～360mm

②立体仓库主要参数（见表3-5）。

表3-5 立体仓库主要参数

货态	（w）	300～500mm
	（d）	450～675mm
	（h）	50～360mm
载货	30kg/50kg（含料箱自重）	
行走速度	200m/min~4m/min	
升降速度	100m/min~4m/min	
货叉速度	40m/min~4m/min	
电源	AC3相、200V（50Hz）/220V（60Hz）10kVA	

③货架高度（见表3-6）。

表3-6 货架高度 单位：mm

层数 / 料箱尺寸*h*	10层	12层	14层	16层	18层	20层	22层	24层
50～100mm	2 375	2 775	3 125	3 475	3 825	4 175	4 525	4 875
50～120mm	2 605	2 995	3 385	3 775	4 165	4 555	4 945	5 385
50～140mm	2 785	3 215	3 645	4 075	4 505	4 935	5 415	5 845
50～160mm	2 965	3 435	3 905	4 375	4 845	5 365	5 835	
50～180mm	3 145	3 655	4 165	4 675	5 235	5 745		
50～200mm	3 325	3 875	4 425	4 975	5 575			
50～220mm	3 505	4 095	4 685	5 325	5 745			
50～240mm	3 685	4 315	4 945	5 625				
50～260mm	3 865	4 535	5 255	5 925				
50～280mm	4 045	4 755	5 515					
50～300mm	4 225	4 975	5 775					
50～320mm	4 425	5265						
50～340mm	4 625	5 505						
50～360mm	4 825	5 745						

④货架宽度（见表3-7）。

表3-7　货架宽度　单位：mm

料箱长度（d）	货架宽度（TW）
450～475mm	1 850
450～500mm	1 900
450～525mm	1 950
450～550mm	2 000
450～575mm	2 050
450～600mm	2 100
450～625mm	2 150
450～650mm	2 200
450～675mm	2 250

货架载重（包括料箱重量）一般情况下都是最大50kg，货架长度（L）mm：L=（料箱宽度W+75mm）×列数+26mm。

货架的最大长度与一台堆垛起重机在一条通道中所服务的货位数有关，需要考虑堆垛起重机纵向和横向服务能力的均衡。设L为货架长度，H为货架高度，V_x为堆垛起重机沿长度方向的移动速度，V_y为堆垛起重机沿高度方向的移动速度，则存在：

$$H/L \approx V_y/V_x$$

一般来说，为保持均衡，使堆垛起重机的载货台垂直和水平移动平稳，推荐采用货架高度H和长度L的比值为：H/L=1/6～1/4。

⑤货架选择的注意事项（见表3-8）。

表3-8　货架选择注意事项

1	电子系统配套，若资金投入充足，可以考虑一些技术含量相对较高的货架设备
2	根据货架承装物品的品类和承装物品的容器来确定
3	按照存储量要求、进出库频率要求和管理系统要求来选择
4	仓库平面图，单元（包装）
5	单元托盘或物品箱的规格、堆高机载重量
6	存取方式和存取设备

⑥货架选择考虑因素（见表3-9）。

表3-9　货架选择考虑因素

1	库房结构：有效高度、柱间距、地面条件
2	库房管理：货位存货方式和密度、货物进出库方式、货架成本
3	货物特点：性质、库存量、单元装载、包装形式
4	装卸搬运设备：型号规格、作业特征

（3）货格。它是用于存放货物托盘或货箱的，是货架的基本组成单元。货格尺寸由托盘或货箱的尺寸决定，如图3-4所示。

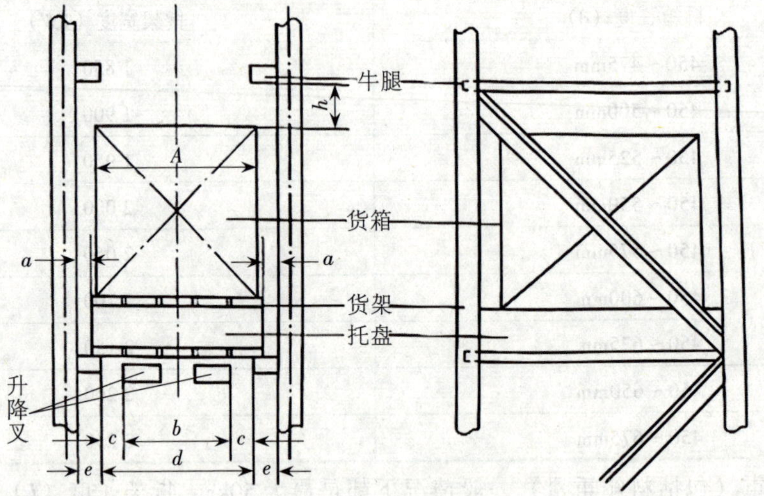

图3-4　货格示意图

一般来说，货物单元与货格单元存在如下关系（见表3-10）：

表3-10　货物单元与货格单元之间的关系表

A	货箱宽度	参考料箱尺寸
a	托盘立柱间距	a=25～60mm（大货箱取大值）
b	升降叉宽度	b=0.7A
c	升降叉与牛腿间距	c=0.075A～0.1A（大货箱取大值）
d	牛腿间距	d=0.85A～0.9A
e	牛腿宽度	e=60～125mm（大货箱取大值）
h	牛腿货箱高度差	大于升降叉厚度+升降叉浮动行程+各种误差，一般取值为70～150mm（大货箱取大值）

若每个货格存放2个货物单元，则货物单元间距一般取值25～60mm（大货箱取大值）。据此，可以计算每个货格单元的长、宽、高，结合货架层、排、列数量，可进一步计算货架长、宽、高。

（4）货架数量计算的流程（如图3-5所示）。

（5）货架数量的计算方法。货架数量的配置，根据企业不同的条件，可以采用不同的计算方式。

• 货架数量与存储货品的量以及单位货架的存储能力有关，计算公式如下：

$N = Q/2PL$

式中，N——重型货架需求组数；Q——货物存放总量；P——单位托盘存放货物的量；L——规划货架的层数。注意：系数2是因为每组货架的每层一般有2个托盘位。

一般货架层数为5～8层。货架层数太少将难以体现其充分利用空间和提升存储容量的优势，而层数太多则会增加搬运设备取货的难度，使货物坠落的风险增大。

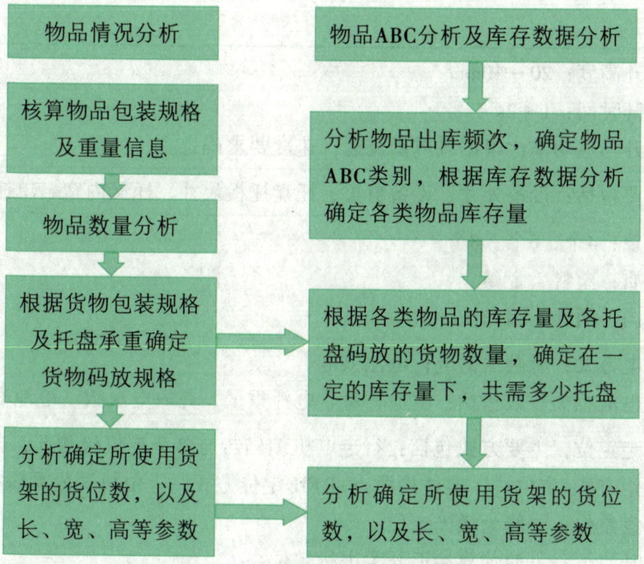

图3-5　货架数量计算的流程

·在给出货架规格、目标存储量及物品体积、重量等条件下，通常会按照以下公式来计算货架数量：

货架数量=目标存储量÷货架容量

在所有货物的规格列表中，以货架货格的规格为标准，筛除体积过大的商品信息，并对剩余商品进行平均单件体积的计算。根据货架总体积计算货架容量：

货架容量 = 货架总体积 × 货架存储空间系数/平均单件体积

（6）货架占用面积。确定仓库内货架数量后，结合单个货架的面积，分析货架在仓库内的占用空间：

货架占用面积 = 货架数量 × 单个货架面积

2）穿梭车

穿梭车（RGV）是一种智能机器人，可以编程实现取货、运送、放置等，并可与上位机或WMS系统进行通信，结合RFID、条码识别技术等，实现自动化识别、存取等功能。

（1）穿梭车主要参数（见表3-11）。

表3-11　穿梭车主要参数

尺寸	托盘：1 200mm×1 000mm、1 200mm×800mm、1 100mm×1 100mm等； 料箱尺寸根据不同的货物类型选择，一般为宽度200～600mm，深度200～800 mm，高度100～400mm
最大载重量	托盘式重型穿梭车最大载重量一般为500～1 500kg 料箱式轻型穿梭车载重量一般不超过100kg
行走方式	一般可分为：双轨型、单轨型；直线轨、环形轨；无轨型（AGV）；空中轨道悬挂式穿梭车（EMS）
行走参数	空载速度：60～180m/min 满载速度：30～60m/min 行走加速度：0.3～0.5m/s^2 行走马达功率：根据载重量及运行速度要求确定

续表

顶升参数	顶升高度：20～40mm 顶升时间：1～2s 顶升马达功率：根据载重量及运行速度要求确定
设备尺寸与参数	主要包括：设备外寸、设备自重、托盘托板尺寸、托叉内宽、单托叉宽度等
行走轮	数量：4个、6个、8个 材质：塑料、金属 方向：两向、四向
供电参数	供电方式：滑触线供电；电池供电 与电池相关参数包括：电池容量、电池重量、充放电次数（电池寿命）、充电时间
定位方式	行走定位，主要方式包括：行走电机编码器与单个定位检测孔，条码定位方式，激光测距方式+定位片，定位检测点+RFID定位方式，上位机调度系统控制定位 托盘定位：一般为激光定位 顶升定位：一般依靠接近开关进行定位
控制方式	程序控制器：可编程逻辑控制器（PLC） 遥控方式：红外、射频（RF） 遥控器：手持 控制模式：自动、半自动、手动 速度控制方式：伺服控制，低速恒转矩方式

（2）穿梭车工作原理（如图3-6所示）。

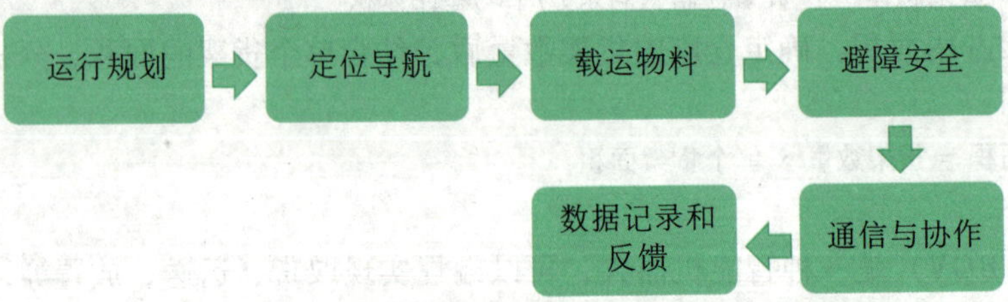

图3-6 穿梭车工作原理

① 运行规划：穿梭车配备了内置导航系统和传感器，能够通过识别和感知环境来规划自身的运行路径，并与中央控制系统通信进行协调。

② 定位导航：穿梭车利用内置导航系统通过地面标志、磁条、激光导航、摄像头、超声波等导航技术来决定自身的位置和运行的路径。

③ 载运物料：穿梭车通常配备货架或托盘，可用于承载库存物料。它能够在仓库的货架间自动搬运、存储和取出物料。

④ 避障安全：穿梭车配备了多种传感器，如激光传感器和红外线传感器，用于检测周围的障碍物和人员。当遇到障碍物或人员时，穿梭车能够及时停止或绕道避让，确保工作安全性。

⑤ 通信与协作：穿梭车与中央控制系统进行实时通信，接收任务指令和发送状态信息。它可以与其他穿梭车和设备协作，共同完成生产和物流任务。

⑥ 数据记录和反馈：穿梭车可以记录物料搬运的相关数据，如货物的数量、位置和

时间等。这些数据可以上传至中央控制系统，用于数据分析和供应链管理。

3）提升机

提升机主要包括货物提升机与穿梭车提升机两种设备，主要配置在仓库主巷道两端，实现货物和穿梭车的换层作业。

（1）提升机的主要参数（见表3-12）。

表3-12　**提升机的主要参数**

项　目			单位	技术参数
1	适用托盘		mm	宽度W：1 200，深度D：1 000
2	载货单元尺寸		mm	W1 200×D1 000×H2 200
3	额定载荷		kg	Max 2 000
4	升降速度范围		m/min	满载最大速度45 空载最大速度54
5	升降加速度		m/s^2	0.3
6	定位方式/精度	提升定位精度	mm	±1
		提升机下沉量	mm	≤3
		串行编码器定位		23bit（8388608分辨率）
		上下限位		行程开关
		探测货物		P+F或LEUZE光电
7	提升主电机	功率	KW	12
		品牌		AC380V 松下伺服电机
		控制方式及PLC		松下Panasonic伺服+PLC同步
		额定/最大转速	r/min	2 000～3 000
		额定/最大转矩	Nm	14.3～43
8	输送机	速度	m/min	16
		电机形式		AC380V 三相异步交流电机
		电机功率	KW	0.55
9	编码器、检测开关			SICK、HENGSTLER
10	光电品牌			德国SICK等品牌
11	红外光电开关			倍加福、劳易测
12	主开关、电机断路器、接触器、选择开关、按钮、信号灯、中间继电器等			Schneide、SIEMENS TE、OMRON等品牌
13	供电方式			动力电缆，AC380V，50Hz
14	提升机控制方式			手动/单机自动/联机自动
15	主要传动形式			伺服驱动+齿轮齿条传动

（2）提升机的工作原理（如图3-7所示）。

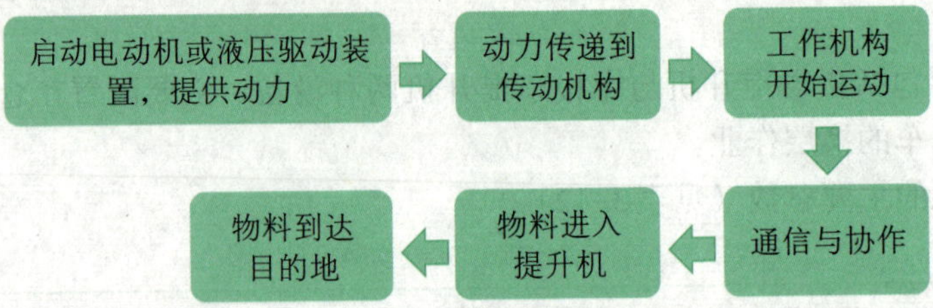

图3-7 提升机工作原理

①启动电动机或液压驱动装置，提供动力。电动机通常通过其输出轴带动驱动装置，液压驱动装置则通过控制液压系统实现。

②动力传递到传动机构。传动机构是根据具体设计可以采用链条、皮带等方式，将动力传递到提升机的工作机构。

③工作机构开始运动。工作机构通常由升降机篮、提升机斗等组成，根据物料的特点选择适当的结构。工作机构沿着提升机的立柱或导轨等进行上升或下降。

④物料进入提升机。物料通过进料口进入提升机的工作机构。

⑤提升机运输物料。在工作机构的作用下，物料沿着提升机竖直方向移动。一般情况下，提升机的传动速度较慢，可以确保物料的安全运输。

⑥物料到达目的地。当物料到达目的地时，工作机构停止运动。根据需要，提升机可以配备卸料装置，用于将物料从工作机构中卸出。

4）输送机

（1）输送机分类（见表3-13）。

表3-13 输送机分类标准

分类标准	类　别
按照输送介质	带式输送机、链式输送机、辊子输送机
按照输送机所处位置	地面输送机、空中输送机和地下输送机
按照结构特点	有挠性牵引构件的输送机和无挠性牵引构件的输送机
按照输送的货物种类	固定式输送机和移动式输送机
按照安装方式	输送件货输送机和输送散货输送机
按照输送货物的动力形式	机械式、惯性式、气力式、液力式

（2）典型输送机认知

①带式输送机。它是以输送带作为牵引和承载构件，通过承载物品的输送带的运动进行物品输送的连续输送设备。带式输送机是连续输送机中效率最高、使用最普遍的一种机型，广泛适用于采矿、冶金、包装、运输等行业，主要用于在水平和倾斜（倾角不大）方向输送大量散粒物品或中小型成件物品。

②链式输送机。它是利用链条牵引、承载，或由链条上安装的板条、金属网带、辊道等承载物品的输送机。链式输送机的主要功能元件是输送链，输送链既有传递动力的功能，又有承载能力。由于输送链链条的结构可以千变万化，因此链式输送机能适用于众多

的工作环境和众多的使用要求。

③ 辊子输送机。它是由一系列以一定的间距排列的辊子组成的用于输送成件货物或托盘货物的连续输送设备。辊子输送机是一种用途十分广泛的连续输送设备。由辊子输送机组成的生产线和装配线越来越广泛地应用在机械加工、冶金、建材、军事工业等。辊子输送机是各个行业提高生产率、减轻劳动强度和组成自动化生产线的必备设备。

由于不同输送机的适用对象不同，在进行选择时，需要根据实际仓储需要来定。下面以辊子输送机为例，介绍其主要选型参数。

3.1.2　自动存取系统的主要设备的保养

智慧自动存取设备在使用期间要注意使用规范，适时进行检查、养护，确保设备使用安全，以及延长设备的使用寿命。

1）货架的养护

货架的养护包括：①定期对货架进行检查；②禁止货架超载；③摆放时要注意重物在下的原则；④货架的位置一定要注意防潮；⑤做一些货架的保护措施。

2）提升机的养护

（1）操作者须经培训合格后方可上岗，各项安全保护装置及安全防护措施应作为培训的重点内容之一。

（2）要定期检查各安全保护装置及连接螺栓、阀门位置及连锁装置等，以免失效。

（3）提升机在调绳操作过程中，提升容器内必须空载，不得有人和物品等，调绳完毕后必须检查连锁阀位置的正确性。

（4）每个作业班组都必须检查安全制动是否可靠，各项安全保护系统是否有效，各连锁装置、连接螺栓、阀门位置等是否正确可靠。

（5）定期检查减速器的运行情况，如有异常，应立即停机查明原因，及时处理，并做好检修记录。

（6）对提升机电机或减速机定期加油保证油位合适。

3）穿梭车的养护

穿梭车在巷道中的位置并不能随时随地地确定，且横向轨道限制了维护保养人员进到货架内部，所以一旦出现问题，维修难度增大。穿梭车的使用与维护，应由受过培训的专业人员来承担，链条机须防备电源被无意接通。在手动操作运行时，必须确保没有人处于链条机的危险区域。穿梭车主要检查与维修部件见表3-14。

表3-14　**穿梭车主要检查与维修部件表**

部件	功能/维护工作/备注	系统状态
链条	链条涂少许油脂	断开电源
	检查链条是否顺畅运行和一般状态	手动模式
	检查链条是否涨紧，如需要再进行涨紧	断开电源
链轮	检查链轮是否磨损，如需要就更换	断开电源
改向轮	检查改向轮是否顺畅运行和磨损	断开电源

续表

部件	功能/维护工作/备注	系统状态
改向轮	检查改向轮是否有污垢堆积，如有则清洁	断开电源
链条导轨	检查导轨是否顺畅运行和磨损	手动模式
	检查导轨座和导轨是否有污垢堆积，如有则清洁	断开电源
连接螺栓	检查有无松动并紧固，更换有缺陷和缺少的螺栓	断开电源
光电开关	检查镜头和反射板灰尘堆积并用软布擦干净	断开电源
行走轮	检查行走轮是否顺畅运行和磨损	断开电源
导向轮	检查导向轮是否顺畅运行和磨损	断开电源

4）辊子输送机的养护

首先，辊子输送机机头减速箱的维修和保养：一般情况下，在使用3个月左右把减速箱里的机油放净，然后清理减速箱内部，将新的润滑油加至观察窗的中间即可，以后每年换一次润滑油。

其次，辊子输送机机头电机的变压器维修和保养：禁止电机内进水，电机内加柴油或是液体等有机化合物，否则会导致电机的绝缘损坏而出现设备的故障。

最后，辊子输送机的操作人员要进行相关的正规操作，非操作人员不得随意触碰机械设备。

硬件保养是一方面，人为操作也是一方面，二者相结合进行全面保养才能使辊子输送机的运行寿命更加长久，为生产企业带来更多的经济效益。

任务二 智能拣选系统

智能拣选系统，即“货到人”拣选系统（Goods to Person or Goods to Man，GTP or GTM），是指在物流拣选过程中，系统通过自动搬运设备或自动输送设备将货物输送到分拣人员面前，再通过人或设备完成拣选作业的拣选方式。简单来说，就是在物流中心的拣选作业过程中，由自动化物流系统将货物搬运至固定站点以供拣选，即“货动，人不动”，是在机器人智能仓内主要采取的一种拣选方式。

根据“货到人”拣选系统储存和搬运设备形态不同，主要分为AS/RS（Automatic Storage and Retrieval System）、Mini-load、AGV、多层穿梭车系统、密集储存系统、智能搬运机器人系统等（见表3-15）。

表3-15 不同“货到人”拣选系统设备形态与特点

设备形态	特点
自动化立体仓库 AS/RS	自动化立体仓库是最传统的“货到人”拣选方式，主要以托盘储存为主，搬运设备主要以堆垛机为主，由于堆垛机的存取能力有限，该种拣选方式主要针对整件拣选，很少用于拆零拣选

续表

设备形态	特点
箱式自动化立体仓库Mini-load	Mini-load是在AS/RS的基础上发展而来的以料箱为储存单元的自动化立体仓库，是“货到人”拆零拣选的重要存取形式，主要以货叉和载货台车的形式出现
多层穿梭车系统 Multi-shuttle	多层穿梭车系统是在Mini-load的基础上发展而来的，将搬运设备从堆垛机转变为穿梭车，穿梭车具有体积小、速度快、精度高等优势，极大地提升了系统的空间利用率和运行效率
密集储存系统	密集储存系统是集Mini-load、穿梭车、提升机等多种系统于一体的新型储存系统，可分为托盘和料箱拣选
智能搬运机器人系统	智能搬运机器人系统是由亚马逊提出的一种新型“货到人”拣选方式，其打破原有的货架固定位置模式，采用智能搬运机器人配合可搬运移动货架实现“货到人”的动态拣选；在该方式下货物不受料箱尺寸限制，由于移动货架和智能搬运机器人具有通用性，拣选作业更为灵活可靠，是“货到人”拣选历史的一大革新

3.2.1　智能拣选系统的基本组成与特点

1）“货到人”拣选系统的基本组成

“货到人”拣选系统主要由三部分组成，即存储系统、输送系统和拣选工作站。

（1）存储系统。存储作业的自动化是实现“货到人”的基础，其自动化水平决定了整个“货到人”系统的存取能力，随着拆零拣选作业越来越多，货物存储单元也由过去的以托盘为主转向纸箱/料箱。如何实现快速存取是考虑的重点问题。在智慧仓储中，存储系统以自动化立体仓库和穿梭车式密集型仓储系统为主。

（2）输送系统。“货到人”拣选系统的关键技术之一是如何解决快速存储与快速输送之间的匹配问题。例如，采用多层输送系统和并行子输送系统的方式，可完成多达3 000次/小时以上的输送任务，具有更高的效率，能够满足“货到人”快速拣选输送的要求，关键是要将输送系统置于整个“货到人”拣选系统中进行综合考量，实现存取、输送与拣选系统的良好衔接。

同时，由于“货到人”拣选系统输送流量较大，会使设备成本大幅增加，从而使物流系统整体成本增加，因此需要综合考虑输送成本与输送效率的平衡。在智能拣选系统中，输送系统以AGV拣选机器人和可移动式货架为主。

（3）拣选工作站。它的设计非常重要。一个拣选工作站要完成每小时多达1 000次的拣选任务，其实行按订单拣货，拣货人员借助电子标签、RF、称重、扫描等一系列技术，提高拣货速度与准确率。

拣选工作站主要包括进货装置、提示装置和周转装置三个部分。需要拣选的货品通过输送系统到达拣选工作站进货装置；提示装置，通过中央显示屏、数码显示器等形式提示需要拣选货品所在位置、拣货数量及需要放置的货位；周转装置，用于放置拣选出的货品，一般包括多个货位或槽口。拣选人员在利用拣选工作站进行拣选时，只需根据提示装置进行拣选，可以多订单同时拣选，能够大幅提高拣货效率，降低拣选人员的疲劳程度。

2）“货到人”拣选系统的特点

“货到人”拣选系统通过与输送机控制系统、自动存取系统协同工作，将货物自动输送到拣选人面前，降低拣选作业强度的同时实现高效拣选，其主要特点见表3-16。

表3-16 “货到人”拣选系统的特点

特　点	描　述
提升拣选效率	单套“货到人”拣选站每小时完成350个订单，其效率约为人工拣选的7倍
提升拣选准确率	通过清晰明了的订单提示系统，作业人员更加准确地进行拣选，拣选差错率可控制在0.05%，而常规人工拣选差错率可达到0.5%左右
提高存储利用率	“货到人”拣选系统消除人员拣选通道，货物存储可采用密集型存储方式，使仓库空间利用率得到极大提升
减少员工作业强度	减少拣选人员移动作业的同时，也降低了大量的补货搬运、容器回收等工作
少量多品种小件	存储的商品为少量多类的小件商品

3）“货到人”拣选系统作业的应用场景

“货到人”拣选系统作业的应用场景包括：①商品种类众多，分散在仓库的货架中，寻找难度大，出错率高的场景；②拣选人员需要在仓库中大量行走寻找商品的场景；③订单的批次包含的订单数量较少，批次中的商品复拣率较低的场景；④人工成本、仓库成本较高的场景。

3.2.2 智能拣选系统的工作原理

在“货到人”拣选系统当中，商品的存储区域基本上是无人化的操作空间，商品的存储要遵循一定的规则，一方面便于机器人搬运货架；另一方面便于拣选站的工作人员进行订单拣选操作。

GTP货到人作业模式，替代传统仓人找货的模式，由仓储机器人或多层穿梭车根据订单任务将需要拣选的货品或货品货架主动搬运到工作站，拣货人员在工作站完成拣货，机器人或多层穿梭车再将货品或货架搬回库存区。作业流程如图3-8所示。

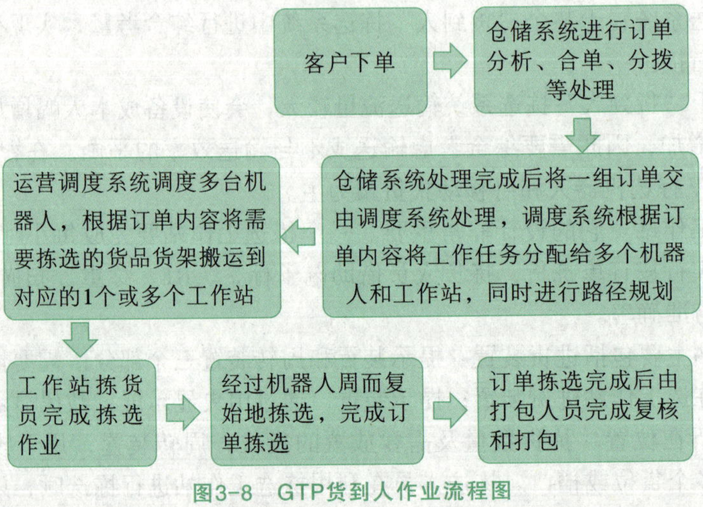

图3-8 GTP货到人作业流程图

（1）货到人系统仓储区域主要由货架存储区域、补货站点、拣选站点、AGV停车区域、AGV充电区域构成，见表3-17。

表3-17　货到人系统仓储区域构成表

货架存储区域	占整个仓库面积的绝大部分，设置在仓库的中心位置
补货站点	位于仓储区域中巷道所对的一端
拣选站点	位于仓储区域中巷道所对的另一端，周围往往设置用于暂存所拣选商品的料箱以及用于在仓库中传送货物的传送带
AGV停车区域	位于拣选站点与仓库边缘之间
AGV充电区域	位于仓库的边缘区域

（2）"货到人"拣选系统中商品存储特征分析。在"货到人"系统中，仓储区域中所存储的商品一般为小件商品，具有体积小重量轻的特点。货架是可移动的且分为多层，每一层又分了多个货格，可以实现在每一层存放不同类别的商品。当货架上的某类商品数量不足时，系统会安排AGV搬运货架到补货站点进行补货操作。但是在这样的仓储环境下，为了满足众多SKU的存储要求，每个种类的商品在货架上的存储数量一般不多。由于消费者的需求呈现出"小批量多频次"的特点，因此商品的存储特点也呈现出少量多类的特点。

（3）"货到人"拣选系统储位分配原则。"货到人"拣选系统一方面便于机器人搬运货架；另一方面便于拣选站的工作人员进行订单拣选操作。在商品储位分配环节，主要遵循的分配原则有以下几点：

① 货架稳定性原则。其主要是在货架内部存储商品时，考虑商品的体积和重量等因素，在码放商品时将重量较大的商品存储在货架的下层，以保证货架"上轻下重"的稳定结构。这样不但能够保障货架在搬运过程中的稳定性，同时还保证了拣选人员在拣货作业过程中的便捷性。

② 商品关联性原则。"货到人"拣选系统在进行商品拣选时主要采用AGV来搬运货架，这就对每个货架上存储商品的种类和特点有更高层次的要求。为了能够使得AGV搬运一次货架满足更多的订单需求，就需要商品在货架内部进行关联存储，通过订单历史数据分析出商品的关联性，尽量将商品以关联的方式进行存储，以减少AGV访问货架的次数，提高订单拣选作业效率。

③ 储位利用率最大化原则。在进行商品存储时，储位空间利用率最大化是主要目标之一。在"货到人"拣选系统中，每个货架的存储空间都是一定的，需要将不同类别的商品进行聚类，最大限度地将具有关联关系的商品存储到一个货架中，减少储位空间的浪费。

④ 以周转率为基础的原则。在"货到人"拣选系统中，为了能够加快作业执行速度，提高系统响应时间，需要计算商品和货架的周转率，然后对货架的周转率进行排序，再按照货架周转率的高低来进行储位分配，目标是将周转率较高的货架放置到距离拣选站相对较近的位置上，同时又能够保证系统运行通畅。

⑤ 仓储环境友好原则。在"货到人"拣选系统中，有大量的智能设备应用于订单拣

选作业环节，以AGV为主的智能设备主要依靠电能提供运行动力。“货到人”拣选系统的电能消耗量有所增加。为了实现仓库的绿色运行，降低仓库的碳排放量，就需要考虑合理安排商品及货架的存储位置，重点优化货架在仓储区域中的布局，以便降低AGV访问货架运行过程中的能耗，提高机器设备的利用率和使用寿命。

（4）“货到人”拣选系统运作模式分析。“货到人”拣选系统运作模式分析主要围绕在仓库中所使用的自动导引车AGV展开，结合AGV的作业方式及特点分析其在执行任务过程中的运行情况、运行交通规则以及充电方式，并对AGV运行过程中产生的能耗进行分析。

第一，AGV搬运货架操作过程。在“货到人”拣选系统中，系统会指派一定数量的AGV进行货架搬运操作，拣选人员只需要在拣选站点等待AGV搬运目标货架到拣选台即可。当接到系统指派的任务后，AGV从停车区启动，由仓储区域的一侧进入到存储区域中进行操作，AGV在仓储区域中一般以一定的速度行驶，通过加速和减速实现启动和停止。AGV可以进行原地转向，并且能够顶起一定重量的货架。AGV在行驶过程中，会通过扫描每个货位点的二维码进行定位并找到目标货架，利用导航和避障系统的辅助完成巷道内和拣选台之间的行驶。AGV沿着所规划的行驶路径将目标货架搬运到拣选站点，等待拣选人员完成订单拣选任务后，AGV会将货架放回到指定位置。AGV搬运货架的作业模式如图3-9所示。

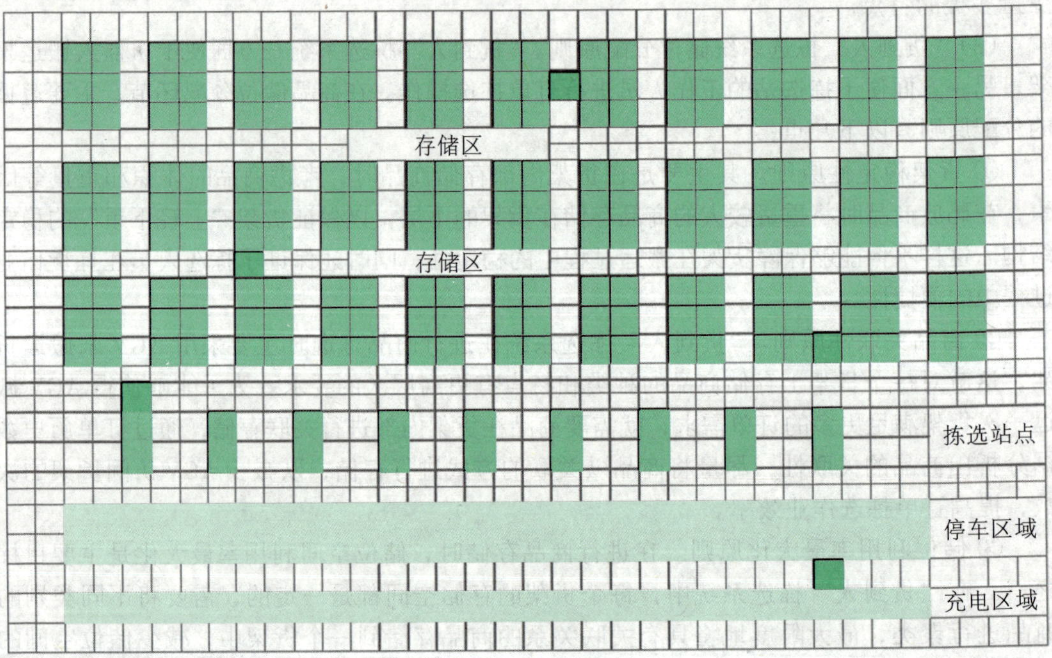

图3-9　AGV作业模式

第二，AGV交通运行规则。在“货到人”拣选系统中，为保证AGV在巷道中通畅行驶，AGV在存储区域中的巷道内沿水平和垂直方向行驶，在交叉路口需要转弯时，AGV可通过转向装置实现原地转向。目前，根据企业的实际情况，AGV的行驶路径依靠一套复杂的调度算法进行控制，AGV在作业过程中如果发生异常拥堵情况，那么拥有拣选任务的AGV有优先行驶权。

第三，AGV充电方式。在作业过程中，AGV主要以消耗电能来维持运行。AGV的运行能耗由其搭载的蓄电池组提供，AGV运行过程中蓄电池组会降低电压释放电池所存储的电能。为了能够延长电池的使用寿命并保证AGV连续时间正常运行，一般自动化仓库中的AGV实行“浅充浅放”的充电策略。“浅充浅放”即电池的充电和放电过程不完全达到电池的最大容量。一般来讲，在自动化仓库中当AGV没有拣选任务时，会安排其进行充电，而在执行任务时当电量低于一定的额度时，AGV会行驶到充电区域进行充电，等到电量达到作业要求后再次执行新的任务。

需要说明的是，一般仓库中都会配备足够数量的AGV进行作业，当某一台AGV需要去充电，则系统会将任务分配给其他AGV执行，几乎不影响仓库的整体拣选效率。

3.2.3 “人到货”拣选系统与“货到人”拣选系统的区别

“货到人”拣选系统的作业模式依靠电子标签、RF终端、二维码等进行定位操作，实现了订单拣选作业的精准程度，减少了由人工凭经验操作带来的作业误差。自动化的作业方式能够实现仓库的连续作业，为了避免爆仓现象发生，仓库需要具有更好的订单吞吐能力和快速响应能力，机器人可以实现24小时不间断作业，也避免了人工疲倦导致的作业间断。

由此可见，“货到人”拣选系统通过自动化模式提升了仓库的作业效率。但是，这样的自动化作业系统中存在大量的机器设备，如何更好地对仓储环境进行优化布局，同时减少大量机械设备对仓库环境的负面影响是需要进一步考虑的地方。其中，“人到货”拣选系统与“货到人”拣选系统的区别见表3-18。

表3-18　“货到人”拣选系统与“人到货”拣选系统的区别

区别点	货到人系统	人到货系统
任务操作	AGV（自动导引车）	人工
拣货工具	移动料箱、拣选站	手推车、移动料箱
货架特点	可移动性、货架较矮	货架不可移动、有高层货架
拣货方式	货架移动	人员移动
作业时间	24小时连续作业	因人工疲倦间断作业
商品存储方式	动态存储	固定储位存储
访问货架方式	依靠系统定位	凭借人工经验
作业精准程度	出错率低、精准度高	易出现人工作业误差

3.2.4 智能拣选系统的配套设备选型

智能拣选系统的配套设备主要完成AGV拣选机器人、可移动式货架、工作站的选择。

1）AGV拣选机器人

AGV（自动导引车）是一种无人自动导引运输车，集声、光、电、计算机技术于一体，应用自控理论和机器人技术，装配电磁或光学等自动性导引装置，能够按照设定好的导引路径行驶，完成目标识别、避让障碍物和各种移载功能。

“货到人”拣选模式的智慧仓库一般会采用AGV仓储机器人作为自动化搬运设备。AGV仓储机器人有行动快捷、工作效率高、结构简单、可控性强、安全性好等优势。在自动化物流系统中，最能充分地体现其自动性和柔性，实现高效、经济、灵活的无人化物流作业。

AGV拣选机器人的组成如图3-10所示。其部分功能见表3-19。

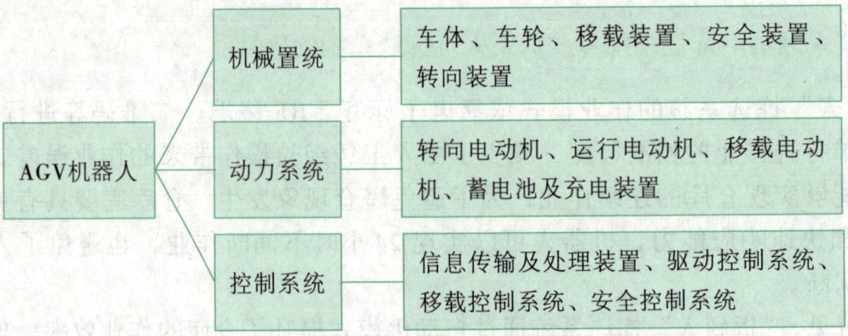

图3-10 AGV拣选机器人的构成

表3-19 AGV拣选机器人组成部分的功能

组 成	功 能
小车车体	车体由车架和相应的机械装置所组成，是AGV的基础部分，是其他组成部件的安装基础
电池和充电装置	AGV拣选机器人常以24V或48V直流蓄电池为动力。蓄电池供电一般应保证AGV拣选机器人连续工作8h以上的需要
驱动装置	AGV拣选机器人的驱动装置由车轮、减速器、制动器、驱动电机及速度控制器等部分组成，是控制AGV拣选机器人正常运行的装置。它的运行指令由计算机或人工控制器发出，运行速度、方向、制动的调节分别由计算机控制
导向装置	接受导引系统的方向信息，通过转向装置来实现转向动作
车载控制器	接受控制中心的指令并执行相应的指令，同时将本身的状态（如位置、速度等）及时反馈给控制中心
通信装置	实现AGV拣选机器人与地面控制站及地面监控设备之间的信息交换
安全保护装置	安全控制系统包括对AGV拣选机器人本身的保护、对人或其他设备的保护等。安全保护装置应能够提供多重安全保护，包括主动安全保护装置和被动安全保护装置
移载装置	与所搬运货物直接接触，实现货物转载的装置
信息传输与处理装置	该装置的主要功能是对AGV拣选机器人进行监控，监控AGV拣选机器人所处的地面状态，并与地面控制站实时进行信息传递

（1）AGV拣选机器人的主要技术参数（见表3-20）。

表3-20 AGV拣选机器人的主要技术参数

组成	主要参数
额定载重量	自动导引搬运车所能承载货物的最大重量
自重	自动导引搬运车与电池加起来的总重
车体尺寸	车体的长宽高，即外形尺寸，该尺寸与承载货架的尺寸和通道宽度相适应
最小转弯半径	确定车辆弯道运行所需空间的重要参数
运行方式	全线控制系统稳定、可靠、先进，具有完善的手动/离线自动/在线全自动控制，工艺参数可调、安全保护等功能，人机界面操作简便，易于操作维护等
安全装置	激光障碍探测，机械式柔性安全防撞，行走声光警示，障碍报警。为确保AGV在运行过程中的自身安全，特别是现场人员的安全及各类设备的安全，采取多级安全措施。设有急停开关，任何时间按下开关，AGV立即停止运行
导航方式	磁条导航、磁钉导航、二维码导航、激光导航等

（2）AGV拣选机器人数量确定。AGV拣选机器人在执行任务中所采取的作业方式为双指令循环方式，以一辆AGV拣选机器人为对象，其在仓库内的路径主要有往返于货架与工作站的路程、拣选区域的行走路程、去往下一个货架的路程。通过对AGV拣选机器人在仓库内作业行走路程的分析，可以依据不同的计算标准来计算仓库内所需的AGV拣选机器人数量。

在AGV拣选机器人进行作业时，一般会将区域分为入库区域和出库区域，且两个区域的AGV拣选机器人通常不会混用，即用于出库的机器人只适用于出库作业，因此在计算时需要分别计算用于出库和入库的机器人数量。

方法一：智慧仓内所需机器人的数量可依据仓内工作站数量以及工作站所需的机器人数量综合确定。

工作站所需机器人数量=（货架单次作业往返时间/站点单次作业耗时）+1

其中：

货架单次作业往返时间=机器人到达货架时间+顶举货架时间+释放货架时间+到达站点时间+返回货架区时间

站点单次作业耗时=旋转货架时间+站点切换时间+单件拣货时间*命中件数

因此：

智慧仓内机器人总数=入库AGV数量+出库AGV数量+充电桩备用AGV数量

方法二：运用解析法，将具体问题归纳整理成数学模型，通过对数学模型的求解，计算出AGV机器人的数量。

AGV机器人搬运货物过程总时间由等待、空车行驶、满箱负载行驶以及货架货品装载卸载时间组成。

定义TR为AGV机器人完成一次货品搬运过程总时间（s），Tw为机器人等待时间，

Tk为空车行驶时间，Tm为满车行驶时间，Tz为货架物品装载卸载总时间（如图3-11所示）。

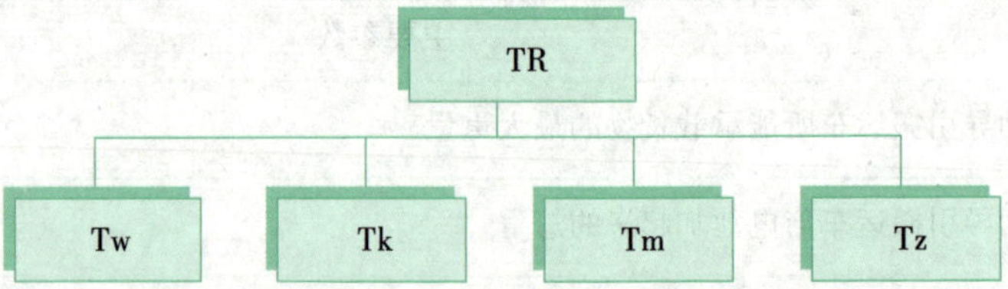

图3-11 AGV完成一次作业的时间构成

定义μ为物品需求时间（单次响应时间间隔），即每隔μ秒会产生一个任务需要进行搬运，计算出每个小时AGV机器人需要搬运的任务次数Ca为：

$Ca = 3\,600/\mu$

AGV机器人完成每小时预定的所有任务Ca所需的总时间为：

$Ta = Ca*TR$

若AGV机器人每运行48分钟需要充电10分钟，即每小时工作48分钟，因此机器人数量计算的基本公式如下：

$N = Ta/48$

方法三：除上述两种方法外，通过对AGV在仓库内与拣选/入库相关的动作及用时分析，结合站点作业效率情况及命中件数等条件，也可计算出智慧仓内的AGV机器人的数量。

配送节拍=运行时间+等待时间+工作时间+站点切换时间+旋转时间

其中：

运行时间=平均运行距离/平均速度

平均运行距离=最远来回路程*60%

工作时间=单件所需时间*命中次数

货架拉动次数（h）=3 600s/配送节拍

综合可得AGV数量计算公式：

AGV数量=站点作业效率/（货架拉动次数*货架单次命中件数）

说明：货架拉动次数，即货架搬运次数。

为确保仓内AGV机器人能够不受自身电量影响顺利完成拣选作业，通常会在仓库内设置专门的充电区域，配套适量的充电桩，且充电区域的每个充电桩上都会留有一辆充电备用的AGV机器人。

充电桩的数量确定，一般会依据AGV机器人的数量将比例设置为1∶4，即每4辆AGV机器人配置1个充电桩。

在以“货到人”模式为主的智慧仓中，受仓库出入库数量以及AGV机器人数量的影响，为保证仓内出库、入库作业的有效运行，通常会在拣选处设置若干等待位。拣选位上的AGV机器人在进行拣选作业时，后面的机器人从“入站”处进入作业区域，并在等待位处进行等待，前方机器人完成拣选作业后，向前移动一个位置，直至拣选完成进入主通道“出站”。

等待位的数量确定，根据企业经验，一般将AGV机器人等待位的数量设置为站点所需AGV机器人数量的0.3倍。

2）可移动式货架

可移动式货架，也称AGV搬运机器人货架，是配合AGV搬运机器人实现低成本智能自动化的仓储货架。其具有结构简单、价格低廉、使用方便等特点。在作业过程中具有可以大幅度减少重复多余的步骤、减少不必要的人员岗位设置、实现产品质量可追溯等优势，并可以提高货物在储存、分拣等方面的工作效率。

在进行规划时，移动式货架的尺寸不仅要参考货品的尺寸、重量，还需考虑AGV机器人的尺寸和顶升高度等参数，确保机器人在仓库行走过程中货架能够平稳行进。

3）工作站

工作站是拣选人员进行拣选、扫描的操作区域，拣选区域需设计拣选人员的操作空间、AGV机器人在拣选台的排队区域和拣选区域。一般每个拣选台安装一个显示屏、货架以及扫描装置，拣选人员根据显示屏提示的拣选信息进行拣选作业，将拣选出来的货品进行扫描，系统提示拣选完成。

（1）工作站规划。在进行智慧仓内工作站的规划时，需要根据具体的出库量等信息进行规划，在确定规划所需的出库量时，可以依据历史订单数据进行AGV智慧仓内工作站的规划，也可以根据预测的业务量（出库量）为基准进行规划。

在以历史数据为依据进行规划时，需要根据相应的规则在历史订单数据中选取某一天的数据为基准，即确定基准天；若规划是以预测的业务量为基准，则需要根据历史数据对未来趋势进行合理预测。

在进行工作站的规划计算时，企业通常会假定：出库量=入库量。根据考虑要素的不同，一般有以下3种基准天的确定方式：①着重考虑成本：在这种情况下，在剔除订单峰值后，以历史订单的均值为基准进行规划。②着重考虑效率：在这种情况下，以历史订单峰值前后几天的均值为基准进行规划。③综合考虑成本和效率：此时，可对历史出库量进行降序排序，取序列表中的前20%～30%，选取其中一天的订单数据为基准进行规划，可保证基准天处于订单峰值和订单均值之间，较好满足日常订单处理情况。

（2）工作站数量的确定。在智慧仓内，主要是在工作站处完成订单的拣选作业，工作站数量的确定与其自身的作业效率息息相关，在确定拣选工作站数量时，需要根据基准天的订单出库数量与工作站的拣选效率，推测出所需的工作站数量。

工作站效率的确定与AGV仓储机器人在工作站处单次作业耗时相关，可以依据选定基准天的日出库量与日工作时间计算出每日工作站最大效率，来初步判断工作站效率。

推算货架单次命中数量（命中件数）：

行件数=出库量/订单行数

工作站点每分钟可拣选（入库）数量=（60s/单个机器人在工作站耗时）*命中件数

单个机器人在工作站耗时=旋转货架时间+站点切换时间+单件拣货时间*命中件数

站点作业效率（h）=每分钟可拣选（入库）的数量*60min

因此，可以得到拣选工作站的数量计算方式：

拣选工作站的数量=出库数量/（拣选效率*每日工作时间）

入库工作站的数量=入库数量/（入库效率*每日工作时间）

说明：

行件数：即平均每行订单所包含的件数，若件数数值为1，说明每行订单大约包含一件商品，每次拣选动作只需完成一件商品的拣选，可代表拣选效率的高低。

入库工作站：在AGV智慧仓内，入库环节可理解为补货作业，对出库货品的补货作业，其效率在一般情况下大于出库作业的效率。

任务三 智能搬运系统

智能物品搬运系统（Automatic Material Handling System，AMHS）是指一系列的相关设备和装置，用于一个过程或逻辑动作系统中，协调、合理地对物品进行移动、储存或控制。该系统能进行物品搬运系统和设备、容器的设计、布置。基于机器人的多传感器融合技术、SLAM环境自然导航、精确控制定位技术与动态路径规划等核心技术，系统的自检及诊断技术、多机分布式协同作业和高效率的交通管制技术，软硬件完全自主研发，支持需求定制化，可根据不同生产流程提供优化方案，提高作业效率，作业任务信息可追踪监控，实现真正的无人化作业。

3.3.1 智能搬运系统的组成

智能搬运系统的组成如图3-12所示。

微课 3-2

装卸搬运设备规划

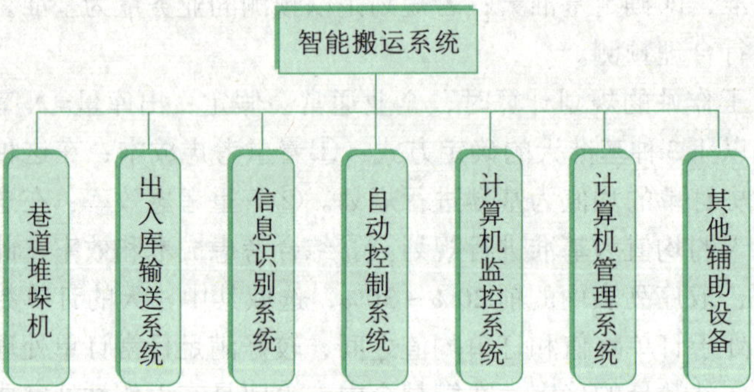

图3-12 智能搬运系统的组成

1）巷道堆垛机

巷道堆垛机是自动化立体仓库进行高层货架货物存取的关键装备，其通过运行机构、起升机构和货叉机构的协调工作，完成货物在货架范围内的纵向和横向移动，实现货物的三维立体存取。

2）输送机

输送机（Conveyor）的历史悠久，中国古代的高转筒车和提水的翻车，是现代斗式提升机和刮板输送机的雏形。带式输送机是当前散状物品输送的主要方式。输送机是以连续的方式沿着一定的路线从装货点到卸货点均匀输送货物和成件包装货物的机械设备。自动化立体仓库中通过计算机进行统一控制输送机运行，应用传感器、控制器和执行器，能够自动完成货物从货架区到出入库台的搬运工作。

3）仓库管理系统

仓库管理系统是通过入库业务、出库业务、仓库调拨、库存调拨和虚仓管理等功能，综合批次管理、物品对应、库存盘点、质检管理、虚仓管理和即时库存管理等功能运用的管理系统，有效控制并跟踪仓库业务的物流和成本管理全过程，实现完善的企业仓储信息管理。仓库管理系统包括：出入库输送系统、信息识别系统、自动控制系统、监控系统等。搬运是仓库管理的一部分，所以搬运系统当然是仓库管理系统中的一部分，智能搬运系统的规划调度等都会运用仓库管理系统。

4）辅助设备

搬运系统辅助设备根据不同的标准可以分为很多种不同的类型，见表3-21。

表3-21　不同分类标准下搬运系统辅助设备

分类标准	类别	
按作业性质分类	搬运机械 装卸搬运机械	叉车、跨运车、龙门吊以及气力装卸输送设备
按机具工作原理分类	叉车类 吊车类 输送机类 作业车类 管道输送设备类	①叉车类，包括各种通用和专用叉车； ②吊车类，包括门式、桥式、履带式、汽车式、岸壁式、巷道式等各种吊车； ③输送机类，包括辊式、轮式、皮带式、链式、悬挂式等各种输送机； ④作业车类，包括手车、手推车、搬运车、无人搬运车、台车等各种作业车辆； ⑤管道输送设备类，包括液体、粉体的装卸搬运一体化的由泵、管道为主体的一类设备

3.3.2　智能搬运系统的特点

1）无人化

智能搬运系统的显著特点是无人操作，智能搬运设备上装有自动导向系统，依靠无线传感、定位导航、视觉识别、力觉感知、自动控制技术等，可以保障系统在不需要人工引航、人工作业的情况下能够沿预定的路线自动行驶，将货物或物品自动从起始点送到目的地，完成搬运作业活动。无人化的操作过程，既节约了人力，提高了效率；又能满足高危、狭小空间内的智能无人搬运需求。

2）柔性化

智能搬运系统的突出特点就是柔性好，由于人工智能的加入，智能搬运的作业路径、作业样式、力度功率可以根据仓储货位要求、生产工艺流程、物流作业环境等的改变而灵活变换，可以模拟人的思维进行智能判断，不断动态调整选择优化运行方案，减少了重新购置作业设备、作业线的时间和成本，体现出了较好的经济性。

3）高效化

智能搬运系统能够整体调度和监控整个搬运作业流程，包括无人叉车、机器人和辊道等；可支持多台机器人同时联动作业，保证相互避让及最优路径的规划，防止拥堵；可通过作业流程节拍的控制，实现状态监控、增减机器人数量和地图布局修改、交通管制等功能，最大限度地实现物流仓库的搬运作业优化，大幅提高作业效率：可广泛运用于各生产、物流节点之间的物品搬运和工艺设备之间的水平运转等环节，能与各种自动化设备进行对接，大幅提高物流整体作业效率。

3.3.3 智能搬运系统配套设备的特征

智能搬运系统配套设备的特征主要体现在三个方面：

（1）无人化作业。对传统机械设备进行升级，通过导航、定位以及多重传感器的部署，使机械设备可以自动感应识别作业位置并精准对接，完成无人自动存取搬运的功能。如把传统有人叉车改造为无人叉车，传统岸桥改造为无人岸桥。

（2）柔性化衔接。搬运是物流各环节有效衔接的重要桥梁和润滑剂。智能搬运应能够适应复杂物流环境，按照设定的工作流程，柔性连接物流或生产制造中的每个环节。

（3）智能化控制。通过作业控制系统，能够整体调度和监控智能作业流程，包括无人叉车、机器人、机械臂以及辊道等。通过系统对作业流程节拍的控制，实现多台机器人路径规划、实时状态监控、柔性增减机器人数量、地图布局修改及交通管制等功能，使得整个系统最大程度地提高作业效率和柔性可拓展程度。

任务四　智能分拣系统

智能分拣系统（Automatic Sorting System）是先进配送中心所必需的设施条件之一，可将随机的、不同类别、不同去向的物品，按照产品的类别或产品目的地，从产品仓库或者货架，经过拣选后按照系统要求的路径送到仓库出货装车位置。智能分拣系统具有很高的分拣效率，通常每小时可分拣商品6 000～12 000箱。

3.4.1 智能分拣系统的构成

1）智能分拣系统的基本构成（如图3–13所示）

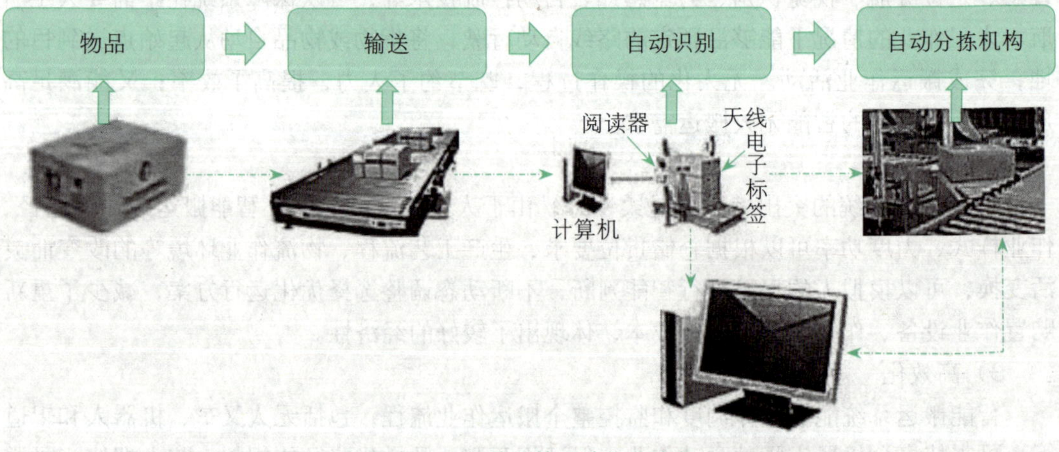

图3–13　智能分拣系统作业流程

（1）控制装置。它的作用是识别、接收和处理分拣信号，根据分拣信号的要求指示分拣装置按照商品品种、送达地点或按货主的类别对商品进行自动分类。

这些分拣需求可以通过如图3–14所示的不同方式，输入到分拣控制系统中去，根据对这些分拣信号判断，来决定某一种商品该进入哪一个分拣道口。

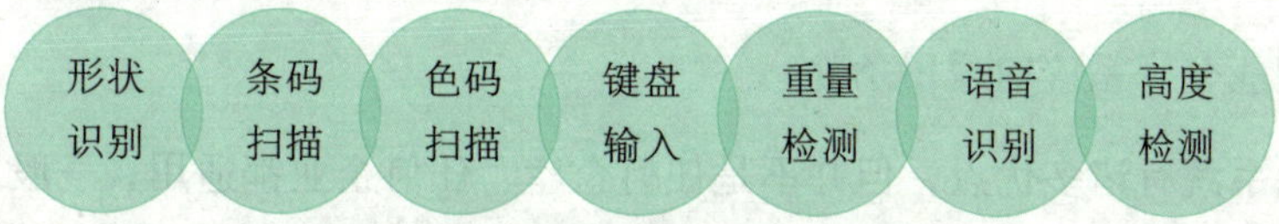

图3-14　分拣需求的不同输入方式

（2）分类装置。它的作用是根据控制装置发出的分拣指示，当具有相同分拣信号的商品经过该装置时，该装置动作，使商品改变在输送装置上的运行方向进入其他输送机或进入分拣道口。

分类装置的种类很多，不同的装置对分拣货物的包装材料、包装重量、包装物底面的平滑度等有不完全相同的要求。

（3）输送装置。它的主要组成部分是传送或输送机，其主要作用是使分拣商品通过控制装置、分类装置，并且输送装置的两侧一般要连接若干分拣道口，使分好类的商品滑下主输送机以便进行后续作业。

（4）分拣道口。它是已分拣商品脱离主输送机进入集货区域的通道，一般由钢带、皮带、滚筒等组成滑道，使商品从主输送装置滑向集货站台，在那里由工作人员将该道口的所有商品集中后或是入库储存，或是组配装车并进行配送作业。

2）智能分拣系统的特点（见表3-22）

表3-22　智能分拣系统的特点

1.能连续、大批量地分拣货物
由于采用大量生产中使用的流水线自动作业方式，自动分拣系统不受气候、时间、人的体力等的限制，可以连续运行，同时智能分拣系统单位时间分拣件数多，因此智能分拣系统的分拣能力是连续运行100h以上，每小时可分拣7 000件包装商品，如用人工则每小时只能分拣150件左右，同时分拣人员也不能在这种劳动强度下连续工作8h
2.分拣误差率极低
智能分拣系统的分拣误差率主要取决于所输入分拣信息的准确性，这又取决于分拣信息的输入机制，如果采用人工键盘或语音识别方式输入，则误差率在3%以上，如采用条码扫描输入，除非条码的印刷本身有差错，否则不会出错。因此，目前智能分拣系统主要采用条码技术来识别货物
3.分拣作业基本实现无人化
建立智能分拣系统的目的之一是减少人员的使用，减轻员工的劳动强度，提高人员的使用效率。智能分拣系统能最大限度地减少人员的使用，基本做到无人化

3）智能分拣系统的优势（见表3-23）

表3-23　智能分拣系统的优势

智能分拣	智能分拣减少了劳动成本，加快了企业工作进度，使得企业更方便地管理存储货物
数据存储	分拣系统的数据存储有效避免了错拣和货物丢失的问题
货物安全	分拣设备的使用有效遏制人工分拣对货物造成的各种安全问题
分拣效率高	使用分拣系统的企业能够实现分拣的高效运作

3.4.2 智能分拣系统的适用条件

智能分拣系统有诸多优点，但并不是任何仓库、任何企业都适用，一般来讲，智能分拣系统的适用条件如下：

1）一次性投资大

鉴于智能分拣设备本身作业传输线需要比较长，需要配置机电一体化控制系统、计算机网络及通信系统等，占地面积较大；智能分拣系统建立在自动化立体仓库中，库内需要配备各种自动化搬运设施，投资场地、金额都比较大。

2）商品外包装要求高

智能分拣机适用于分拣底部平坦且具有刚性的包装规则的商品。包装底部柔软且凸凹不平，包装易变形、易受损、超长、超高、超宽、超重、不能颠覆的商品不能使用普通的智能分拣机进行分拣。为了使分拣机提高分拣效率，可采用以下措施：①推行包装标准化，使大部分商品符合国家标准；②基于分拣的大部分商品标准定制特定分拣机。

3.4.3 智能分拣系统的主要设备

智能分拣系统的主要设备如图3-15所示。

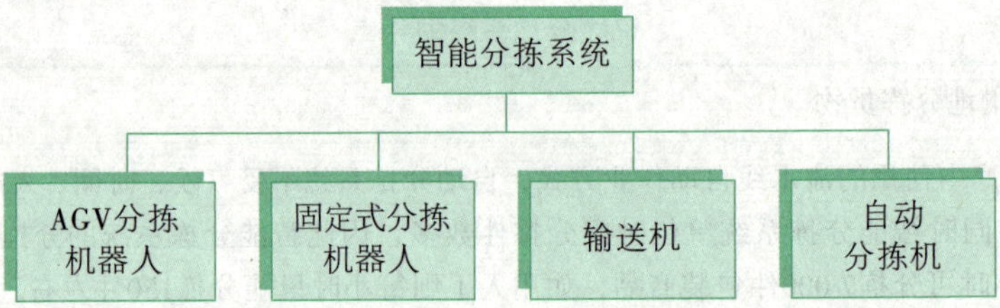

图3-15 智能分拣系统的主要设备

1）AGV分拣机器人系统的特点

AGV分拣机器人系统作为新型自动分拣技术，最高可实现高达15 000件/小时的拣选效率，并且在系统灵活性、易扩展性等方面更有优势。

（1）系统可扩展性强：AGV分拣机器人系统可根据业务增长的需要动态调整。

（2）人工成本低：AGV分拣机器人系统的人员工位布置紧凑，人均效能提高，相同处理效率可节约用工约40%。

（3）分拣差错小：分拣机器人采用静态卸载，只要包裹面单信息正确，理论分拣差错率为0。

（4）系统可靠性高：AGV分拣机器人系统由众多独立运行的分拣机器人组成，不会因某台机器人故障而影响整个系统的运行效率，且系统支持远程升级及调试，相关技术人员可远程解决系统调度问题，所需时间也很短。

（5）节能环保：AGV分拣机器人系统用电消耗功率低，且均由低功率可充电电池供电。

2）AGV分拣机器人系统的作业流程

AGV分拣机器人系统可大幅度减少分拣过程中的人工数，提高分拣效率及自动化程度，并且大幅度提高分拣准确率。一般来说，AGV分拣机器人系统的作业流程如图3-16

所示。

图3-16　AGV分拣机器人系统的作业流程

（1）揽件。包裹到达分拣中心后，卸货至带式输送机，由工作人员控制供件节奏，包裹经带式输送机输送至拣货区工位。

（2）放件。工人只需要将包裹面单朝上的方向放置在排队等候的自动分拣机器上，机器人搬运包裹过龙门架进行面单扫描以读取订单信息，同时机器人可自动完成包裹称重，该包裹的信息将直接显示并上传到控制系统中。

（3）分拣。所有AGV分拣机器人均由后台管理系统控制和调度，并根据算法优化为每个机器人安排最优路径进行包裹投递。AGV分拣机器人在分拣作业中可实现互相避让、自动避障等，系统根据实时的道路运行状况尽可能地使机器人避开拥堵。当机器人运行至目的地格口时，停止运行并通过机器人上方的辊道将包裹推入格口，包裹顺着滑道落入一楼集包区域。随着业务量的变化，可灵活调度调节格口数量。

（4）集包装车。集包工人打包完毕后，将包裹放上传送带，完成包裹的自动装车。随着大数据算法的日趋完善、快递邮件信息逐步标准化、智能控制系统集成化，AGV分拣机器人系统正推动物流业由劳动密集型向批量智能化转化。

3）AGV分拣机器人系统的主要参数（见表3-24）

表3-24　AGV分拣机器人系统的主要参数

额定载重量	目前，AVG的载重量范围为50～20 000kg，以中小型吨位居多，根据调查，目前使用AGV载重在100kg以下的占19%，载重在100～300kg的占22%，300～500kg的占9%，500～1 000kg的占18%，1 000～2 000kg的占21%，2 000～5 000kg的占8%，而5 000kg以上的数量极少
停位精度	指自动移栽时实际位置与程序设定位置的偏差。这个参数很重要，是确定移栽方式的主要依据，不同的移栽方式要求不同的停位精度
最小转弯半径	确定车辆弯道运行所需空间的重要参数
运行速度	在自动导引搬运额定重量下行驶所能达到的最快速度。它是确定车辆作业周期和搬运效率的重要参数
工作周期	自动导引搬运完成一次所需的时间

基本训练

一、单项选择题

基本训练3

1.以下对轻量型货架描述正确的是（　　）。

A.适合中小单元、零部件等轻型货物的存储

B.适用于中小型仓库存放货物

C.操作简便化

D.每个单元的承重量≥800kg

2.以下关于穿梭车工作原理的描述，正确的是（　　）。

A.定位导航—运行规划—载运物料—避障安全—通信与协作—数据记录和反馈

B.运行规划—定位导航—载运物料—避障安全—通信与协作—数据记录和反馈

C.运行规划—定位导航—载运物料—避障安全—数据记录和反馈—通信与协作

D.定位导航—运行规划—载运物料—避障安全—数据记录和反馈—通信与协作

3.以下关于提升机工作原理的描述，正确的是（　　）。

A.启动电动机或液压驱动装置，提供动力规划—动力传递到传动机构—工作机构开始运动—物料进入提升机—物料到达目的地—提升机运输物料

B.启动电动机或液压驱动装置，提供动力规划—动力传递到传动机构—工作机构开始运动—提升机运输物料—物料进入提升机—物料到达目的地

C.启动电动机或液压驱动装置，提供动力规划—动力传递到传动机构—工作机构开始运动—物料进入提升机—提升机运输物料—物料到达目的地

D.启动电动机或液压驱动装置，提供动力规划—工作机构开始运动—动力传递到传动机构—物料进入提升机—提升机运输物料—物料到达目的地

4.以下关于自动化立体仓库AS/RS的描述，正确的是（　　）。

A.以料箱为储存单元的自动化立体仓库，是"货到人"拆零拣选的重要存取形式，主要以货叉和载货台车的形式出现

B.采用智能搬运机器人配合可搬运移动货架实现"货到人"拣选的动态拣选方式，该方式下货物不受料箱尺寸限制

C.集Mini-load、穿梭车、提升机等多种系统于一体的新型储存系统，可分为托盘和料箱拣选

D.是最传统的"货到人"拣选方式，主要以托盘储存为主，搬运设备以堆垛机为主，由于堆垛机的存取能力有限，该种拣选方式主要针对整件拣选，很少用于拆零拣选

5.以下不属于智能搬运系统组成部分的是（　　）。

A.巷道堆垛机　　B.出入库输送系统

C.自动控制系统　　D.驱动装置

二、多项选择题

1.利用立体仓库设备可实现仓库（　　）。

A.高层合理化　　B.存取自动化

C.操作简便化　　D.作业烦琐

2.以下关于自动存取系统的劣势，表述正确的有（　　）。

A.投资建设成本高、周期长　　B.设备维修费用高

C.存储货物有严格要求　　D.管理维护要求较高

3.以下关于"货到人"拣选系统的基本组成的描述，正确的有（　　）。

A.存储系统

B.输送系统

C.拣选工作站

D."货到人"拣选系统输送流量较大，会导致设备成本大幅增加，从而导致物流系统

整体成本大幅增加，需要综合考虑输送成本与输送效率的平衡

4.“货到人”系统仓储区域功能划分，主要组成部分包括（　　）。

A.货架存储区域　　B.补货站点

C.拣选站点　　D.AGV停车区域

E.AGV充电区域

5.以下关于智能分拣系统的适用条件的描述，正确的有（　　）。

A.一次性投资较大　　B.商品外包装无要求

C.商品外包装有严格要求　　D.后期投资较大

三、论述题

1.简述自动存取系统的主要设备的保养。

2.请描述“货到人”拣选系统的特点。

3.对比分析“货到人”拣选系统和“人到货”拣选系统。

4.请描述AGV分拣机器人系统的作业流程。

5.请描述智能搬运系统的特点。

四、实训题

实训目的：通过AGV参数以及AGV作业环境，查阅资料描述AGV工作原理，结合资料完成AGV在工作区域的时间规划。

实训方式：教师带领学生研读教学内容，引导学生查阅AGV工作原理。

实训内容及步骤：

（1）AGV参数（见表3-25）。

表3-25　AGV参数

潜伏式搬运机器人（GTP）运行参数			
AGV行驶速度（m/s）	1	AGV步长（m）	1.2
AGV充电时长（0~100%）（h）	1	AGV续航时间（h）	4
AGV到达货架平均时间（s）	9	站点切换平均时间（s）	25
AGV顶举货架平均时间（s）	3	货架旋转平均时间（s）	15
AGV放下货架平均时间（s）	3	入库工作站任务平均作业时间（s/箱）	25
拣选工作站任务平均作业时间（s/箱）	32	AGV单程平均转弯次数（次）	4
AGV平均转弯速度（s/次）	3		

（2）AGV工作区域。原材料存储库（长13米×宽13米），采用货到人（GTP）作业模式与搬运机器人（AGV），主要用于原材料的存储与搬运。

（3）货架单次作业往返时间。

（4）入库工作站站点单次作业耗时。

（5）拣选工作站站点单次作业耗时。

实训结果：学生分组，每组4～6人，分别完成AGV工作原理的汇报和AGV机器人作业时间、工作站作业时间汇报。

项目四　智慧仓储经营管理

本项目思维导图

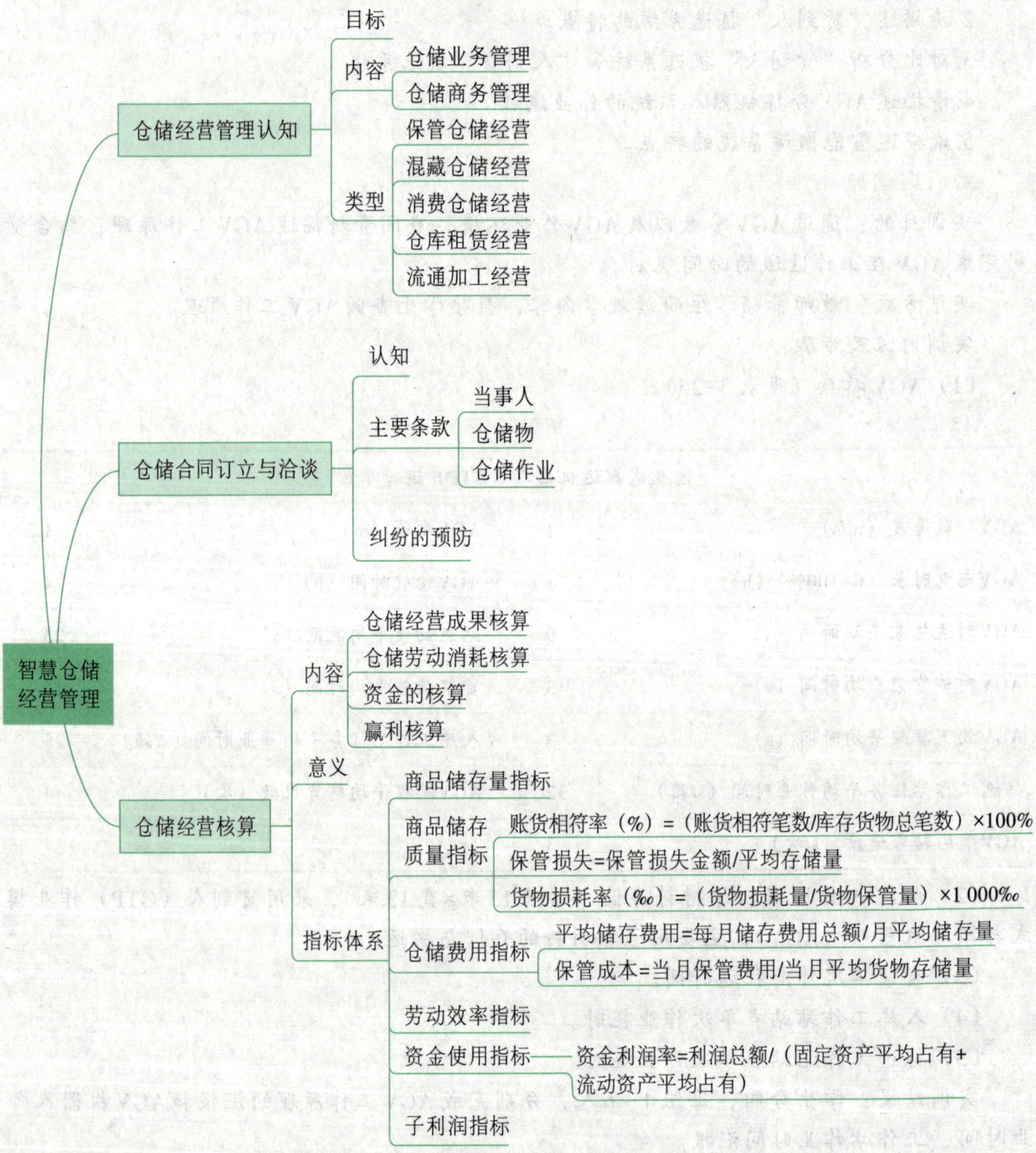

学习目标

知识目标：

（1）明确仓储经营管理的内容、类型，掌握仓储活动的主要条款；

（2）理解仓储企业经营的指标体系。

能力目标：

能够有仓储合同洽谈、合同签订等能力和进行仓储经营核算的能力。

素养目标：

（1）培养跨部门协同的现代物流团队合作意识；

（2）树立仓储纠纷预防的合规管理思维。

重难点：

仓储企业经营的指标体系、签订仓储合同的步骤。

案例导入

仓储保管合同是否有效

某五金公司与某贸易货栈有着多年的业务往来，两个公司的经理也是铁哥儿们，私交很深。某年5月，五金公司经理王某找到贸易货栈经理张某，称“我公司购回走私彩电500台，有关部门正在追查，因此，想请张经理帮帮忙，将这批货暂时在贸易货栈存放一段时间，待避过风头之后，我公司立即想办法处理。”但货栈经理张某说：“咱们都是经营单位，货栈目前效益也不是很好，并且寄存你这批货还要承担很大风险，因此，适当收点仓储费。另外，一旦有关部门得到消息，将该批货查封、扣押或者没收，我单位不承担任何责任。”五金公司王经理表态：“费用按标准支付，签一份仓储合同。”双方随即签订了一份仓储保管合同。合同约定，贸易货栈为五金公司储存彩电500台，期限6个月，每月仓储费1 000元。10月，该批货在贸易货栈存放期间，被有关部门查获，并依法予以没收。后来双方当事人为仓储费问题发生争执，经多次磋商未果，贸易货栈诉至法院，要求五金公司依约支付仓储费并赔偿损失。

资料来源　作者根据相关资料整理而成.

任务一　仓储经营管理认知

4.1.1　仓储经营管理目标

企业经营的目标在于取得最大的经济效益。总体来说，仓储经营管理目标就是把与仓储经营有直接关系的各部门、各环节、相关人员有机地协调起来，使其高效、有序地工作，从而实现仓储经营的最大经济效益。

具体而言，仓储经营管理的目标是实现仓储经营活动的“多、快、好、省”，即“多储存，多经营，快进、快出，保管好，费用省”。

1）多储存

多储存是指在进行仓储经营组织时，合理规划库存容量，巧妙设计存储方法，最大限度地利用有效的存储面积和存储空间。

2）多经营

多经营是指在仓储经营中通过采用多种经营方式，如商品交易中介、运输中介、配送与配载等，为顾客提供优质的多样化服务。

3）快进、快出

快进是指货物运抵港口、车站或仓库专用线时，要以最快的速度完成货物的接运、验收和入库作业活动。快出是指货物出库时，要及时迅速和高效地完成备料、复核、出库和交货清理作业活动。

4）保管好

保管好是指在仓储经营中，要根据物资性质和储存条件，采用科学的保管方法，合理安排储存场所，确保物资的数量、质量完好无损。

5）费用省

费用省是指仓储的各环节、各部门都要加强经营管理，尽量节省人力、物力和财力的消耗，实现仓储成本最低。

想一想　你作为仓储管理者有哪些管理目标？

4.1.2 仓储经营管理的内容

仓储经营管理既包括仓储企业对内部仓储业务活动的管理，也包括对整个企业资源的经营活动的管理，即对仓储商务活动的管理。

1）仓储业务管理

仓储业务管理是指对仓库和仓库中储存的物资进行管理。这种业务管理是仓储经营管理的基础，是各种公共仓储、营业仓储和自营仓储都必须进行的管理活动。这种对仓库和仓库中储存的物资的管理工作，是随着储存物资的品种多样化和仓库设计结构、技术设备的科学化而不断变化发展的。仓储管理的手段既有经济的，也有纯技术的，具体见表4-1。

表4-1 仓储业务管理的内容及特点

内 容	特 点
1.仓库的选址与决策管理	企业在建立仓库选址时要依据企业生产经营的运行和发展来考虑；应保证所建仓库各种设备的有效利用，不断提高仓库的经济效益；要能保证仓库运营的安全，一方面要保证储存物资不受各种可能的自然灾害或人为破坏，另一方面要保证储存物资对企业及周围环境的安全
2.仓库的机械作业的选择与配置	企业根据实际需要以及自身的实力决定是否采用机械化、智能化设备，若要使用，就要对智能化的程度、投资规模、设备选择、安装、调试与运行维护等进行管理

续表

内 容	特 点
3.仓库的日常业务管理	例如，如何组织物资入库前的验收，如何存放入库物资，如何对物资进行有效的保养，如何出库等
4.仓库的库存管理	库存管理包括对库存物资的分类、库存量、进货量、进货周期等的确定
5.仓库安全管理	仓库安全管理是其他一切管理工作的基础和前提，包括仓库的警卫和保卫管理、仓库的消防管理、仓库的安全作业管理等内容
6.其他业务管理	除了以上的业务管理外，仓库业务考核问题、新技术和新方法在仓库管理中的运用问题等都是仓储业务管理所涉及的内容

想一想　你身边有仓储业务管理吗？

2）仓储商务管理

仓储商务是指仓储经营人利用所具有的仓储保管能力向社会提供仓储保管产品和获得经济收益所进行的交换行为。仓储商务是仓储企业对外的基于仓储经营而进行的经济交换活动，是一种商业性的行为，因而，仓储商务发生在公共仓储和营业仓储之中，企业自营仓储则不发生仓储商务。

仓储商务管理则是仓储经营人对仓储商务所进行的计划、组织、指挥和控制的过程，是独立经营的仓储企业对外商务行为的内部管理，属于企业管理的一个方面。仓储商务管理的目的是仓储企业充分利用仓储资源，最大限度地获得经济收入和提高经济效益。仓储商务管理涉及企业的经营目标、经营收益，因而更为重视管理的经济性、效益性。相对于其他企业项目管理，商务管理具有外向性特征，是对仓储企业与外部发生的经济活动的管理；商务管理又有整体性的特征，商务工作不仅是商务职能部门的工作，涉及仓储企业整体的经营和效益，也是其他部门能否获得充足工作量的保证。其具体内容及特点见表4-2。

表4-2　**仓储商务管理的内容及特点**

内 容	特 点
1.仓储经营组织管理	仓储经营组织管理包括仓储经营管理机构的设定、经营管理人员的选用和配备、经营管理制度、工作制度的制定与实施等
2.仓储企业经营战略管理	经营战略管理包括企业经营战略的制定、经营环境跟踪、战略调整、战略实施等内容。在制定企业经营战略时，要综合考虑企业自身的人力、财力和物力以及市场对仓储产品的需求和供给状况，以实现可持续发展和利润最大化为原则，合理制定企业经营发展目标和经营发展方法。仓储企业可以在总体经营战略的基础上选择租赁经营、公共仓储、物流中心或者配送中心的经营模式，或者采用单项专业经营或者综合经营，实行独立经营或者联合经营的经营定位。另外要根据经营环境因素的变化以及根据战略实施的结果反馈进行分析后，对战略进行相应的调整，并对战略规划的实施进行管理

续表

内 容	特 点
3.市场管理	仓储企业要广泛开展市场调查和研究，对市场环境因素以及仓储服务的消费者行为进行分析，细分市场以发现和选择市场机会；向社会提供能满足客户需求的仓储服务、制定合理的价格策略；加强市场监督和管理，广泛开展市场宣传，巩固和壮大企业的客户队伍
4.资源管理	仓储企业需要充分利用仓储资源，为企业创造和实现更多的商业机会。因此，要合理利用仓储资源，做到物尽其用
5.制度管理	高效的商务管理离不开规范、合理的管理制度。仓储企业应该在资源配置、市场管理、合同管理等方面建立和健全规范的管理制度，做到权力、职责明确
6.成本管理	一方面，企业应该准确进行仓储成本核算、确定合适价格，提高产品或服务的竞争力；另一方面，企业应该通过科学合理的组织、充分利用先进的技术来降低交易成本
7.合同管理	仓储企业应该加强商务谈判和对合同履行的管理，做到诚实守信、依约办事，创造良好的商业信誉
8.风险管理	仓储企业通过细致的市场调研和分析、严格的合同管理，以及规范的商务责任制度，妥善处理商务纠纷和冲突，防范和减少商务风险
9.人员管理	商务人员的业务素质和服务态度在很大程度上影响着企业的整体形象，因此，商务管理还应该包含对商务人员的管理。仓储企业应该以人为本，重视商务人员的培训和提高，通过合理的激励机制调动商务人员的积极性和聪明才智，同时还要加强对商务人员的监督管理，创建一支高效、负责的商务队伍

4.1.3 仓储经营的类型

1）保管仓储经营

（1）保管仓储经营的概念。保管仓储经营是指保管人储存存货人交付的仓储物，存货人支付仓储费的一种仓储经营方法。

（2）保管仓储经营的特点。

第一，保管仓储经营的目的在于保持仓储物的原有状态。

第二，保管仓储管理的仓储物一般都是数量大、体积大、价值高的大宗货物，一般来说仓储物都是动产。

第三，保管仓储是有偿服务，双方签署规范的仓储合同，保管人为存货人提供仓储服务，存货人必须按约定支付仓储费。

第四，保管仓储经营的整个仓储过程均由保管人组织并操作。

第五，保管仓储经营中货物的所有权不发生转移，归存货人所有。

（3）保管仓储经营的方法。在保管仓储经营中，保管人一方面需要尽可能多地吸引仓储，获得大量的仓储委托，以获得仓储保管收入为目标；另一方面需要在仓储保管中尽量降低保管成本，提高经营效益。仓储费取决于存货数量、存货时间及仓储费率。其计算公式为：

$$TR = Q \times T \times K$$

式中：TR——仓储费；Q——存货数量；T——存货时间；K——仓储费率。

仓储总收入可按下式计算：

仓储总收入=总仓容量×仓容利用率×平均费率

2）混藏仓储经营

（1）混藏仓储经营的概念。混藏仓储经营是指存货人将一定品质、数量的仓储物交付保管人储藏，在保管期限届满时，保管人只需以相同种类、相同品质、相同数量的替代物返还给存货人的一种仓储经营方法。

（2）混藏仓储经营的特点。其主要包括：①混藏仓储经营的对象仅仅是种类物；②混藏仓储经营的仓储物并不随交付而转移所有权；③混藏仓储经营是一种特殊的仓储方式。

（3）混藏仓储经营的方法。混藏仓储经营在物流活动中的作用很重要，适用于农业、建筑业、粮食加工等行业中对品质要求无差别、可以准确计量的货物。在混藏仓储经营中，仓储经营人应尽可能地控制品种的数量，寻求大批量混藏的经营模式，从而发挥混藏仓储的优势——通过混藏的方式使仓库设备投入更少，充分利用仓储空间。混藏仓储经营的收入主要来源于仓储费，存量越多、存期越长，收益越大。

想一想　你身边有什么样的混藏仓储经营的方法？

3）消费仓储经营

（1）消费仓储经营的概念。消费仓储经营是指存货人不仅将一定数量的仓储物交付保管人储存，而且与保管人相互约定，将仓储物的所有权也转移给保管人，在合同期限届满后，保管人以相同种类、相同品质、相同数量的替代品返还给存货人的一种仓储方法。

（2）消费仓储经营的特点。

第一，消费仓储经营是一种特殊的仓储形式，其运作模式与保管仓储经营基本相同。

第二，消费仓储经营以种类物作为保管对象，在仓储期间存货人将仓储物的所有权转移给保管人。

第三，消费仓储经营以仓储物的价值保管为目的，保管人对仓储物具有自由处分的权利，并可以此获取更多的收益，减少仓储成本。

第四，存货人可以更好地利用消费仓储经营提供的低收费或不收费的优惠条件，降低仓储成本。

（3）消费仓储经营的方法。消费仓储经营的开展使得仓储财产的价值得以充分利用，提高了社会资源的利用率。消费仓储经营可以在任何仓储物中开展，但对保管人的经营水平有极高的要求，现今广泛应用在期货仓储中。消费仓储经营的收益主要来自对仓储物的消费。当该收益大于返还仓储物的购买价格时，保管人就获得了经营利润；当该收益小于返还仓储物的购买价格时，保管人就不会对仓储物进行消费，而是返还原物。在消费仓储经营中，仓储费收入是次要收入，有时甚至采取零仓储费结算方式。

保管仓储、混藏仓储和消费仓储的差别见表4-3。

表4-3 保管仓储、混藏仓储和消费仓储的差别

仓储方式	仓储对象	仓储物的所有权	仓储经营人的收益	适用范围
保管仓储	特定物	不转移	仓储费	数量大、体积大、质量高的大宗货物，如粮食、工业制品、水产品等
混藏仓储	种类物	不转移	仓储费	品质无差别、可以准确计量的商品，主要适用于农业、建筑施工、粮食加工等行业
消费仓储	种类物	转移	主要是对仓储物消费的收益，仓储费只是次要收益	主要在期货仓储中开展

4）仓库租赁经营

（1）仓库租赁经营的概念。仓库租赁经营是指仓库保管人出租仓库、场地和设备，由存货人自行保管货物的仓库经营方式。

（2）仓库租赁经营的特点。其包括：①仓库租赁经营的存货人自行保管货物；②仓库租赁经营的收入主要来自租金；③仓库租赁经营的设备维修由保管人负责。

（3）仓库租赁经营的方法。采取仓库租赁经营的依据是仓库保管人开展仓储保管的收益低于出租的收益，其核心是仓库保管人的保管成本无法降低，或者是仓库保管人不具有特殊货物的保管能力和服务水平，即仓储费-保管成本-服务成本<租金收入。对于租用仓库者而言，因其具有特殊的保管能力、作业能力，或者为了内部的需要而租用仓库，自行进行仓储保管。

在仓库租赁经营中，租赁双方不是一般意义上的买主和卖主，而是出租人和租用人，两者之间的关系不是通过买卖合同，而是通过租赁合同确定的，两者的权利和义务也不同于买卖关系中的权利和义务。租用人对租用的仓库及仓库设备享有使用权（不是所有权），并有保护设备、保证仓库及仓库设备的性能完好、按约定支付租金的义务。出租人对出租的仓库及设备拥有所有权，并享有收回租金的权利。

仓库租赁经营既可以采用整体出租的方式，也可以采用部分出租、货位出租等分散出租的方式。在分散出租方式下，仓库保管人需要承担更多的仓库管理工作，如环境管理、安保管理等。

5）流通加工经营

（1）流通加工经营的概念。流通加工经营是指在物品从生产地到使用地的过程中，根据需要施加包装、分割、计量、分拣、刷标志、贴标签、组装等简单作业的总称。流通加工经营是目前仓储企业的一项具有广阔前景的经营业务，它能够给流通领域带来很大的经济效益和社会效益。

（2）流通加工经营产生的原因。流通加工经营是物流服务业与现代化生产发展相结合的产物，它弥补了企业大批量生产加工不能满足不同消费者需求的不足。例如，某企业对钢材除了有标号、规格型号上的要求外，在长度、宽度等方面也有特殊的要求。但是生产企业面对成千上万的客户，在生产过程中是很难达到该企业的要求的，唯有在流通过程中通过流通加工经营来满足不同客户的需求。这也能够提高物流效率，降低物流成本。

（3）流通加工经营的作用（见表4-4）。

表4-4　流通加工经营的作用

序号	作　用
1	以流通加工经营这一方法来弥补产品在满足个性化消费需求方面的不足，有利于生产者采取规模化的生产模式，进而提高生产率，提高产品质量和经济效益
2	提高物流效率与服务质量，使产品满足客户个性化、多样化的需求，使物流功能得以完善和提高
3	提高仓储业加工设备的利用率和劳动生产率。将加工对象集中起来进行流通加工，达到低成本、高效率的加工效果，从而满足客户的特殊需求
4	提高各种运输手段的运用效率。流通加工经营能使运输工具、装卸设备充分发挥作用，从而提高货物的运输效率，降低运输费用
5	完善产品功能，提高经济效益。流通加工经营可以改变一些产品的功能，使其能够满足更广泛的消费需求，从而促进销售

（4）仓储企业开展流通加工经营的经济效益（见表4-5）。

表4-5　流通加工经营的经济效益

内　容	特　点
直接经济效益	可以提高流通加工的劳动生产率、原材料的利用率和加工设备的利用率；还可以使产品增值、物流成本降低，增加仓储经营收益
间接经济效益	能为许多生产厂家缩短生产时间，使其可以腾出更多的时间来进行专业化生产；能为多个生产部门或消费部门服务；吸引更多的仓储货源；提高仓储服务的回报率

总之，流通加工经营是一项具有广阔前景的物流活动。流通加工经营的重要性不仅在于为物流合理化提供了条件，更重要的是为仓储企业提高社会效益和经济效益开辟了一条新途径，它在我国的仓储业中显得越来越重要。仓储企业开展流通加工业务，都要有一定的资源投入或者成本投入，因而需要选择具有优势的业务进行流通加工，才能使得流通加工经营获得收益。

想一想　你身边的物流企业属于哪种仓储经营类型？

任务二　仓储合同订立与洽谈

4.2.1　仓储合同的认知

1）仓储合同概述

仓储合同是保管人储存存货人交付的仓储物，存货人支付仓储费的合同。提供储存保管服务的一方称为保管人，接受储存保管服务并支付报酬的一方称为存货人，交付保管的货物称为仓储物。仓储合同属于保管合同的一种特殊类型，因此仓储合同也被称为仓储保管合同。仓储合同具有以下特点：

（1）仓储合同是一种给付劳务合同，即以保管人向他人提供仓储保管服务为合同标的，由存货人支付报酬。

（2）涉及的仓储物必须是动产。

（3）合同一方主体必须是以仓储保管业务为其主营业务的人。

（4）仓储合同是有偿合同、承诺合同。

2）仓储合同的种类

根据不同的标准，仓储合同可进行如下分类。

（1）一般保管仓储合同。仓储物为确定物，在保管期限届满时，保管人将原先收保的仓储物原样返还。

（2）混藏式仓储合同（如粮食、油品、矿石或保鲜期较短的商品的保管合同）。这类合同具有保管仓储物价值的功能，在保管期限届满时，保管人不需要归还原物，只要求归还相同种类、品质和数量的商品，如粮食、矿石、油品或一些保鲜期较短的商品。这类仓储合同的标的物为确定的种类物，要求保管人严格按照约定数量、质量承担责任，保管人没有合理损耗的权利。

（3）消费式仓储合同（保管人掌握商品所有权，如加油站）。在保管期限届满时，保管人将相同种类、品质、数量的替代物归还存货人。存放期间的仓储物的所有权由保管人掌控，保管人可以行使仓储物的所有权。这种保管人一般具有商品消费能力，如经营期货的保管人、加油站的油库仓储和粮食加工站的粮食仓储的保管人等。因为仓储物的所有权转移至保管人，所以保管人需要承担所有权人的权利和义务。

（4）仓库租赁合同。仓库所有人将所拥有的仓库以出租方式开展仓储经营。仓储方只提供基本的仓储条件，进行一般的仓储管理，不直接对所存放的货物进行管理。从严格意义上说，这不是仓储合同，而是财产租赁合同，但是由于仓储方具有部分仓储保管责任，因此仓储租赁合同具有仓储合同的一些特征。

4.2.2 仓储合同的主要条款

仓储合同的条款是检验仓储合同的合法性、有效性，以及合同双方民事责任的重要依据。仓储合同一般应包括以下条款（见表4-6）。

表4-6 仓储合同主要条款与内容

仓储合同的主要条款	内　容
1.当事人	合同当事人是履行合同的主体，需要承担合同责任。当事人条款中应包括存货人、保管人的名称、地址，必要时增加通知人。主体是企业的，应该标明完整的企业注册名称和登记地址；主体为个人的，必须明示个人的姓名和户籍地或常住地
2.仓储物	仓储物必须是动产，能够进行移交，因而需要明确地将仓储物特定化或特定种类化。仓储物条款一般包括仓储物的品种、数量、质量、包装、件数和标记。仓储物的品种需采用完整的商品名称或种类名称表达；数量采用公用的计量方法确定并达到最高的精度，用最小的独立封装单元或以最小的组成单位确定件数；商品的质量可以仅用外包装可见质量或者商品本身的质量表示，标准可采用国家标准或行业标准，或者约定的标准来表达，必要时可采用通过商品检验的质量报告为准的方式；标记应采用标注在外包装上的标记或者拴挂的标签标记

续表

仓储合同的主要条款	内　容
3.仓储物交接的时间、地点及验收方法	交接时间是指存货人将仓储物交给保管人的时间。保管人应在约定的交货时间之前做好接货的准备工作，如准备好合适的货位。 交接地点是指存货人将仓储物移交给保管人的地点，表明了运送货物入库的责任承担人，但还需要明确卸车搬运的承担人。 为了明确区分存货人和保管人的责任，合同中还需要明确交接理货方法、验收内容、标准、时间和方式。验收内容一般是针对仓储物的质量进行验收。若约定了验收标准，保管人仅对验收事项负责，除非能证明是保管不当造成的损害
4.储存场所	储存场所是指双方约定的仓储物存放的仓库地理位置、存放的仓库或货场。储存场所的约定是否具体明确需根据仓储物的不同特性来定。对于特殊商品，必要时要明确保管条件和保管方法
5.储存期间	储存期间是指双方约定的仓储物的储存时间。它是保管人计收仓储费的基础，也是保管人承担责任的期间。 储存期间在合同中的表示方法多样，可以采用期限表示，如储存2个月，自货物入库起算；或者以日期的方式表示，如1月1日至3月1日；或者不约定具体的存放期间，但约定到期方式的确定方法，如提前一个月通知等
6.仓储费用	仓储费用条款是确定保管人仓储服务费用的依据。在仓储费用条款中应该确定仓储费用的费率、计算方法、支付方法和支付时间等内容。支付方法有预付、定期支付、结算等。若合同中当事人没有约定支付时间，则采用交付仓储物时支付的方式。当事人未约定仓储费的，保管人仍可向存货人要求支付报酬
7.仓储物的损耗标准	许多物品在长期存放后，会由于挥发、氧化、扬尘等自然原因造成数量短少。对于这类数量短少的责任承担，双方可在合同中采用协议免责的办法处理，即约定不追究保管人责任的数量短少标准，包括重量或件数的短少。商品损耗标准可以采用国家标准或行业标准，也可由双方协议约定
8.违约责任	违约责任条款中应该主要明确以下内容： （1）约定存货人未交付仓储物、未在约定时间内交付仓储物的违约责任。 （2）约定保管人不能接受仓储物、不能在约定的时间内接受仓储物的违约责任。 （3）存货人未在约定时间内提取仓储物的超期费用。 （4）仓储物在仓储期间造成保管人或者其他损害的赔偿。 （5）保管人保管不善造成仓储物损耗的赔偿。 （6）违约金的标准，包括违约金数额、计算方法、支付方式等。 （7）出现违约时的补救措施
9.合同变更和合同解除的条件	合同订立后，有可能因为客观原因而发生重大变化，原合同的继续履行对双方都不利。此时，双方可以采用变更或解除合同的方法避免不利局面发生。但不利的具体条件、出现不利时的具体处理办法等，当事人应该事先在合同中约定，以避免不利情况出现后双方产生分歧和纠纷
10.争议处理办法	双方应在合同中约定发生争议时的处理方法。主要是约定仲裁、仲裁机构，或者约定管辖地法院

4.2.3 签订仓储合同的步骤

1）确定订立仓储合同的要约

要约是希望和他人订立合同的意思表示。仓储合同的要约是存货人或保管人任何一方当事人，向另一方发出订立仓储合同的意思表示，包括仓储物的名称、数量、质量、仓储时间等，并且以具体的、足以使合同成立的主要条件为内容。对方一经承诺，要约人即受该意思表示的约束。

2）选择合同形式

合同的形式是指合同双方当事人关于建立合同关系的意思表示的方式。我国的合同形式有口头合同、书面合同和经公证、鉴证或审核批准的书面合同等（见表4-7)。

表4-7 不同合同形式的内容

合同形式	内 容
口头合同	口头合同是以口头（包括电话等）意思表示而建立的合同。但当发生纠纷时，难以举证和分清责任。不少国家对责任重大的或一定金额以上的合同，限制使用口头合同的形式
书面合同	书面合同是指以文字的意思表示方式（包括书信、电报、契券等）而订立的合同，或者把口头的协议做成书契、备忘录等。书面形式有利于分清是非责任、督促当事人履行合同。我国法律要求法人之间的合同除即时结清者外，应以书面形式签订
经公证、鉴证或审核批准的书面合同	合同公证是国家公证机关根据合同当事人的申请，对合同的真实性及合法性所做的证明。经公证的合同，具有较强的证据效力，可作为法院判决或强制执行的根据。对于依法定或依约定须经公证的合同，不经公证则无效。合同鉴证是国家市场监督管理机关和国家经济主管部门应合同当事人的申请，依照法定程序，对当事人之间的合同进行的鉴证。当鉴证机关认为合同内容有修改的必要时，有权要求当事人双方予以改正。鉴证机关还有监督合同履行的权力，故鉴证具有行政监督的特点。目前，我国合同鉴证除部门规章或地方性法规有明确规定的以外，一般由当事人自愿决定是否鉴证。合同的审核批准是指按照国家法律或主管机关的规定，某类合同或一定金额以上的合同，必须经主管机关或上级机关审核批准，这类合同非经上述单位审核批准则不能生效。例如，对外贸易合同应依法进行审核批准

3）明确仓储合同的一般条款确认

（1）货物的品名或品类。

（2）货物的数量、质量、包装。

（3）货物验收的内容、标准、方法、时间。

（4）货物保管条件和保管要求。

（5）货物进出库手续、时间、地点、运输方式。

（6）货物损耗标准和损耗的处理。

（7）计费项目、标准和结算方式、银行、账号、时间。

（8）责任划分和违约处理。

(9）合同的有效期限：变更和解除合同的期限。

4）明确仓储合同的有效性

(1）仓储合同的生效。仓储合同是诺成合同，在订立后立即生效。仓储合同生效的常见情形有以下几种：①双方签署合同书；②将受要约人的承诺送达要约人；③将合同确认书送达对方；④存货人将货物交付给保管人，保管人在行动上接收货物并表示确认；⑤保管人签发格式合同或仓单等。

在仓储合同生效后，存货人和保管人便开始受其约束。若存货人拒绝交付货物、保管人拒绝接收货物，或者某一方违反合同约定的条款，则违约方应承担违约责任。

(2）仓储合同的无效。它是指已经订立的仓储合同因违反了法律规定而被认定无效。若存货人和保管人在订立仓储合同时存在以下情形之一，则可认定仓储合同无效：①一方以欺诈、胁迫手段订立合同，损害国家利益的；②恶意串通，损害国家、集体或第三人利益的；③以合法形式掩盖非法目的的；④损害社会公共利益的；⑤违反法律、行政法规的强制性规定的。

5）签署合同

仓储合同是不以仓储物的交付为条件的，这也是其与普通保管合同的区别。因此，仓储合同一旦订立，双方当事人的权利和义务也就确定了。仓储物的交付是存货人的一项重要义务，存货人若不及时交付仓储物应负违约责任，但不影响合同订立。

6）变更和解除仓储合同

(1）仓储合同的变更。合同的变更是指在合同订立后，当事人在原合同的基础上对合同内容进行修改或补充。由于订立合同时不可能对仓储合同所涉及的所有问题都做出明确规定，因此，若在合同履行过程中出现新情况，当事人有必要根据需要对双方的权利和义务进行重新调整或规定。

合同的变更必须由双方当事人本着协商的原则进行。若双方当事人就变更事项达成了一致意见，变更后的内容就取代了原合同内容，双方应按照变更后的合同履行，但变更后的合同条款对已经履行的权利和义务不产生效力。若一方当事人拒绝变更，则合同变更不成立。

(2）仓储合同的解除。合同的解除是指在合同有效订立后，在一定条件下通过当事人的单方行为或双方意愿终止合同效力或消灭合同关系的行为。仓储合同的解除主要有两种方式。

① 协议解除。它是指双方当事人通过协商或者通过行使约定的解除权而导致仓储合同的解除。解除合同可以在合同生效后、履行完毕之前，双方协商达成解除合同的协议；也可以在订立合同时订立解除合同的条款，当约定的解除合同的条件出现时，一方通知另一方解除合同。

② 法定解除。它是指在仓储合同有效订立后，且尚未履行或尚未完全履行之前，当事人一方行使法律规定的解除权而使合同效力归于消灭。仓储合同的一方当事人所享有的这种解除权是由法律明确规定的，只要法律规定的解除条件成立，依法享有解除权的一方就可以行使解除权。

在仓储合同解除后，尚未履行的部分，终止履行；已经履行的部分，根据履行情况和合同性质，当事人可以要求采取补救措施，如保管人可要求存货人偿付额外支出的仓储费、保管费、运杂费等，存货人可要求保管人恢复原状，返还原物。此外，在仓储合同解除后，存货人或保管人应当承担由于合同解除而给对方造成的损失。

4.2.4 仓储合同纠纷的预防

仓储合同纠纷的预防措施见表4-8。

表4-8 仓储合同纠纷的预防措施

预防措施	内 容
1.注意仓储合同和保管合同的区别	仓储合同有其法定的特点，所以在签订合同时要注意权利、义务的内容，起始时间，这决定着承担责任的内容和开始时间。例如，合同生效时间不同，前者在成立时生效，后者在交付时生效；前者为有偿，而后者有偿与否则由当事人自行约定
2.要认真审查仓储保管人的资格	仓储合同对保管人的资格严格限制，存货人在签订合同之前应对仓储营业人的资格和保管能力有所了解，防止无资力的营业人签订合同以骗取保管费
3.特别注意货物品名、种类与数量	不同的货物有着不同的保管条件和保管要求，针对不同的保管难度，仓储营业人有着不同的收费标准，存货人往往因想少交保管费而在品名、数量、质量等项目中填写模糊或与实际情况不符，这就为日后发生纠纷埋下祸端，因此存货人在填写时一定要注意准确清楚，不要产生歧义
4.行使检查仓储物或提取样品的权利	《民法典》赋予了货物所有人随时检查或提取样品的权利，有的仓储合同期限较长，仓储物在仓储过程中可能发生某些变化，若等到提取时才发现问题不仅不能避免损失，还会产生损失承担的争议，所以行使该权利无疑为避免纠纷打下了良好的基础

任务三 仓储经营核算

4.3.1 仓储经营核算的内容

仓储经营核算是对仓储经营活动物化劳动消耗与经营成果进行核算，通过核算和对比分析，以较少的经营开支，取得较大的经济效益。核算包括以下内容：

1）仓储经营成果核算

仓库的基本职能是保管货物。在同等条件下，假如保管货物越多，保管质量越好，劳动消耗与财产耗费越少，则经营成果越大。

2）仓储劳动消耗核算

仓储劳动消耗包括活劳动消耗和物化劳动消耗。活劳动消耗是核算工资、奖金等支出的依据，活劳动消耗考核的目标是提高劳动生产率。物化劳动消耗是核算仓储经营中物质资料消耗，这包括固定资产的折旧及货物在保管、养护、包装和进出库装卸等过程中所使用的材料、能源及家具、管理费用等消耗。劳动消耗是以仓储成本核算的，因此仓储成本核算是仓储活动经济核算的一项重要内容。仓储成本在核算时，一般以吨保管成本为核算单位，为此必须按财务制度规定正确处理生产费用分摊和折旧计算及成本划分范围。

3）资金的核算

为了使仓储业务正常运转，企业需要备有一定的流动资金，用于支付日常的易耗材料的添置，例如，仓库需要保有一定数量的货物苫垫、养护、包装、劳保等材料。除此之外，设施和设备使用的折旧期较长，在折旧费全部返回之前，投入的资金也被占用。资金核算就是要在完成同样的业务量，并保证仓储质量的情况下，使企业被占用的资金最少。

进行资金核算，首先应确定当前固定资产的价值和与生产经营相适应的流动资金的需要量。为了提高固定资产投资资金利用率，对于基建投资应按规定及时组织验收并尽快投入使用。对于设备，应根据需要进行购置，购进的设备应尽快调试，并投入运行。

对于企业流动资金的核定，应根据仓储业务量需要的最低日常流动资金额确定。当然，需要的最低数额与仓储企业的管理水平有密切的关系。随着管理水平的提高，企业能逐步找到最佳的日常使用材料的储备数量，这一数量同时也保证资金占用较低。

4）盈利核算

企业的生存靠盈利，因此，企业经营所追求的目标是获取最大利润。为了了解企业的盈利情况，必须对一些盈利指标进行考核。例如，考核企业的成本盈利率、资金率和仓储收入盈利率等。

4.3.2 仓储经营核算的意义

1）有利于提高仓储经营管理水平和经济效益

经济核算适用于各种类型的企业，它有利于提高企业的经济效益，削减仓储生产经营中的各种铺张。通过经济核算，可将企业经济效益与职工的经济利益紧密地联系起来，以改善企业经营管理的自觉性。仓储活动经济核算是对仓储经营活动物化劳动消耗与经营成果进行核算，通过核算和对比分析，以较少的经营开支，取得较大的经济效益。

2）有利于加速仓储企业现代化建设

经济核算能优化企业劳动组织，改进企业技术装备和作业方法，提高劳动效率，降低消耗，在劳动组织中不进行经济核算，将会使仓储企业出现人浮于事、机构臃肿的现象；而在引进新型设备时，不进行经济核算，则可能因仓储成本上升而导致存储费用增加，使货主难以承受。经济核算，有利于推动仓储技术的革新，充分挖掘仓库的潜力。经济核算应当是一项定期开展的工作，通过经济核算可以不断发掘仓储工作中存在的薄弱环节，并加以解决。

4.3.3 仓储企业经营的指标体系

仓储企业经营指标主要是指有关储存的成本和效益的指标，可以综合反映仓库经济效益的水平。仓储企业经营的指标体系如图4-1所示。

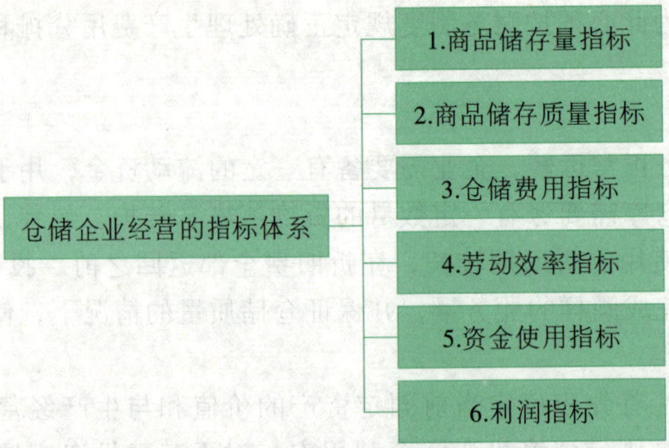

图4-1 仓储企业经营的指标体系

1）商品储存量指标

表明商品储存量的指标有仓库单位面积货物储存量，具体的计算公式如下：

仓库单位面积货物储存量=核定货物储存量/仓库有效面积

核定货物储存量可以通过实测统计确定，仓库有效面积的核定是仓库建筑面积扣除办公、通道等不能用于储存货物的面积后的仓库存货面积。

2）商品储存质量指标

表明商品储存质量的指标有如下几个：

（1）账货相符率。它是指仓储账册上的货物存储量与实际仓库中保存的货物数量之间的相符程度。一般在对仓储货物盘点时，逐笔与账面数字核对。统计时可采用下式计算：

账货相符率（%）=（账货相符笔数/库存货物总笔数）×100%

账货相符率指标反映出仓库的管理水平，考核该指标是避免企业财产损失的重要手段。

（2）收发货差错率。其计算公式如下：

收发货差错率（‰）=（收发货差错累计率/收发货累计总笔数）×1 000‰

这是仓储管理的质量指标，用于衡量收发货的准确性，保证仓储的服务质量。仓库收发货差错率一般应控制在0.5‰以下。

（3）货物保管损失。它是仓库的一项直接损失，一般以吨保管损失费用计，其计算公式为：

保管损失=保管损失金额/平均存储量×1 000‰

（4）货物自然损耗率。它主要指那些易挥发或破碎的货物，对其制定一个损耗限度，并力争自然损耗率降到最低。损耗率的计算公式为：

货物自然损耗率（‰）=（货物损耗量/货物保管量）×1 000‰

3）仓储费用指标

（1）平均储存费用。它是指保管每吨货物一个月平均的费用开支。其计算公式为：

平均储存费用=每月储存费用总额/月平均储存量

平均储存费用是仓库经济核算的主要经济指标之一。它可以综合地反映仓库的经济成果、劳动生产率、技术设备利用率、材料和燃料节约情况等，同时也反映了企业的管理水平。

（2）成本指标。货物保管成本指标是指标体系中的一项经济指标，反映劳动生产率的高低，技术设备的利用效率，材料、燃料的消耗及仓储管理水平的高低等。为有效地控制成本开支，必须明确保管费用的开支项目和范围，对那些日常性的消耗品开支费用采用包干使用的方法。保管成本的计算公式为：

保管成本=当月保管费用/当月平均货物存储量

4）劳动效率指标

（1）平均收发货时间。它是指仓库收发每票货所用的平均时间，这是一个表明仓储劳动效率和服务质量的指标。一般仓库的收发货时间控制在一个工作日之内，对于大批量、难以验收的收发货业务可适当延长时间。

收发货时间的界定：收货时间自单证和货物到齐开始计算，经验收入库，至将入库单交保管会计登账为止；发货时间自仓库接到发货单开始，经备货、包装、填单，至办妥出库手续止。

（2）人均劳动生产率。它是指员工的平均劳动工作量，它反映了货物仓储及进出库数量与劳动力消耗的比值。仓库劳动生产率可分为保管员劳动生产率、装卸工人劳动生产率及全员劳动生产率。人均劳动生产率的计算公式为：

人均劳动生产率=保管（装卸）货物数量/保管（装卸）人员数

5）资金使用指标

表明资金使用的指标是资金利润率，是指仓储企业所得净利润与全部资金占用之比，反映了仓库的资金使用效果。其计算公式为：

资金利润率=利润总额/（固定资产平均占用+流动资产平均占用）

6）利润指标

利润是每个企业追求的目标，仓储企业也不例外。

（1）利润总额。它是经济核算的重要指标，反映了企业利润的实现情况，是企业经济效益的综合指标。其计算公式为：

利润总额=报告期仓储总收入额-周期仓储总支出额

=仓储营业收入-储存成本和费用-税金+其他业务利润+营业外收支净额

（2）收入利润率。它是仓储企业实现利润与实现收入之比。其计算公式为：

收入利润率=利润总额/仓储营业收入×100%

（3）人均实现利润。它是指报告期内实现的利润总额与企业仓储全员人数之比，反映了企业生产的效果。其计算公式为：

人均实现利润=报告期利润总额/报告期平均全员人数

（4）每吨货物利润。其计算公式为：

每吨货物利润=报告期利润总额/报告期货物储存量

（5）货物仓储费率。它由存储费率、进出库装卸搬运费率和其他劳务费率构成。

（6）其他费率。因货物保管及客户要求所进行的对仓储物的加工等作业，其作业费率根据加工项目、数量及难易程度分别制定相应的费率标准，一些特殊的加工可以采用协议或合同的方式规定。

基本训练

一、单项选择题

1.仓库租赁经营的收益主要来自（ ）。

A.租金　　B.仓储费

C.消费收入　　D.流通加工收入

基本训练4

2.仓储企业最常见的仓储工作计划是（　　）。

A.日常工作计划　B.月度工作计划　C.旬工作计划　D.年度工作计划

3.以下不属于按经营主体划分的仓储类别是（　　）。

A.企业自营仓储　B.营业仓储　C.公共仓储　D.配送仓储

4.存货人将特定的物品交由保管人进行保管，在双方约定的保管期过后，保管人原物交还存货人，这种仓储方式称为（　　）。

A.保管式仓储　B.加工式仓储　C.消费式仓储　D.配送式仓储

5.保管人在接收保管物时，同时拥有对保管物的所有权，保管人在仓储期间有权对仓储物行使所有权；在仓储期满，保管人将相同品种、种类和数量的替代物交还给存货人，这种仓储方式称为（　　）。

A.保管式仓储　B.加工式仓储　C.消费式仓储　D.配送式仓储

6.与租用仓库相比属于自营仓库优势的是（　　）。

A.成本低　B.没有固定投资　C.选址灵活性高　D.更好管理控制

二、多项选择题

1.仓储合同是（　　）。

A.要式合同　B.诺成合同　C.实践合同　D.双务合同

2.以下为仓储多种经营条件的有（　　）。

A.能适应瞬息万变的物流市场　B.能更好地减少风险

C.能实现仓储企业的经营目标的需要　D.能增加投资

3.存货人的义务包括（　　）。

A.告知货物的状态　B.处理好所要储存的货物

C.按约定时间交付货物　D.任意时间提货

4.可以作为仓储合同形式的有（　　）。

A.合同书　B.确认书

C.经双方签署的计划表　D.仓库单方编制的格式合同

5.以下属于一般仓储保管人义务的有（　　）。

A.具有合适的储存条件　B.验收货物

C.使用仓储物　D.发生危险时通知存货人

6.以下（　　）属于仓储经营理念的基础思想。

A.现代的管理思想　B.先进的管理理论和科学的方法

C.投机和唯利是图　D.市场经济的经营理念

三、简答题

1.仓储商务管理的内容是什么？

2.仓储合同有哪些种类？合同标的是什么？

3.订立仓储合同要遵循哪些原则？合同何时生效？

4.仓储合同如何变更与解除？会产生什么后果？

5.存货人和保管人分别有哪些合同权利和义务？

6.违约责任有何承担方式？

7.仓储保管人具有哪些免责事项？

8.仓储经营核算的主要内容包括哪些?

四、实训题

实训任务：到企业参与仓储合同的订立过程。

实训目的：

(1) 了解与掌握仓储合同的制定。

(2) 掌握仓储经营管理的内容。

实训要求：

(1) 熟悉仓储合同内容，掌握仓储合同签订的过程。

(2) 了解仓储合同的格式。

项目五　入库作业及组织

本项目思维导图

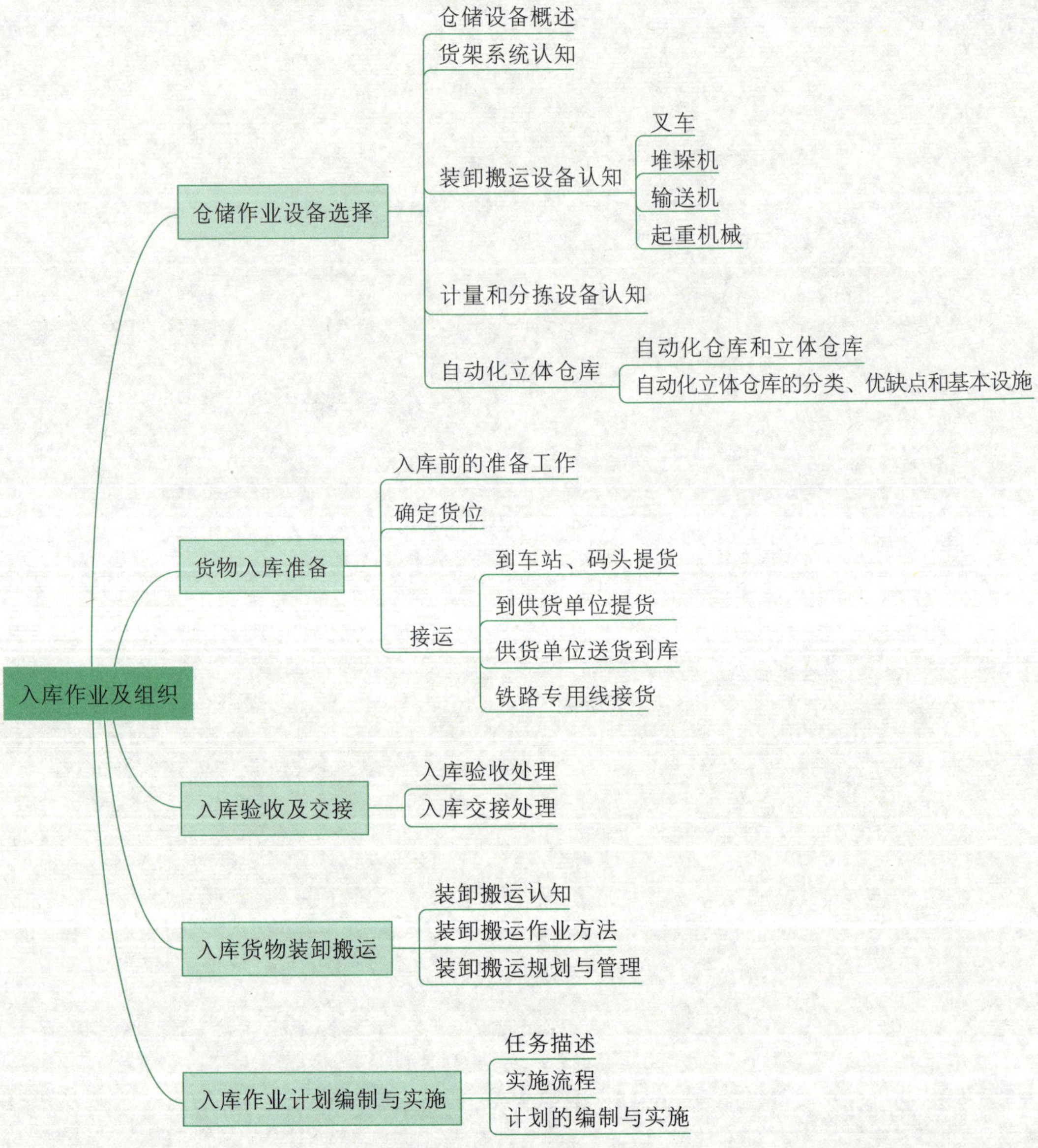

学习目标

知识目标：

（1）掌握入库作业的基本流程，掌握入库作业的操作方法，掌握入库验收过程中的常见问题及处理方法；

（2）理解入库作业计划及其内容，影响入库作业的各种因素；

（3）了解仓库设备类型，了解合理的装卸搬运规划。

能力目标：

（1）能够根据供应商的送货方式、物品种类、特性与数量、仓库设备与存储方式的不同，编制入库作业计划；

（2）能够做好货物入库准备工作；

（3）能够办理入库验收及交接手续，会填写货物入库单据；

（4）能够指挥现场操作人员进行合理有效的装卸搬运，会处理货物入库验收异常。

素养目标：

（1）培养认真细致的工作习惯和系统性思维，从全局视角认识和规划入库作业并有效管理；

（2）培养成本和效率意识，有效利用设备设施，提高入库作业效率。

重难点：

（1）入库作业的基本流程、入库作业的操作方法；

（2）入库验收过程中的常见问题及处理方法。

案例导入

某公司共有成品仓库（都是平面仓库）三个，分别是成品一组仓库、成品二组仓库和成品三组仓库，且仓库中的货架都是三层四列。成品一组仓库位于一楼，目的是方便进出货，所以那里存放的货物种类相对较多，如筒灯、灯盘等，并且所有的外销品也存放在一组。成品二组仓库主要存放的是路轨灯、金卤灯、T4灯、T5灯以及光源。成品三组仓库主要存放特定的格栅灯、吸顶灯、导轨灯，以及别的公司的一些产品。这些灯都属于易碎物品，在运输、包装、装卸、搬运及存储过程中都有较高的条件限制。

该公司现有一批24箱周转量低的金卤灯、18箱周转量高的T5灯需要入库。

仓管员核对进货卡，对货物进行清点，了解仓库库存、设备、人员的情况，清查货位后发现仓库中刚好有一个托盘货架空缺，且这两种产品没有期初库存。仓管员根据入库需求制订入库计划，因T5灯的周转量相对较大，也就是说出库频率较高，将其存放在了货架的下层且靠近出口通道处，以便于货物的出入库作业；金卤灯周转量较低，出入库的频率不高，将其放于三层货架上。

资料来源 薛威. 仓储作业管理［M］. 3版. 北京：高等教育出版社，2018：62-63.

思考：仓管员根据仓库布局原则，结合货物入库需求及物品各自的特点，将T5灯存放在货架的下层且靠近出口通道处，而将金卤灯存放在了三层货架上。因为T5灯的周转量相对较大，出库频率高，将其存放在货架的下层且靠近出口通道处，有利于货物的出入库作业；金卤灯周转量较低，出入库频率不高，将其放于三层货架上是合理的。

任务一 仓储作业设备选择

仓储设施设备是进行仓储管理的重要工具和手段。仓储设备的发展和应用，直接影响仓库建设成本和运营费用，更关系到仓库的生产效率和效益。仓储企业要根据仓库的功能、储存的对象要求等确定主要设施设备的配置。

5.1.1 仓储设备概述

1）仓储设备的概念和分类

仓储设备是指仓储业务所需的所有技术装置与机具，即仓库进行生产作业或辅助生产作业以及保证仓库及作业安全所必需的各种机械设备的总称。根据设备的主要用途和特征，可以分为货架系统、装卸搬运设备、称量检验设备、分拣设备、养护照明设备、安全设备、其他用品和工具等。仓储设备的分类见表5-1。

表5-1 仓储设备的分类

功能要求	设备类型
存货、取货	货架、叉车、堆垛机械、起重运输机械等
分拣、配货	分拣机、托盘、搬运车、传输机械等
验货、养护	检验仪器、工具、养护设施等
防火、防盗	温度监视器、防火报警器、监视器、防盗报警设施等
流通加工	所需的作业机械、工具等
控制、管理	计算机及辅助设备等
配套设施	站台、轨道、道路、场地等

2）仓储设备的特点

仓储设备是完成货物进库、出库和储存的设备。从仓储机械的作业过程看，仓储机械具有起重、装卸、搬运、储存和堆码的功能。尽管仓储机械从外形到功能差别很大，但由于它是为在特定的作业环境中完成特定的物料搬运作业而设计的，因而具有一些共性。

（1）搬运要求较高，但对速度的考虑较低。由于仓储机械主要作用于货物的移动和起升，因此其作业范围相对较小，对货物的搬运要求高，但对速度上的考虑较低。

（2）运动线路较固定。由于作业场所的限制，且作业场所较固定，因此仓储机械的运动线路也比较固定。

（3）专业化程度高。仓储作业由一系列实现特定功能的作业环节或工序组成，但各工序的功能较单一，而工序间的功能差别一般较大，为提高工作效率，对仓储机械的专业化程度要求越来越高。

（4）标准化程度高。一方面，商品流通各环节对商品的外观和包装提出了标准化要求；另一方面，商品包装的标准化也促进了物流设备包括仓储机械设备的标准化。

（5）机械化、自动化程度高。随着条码技术、光学字符识别技术、磁编码识别技术、无线电射频识别技术、自动认证技术、自动称重技术和计数技术的广泛应用，现代仓储设备的自动化程度大大提高。

（6）节能性和经济性要求高。仓储过程作为流通领域或企业物流必不可少的环节，为实现商品的价值起到了极其重要的作用，因此为控制仓储成本，在设计和选用仓储机械时，必须考虑其节能性和经济性。

（7）环保性要求。仓储机械由于作业环境的特殊性，必须严格控制其对环境的污染程度。

（8）安全性要求。在仓储作业过程中，要在复杂的环境和有限的空间中保证人员、设备和货物的安全，对仓储机械的安全性要求很高。

3）仓储设备的选择

在选择仓储机械设备时，应对仓储机械的技术经济指标进行综合评价，应遵循以下原则：

（1）仓储机械设备的型号应与仓库的作业量、出入库作业频率相适应。仓储机械设备的型号和数量应与仓库的日吞吐量相对应，仓库的日吞吐量与仓储机械的额定起重量、水平运行速度、起升和下降速度以及设备的数量有关，应根据具体的情况进行选择。同时，仓储机械的型号应与仓库的出入库频率相适应。对于综合性仓库，其吞吐量不大，但是其收发作业频繁，作业量和作业时间很不均衡，这时，应该考虑选用起重载荷相对较小、工作繁忙程度较高的机械设备；对于专用性仓库，其吞吐量大，但是其收发作业并不频繁，作业量和作业时间均衡，这时，应该考虑选用起重载荷相对较大、工作繁忙程度较小的机械设备。

（2）计量和搬运作业同时完成。有些仓库，需要大量的计量作业，如果搬运作业和计量作业不同时进行，势必要增加装卸搬运的次数，降低了生产效率，所以希望搬运和计量作业同时完成。例如，在皮带输送机上安装计量感应装置，在输送的过程中，同时完成计量工作。

（3）选用自动化程度高的机械设备。要提高仓库的作业效率，应从货物和作业机械两个方面着手。从货物的角度来考虑，要选择合适的货架和托盘，托盘的运用大大提高了出入库作业的效率，选择合适的货架同样使出入库作业的效率提高；从机械设备的角度来考虑，应提高机械设备的自动化程度，以提高仓储作业的效率。

（4）注意仓储机械设备的经济性。选择装卸搬运设备时，应该根据仓库作业的特点，运用系统的思想，在坚持技术先进、经济合理、操作方便的原则下，企业应根据自身的条件和特点，对设备进行经济性评估，选择合适的机械设备。

想一想　不同类型的仓储设备都有哪些特点？

5.1.2 货架系统认知

根据国家标准《物流术语》（Logistics Terminology，GB/T 18354—2021），货架是指由立柱、隔板或横梁等结构件组成的储物设施。

1）货架的种类

随着仓库机械化和自动化程度的不断提高，货架技术也在不断提高，尽管出现了许多新型货架，传统的层架、悬臂架、托盘货架等依然发挥着重要作用。

（1）层架。它由立柱、横梁和层板构成，层间用于存放货物，如图5-1所示。层架结构简单，适用范围非常广泛，还可以根据需要制作成层格架、抽屉式和橱柜式等形式，以便于存放规格复杂多样的小件货物或较贵重、怕尘土、怕潮湿的小件物品。

轻型层架

中型层架

重型层架

图5-1 层架

（2）悬臂式货架。它由3~4个塔形悬臂和纵梁相连而成，如图5-2所示。悬臂的尺寸根据所存放物品的外形确定。它在储存长型货物的仓库中被广泛运用。

图5-2 悬臂式货架

（3）托盘式货架。其专门用于存放堆码在托盘上的货物，其基本形式与层架相似，如图5-3所示。

图5-3 托盘式货架

（4）移动式货架。其货架底部装有滚轮，开启控制装置，滑轮可以沿轨道滑动，如图5-4所示。移动式货架平时可以密集相连排列，存取货物时通过手动或电动控制装置驱动货架沿轨道滑动，形成通道，从而大幅度减小通道面积，仓库面积利用率可以达到80%，但由于成本较高，主要在档案馆、图书馆、银行、企业资料室、冷冻库、恒温室等场所使用。

图5-4　移动式货架

（5）驶入/驶出式货架。一般的自动化仓库，有轨或无轨堆垛机的作业通道是专用的，在作业通道上不能储存货物；驶入/驶出式货架仓库的特点是作为托盘单元货物的储存货位与叉车的作业通道是合一的、共同的，这就大大提高了仓库的面积利用率，如图5-5所示。

驶入式货架　　驶出式货架

图5-5　驶入/驶出式货架

驶入式货架的设计原理是把数排传统货架连接起来，没有专用的走道，存取货物时，叉车从通道的一端进出，存放时先内后外，取货时先外后内，典型的先进后出存储理念；驶出式货架较驶入式货架更为实用，存取货物时可从通道的两端进出，非常便于作业。

（6）重力式货架。其基本结构与普通层架类似，不同的是其层间间隔由重力滚轮组成的滚筒输送装置组成，并且与水平面呈一定的倾斜角度，低端作为出货端，而高端作为入货端。这样托盘或集装箱货物便会由于重力作用自动向低端滑移，还可以在滚轮下埋设气压或者液压设备控制倾斜角度，以调整货物滑移的速度，如图5-6所示。

图5-6　重力式货架

重力式货架通常呈密集型配置，能够大规模密集存放货物，减少了通道数量，可有效节约仓库面积；重力式货架能保证先进先出，并且方便拣货，作为分拣式货架普遍应用于配送中心作业中；其拣货端与入货端分离，能提高作业效率和作业的安全性；重力式货架还可以根据需要设计成适合托盘、纸箱、单件货物储存的结构和形式。

2）货架选择的原则

（1）实用性原则。货架首先应当满足所储存物品的品种、规格尺寸和性能的要求，满足货物先进先出的原则。

（2）低成本、高效率原则。

（3）安全可靠原则。货架的强度和刚度要满足载重量的要求，并有一定的安全余量。存放危险品的货架应有特殊的规定。

（4）尽量采用先进技术的原则。

想一想　作为一名仓储管理人员，该如何选择货架？

5.1.3　装卸搬运设备认知

1）叉车

（1）概念。叉车是具有各种叉具及属具，能够对物品进行升降和移动以及装卸作业的搬运车辆。叉车又称铲车、叉式举货车，是物流领域最常用的具有装卸、搬运双重功能的机具。

（2）特点。叉车的特点包括：①机械化程度高；②机动灵活性好；③能提高仓库容积的利用率；④有利于开展托盘成组运输和集装箱运输；⑤可以“一机多用”。

（3）分类。

第一，托盘搬运叉车。它是用于平面两地间的短距离搬运工具。托盘搬运叉车分为手动托盘搬运车和电动托盘搬运车，如图5-7所示。

第二，电动托盘堆垛叉车。它是一种轻型的室内提升堆垛设备，车身比较轻巧，通过车身前部的支撑臂加长配重的力臂，以平衡载荷，如图5-8所示。

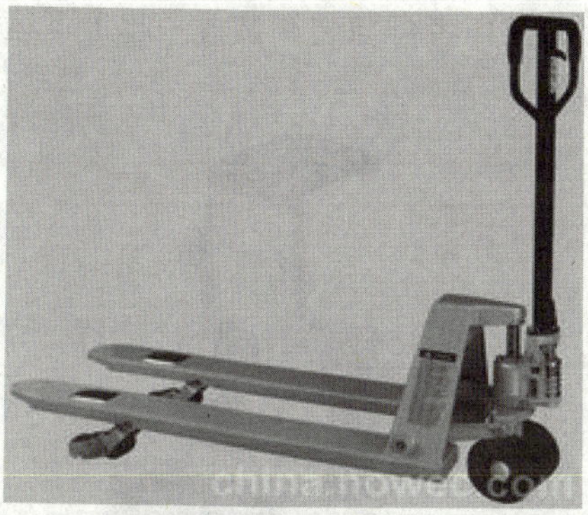

图5-7 托盘搬运叉车

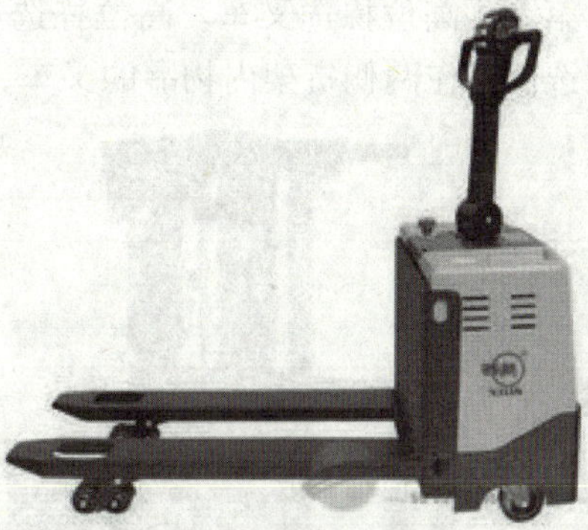

图5-8 电动托盘堆垛叉车

第三，平衡重式叉车。其车体前方具有货叉和门架，车体尾部有装卸作业车辆，依靠车体与车载平衡，故称平衡重式叉车，这是使用最广泛，用量最大的一个系列。平衡重式叉车分为内燃机式和蓄电池式两种，如图5-9所示。

内燃机式　　蓄电池式

图5-9 平衡重式叉车

第四，前移式叉车。其门架或货叉可以前后移动，结合了有支撑臂的电动托盘堆垛叉车与无支撑臂的平衡重式叉车的优点。前移式系列叉车目前已逐渐成为室内高架存取的主要工具。

第五，侧面叉车。货叉和门架位于车体侧面的装卸作业车辆，称为侧面叉车，如图5-10所示。该类叉车适用于长大物料的装卸和搬运。

图5-10 侧面叉车

第六，高位拣选叉车。高位拣选叉车操作台上的操作者可与装卸装置一起上下运动，并拣选储存在两侧货架内物品的叉车，如图5-11所示。

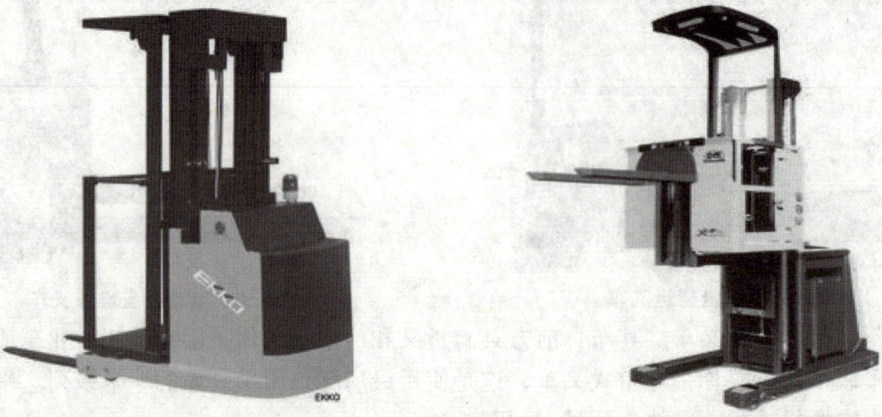

图5-11　高位拣选叉车

2）堆垛机

堆垛机是专门用来堆码或提升货物的机械。普通仓库使用的堆垛机是一种构造简单、用于辅助人工堆垛、可移动的小型货物垂直提升设备，是商业储运系统定型生产的一种堆垛机。其外形尺寸为1 260mm×712mm×2 550mm（长×宽×高），最大起重量为300kg，最大提升高度为3.4m，最大提升速度为20m/min，自重500kg，电动机功率2.2kW。

这种机械的特点是：构造轻巧，人力推移方便，能在很窄的走道内操作，减轻堆垛工人的劳动强度，且堆码或提升高度及仓库的库容利用率较高，作业灵活。所以，堆垛机在中小型仓库内广泛使用。它有桥式堆垛机、巷道式堆垛机等类型。

3）输送机

（1）概念。输送机是按照规定路线连续地或间歇地运送散状物品或成件物品的搬运设备。有些输送机兼具装卸功能。

（2）特点。输送机能实现连续搬运，作业效率高，可实现小范围的运动，易于规划统筹，作业稳定。

（3）种类。

第一，皮带输送机。它是一种利用连续而具有挠性输送带连续地输送物料的输送机，如图5-12所示。

第二，辊道输送机。它是利用辊子的转动来输送成件物品的输送机。它可沿水平或曲线路径进行输送，其结构简单，安装、使用、维护方便，对不规则的物品可放在托盘或者托板上进行输送，如图5-13所示。

第三，链式输送机。它是一种地面输送机，可以沿水平、倾斜方向输送物料。在冶金、煤炭、化工、汽车、电力、机械制造等行业被广泛应用，如图5-14所示。

第四，悬挂式输送机。它是在空间连续输送物料的设备，物料装在专用箱体或支架上沿预定轨道运行，如图5-15所示。线体可在空间上下坡和转弯，布局方式自由灵活，占地面积小。这种输送机应用于机械、汽车、电子、家用电器、轻工、食品、化工等行业大批量流水生产作业中。在输送工件的过程中，采用空中多点输送，并可调节其输送速度，十分有利于机械装配等作业，是目前国内企业中使用较多的一种输送产品。

图5-12 皮带输送机

图5-13 辊道输送机

图5-14 链式输送机

图5-15 悬挂式输送机

悬挂式输送机分为提式悬挂链输送机、推式悬挂链输送机和拖式悬挂链输送机。

4）起重机械

（1）概念。起重机械是一种以间歇作业方式对物品进行起升、下降和水平移动的搬运机械。

（2）特点。起重机械是唯一以悬吊方式装卸搬运货物的设备，吊运能力大，主要用于装卸大件笨重货物，适用于仓库、港口、车站、露天堆场等场所。

（3）种类。

最常用的起重机有龙门起重机、桥式起重机、汽车起重机等。

第一，龙门起重机。它又称门式起重机，是桥架通过两侧支腿支撑在地面轨道上的桥架型起重机，如图5-16所示。

图5-16 龙门起重机

第二，桥式起重机。它由桥架和起重小车两大部分组成，桥架两端通过运行装置，直接支撑在高架轨道上，沿轨道纵向运行；小车在桥架主梁上沿小车轨道横向运行，如图5-17所示。

图5-17 桥式起重机

第三，悬臂起重机。取物装置悬挂在臂端或悬挂在可沿悬臂运行的起重小车上，悬臂可回转，但不能俯仰的臂架型起重机称为悬臂起重机，如图5-18所示。

图5-18 悬臂起重机

5.1.4 计量和分拣设备认知

1）称量装置

称量装置是指针对起重、运输、装卸、包装、配送以及生产过程中的物品实施重量检测的设备。在现代仓储企业中，可以利用电子收货系统对到库的计件货物进行计量检验，也可以利用电子秤对计重货物进行计量检验。

（1）电子收货系统。当货物到达仓库时，管理员持扫描器扫描托盘或包装箱上的条码，系统自动取消接收订单，从而使货物信息进入仓库管理系统，与订单进行电子核对。该系统可以实现货物快速登记，缩短收货时间，同时由于信息不需要人工输入，大大提高了效率和准确率。

（2）电子秤。它是一种一般由承重和传力机构、称重传感器、测量显示仪以及电源等组成的现代化衡器，它具有操作简单、称重速度快的特点，可以数字显示并自动记录称重结果。电子秤的称重原理：当金属丝受拉或者受压发生弹性变形时，其电阻值发生相应的变化，电阻值的变化导致电压、电流发生变化，把这种变化用仪器显示，就能实现对物体的称重。

2）分拣、配货设备

（1）托盘。托盘是在运输、搬运和存储过程中，将物品规整为货物单元时，作为承载面并包括承载面上辅助结构件的装置。

托盘是一种便于装卸、运输、保管、使用的，由每次承载单位数量物品的负荷和供叉车作业的插入口构成的装卸用垫板。

托盘是现代工商业生产、运输、储存包装及装卸的一种重要的集装箱。托盘与叉车的共同使用，形成了有效的装卸系统。托盘的主要特点如下：

第一，搬运或出入库场都可用机械操作，减少货物堆码作业次数，从而有效提高运输效率，缩短货运时间。

第二，以托盘为运输单位，货运件数变少，体积重量变大，而且每个托盘所装数量相等，既便于点数、理货交接，又可以减少货损货差事故。

第三，自重量小，因而用于装卸、运输托盘本身所消耗的劳动较少，无效运输及装卸较集装箱少。

第四，空返容易，空返时占用运力很少。由于托盘造价不高，又很容易互相代用，所以无须像集装箱那样必有固定归属者。

第五，回收利用组织工作难度较大，会浪费一部分运力，托盘本身也占用一定的仓容空间。

我国托盘的规格有800mm×1 200mm、800mm×1 000mm和1 000mm×1 200mm。

（2）分类。

第一，平托盘（如图5-19所示）。它是在承载面和支撑面间夹以纵梁，构成可集装物料，可使用叉车或搬运车等进行作业的货盘。

图5-19　平托盘

按其材质的不同，平托盘有木制、塑制、钢制、竹制、塑木复合等。

第二，网箱托盘（如图5-20所示）。适用范围：存放形状不规则的物料。可使用托盘搬运车、叉车、起重机等作业；可相互堆叠四层；空箱可折叠。

箱式托盘是在平托盘基础上发展起来的，多用于散件或散状物料的集装，金属箱式托盘还用于热加工车间集装热料；一般下部可叉装，上部可吊装，并可进行码垛（一般为四层）。

第三，柱式托盘（如图5-21所示）。它是在平托盘基础上发展起来的，其特点是在不压货物的情况下可进行码垛（一般为四层）。多用于包装物料、棒料管材等的集装。

图5-20　网箱托盘

图5-21　柱式托盘

柱式托盘还可以作为可移动的货架、货位；不用时还可叠套存放节约空间，近年来在外推广迅速。

柱式托盘分为固定式和可卸式两种，其基本结构是托盘的4个角有钢制立柱，柱子上端可用横梁连接，形成框架型。柱式托盘的主要作用，一是利用立柱支撑重物，往高叠放；二是可防止托盘上放置的货物在运输和装卸过程中发生塌垛现象。

想一想　国际标准化组织规定的标准托盘规格尺寸有哪些？

（3）其他设备。

第一，双轮手推车（如图5-22所示）。它又称手车，俗称老虎车，是最常用的人力搬运工具，适用于货物重量在50～100kg、体积不超过$0.4m^2$、运距一般在30m以内的情况。

第二，四轮手推车（如图5-23所示）。它又称平板推车，既是搬运工具，又是集装单元器具，能随电梯上下楼或随汽车运输，形式多样，灵活方便。

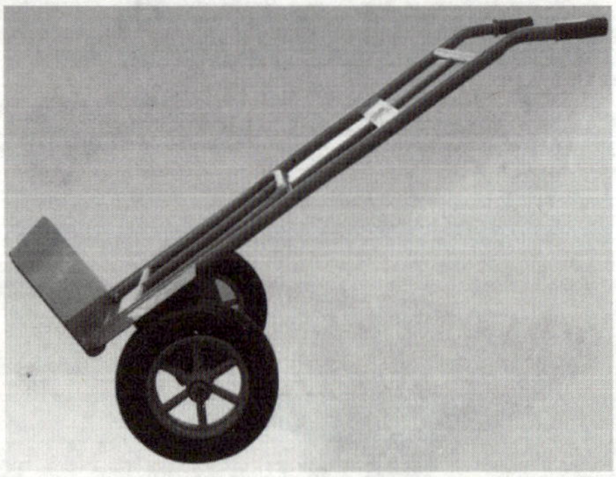

图5-22　双轮手推车

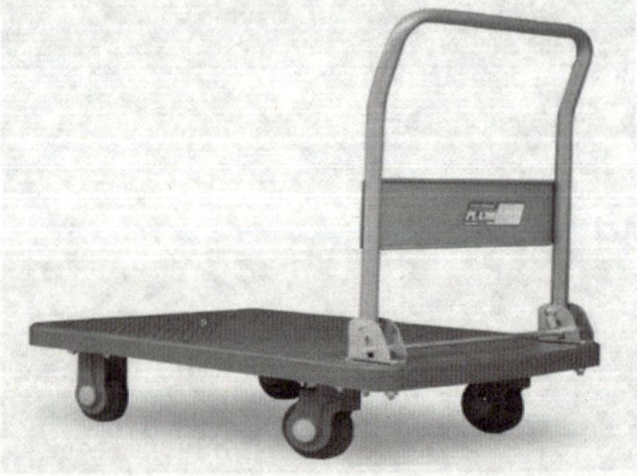

图5-23　四轮手推车

第三，平板拖车（如图5-24和图5-25所示）。它是一种安装在定向轮或车轮上的载货平台，与牵引车配合使用。

5.1.5　自动化立体仓库

1）自动化仓库和立体仓库

自动化仓库，是指由电子计算机进行管理和控制，不需要人工搬运作业，而实现收发作业的仓库。立体仓库是指采用高层货架以货箱或托盘储存货物，用巷道堆垛起重机及其他机械进行作业的仓库。

图5-24　平板拖车

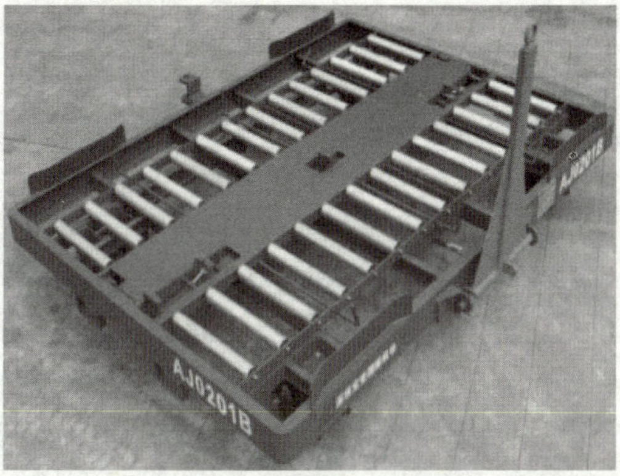

图5-25　集装板平板拖车

将上述两种仓库的作业结合的仓库称为自动化立体仓库。

2）自动化立体仓库的分类、优缺点和基本设施

自动化立体仓库系统是在不直接进行人工处理的情况下能自动地存储和取出物料的系统。自动化立体仓库是自动化立体仓库系统的主要形式，可以将自动化立体仓库理解为这样一个系统：它使用多层货架、巷道堆垛机、搬运车以及计算机控制和通信系统，能自动地在立体高层货架的任何货位进行存取作业，并能够对整个仓储信息和仓储作业流程进行计算机管理。有的自动化立体仓库可以直接与生产系统相连。

（1）自动化立体仓库的分类。

第一，按照立体仓库的高度分类。

① 低层立体仓库。其高度在5m以下，主要是在原来老仓库的基础上进行改建的，是提高原有仓库技术水平的手段。

② 中层立体仓库。其高度在5～15m之间，由于中层立体仓库对建筑以及仓储机械设备的要求不高，造价合理，是目前应用最多的一种仓库。

③ 高层立体仓库。其高度在15m以上，由于对建筑以及仓储机械设备的要求太高，安装难度大，应用较少。

第二，按照自动化立体仓库建筑形式进行分类。

① 一体型立体仓库。这种仓库，高层货架与建筑物是一体，高层货架不能单独拆装；高层货架兼仓库的支撑结构，仓库不再单设柱、梁。货架顶部铺设屋面，货架也起屋架作用，是一种永久性设施。这种仓库的造价可实现一定程度的节约。

② 分离型立体仓库。这种仓库，建筑物与高层货架不是联结为一体，而是分别建造的。一般是在建筑物完成之后，按设计及规划在建筑物内部安装高层货架及相关的机械装备。

分离型立体仓库可以不形成永久性设施，可按需要进行重新安装和技术改造，因此比较机动。一般来说，由于是分别建造，造价较高。分离型立体仓库也适合旧库改造时采用。

一体型立体仓库一般层数较高，采用钢结构或钢筋混凝土结构，而分离型立体仓库一般层数较低，主要是钢结构，可装配，也可拆移，有一定的机动性。

现代物流系统中，储存型的物流中心，吞吐量及储存量较大的仓库，配送中心的存货

库等多采用一体型立体仓库，而车间仓库、配送中心的配货部、转运中心等多采用分离型立体仓库。

（2）自动化立体仓库的优缺点。

第一，自动化立体仓库的主要优点。

① 仓库作业全部实现机械化和自动化，一方面能够大大节省人力，减少劳动力费用的支出，另一方面能够大大提高作业效率。

② 采用高层货架、立体储存，能有效地利用空间，减小占地面积，降低土地购置费用。事实上，国外自动化立体仓库能够得到快速发展，地价昂贵是一个很重要的原因。

③ 采用托盘或货箱储存货物，货物的破损率显著降低。

④ 货位集中，便于控制与管理，特别是使用电子计算机，不但能够实现作业过程的自动控制，而且能够进行信息处理。

第二，自动化立体仓库的缺点。

① 结构复杂，配套设备多，需要的基建和设备投资高。

② 货架安装精度要求高，施工比较困难，而且施工周期长。

③ 储存货物的品种受到一定限制，对长大笨重货物以及要求特殊保管条件的货物，必须单独设立储存系统。

④ 对仓库管理和技术人员要求较高，必须经过专门培训才能胜任。

⑤ 工艺要求高，包括建库前的工艺设计和投产使用中按工艺设计进行作业。

⑥ 弹性较小，难以应付储存高峰的需求。流通业在实际运作时，常常会有淡旺季或高低峰以及顾客紧急的需求，而自动化设备数目固定，运行速度可调整范围不大，因此，其作业弹性不大。而传统设备只要采用人海战术就可以应付这种紧急需求。

⑦ 必须注意设备的保管保养并与设备提供商保持长久联系。自动化仓库的高架吊车、自动控制系统等都是先进的技术性设备，由于维护要求高，必须依赖供应商，以便在系统出现故障时能提供及时的技术支援。

⑧ 自动化立体仓库要充分发挥其经济效益，就必须与采购管理系统、配送管理系统、销售管理系统等管理咨询系统相结合，但是这些管理咨询系统的建设需要大量投资。因此，在选择建设自动化立体仓库时，首先，必须综合考虑自动化立体仓库在整个企业中的营运策略地位和设置自动化立体仓库的目的，不能为了自动化而自动化。其次，详细斟酌建设自动化立体仓库所带来的正面和负面影响。最后，还要考虑采取相应的补救措施。所以，在实际建设中必须进行详细的方案规划，进行综合测评，最终确定建设方案。

想一想 有人认为：自动化立体仓库有诸多优点，企业都应该建造自动化立体仓库。你怎么认为？

（3）自动化仓库的基本设施。自动化仓库一般建设成立体仓库，自动化立体仓库的主体一般由高层货架、巷道式堆垛起重机、出入库工作平台和自动运送及操作控制系统组成。

第一，仓库建筑与高层货架。自动化立体仓库的主体和货架为钢结构或钢筋混凝土结构，在货架内是标准尺寸的货位空间，巷道式堆垛起重机穿行于货架之间的巷道中完成存、取货的工作。自动化立体仓库从建筑形式上看，可分为整体式和分离式两种。无论哪种形式，高层货架都是主体。目前，国外自动化立体仓库的发展趋势之一是由整体式向分离式发展。

第二，巷道式堆垛起重机。它是自动化立体仓库的主要搬运、取送设备（如图5-26所示）。其主要用途是在高层货架的巷道内来回穿梭运行，将位于巷道口的货物存入货格，或者取出货格内的货物运送到巷道口。巷道式堆垛机可以整体沿货架间的轨道水平方向移动，其载货平台可以沿堆垛机支架上下垂直移动，载货平台的货叉可借助伸缩机构向平台的左右方向移动，这样可实现所存取货物的三维移动。巷道式堆垛机是由机架、运行机构、升降机机构或叉伸缩机构、电气控制设备组成的。

图5-26　巷道式堆垛机

第三，周边搬运系统。自动化立体仓库的周边搬运系统包括搬运机、自动导引车AGV、叉车、台车、托盘等。其作用是配合巷道式堆垛起重机完成货物输送、搬运、分拣等作业，还可以临时取代其他主要搬运系统，使自动存取系统维持工作，完成货物出入库作业。

第四，控制系统。自动化立体仓库的控制形式有手动自动控制、随机自动控制、远距离控制和计算机全自动控制四种形式。

存取系统的计算机中心或中央控制室接收到出库或入库信息后，通过对输入信息的处理，由计算机发出出库或入库指令，巷道式堆垛机、自动分拣机及其他周边搬运设备按指令启动，协调完成自动存取作业，管理人员在控制室对整个过程进行监控和管理。

任务二　货物入库准备

商品入库业务也叫收货业务，它是仓储工作的第一步，标志着仓储工作的正式开始。物品一旦收入仓库，将对物品的完好承担全部责任。因此，入库作业管理至关重要。

入库作业是指接到入库通知单后，经过接运提货、装卸搬运、检查验收和办理入库手续等一系列作业环节所形成的整个工作过程。

微课5-1

入库作业流程

5.2.1　入库前的准备工作

仓库应根据仓储合同或者入库单、入库计划，及时地进行库场准备，以便货物能按时入库，保证入库过程顺利进行。仓库的入库准备需要由仓库的业务部门、仓库管理部门、设备作业部门分工合作，共同做好以下工作：

1）加强日常业务联系

仓储经营者应按计划定期与货主、生产厂家以及运输部门进行联系，了解将要入库货物的品种、类别、数量和到库时间，以便做好入库前的准备工作。

2）合理调配人员

根据货物入库的数量和时间，安排好相关作业人员（质检人员、验收人员和装卸搬运人员等），保证物品到达后，人员能够及时调配到位。

3）准备相关机械设备和检验器具

准备好装货所需的空托板或托盘，合理配置好物品检验和计量及装卸搬运设备、堆码设备以及必要的防护用品。

4）合理安排货位

仓库部门根据入库货物的性能、数量、储存时间，结合仓库分区分类保管的要求，核算所需的货位面积大小，确定货物存放的位置和堆码方法、苫垫方法以及进行必要的腾仓、打扫、消毒和准备验收场地等相关功能工作。

5）核对凭证

物品到达仓库后，仓库收货人员必须检查物品入库凭证，入库物品必须具备下列凭证：①入库通知单和订货合同副本，这是仓库接收物品的凭证；②运输部门提供的运单和货运记录，以便作为向责任方交涉的依据；③供货单位提供的材质证明书、装箱单、磅码单和发货明细表等。

由于仓库不同、货物性质不同，所以入库准备工作会有所差别，不同的仓库应根据自己的实际情况做好入库准备工作。

5.2.2 确定货位

1）货位使用方式

仓库货位使用方式有以下三种：

（1）固定货位。该类货位只用于存放确定的货物，严格区分使用，绝不能混用、串用。对于长期货源的计划库存大多采用固定方式。固定货位便于拣选、查找货物，但是仓容利用率较低。由于是固定货位，货位可以有针对性地进行装备，有利于提高货物保管质量。

（2）不固定货位。货物任意存放在空的货位，不加以分类。不固定货位有利于提高仓容利用率，但是仓库内会显得混乱，不便查找和管理。对于周转极快、出入库频繁以及存放季节性物品和物流量变化剧烈的物品的专业流通仓库，货物保管时间短，大多采用不固定方式。不固定货物的货位在计算机的配合管理下，能充分利用仓容，方便查找。需要注意的是，采用不固定货位方式，仍然要遵守仓储的分类安全原则。

（3）分类固定货位。对货位进行分区、分片，同一区内只存放一类货物，但在同一区内的货位则采用不固定使用的方式。这种方式有利于货物保管，也较方便查找货物，仓容利用率可以提高。大多数仓库采用这种方式。

想一想　对于非季节性物品、重点用户的物品，以及库存物品种类较多且性质差异较大的情况，适宜哪种货位使用方式？

2）选择货位的原则

微课 5-2

储位管理

（1）根据货物的尺度、货量、特性、保管要求选择货位。货位的通风、光照、温度、排水、防风、防雨等条件应满足货物保管的要求；货位尺度与货物尺度匹配；货位的容量与货量接近；选择货位要考虑相近货物的情况，防止与相近货物相忌和相互影响。

（2）保证先进先出、缓不围急。先进先出是仓储保管的重要原则，能避免货物超期变质。在货位安排时，要避免后进货物围堵先进货物。存期较长的货物不能围堵存期较短的货物。

（3）出入库频率高的货物使用方便作业的货位。对于有持续入库或者持续出库的货物，应安排在靠近出口的货位，以方便出入；流动性差的货物，可以离出入口较远；存期较短的货物应安排在出入口附近。

（4）小票集中、大不围小、重近轻远。多种小批量货物，应合用一个货位或者集中在一个货位区，避免夹存在大批量货物的货位中；重货应离装卸作业区近，减少搬运作业量或者直接采用装卸设备进行堆垛作业；使用货架时，重货放在货架下层，需要人力搬运的重货存放在腰部高度的货位。

3）平置库货位准备

根据入库计划，在货物到达前对存储的位置和所需的货位面积进行确定。

确定物品存储位置主要考虑平置库平面布局、货物的在库时间、货物的物动量高低等关键因素。高物动量的货物，在库时间一般较短，所以应放置在离通道或库门较近的地方，如图5-27所示。

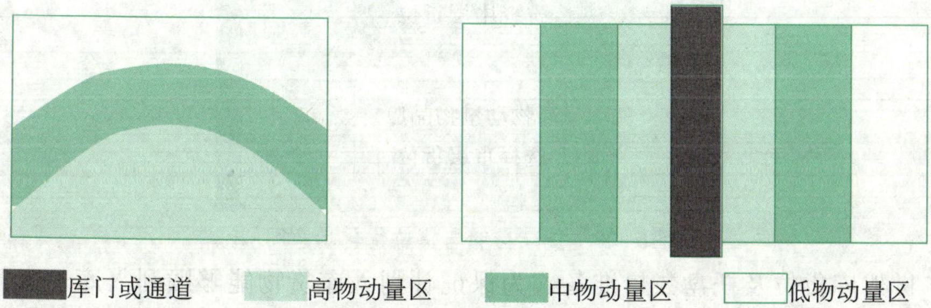

图5-27　平置库货位布局示意图

确定货物所需货位面积所必须考虑的因素包括：仓库的可用高度、仓库地面荷载、货物包装物所允许的堆码层数，以及货物包装物的长、宽、高。占地面积的计算公式如下：

单位包装物面积=长×宽

单位面积重量=单位商品毛重÷单位面积

可堆层数：

地坪不超重：层数a=地坪单位面积最高载荷量÷单位面积重量

货垛不超高：层数b=库房可用高度÷箱高

最底层商品承载力不超重：层数c=底层商品允许承载的最大重量÷堆高商品单件重量+1

可堆层数=min｛层数a，层数b，层数c｝

占地面积=（总件数÷可堆层数）×单位包装物面积

【例 5-1】某仓库建筑面积为 10 000m²，地坪载荷为 2 000kg/m²，库高 4.8m。现该库收到入库通知单见表 5-2。

表 5-2 入库通知单

入库时间：　　年　　月　　日

入库编号	品名	包装规格（mm）	包装材料	单体毛重（kg）	包装标志限高（层）	入库总量（箱）	备注
00001	五金工具	400×250×320	杨木	48	5	2 400	

例 5-1 分析提示

如果该批货物入库后就地堆存，作为仓库主管，请计算出至少需要多大面积的储位？如果仓库可用宽度受限仅为 5m，请计算出计划堆成重叠堆码的平台货垛的垛长、垛宽、垛高各为多少箱？

4）货架库货位准备

如果入库货物需上架存储，在明确存储位置和所需货数量的同时，还要准备好相应数量的托盘。

（1）货架库货位优化。计划入库货物的存储位置，取决于物动量分类的结果，高物动量货物应该选择首层货位，中物动量货物应该选择中间货位，低物动量货物应该选择上层货位，如图 5-28 所示。

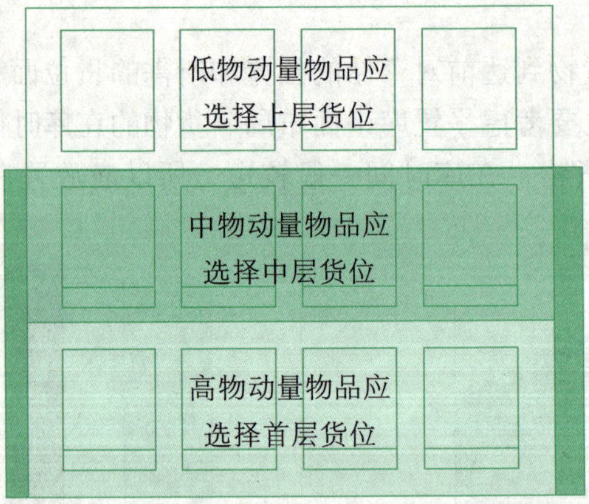

图 5-28 货架存储与货位优化示意图

（2）货架库货位及托盘数量准备，为保证计划入库货物能够顺利入库，仓管人员应在入库前准备出足够的货位和托盘。这时应考虑的因素包括：计划入库的货物种类及包装规格；货架货位的设计规格；托盘规格；叉车作业要求；作业人员的熟练程度与技巧。

货架库入位与平置库入位不同之处还包括货位净高的要求，以及叉车作业空间的预留，一般预留空间≥90mm。

【例 5-2】某物流公司收到一份入库通知单，计划入库货物为长城干红葡萄酒，包装规格为 460mm×260mm×252mm，堆码层限为 6 层，共 536 箱。该公司托盘式货架和托盘信息如图 5-29 和图 5-30 所示。

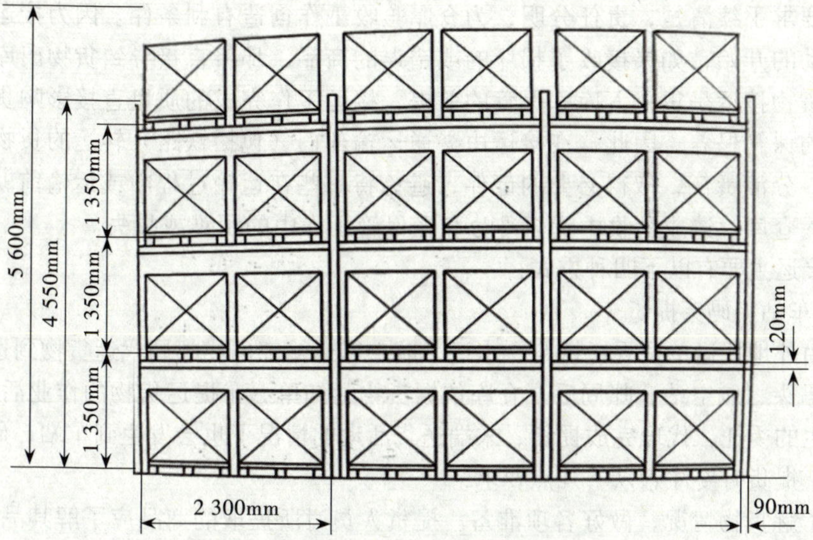

图5-29　货架规格示意图

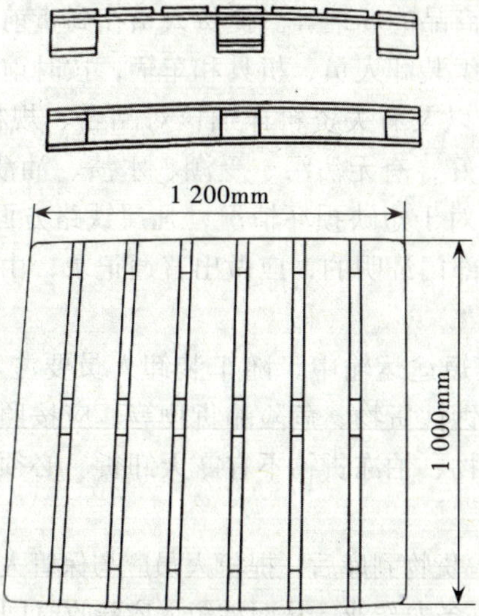

图5-30　托盘规格示意图

试回答：

（1）确定码放规划。

（2）确定码放层数。

（3）计算货位数量及所需托盘数量。

例 5-2

分析提示

5.2.3　接运

微课 5-3

货物接运

由于货物到达仓库的形式不同，除了一小部分由供货单位直接运到仓库交货外，大部分要经过铁路、公路、航运、空运和短途运输等转运。凡经过交通运输部门转运的商品，都必须经过仓库接运后，才能进行入库验收。因此，货物的接运是入库业务流程的第一道作业环节，也是仓库直接与外部发生的经济联系。它的主要任务是及时而准确地向交通运输部门提取入库货物，要求手续清楚，责任分明，为仓库验收工作创造有利条件。因为接运工作是仓库业务活动的开始，如果接收了损坏的或错误的商品，那将直接导致货物出库装运时出现差错。货物接运是货物入库和保管的前提，接运工作完成的质量直接影响货物的验收和入库后的保管保养。因此，在接运由交通运输部门（包括铁路）转运的货物时，必须认真检查，分清责任，取得必要的证件，避免将一些在运输过程中或运输前就已经损坏的货物带入仓库，造成验收中责任难分和在保管工作中的困难或损失。

货物接运主要有以下四种方式：

1）到车站、码头提货

这是由外地托运单位委托铁路、水运、航空等运输部门或邮局代运货物到达仓库最近的车站、码头、航空站、邮局后，仓库依据货物通知单派车提运货物的作业活动。此外，在接受货主的委托，代理完成提货、末端送货活动的情况下也会发生到车站、码头提货的作业活动。提货时要注意以下几点要求：

（1）了解货物情况，做好各项准备。提货人员对所提取的商品应了解其品名、型号、特性和一般保管知识以及装卸搬运注意事项等，在提货前应做好接运货物的准备工作，例如装卸运输工具，腾出存放商品的场地等。提货人员在到货前，应主动了解到货时间和交货情况，根据到货多少，组织装卸人员、机具和车辆，按时前往提货。

（2）提货时应根据运单以及有关资料详细核对品名、规格、数量，并要注意商品外观，查看包装、封印是否完好，有无沾污、受潮、水渍、油渍等异状。若有疑点或不符，应当场要求运输部门检查。对于短缺损坏情况，凡属铁路方面责任的，应做出商务记录；属于其他方面责任需要铁路部门证明的，应做出普通记录，由铁路运输员签字。注意：记录内容与实际情况要相符。

（3）注意货物安全。在短途运输中，随车装卸人员要注意货物的安全，做到不混不乱，避免碰坏损失。对于腐蚀性货物、危险品货物等，应按照有关搬运规定办理。精密仪器仪表、贵重货物、怕潮货物、怕冻货物不宜露天卸货。必须露天卸货时，要采取必要的防护措施并严加管理。

（4）办理货物交接手续。货物到库后，提货人员应与保管人员密切配合，尽量做到提货、运输、验收、入库、堆码成一条龙作业，从而缩短入库验收时间，并办理内部交接手续。

2）到供货单位提货

仓库接受货主委托直接到供货单位提货时，应将这种接货与出库验收工作结合起来同时进行。供货单位包括生产厂和流通企业。到供货单位提货时要按下列要求办理：

（1）仓库应根据提货通知，提前了解所提货物的性能、规格、数量，准备好提货所需的机械、工具、人员配备。点交货物时，提运人员要负责查看货物的外观质量，点验件数和质量，并验看供货单位的品质合格证、材料码单等有关凭证。

（2）现场点交，办理签收手续。货物提运到库后，保管员、提运员、随车装卸工人要密切配合，逐件清点交割；同时，核对各项凭证、资料是否相符和齐全。最后由保管员在送货单上签字，保管员收到货物后要及时组织复检。

3）供货单位送货到库

供货单位送货到库包括供货单位将货物直接送到仓库，或者委托承运单位送货到库。

（1）应在现场直接交接验收。保管员应以采购部门或货主提供的采购订单、合同或入库通知单作为收货的依据，直接与送货人在收货现场办理接货手续，当面点验所送物品的品名、规格型号、件数和数量，以及有关单证、资料，并查看货物的外观质量。无法当面完成全部验收项目的，要在送货回执内注明具体内容待验。

（2）发现问题要分清责任。在验收、检查过程中如发现短缺损坏等问题，要会同送货人员查实，由送货人出具书面证明、签章确认，留作处理问题时的依据。

4）铁路专用线接货

铁路专用线接货指仓库备有铁路专用线，大批整车或零担到货接运的形式。一般铁路专线都与公路干线联合。在这种联合运输形式下，铁路承担主干线长距离的货物运输，汽车承担直线部分的直接面向收货方的短距离运输。接运时要做好以下工作：

（1）做好接车卸货准备工作。接到专用线到货通知单后，应立即确定卸货货位，力求缩短场内搬运距离；组织好卸车所需要的机械、人员以及有关资料，做好卸车准备。

（2）检查货物状况，把好货物入库第一关。车皮到达后，引导对位，进行检查。看车皮封闭情况是否良好（即车门、车窗、铅封、苫布等有无异状）；根据运单和有关资料核对到货品名、规格、标志和清点件数；检查包装是否有损坏或有无散包；检查是否有进水、受潮或其他损坏现象。在检查中如发现异常情况，应请铁路部门派员复查，做出普通或商务记录，记录内容应与实际情况相符，以便交涉。

（3）进行物品收卸作业，遵循“安全、快速、准确、方便”原则。卸车时要注意为商品验收和入库保管提供便利条件，分清车号、品名、规格，不混不乱；保证包装完好，不碰坏，不压伤，更不得自行打开包装。应根据商品的性质合理堆放，以免混淆。

（4）填写到货台账，办理内部交接。编制卸车记录，记明卸车货位、规格、数量，连同有关证件和资料，尽快向保管员交代清楚，办好内部交接手续。

（5）卸车完毕后，整车运输员要及时向车站报空，等待“排空”，并将报空时间和铁路接报时间记录下来备查。卸车后在商品上应标明车号、件数和卸车日期。

做好货物接运业务管理的主要意义在于，防止把在运输过程中或运输之前已经发生的货物损害和各种差错带入仓库，减少或避免经济损失，为验收和保管、保养创造良好的条件。

想一想 货物的接运方式有几种？

任务三 入库验收及交接

入库验收是指仓库在物品正式入库之前，按照一定的程序和手续，对到库物品进行数量和外观质量的检查，以验证商品是否符合订货合同规定的一项工作。

5.3.1 入库验收处理

1）入库验收的标准

为了准确及时地验收货物，首先必须明确验收标准。在实际入库作业过程中，通常依据以下标准验收货物：①采购合同或订单所规定的具体要求和条件；②采购合同中的规格或图解；③议价时的合格样品；④各类产品的行业或国家品质标准。

通常，货物验收的标准，如果合同中有规定，按合同中的规定执行，如果合同中没有规定，则按行业或国家标准执行。

2）入库验收的作用

通过验收不仅可以防止企业遭受经济损失，而且可以起到监督供货单位和承运商的作用，同时还可以指导商品的保管和使用。具体表现为以下四点：①入库验收为物品保管和使用提供可靠依据；②验收记录是货主退货、换货和索赔的依据；③验收是规避仓储经营风险的重要手段；④验收有利于维护国家利益。

3）验收作业程序

验收工作是一项技术要求高，组织严密的工作，关系到整个仓储业务的顺利进行，所以，必须做到准确、及时、严格、经济。验收作业程序如图5-31所示。

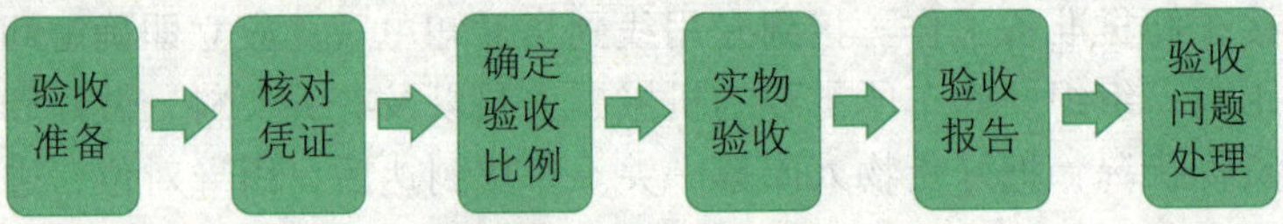

图5-31　验收作业程序示意图

（1）验收准备。仓库接到到货通知后，应根据物品的性质和批量提前做好验收准备工作，具体包括以下内容：

第一，人员准备。安排好负责质量验收的专业技术人员或用料单位的验货人员，以及配合验收工作的装卸搬运人员。

第二，资料准备。收集并熟悉待验物品的有关文件，例如技术标准、订货合同等。

第三，器具准备。准备好验收用的检验工具，如衡器、量具等。

第四，货位准备。针对到库物品的性质、特点和数量，确定物品的存放地点和保管方法，其中要为可能出现的不合格物品预留存放地点。

第五，设备准备。大批量物品的数量验收，必须要有装卸搬运机械的配合，应做好设备的申请调用。

此外，对毒害品、腐蚀品、放射品等特殊物品的验收，还要准备相应的防护用品，进口物品或存货单位指定需要质量检验的，还应通知有关部门会同检验。

（2）核对凭证。入库物品必须具备以下凭证：①货主提供的入库通知单和订货合同副本，是仓库接收物品的凭证。②供货单位提供的材质证明书、装箱单、磅码单、发货明细表等。③物品承运单位提供的运单，若物品在入库前发现残损情况，还要有承运部门提供的货运记录或普通记录，作为向责任方交涉的依据。

（3）检验方式。其分为全检和抽验。全检在进行数量外观检验，或者货品批量小，规格复杂，包装不整齐，要求严格验收时进行。抽验是在包装整齐、货品批量大、存货单位信誉高或验收条件有限时进行。

由于入库货物的品种繁多，批量大小不一，若要件件开箱拆包检验，既有困难也无必要。同时，仓库的检验设备和人力也有限，有些货物开包后反而影响保管。因此，仓库对入库货物的质量验收一般都是按一定的比例抽验。确定抽验率或免验，通常依据以下标准：

① 货物性能。凡容易霉、熔、溶、锈、虫蛀、串味、破碎等性能不稳定的货物，抽验比例较大；反之抽验比例较小。

② 货物价值。越贵重的物品抽验比例越大；反之抽验比例较小。

③ 包装情况。包装不完整或包装强度较小的抽验比例较大；反之抽验比例较小。

④ 生产条件。生产设备条件和产品质量差的抽验比例较大；反之抽验比例较小。

⑤ 气候条件。不利于商品保管的气候条件下抽验比例较大；反之抽验比例较小。

⑥ 运输条件。经过长途运输或装卸环节多、道路条件差等情况下抽验比例较大；反之抽验比例较小。

⑦ 货源渠道。渠道不够稳定、可靠的情况下抽验比例较大；反之抽验比例较小。

（4）实物验收。它就是根据入库单和有关技术资料对实物进行外包装、数量和质量检验。一般情况下，或者合同没有约定检验事项时，仓库仅对物品的品种、规格、数量、外包装状况，以及无须开箱、拆捆就可以直观判断的外观质量情况进行检验。但是在进行分拣配装作业的仓库里以及合同约定等情况下，就需要检验物品的品质及状态。

第一，包装验收。它是对货物的外包装，也称为运输包装、工业包装的检验。实物验收的第一步一般是检查外包装。货物包装具有保护商品、便利物流等功能。外包装是否受到破坏可以用来初步判断货物是否可能损坏。因此，包装验收是实物验收的重要内容。包装验收的标准与依据，一是国家颁布的包装标准，二是合同或订单的要求与规定。具体包括以下内容：

① 包装是否安全牢固。包装验收要从包装材料、包装造型、包装方法等方面进行检验。如检验箱板的厚度，卡具、索具的牢固程度，包装箱的钉距，内封垫和外封口的严密性等。此外，还需检验商品包装有无变形、水湿、油污、生霉、商品外露等现象。

② 包装标志、标记是否符合要求。商品标志、标记主要用于识别商品、方便转运及指示堆垛。包装标志、标记要符合规定的制作要求，起到识别和指示商品的作用。

③ 包装材料的质量状况。包装材料的质量和性能状况直接关系到包装对产品的保护作用，因此必须符合规定的标准。

第二，数量验收。入库货物的数量溢缺在日常收货业务中是经常发生的，其原因是多方面的。例如，生产厂家出厂数量的交接管理不善；送货时点数不准确；运输周转过程中的错装、漏装和遗失；货主开具的单证差错等。因此，仓储部门必须认真把好入库货物的数量关，及时消除数量溢缺的隐患，以免造成不必要的保管损失。

按物品性质和包装情况，数量检验主要有计件、检斤、检尺等形式。在进行数量验收时，必须与供货方采用相同的计量方法。采取何种方式计数要在验收记录中做出记载，出库时也按同样的计量方法，避免出现误差。

按件数供货或以件数为计量单位的物品，做数量验收时，要点清件数。一般情况下，计件物品应全部逐一点清，固定包装的小件物品，如果包装完好，打开包装则不利于以后进行保管，所以通常情况下只检查外包装，而进口物品则按合同或管理办法办理。

按重量供货或以重量为计量单位的物品，做数量验收时有的采用检斤称量的方法，有的采用理论换算的方法。按理论换算重量的物品，先要通过检尺，例如金属材料中的板材、型材等，然后按规定的换算方法换算成重量验收。对于进口物品，原则上应全部检斤，但如果订货合同规定按理论换算重量交货，则按合同办理。

按体积供货或以体积为计量单位的物品，做数量验收时要先检尺后求积。例如木材、沙石等。

一般情况下，数量检验应全验，即按件数全部进行点数，按重量供货的全部检斤，按理论重量供货的全部检尺后换算为重量，以实际检验结果的数量为实收数。但对于大批量、同规格、同包装、较难损坏、可信赖的物品可以采用抽验的方式检验。

第三，质量检验。仓储部门对入库的货物一般不进行内在质量的检验，通常所指的质量检验，主要是检验货物的外观质量，有无沾污、霉变、虫蛀、锈蚀、老化、挥发、渗漏、变色、变形、脱漆等。其目的是配合货主单位，发现问题后采取相应的养护措施，或从速处理，同时也可以分清送货方与仓库的责任界限。外观质量检验内容的示意图如图5-32所示。

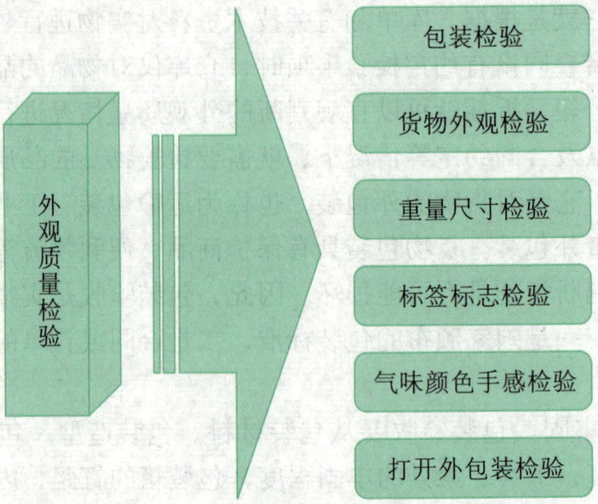

图5-32　外观质量检验内容示意图

内在质量检验主要是对货物的内容进行检验，包括对物理结构、化学成分、使用功能等进行鉴定。一般要由专业技术检验单位进行。经检验后出具检验报告说明货物质量。

> 想一想　检尺求积属于数量验收还是质量检验？

（5）入库检验的时间。对货物的数量、外表状况应在入库时进行检验；对货物的内容，在合同的约定时间内进行检验，或者按照仓储习惯在入库的10天之内，国外到货30天之内进行内容质量检验。

（6）填写验收报告。验收报告的内容和格式见表5-3。

表5-3　验收报告

供货商			订单号			验收员		
运单号						验收日期		
运货日期			到货日期			复核员（日期）		
序号	储位号	货物名称	货物规格型号	货物编码	包装单位	应收数量	实收数量	备注

4）入库验收过程中常见问题的处理

货物入库验收牵涉面较广，因此仓库验收人员必须认真负责，并做好各项验收记录，以便与客户发生纠纷时可以分清责任。仓库对商品验收中发现的具体问题，可用书面形式通知业务部门和发货方要求查明情况进行处理。验收过程中的问题，一般可以采取以下处理办法：

（1）数量不符。如果点收时发现商品的实际数量与凭证上所列的数量不一致，经复验认定后，应由收货人在凭证上做好详细记录，按实际数量签收，并及时通知送货人和发货方。

（2）质量问题。在铁路、交通运输部门初步验收时发现质量问题，应会同承运方清查点验，并由承运方编制商品记录或出具证明书，作为索赔的依据。如确认责任不在承运方，也应做好记录，由承运者签字，以便作为向供货方联系处理的依据。在拆包做进一步验收时发现的质量问题，应将有问题的商品单独堆放，并在入库单上分别签收，同时通知供货方，以划清责任。

一般来说，入库商品变质的原因主要有以下方面：

第一，生产厂家在流通领域中长期存放或保管不善造成的，此种情况的变质，责任在供货方，应及时与供货方联系，做出退货或者调换的决定，收货人员在接收时应该详细说明数量和变质的程度。

第二，在承运过程中因受污染、水渍等原因使商品变质，出现这种情况的责任在承运方，收货人员签收时应索取承运方的记录，交货主交涉处理。

第三，在提运过程中，因商品混放、受雨淋等原因造成的商品变质，甚至报废，这是提运人员的责任，收货人员在签收时应该注明变质的原因、数量及程度等，报仓库处理，但此种情况的变质较少，因为提运和接运都是在很短的时间内进行的，不容易造成商品的变质。

（3）包装问题。在清点大件时发现包装有水渍、沾污、损坏、变形等情况时，应进一步检查内部数量和质量，并由送货人员开具包装异状记录，或在送货单上注明，同时，通知保管员单独堆放，以便处理。

（4）检验凭证问题的处理。

第一，商品串库。它是指应该送往甲库的商品误送到乙库，当初步检查发现串库现象时，应立即拒收；如在验收细数中发现的串库商品，应及时通知送货人员办理退货手续，同时更正单据。

第二，有货无单。货物送达仓库时，仓库管理人员尚未收到有关单证。此时，可将货物做暂存处理．并即刻通知有关方补送单证，并等单证到齐后再验收入库。

第三，有单无货。为便于仓储方的事先准备，货物的单证往往先期送达仓库，然而，有时却遇货物迟迟未抵的情况。此时，应立即与货物托运保管人联系，当查实无货来库时，按合同办理相关手续或将单证退回并注销。

第四，货未到齐。往往由于运输方式的原因，同一批商品不能同时到达，对此，应分单签收。

货物验收中的常见问题处理表见表5-4。

表5-4 货物验收中的常见问题处理表

处理方式	数量溢余	数量短少	品质不合格	包装不合格	规格品类不符	单证与实物不符	备注
通知供货方							
按实数签收							
维修整理							
查询等候处理							
改单签收							
拒绝收货							
退单、退货							

5.3.2 入库交接处理

入库货物经过点数、查验之后，可以安排卸货、入库堆码，表示仓库接收货物。卸货搬运、堆垛作业完毕，与送货人办理交接手续，并建立仓库台账。

1）交接手续

交接手续是指仓库对收到的货物向送货人进行的确认，表示货物已经接收。办理完交接手续，意味着划清了承运、送货部门和仓库的责任。完整的交接手续包括：

（1）接收货物。仓库以送货单（见表5-5）为依据，通过理货、查验货物，将不良货物剔除、退回或者编制残损单证等明确责任，确定收到物品的确切数量、外观质量完好。

表5-5 送货单 No.

送货单位： 送货日期： 年 月 日

品名	规格	单位	数量	单价/元	单价/元	备注

送货单位：（盖章） 送货人：

收货单位：（盖章） 收货人：

（2）接收文件。送货人将货物资料、送货单、采购清单等相应的文件送交仓库的库管员。

（3）签署单证。库管员在和送货人员交接货物，进行验收后，共同在送货人员送来的送货单、交接清单（见表5-6）上签字，并留存相应单证；同时，提供相应的入库、验收、残损单证、事故报告，由送货人员签署。

表5-6　交接清单

收货人	发站	发货人	品名	标记	单位	件数	重量	车号	运单号	货位	合同号
备注											

送货人：　　　　接收人：　　　　经办人：

2）办理入库手续

货物交接完毕，由仓库的业务管理员填写入库单（见表5-7）。完整的入库单必须具备三联：送货人联、财务联、仓库存查联。同时附上检验记录单、磅码单、产品合格证、装箱单等有关资料凭证，一并向保管部门移交，以证实该批货物已验收合格可以正式入库保管。保管员应根据入库单及时办理入库手续，包括登账、立卡和建档等工作。

表5-7　入库单

送货单位：　　　　入库时间：　年　月　日

储存位置：　　　　入库单编号：

货物编号	品名	规格	单位	送货数量	实收数量	备注

会计：　　　　仓库收货人：　　　　制单：

（1）登账。物品入库，仓库应建立详细反映物品仓储的明细账，登记物品入库、出库、结存的详细情况，用以记录库存物品动态和入出库过程。

登账的主要内容有：物品名称、规格、数量、件数、累计数或结存数、存货人或提货人名称、批次、金额，同时注明货位号或运输工具、接（发）货经办人。

（2）立卡。物品入库或上架后，将物品名称、规格、数量或出入库状态等内容填在料卡上，称为立卡。料卡（见表5-8）又称为货卡、货牌，插放在货架上物品下方的货架支架上或摆放在货垛正面明显位置。

表5-8　料卡

货主单位：　　　　日期：

年		货品名单	规格	单位	入库数量	出库数量	结存	经手人
月	日							

（3）建档。仓库对接收的货物或委托人建立存货档案或客户档案，装订成册，后附客户单据装订清单，以便于货物管理和保持客户联系，为将来可能发生的争议保留凭证。

根据入库货物的信息制作仓库收货汇总表/日报表，将相关信息传递到上级部门。

任务四 入库货物装卸搬运

装卸活动的基本动作包括装车（船）、卸车（船）、堆垛、入库、出库以及连接上述各项动作的短程输送，是随运输和保管等活动而产生的必要活动。

5.4.1 装卸搬运认知

在实际操作中，装卸与搬运是密不可分的，两者是伴随在一起发生的。在同一地域范围内以改变"物"的存放、支承状态的活动称为装卸，以改变"物"的空间位置的活动称为搬运，两者全称装卸搬运。有时候或在特定场合，单称"装卸"或单称"搬运"也包含了"装卸搬运"的完整含义。因此，在物流科学中并不过分强调两者差别而是作为一种活动来对待。搬运的"运"与运输的"运"，区别之处在于，搬运是在同一地域的小范围内发生的，而运输则是在较大范围内发生的，两者是量变到质变的关系，中间并无一个绝对的界限。

装卸：在运输工具间或运输工具与存放场地（仓库）间，以人力或机械方式对物品进行载上载入或卸下卸出的作业过程。

搬运：在同一场所内，以人力或机械方式对物品进行空间移动的作业过程。

1）装卸搬运在物流环节中的地位

在物流过程中，装卸活动是不断出现和反复进行的，它出现的频率高于其他各项物流活动，每次装卸活动都要花费很长时间，所以往往成为决定物流速度的关键。装卸活动所消耗的人力也很多，所以装卸费用在物流成本中所占的比重也较高。以我国为例，铁路运输的始发和到达的装卸作业费占运费的20%左右，船运占40%左右。因此，为了降低物流费用，装卸是个重要环节。

进行装卸操作时往往要接触货物，这是物流过程中造成货物破损、散失、损耗、混合等损失的主要环节。例如，袋装水泥纸袋破损和水泥散失主要发生在装卸过程中，玻璃、机械、器皿、煤炭等产品在装卸时最容易造成损失。

装卸活动是影响物流效率、决定物流技术经济效果的重要环节。装卸搬运活动的目的见表5-9。

表5-9 装卸搬运活动的目的

目 的	内 容
1.提高生产力	顺畅的搬运系统能够消除瓶颈以维持及确保生产水准，使人力有效使用，设备减少闲置
2.降低搬运成本	减少每位工人及每单位货品之搬运成本，并减少延迟、损坏及浪费
3.提高库存周转率，以降低存货成本	有效率的搬运，可加速货品移动及缩减搬运距离，进而减少总作业时间，使得存货存置成本及其他相关成本皆得以降低

续表

目　的	内　容
4.改善工作环境，增加人员货品搬运安全	良好的搬运系统，能使工作环境大为改善，不但能保证物品搬运的安全减少保险费率，且能提高员工的工作情绪
5.提高产品品质	良好的搬运可以减少产品的毁损，使产品品质水准提升，减少客户抱怨
6.促进配销成效	良好的搬运，可增进系统作业效率，不但能缩短产品总配销时间，提高客户服务水准，亦能提高劳动生产率，对公司营运成效助益很大

2）装卸搬运的基本原则

（1）环节最少原则。装卸搬运活动的本身不但不增加货物的价值和使用价值，反而会增加货物损坏的可能性和成本。所以，应研究分析各项装卸搬运作业环节的必要性，取消不必要的装卸搬运环节，减少其作业次数，消除重复无效、可有可无的装卸搬运作业。例如，驼背运输、鸟背运输与鱼背运输，门到门的集装箱联运等，都可以大幅度减少装卸环节和次数。

（2）系统协调原则。装卸搬运作业既涉及物流过程的其他各环节，又涉及它本身的工艺过程各工序、各工步以及装卸搬运系统各要素。因此，装卸搬运作业与其他物流活动之间，装卸搬运作业本身各工序、各工步之间，以及装、卸、搬、运之间和系统内部各要素之间，都必须相互兼顾、协调统一，这样才能发挥装卸搬运系统的整体功能。

（3）运营文明科学原则。在装卸搬运作业中，要禁止野蛮搬运装卸，秉持为客户服务的理念，采取措施保证货物完好无损，保障作业人员人身安全，坚持文明装卸。杜绝“野蛮装卸”是文明装卸的重要标志，同时，充分利用现代机械辅助工具，减少人力；不因装卸搬运作业而损坏装卸搬运设备和设施、运载与储存设备和设施。

（4）省力节能原则。节约劳动力，降低能源消耗，是装卸搬运作业的最基本要求。在满足作业要求的前提下，货物净重与货物单元毛重之比尽量接近，以减少无效劳动；尽量采取水平装卸搬运和滚动装卸搬运，达到省力化。

5.4.2　装卸搬运作业方法

装卸搬运作业方法可以按照不同的标准进行分类，主要有：

1）按作业场所分类

（1）车间装卸搬运：指在车间内部工序间进行的各种装卸搬运活动。

（2）站台装卸搬运：指在企业车间或仓库外的站台上进行的各种装卸搬运活动。

（3）仓库装卸搬运：指在仓库、堆场、物流中心等处的装卸搬运活动。

2）按作业方式分类

（1）吊装吊卸法（垂直装卸法）：主要是使用各种起重机械，以改变货物的铅垂方向的位置为主要特征的方法，这种方法的应用面最广。

（2）滚装滚卸法（水平装卸法）：是以改变货物水平方向的位置为主要特征的方法。

3）按作业对象分类

（1）单件作业法：是指单件、逐件装卸搬运的方法，这是以人力作业为主的作业方法。单件作业法依据作业环境和工作条件，又可以采用以下作业方法，如图5-33所示。

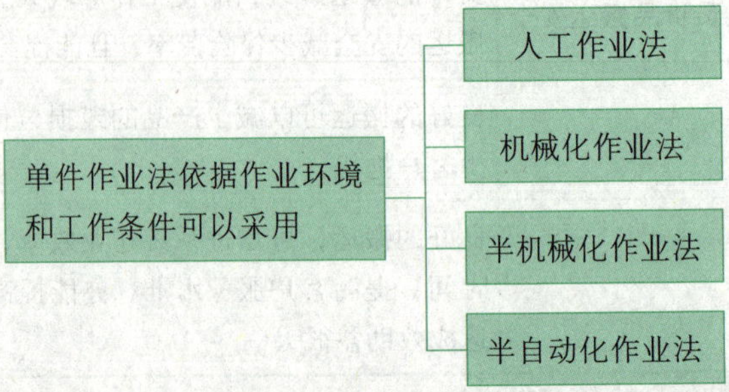

图5-33 单件作业法示意图

（2）集装作业法：先把货物集零为整，再进行装卸搬运。集装作业法有集装箱作业法、货捆作业法、托盘作业法、滑板作业法、网袋作业法、框架作业法和挂车作业法等。各种作业方法的比较见表5-10。

表5-10 各种装卸搬运作业方法的比较

方法	初次投资	运营费用	装卸效率	安全性	运输工具载重	运营管理	适用货物
集装箱作业法	最高	最高	高	好	降低	复杂	较贵重成件、包装货物、联运货物
货捆作业法	最低	最高	中	中	提高	简单	木材、建材、金属
托盘作业法	高	高	中	中	降低	复杂	成件包装货物、瓜果、蔬菜
滑板作业法	中	中	低	差	不变	简单	包装一致的成件包装货物
网袋作业法	低	低	中	中	不变	简单	粉粒状袋装、块装粗杂品

（3）散装作业法：是指对煤炭、矿石、粮食、化肥等块、粒、粉状物资，采用重力法（通过筒仓、溜槽、隧洞等方法）、倾翻法（铁路的翻车机）、机械法（抓、舀等）、气力输送法（用风机在管道内形成气流，利用压差来输送）等方法进行装卸。

5.4.3 装卸搬运规划与管理

由于装卸搬运活动是影响仓储效率和成本的重要环节，所以对该活动进行合理规划和管理尤为重要。装卸搬运合理化措施主要有：

1）防止和消除无效作业

无效作业，是指在装卸作业活动中超出必要的装卸、搬运量的作业。显然，防止和消除无效作业对装卸作业的经济效益有重要作用。为了有效地防止和消除无效作业，可从以下几个方面入手：

（1）尽量减少装卸次数。要使装卸次数降低到最小，必须避免没有物流效果的装卸作业。

（2）提高被装卸物料的纯度。物料的纯度，指物料中含有水分、杂质、与物料本身使用无关的物质的多少。物料的纯度越高，则装卸作业的有效程度越高。反之，则无效作业就会增多。

（3）包装要适宜。包装是物流中不可缺少的辅助作业手段。包装的轻型化、简单化、实用化会不同程度地减少作用于包装上的无效劳动。

（4）缩短搬运作业的距离。物料在装卸、搬运当中，要实现水平和垂直两个方向的位移，选择最短的路线完成这一活动，就可避免超越这一最短路线以上的无效劳动。

2）提高装卸搬运的灵活性

装卸、搬运的灵活性是指在装卸作业中的物料进行装卸作业的难易程度。所以，在堆放货物时，事先要考虑到物料装卸作业的方便性。

装卸、搬运的灵活性，根据物料所处的状态，即物料装卸、搬运的难易程度，可分为不同的级别，如图5-34所示。

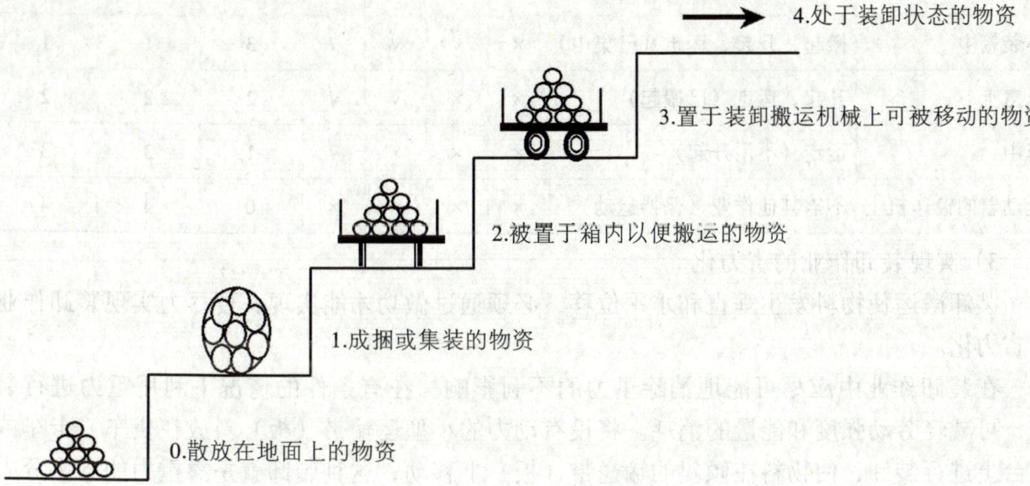

图5-34　装卸搬运活性指数示意图

0级——物料杂乱地堆在地面上的状态。

1级——物料装箱或经捆扎后的状态。

2级——箱子或被捆扎后的物料，下面放有枕木或其他衬垫后，便于叉车或其他机械作业的状态。

3级——物料被放于台车上或用起重机吊钩钩住，即刻移动的状态。

4级——被装卸、搬运的物料，已经被启动、直接作业的状态。

从理论上讲，活性指数越高越好，但也必须考虑到实施的可能性。例如，在物料储存阶段，活性指数为4的输送带和活性指数为3的车辆在一般的仓库中很少被采用，这是因为大批量的物料不可能存放在输送带和车辆上。

为了说明和分析物料搬运的灵活程度，通常采用平均活性指数的方法。这个方法是对某一物流过程物料所具备的活性情况，累加后计算其平均值，用“X”表示。X值的大小是确定改进搬运方式的信号。例如：

当$X<0.5$时，指所分析的搬运系统半数以上处于活性指数为0的状态，即大部分处于散装情况，其改进方式可采用料箱、推车等存放物料。

当$0.5<X<1.3$时，则是大部分物料处于集装状态，其改进方式可采用叉车和动力搬运车。

当1.3<X<2.3时，装卸、搬运系统大多处于活性指数为2的状态，可采用单元化物料的连续装卸和运输。

当$X>2.7$时，则说明大部分物料处于活性指数为3的状态，其改进方法可选用拖车、机车车头拖挂的装卸搬运方式。

表5-11是活性的区分和活性指数。

表5-11 活性区分和活性指数

状态	作业项目	作业种类				还需要作业的数目	已不需要的作业数目	搬运活性指数
		集中	搬起	升起	运走			
散堆在地上	集中、搬起、升起、运走	√	√	√	√	4	0	0
集装箱中	搬起、升起、运走（已集中）	×	√	√	√	3	1	1
托盘上	升起、运走（已搬起）	×	×	√	√	2	2	2
车中	运走（不用升起）	×	×	×	√	1	3	3
运动着的输送机上	不需其他作业（保持运动）	×	×	×	×	0	4	4

3）实现装卸作业的省力化

装卸搬运使物料发生垂直和水平位移，必须通过做功才能实现，要尽力实现装卸作业的省力化。

在装卸作业中应尽可能地消除重力的不利影响。在有条件的情况下利用重力进行装卸，可减轻劳动强度和能量的消耗。将设有动力的小型运输带（板）斜放在货车、卡车或站台上进行装卸，使物料在倾斜的输送带（板）上移动，这种装卸就是靠重力的水平分力完成的。在搬运作业中，不用手搬，而是把物资放在一台车上，由器具承担物体的重量，人们只要克服滚动阻力，使物料水平移动，这无疑是十分省力的。

重力式移动货架也是一种利用重力进行省力化的装卸方式之一。重力式货架的每层格均有一定的倾斜度，利用货箱或托盘可自已沿着倾斜的货架层板滑到输送机械上。为了使物料滑动的阻力更小，通常货架表面均处理得十分光滑，或者在货架层上装有滚轮，也有在承重的货箱或托盘下装上滚轮的，这样将滑动摩擦变为滚动摩擦，物料移动时所受到的阻力会更小。

4）合理组织设备，提高作业的机械化水平

物资装卸搬运设备运用组织是以完成装卸任务为目的，并以提高装卸设备的生产率、装卸质量和降低装卸搬运作业成本为中心的技术组织活动。它包括下列内容：

（1）确定装卸任务量。根据物流计划、经济合同、装卸作业不均衡程度、装卸次数、装卸车时限等，来确定作业现场年度、季度、月、旬、日平均装卸任务量。装卸任务量有事先确定的因素，也有临时变动的可能。因此，要合理地运用装卸设备，就必须把计划任务量与实际装卸作业量两者之间的差距缩小到最低水平。同时，装卸作业组织工作还要针对物资的品种、数量、规格、质量指标以及搬运距离尽可能地做出详细的规划。

（2）根据装卸任务和装卸设备的生产率，确定装卸搬运设备需用的台数和技术特征。

①作业方案中设备数量的确定可以采用以下简单方法：

$$Z = Q/M$$

式中，Z——所需设备台数（台）；Q——装卸搬运作业任务量（t）；M——所使用的设备的生产定额（t/台）。

②如果装卸搬运设备选用具有间隙作业特征的叉车、起重机或运输车辆时，则每台设备的生产定额公式为：

$$M = Tk_1/t \times qk_2$$

式中，T——完成任务需用时间（h）；k_1——时间利用系数；t——1个作业循环所需时间（h）；q——设备的额定载重量（t/台）；k_2——设备载荷利用系数（取1/3或2/3）。

③如果选用具有连续作业特征的输送机械设备，则：

$$Z = Q/(MT)$$

式中，Z——需用设备台数（台）；Q——装卸搬运作业任务量（t）；M——输送机的生产效率（t/h）；T——完成任务需用时间（h）。

（3）根据装卸任务、装卸设备生产率和需用台数，编制装卸作业进度计划。它通常包括：装卸搬运设备的作业时间表、作业顺序、负荷情况等详细内容。

（4）下达装卸搬运进度计划，安排劳动力和作业班次。

（5）统计和分析装卸作业成果，评价装卸搬运作业的经济效益。

随着生产力的发展，装卸搬运的机械化程度定将不断提高。此外，由于装卸搬运的机械化能把工人从繁重的体力劳动中解放出来，尤其对于危险品的装卸作业，机械化能保证人和货物的安全，也是装卸搬运机械化程度不断得以提高的动力。

5）推广组合化装卸搬运

在装卸搬运作业过程中，根据不同物料的种类、性质、形状、重量的不同来确定不同的装卸作业方式。

处理物料装卸搬运的方法有三种形式：对普通包装的物料逐个进行装卸，叫作“分块处理”；将颗粒状物资不加小包装而原样装卸，叫作“散装处理”；将物料以托盘、集装箱、集装袋为单位进行组合后进行装卸，叫作“集装处理”。

对于包装的物料，应尽可能进行“集装处理”，实现单元化装卸搬运，可以充分利用机械进行操作。组合化装卸具有装卸单位大、作业效率高，可节约装卸作业时间；能提高物料装卸搬运的灵活性；操作单元大小一致，易于实现标准化；不用手去触及各种物料，可达到保护物料的效果等优点。

想一想　装卸搬运的活性指数有哪几级？各自特点是什么？

任务五　入库作业计划编制与实施

5.5.1　任务描述

2025年1月12日，某物流中心收到一份供应商入库通知单，到库货物为汽车配件、黄桃罐头、伊犁醉马油、金仕顿U盘。其中，伊犁醉马油为电商畅销商品，汽车配件是为某汽车制造商4S店提供支持。该批货物计划到货日期为2025年1月15日，入库通知单见表5-12。

表5-12 **入库通知单** 编号：J20240112001

计划入库时间：当日到货

序号	商品名称	包装规格（长×宽×高）mm	单位	包装	重量kg	入库数量	堆码限高
1	汽车配件	580×300×200	箱	纸箱	5	500	5
2	黄桃罐头	400×250×320	箱	杨木	48	2 400	5
3	伊犁醉马油	498×333×180	箱	纸箱	22	100	5
4	金仕顿U盘	115×115×108	盒	纸盒	0.5	1 000	8

供应商：JBD供应链有限公司

作为物流中心仓库主管，请根据仓容、设备、人员、入库货物信息等情况，制订本次入库作业计划，预估所需要的存货空间，做好接货验收前的准备工作，确保高效、安全、准确地完成入库任务。

5.5.2 实施流程

1）入库作业计划

入库作业计划是指仓库部门根据本部门和存货人等外部实际情况，权衡存货人的需求和仓库存储的可能性，通过科学的预测，提出在未来一定时期内仓库要达到的目标和实现目标的方法。

入库作业计划是存货人发货和仓库部门进行入库前准备工作的依据。仓库部门对入库作业计划的内容要进行分析，并根据物品在库时间，物理、化学、生物特性，单件体积、重量，包装物等，合理安排货位。仓库部门对入库作业计划做出测评与分析之后，即可进行物品入库前的准备工作。

2）影响入库作业的因素

（1）供货商的送货方式。其直接影响入库作业的组织和计划。影响入库作业的因素主要包括：每天平均送货的供应商数量及最大量、送货的车型及车辆台数、每台车平均卸货时间、货物到达的高峰时间、货物装车方式、中转运输的转运方式等。例如，中转运输的转运方式包括直达转运、直通转运、储存分拣转运、流通加工转运、投机转运等形式，不同的转运方式入库作业量和作业方式有很大的不同。各类中转运输方式特点见表5-13。

表5-13 **各类中转运输方式特点**

送货方式	细 项	特 点
中转运输	直达转运	不卸车、不入库
	直通转运	卸车、不入库
	储存分拣转运	卸车入库、大进小出
	流通加工转运	分拣、加工、分拣
	投机转运	去向信息不明，待价而沽

（2）货物的种类、特性与数量。其包括每天平均送达的货物品种数、单位货物的尺寸及重量、货物的包装形态、货物的保质期、装卸搬运的方式等，均会对作业环节、作业方式、搬运工具选择、库区货位、堆存状态、人员配置、先进先出的贯彻产生影响，仓库应充分考虑仓储对象的形态，形成经济合理的科学决策。

（3）仓库设备与存储方式。仓库设备是影响入库作业的另一主要因素，叉车、传送带、货架储位的可用性，以及人工装卸、无货架堆码等要加以综合考虑。

3）入库作业计划编制与实施流程

入库作业计划编制与实施流程如图5-35所示。

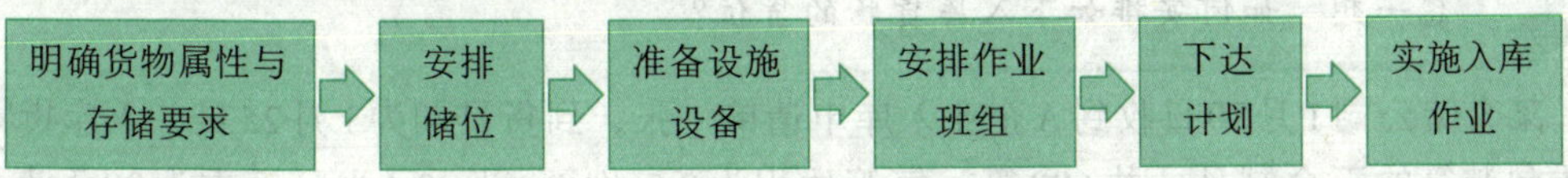

图5-35　入库作业计划编制与实施流程图

5.5.3　计划的编制与实施

1）明确货物属性与存储要求

（1）明确货物属性。仓库主管通过对入库通知单上的入库货物进行分析，判定货物属性均为普货，具体为：汽车配件、食品、日化、电子产品，其中黄桃罐头是易碎品。

（2）明确存储要求。根据货物属性与货物储位规划、客户送货方式、仓储设备等实际情况，分配储区为：汽车配件存入高架库区，黄桃罐头存入平置库区，伊犁醉马油存入立体库区，金仕顿U盘存入密集型存储区。

2）货位分配

（1）高架库货架储位准备。依据物动量分类结果，汽车配件在当季属于中物动量的货物，因此应选择第二层货位存放。

假设相关参数如下：

托盘尺寸：长×宽×高（单位：毫米）是1 200×1 000×160，托盘自重：20千克/个，托盘载重：≤500千克。

货位尺寸：长×宽×高（单位：毫米）是1 125×1 000×920，货位承重：≤500千克，货位安全操作距离：不小于150毫米。

货位准备过程如下：

①计算托盘底面积最大码放数量。

每层箱数=托盘面积÷货物面积=1 200×1 000÷（580×300）≈6（箱）

②计算符合货位高度下的托盘码放层数。

层数=储位可用高度÷货物高度=（储位高度-托盘高度-安全高度）÷货物高度

=（920-160-150）÷200≈3（层）

③验证是否超重。

5×6×3+20=110千克<500千克

该货物不超重。如果超重，需要将超出部分货物去掉。

④计算所需托盘个数。

所需托盘个数=货物数量÷整托货物数量=货物数量÷（层数×每层数量）=500÷（6×3）=28（个）

经计算，本次高架库存入库共需准备28个托盘货位。

（2）平置库储位准备。本次入库货物黄桃罐头属于出库频次较高的物品，因此，在储存时应选择靠近主通道位置或离仓库出口较近的区域。

假设平置库参数为：地坪荷载为2吨/米^2，库高4.8米，可堆垛宽度限制为5米。计划堆成平台垛。请仓库主管计算该批黄桃罐头需要多大面积的储位？

对于平置库货位面积的确定，依据前面5.2.2货位确定方法，不再详述。

经计算，本次至少需要60米^{2}的储位，平台垛长30箱、宽20箱、高4箱。

想一想　如何安排如下入库货物的货位？

某仓储公司1月20日收到A企业入库申请单一张，到货日期为1月25日，入库货物为木质包装箱的五金制品，共600箱，每箱体积为0.5米×0.4米×0.4米，毛重为80千克/箱，包装物允许堆高4层，仓库地坪设计载荷为1.2吨/米^2。

请计算此项业务所需的货位面积。如果货位宽度受限为4米，则应该如何安排堆垛？(重叠堆码的平台垛)

（3）立体库储位准备。假设立体库货架参数如下：立库货位规格：长×宽×高（单位：毫米）是1 100×1 300×1 000，单货位承重≤500千克；托盘规格：长×宽×高（单位：毫米）是1 200×1 000×160，单位托盘重量为10千克；作业预留高度不少于150毫米。

伊犁醉马油上架存储，本立体库储位为小货格货位，以整箱为单位储存，在明确存储位置和所需货位数量充足的同时，还需准备好相应数量的托盘。

货位准备过程如下：

①计算托盘底面积最大码放数量。

1 200×1 000÷（498×333）≈7（箱），经实际码放，得出托盘最大码放数量为8箱。

②计算符合货位高度下的托盘码放层数=（1 000−160−150）÷180=3（层）。

③确认货物堆码极限层高=5层。

④计算货位承重范围内堆码层数=（500−10）÷（22×8）=2（层）。

⑤确定码托层高=Min｛3，5，2｝=2（层）。

⑥计算货位（托盘）数量=100÷（2×8）=6（个）。

因此，本次入库任务需要6个立体库货位及托盘。

（4）密集型存储区储位准备。金仕顿U盘需上架存储，在明确存储位置和所需货位数量的同时，还要准备好相应数量的周转箱。

假设货架参数如下：密集型存储区为4列6层货架，单货位规格为：长×宽×高（单位：毫米）是600×800×500，单货位承重≤50千克；周转箱规格：长×宽×高（单位：毫米）是600×400×360，单位周转箱重量为2千克；作业预留高度不少于100毫米，且物品包装（高度）至少应有1/3在周转箱内。

计算货位占用步骤如下：

①计算周转箱内单层最大码放物品数量。

600×400÷（115×115）≈18（盒），经实际码放，单层最大码放物品数量为15盒。

②计算周转箱内货物码放层数=（360+72−100）÷108=3（层）。

③确认货物堆码极限层高=8层。

④计算货位承重范围内堆码层数=（50-2）÷（0.5×15）=6（层）。

⑤确定码托层高=Min｛3，8，6｝=3（层）。

⑥计算货位（周转箱）数量=1 000÷（3×15）=23（个）。

因此，本次入库货物共需23个密集型存储区货位及周转箱。

3）准备设施设备

根据本次到货情况，计划投入的物流设备有托盘、周转箱、地牛、叉车、RF手持终端等，同时作业人员清理货位，准备苫垫材料，安排好卸货站台或场地，保证装卸搬运作业的效率。

4）安排作业班组

根据入库作业时间和入库作业到货数量，合理安排作业班组，保证入库作业及时完成。

5）下达计划

将到货时间、接运方式、包装单元与状态、存储作业安排、作业时间、作业要求等内容通知作业班组，责任到人。

6）实施入库作业

作业班组根据入库作业指令，实施入库作业。作业班组应完成以下任务：①接收入库作业指令；②核对货物的入库凭证，清点入库物品，与送货人员办理交接手续；③对入库货物进行数量、质量和包装验收，发现问题及时处理，并做出相应记录；④安排货物的存放地点，登记保管账、卡和货位编号；⑤做好7S现场管理。

基本训练

一、单项选择题

基本训练5

1.按保管货物特性分类的仓库是（　　）。

A.立体仓库　　B.特种仓库

C.批发仓库　　D.保税仓库

2.货架系统不适宜存储（　　）。

A.手机　　B.电视　　C.汽车　　D.牙膏

3.适宜在仓库内使用的叉车是（　　）。

A.电瓶叉车　　B.柴油叉车　　C.汽油叉车　　D.液化石油气叉车

4.适应性强，应用最广的叉车是（　　）。

A.步行操纵式叉车　　B.平衡重式叉车

C.前移式叉车　　D.电动托盘叉车

5.先进先出要求高，批量小，品种多的货品适用于（　　）。

A.驶入式货架　　B.托盘单货架　　C.推回式货架　　D.重力式货架

6.下列活动贯穿于整个仓库作业的是（　　）。

A.货品搬运　　B.货品入库　　C.货品出库　　D.货品分拣

7.商品入库前查看包装有无破损、水湿、渗漏、污染等异常情况的工作是（　　）。

A.订单审核　　B.入库准备　　C.初步验收　　D.设备准备

8.商品的保管卡用于具体货垛进、出、结数量的记录，一般由（　　）。

A.会计使用管理　　B.门卫使用管理

C.统计使用管理　　D.保管员使用管理

9.先进先出就是指（　　）。

A.先入库的商品先出库　　B.后入库的商品先出库

C.积压的商品先出库　　D.在仓库入口处的商品先出库

10.在仓库中，质量验收主要进行（　　）。

A.商品外观检验　　B.化学成分检验

C.商品尺寸检验　　D.机械物理性能检验

二、多项选择题

1.选择货架时应考虑的因素有（　　）。

A.物品特性　　B.搬运设备　　C.库房结构

D.存取方式　　E.出入库量

2.为了提高质量和效率，搬运作业需达到的基本要求有（　　）。

A.提高搬运的连续性　　B.提高货物集装化或散装化作业水平

C.做好装卸现场组织工作　　D.力求装卸设备、设施、工艺等标准化

E.积极引进全面质量管理等现代管理方法

3.为了加强接货作业的计划性，应事先了解的信息包括（　　）。

A.保质期限　　B.运输车型　　C.到货数量

D.到达时间　　E.卸货时间

4.下列对搬运作业合理化的描述，正确的有（　　）。

A.缩短搬运距离　　B.减少搬运破损　　C.简化冗余包装

D.减少设备闲置　　E.注意安全保障

5.影响入库工作的因素包括（　　）。

A.包装形态　　B.供应商的送货方式　　C.设备能力

D.在库期间作业状态　　E.商品数量

三、填空题

1.在入库时，对货物的________、________和________进行检验。

2.搬运活性是指货物便于装卸搬运的程度和分类，通常用活性指数________来表示。

3.金属材料、某些化工产品多半是________验收。

4.商品入库检验时，同一包装、大批量、规格整齐的货物以及包装严密、符合国家标准且有合格证的货物，可以________检验。

5.商品串库是指应该送往甲库的商品误送到________。

四、判断题

1.仓储业务流程主要由入库、在库保养、出库3个阶段组成。（　　）

2.入库验收是货物入库业务流程的第一道作业环节。（　　）

3.凡货物进入仓库储存，必须经过检查验收，只有验收后的货物，方可入库保管。（　　）

4.商品入库验收是作好商品保管的首要环节。（　　）

5. 入库通知单和订货合同副本是仓库接收物品的凭证。　(　　)

五、简答题

1. 简述自动化仓库的含义。

2. 仓库的入库作业完成时，需反馈哪些信息？

六、实训题

实训目的：实践如何办理货物入库手续。

实训方式：情景实训。根据所给资料，完成实训任务。

实训内容及步骤：

1. 任务描述

呼和浩特三通物流公司接到包头市客户伊盼工贸有限公司发来的入库商品信息，见表5-14。商品将于2024年10月3日到达仓库，请办理入库手续。

表5-14　商品入库信息

伊盼工贸有限公司收货通知单								
入库任务单编号：R20241003				计划到达时间：2024年10月3日				
商品代码	商品名称	单位	规格	包装规格（mm）	重量（KG）	单价	数量	金额（元）
6918163010887	好丽友薯愿薯片	箱	1×20	595×325×330	2	60	18	1 080
6932010062065	蒙牛纯牛奶	箱	1×16	495×395×320	4	68	36	2 448
6917878007441	伊利金典纯牛奶	箱	1×12	395×295×275	3	55	30	1 650
6901521103123	奥利奥夹心原味饼干	箱	1×20	395×245×265	4	350	24	8 400
6920855052068	康师傅红烧牛肉面	箱	1×30	330×235×240	3.6	75	60	4 500
6902774003017	青岛啤酒纯生	箱	1×12	295×245×240	7.2	68	32	2 176
6903148042441	TIPO鸡蛋奶油面包干	箱	1×24	460×260×230	3.5	120	18	2 160
合计							218	22 414

2. 实训工具

入库通知单、入库验收单、货物资料卡、货物保管账页、入库单、送货单、到货交接单、货物异常报告等表格，见表5-15至表5-22。

表5-15　入库通知单

品名	规格	单位	包装	数量	单价	金额	备注

第一联：存根联　　第二联：业务联　　第三联：验收联　　四联：仓库联

表5-16 入库验收单

货物名称		规格/型号	
供方		进货日期	
进货数量		验收数量	
验证方式			
验证项目	标准要求	验证结果	是否合格
检验结论	合格	不合格	
复检记录			
检验主管		检验员	日期
不合格品处置方法	拒收	让步接收	全检
	批准：		日期
备注	对于顾客的货品，其不合格品处置由顾客批准		

表5-17 货物资料卡

货物名称	
货物编号	
入库时间	
规格	
单价	
收入数量	
出库数量	
结存数量	
存储位置	
备注	

表5-18　**货物保管账页**

时间	货物名称	货物代码	规格	计量单位	收数量	出库数量	结存数量	单价	金额	存储位置

表5-19　**入库单**

送货单位：　　　　　　　　　入库时间：　年　月　日

存储位置：　　　　　　　　　入库单编号：

货物编号	品名	规格	单位	送货数量	实收数量	备注

会计：　　　　　　仓库收货人：　　　　　　制单：

表5-20　**送货单**

单位：　　　　　　　　　　　日期：　年　月　日

品名	规格	单位	数量	单价	金额	备注

收货单位：（盖章）　　经办人：　　送货单位：（盖章）　　制单：

表5-21　**到货交接单**

收货人	发站	发货人	品名	标记	单位	件数	重量	车号	运单号	货位	合同号

送货人：　　　　　　接收人：　　　　　　经办人：

表5-22 货物异常报告

序号： 日期：

货物编号	品名	规格	数量	异常情况

送货人： 检验人：

3.操作指导

(1) 仓储主管根据采购部门发来的收货通知单，跟踪货物发运情况，编制入库通知单一式四联，包括货物名称、规格、数量、单价等信息。

(2) 将入库通知单发给质检部、仓储部、业务部。各部门收到签字确认，明确各方责任。

(3) 运载车辆到达仓库后，仓库保管员签署送货单、到货交接单，仓库主管根据入库通知单编制入库单。验收人员进行货物验收和异议处理。

(4) 保管员更新库存货物资料卡、货物保管账页，确保账、卡、物信息一致。

(5) 入库单据传递、归档，更新系统信息。

实训结果：提交入库手续完成后的各种单据、文档资料。

项目六　在库作业及组织

本项目思维导图

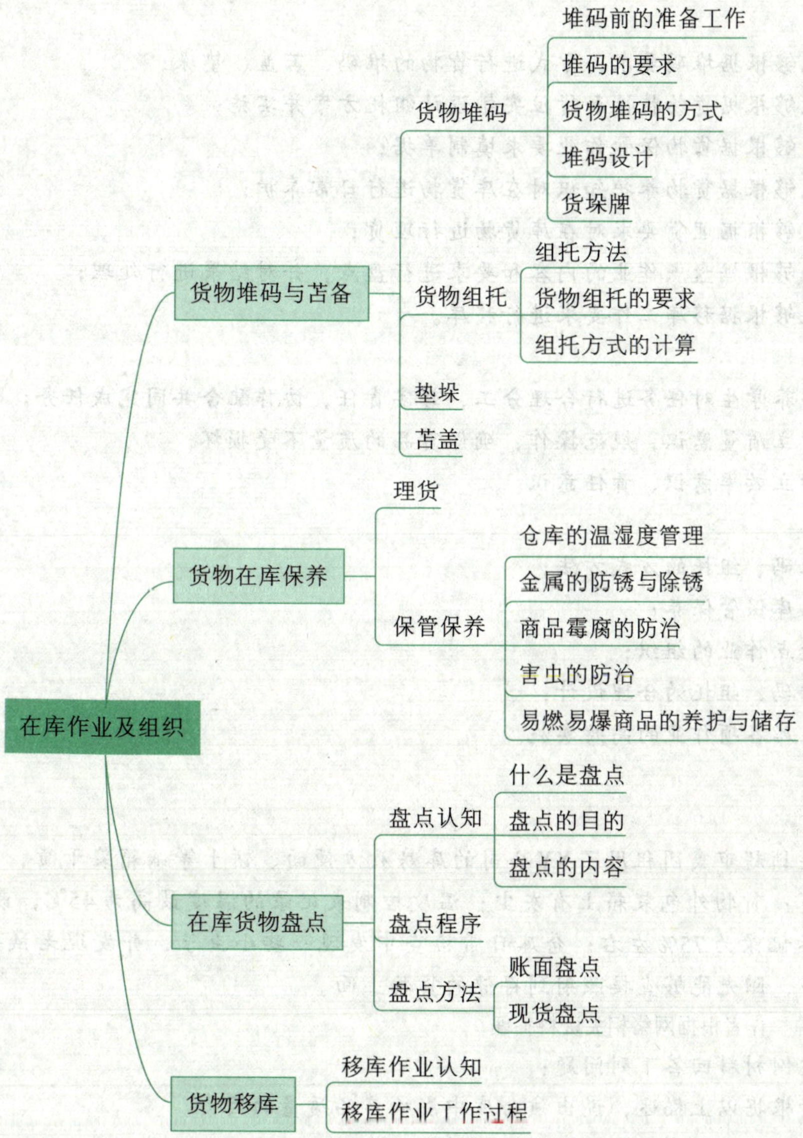

学习目标

知识目标：

(1) 掌握货物堆码方法的基本要领；

(2) 掌握货物组托的基本方法；

(3) 掌握货物保管保养的基本知识；

(4) 熟悉在库理货内容；

(5) 掌握盘点作业方式、方法及内容；

(6) 了解货物垫垛与苫盖相关知识；

(7) 了解移库工作程序。

能力目标：

(1) 能够根据堆码要求、方式进行货物的堆码、苫盖、垫垛；

(2) 能够根据货物特性和货位安排设计组托方案并实施；

(3) 能够根据货物保管作业要求填制单据；

(4) 能够根据货物养护知识对在库货物进行日常养护；

(5) 能够根据理货要求对在库货物进行理货；

(6) 能够根据盘点作业的内容和要求进行盘点，并对结果进行处理；

(7) 能够根据移库工作要求进行移库。

素养目标：

(1) 培养学生对任务进行合理分工，落实责任，协作配合共同完成任务；

(2) 树立质量意识，规范操作，确保货品的质量不受损坏；

(3) 树立效率意识、责任意识。

重难点：

(1) 堆码、组托的方式方法；

(2) 在库保管保养；

(3) 盘点作业的组织；

(4) 堆码、组托的合理设计；

(5) 在库各项作业的高效实施。

案例导入

GKL连锁超市集团租用了XY公司的库房放方便面、饼干等纸箱装干货，货物存储现状描述如下：货物外包装箱上有灰尘；温度控制表记录的温度最高为45℃，最低为-7℃；湿度计显示记录为75%左右；仓库日常检查中发现一些小虫子，并发现老鼠痕迹；仓库的窗户很多，阳光能够直接照射到存储的货物上面。

资料来源　作者根据网络相关资料整理.

根据案例材料回答下列问题：

(1) 请根据以上描述，说出该仓库中影响产品质量的因素。

(2) 针对这些现象提出解决方法。

任务一　货物堆码与苫垫

货物经过验收入库后，进入在库作业阶段。货物的在库作业主要包括堆码苫垫、在库保养、理货盘点与移库等方面。

6.1.1　货物堆码

微课 6-1
堆码

堆码就是将物品整齐、规则地摆放成货垛的作业。根据货物的包装形状、重量和性能特点，结合地面负荷、储存时间，将货物分别堆垛成各种垛形。货物验收入库，根据仓库储存规划确定货位后，即应进行堆码。采用妥善的堆码技术是货物保管和养护中的一项重要工作，也是做好仓储管理的一个重要环节。

1）堆码前的准备工作

首先，按进货的数量、体积、重量和形状，计算货垛的占地面积、垛高以及计划好垛形。

对于箱装、规格整齐划一的货物，占地面积可参考下面公式计算：

占地面积=（总件数/可堆层数）×每件货物底面积

可堆层数=地坪单位面积最高负荷量/单位面积重量

单位面积重量=每件货物毛重/该件货物的底面积

在计算占地面积、确定垛高时，必须注意上层货物的重量不超过底层货物或其容器可负担的压力。整个货垛的压力不超过地坪的容许载荷量。

其次，做好机械、人力、材料准备。垛底应该打扫干净，放上必备的垫墩、垫木等垫垛材料，如果需要密封货垛，还需要准备密封货垛的材料等。

2）堆码的要求

在物品堆码前，要结合仓储条件做好准备工作，在分析物品的数量、包装、清洁程度、属性的基础上，遵循合理、牢固、定量、整齐、节约、方便等原则，进行物品堆码。

想一想　堆码的要求有哪些？

堆码要遵循以下要求，具体如图6-1所示。

图6-1　堆码的要求

（1）合理。搬运活性合理、分垛、垛形、重量、间距、顺序合理。垛形必须适合物品的性能特点，不同品种、型号、规格、牌号、等级、批次、产地、单价的商品，均应该分开堆垛，以便合理保管，并要合理地确定堆垛之间的距离和走道宽度，便于装卸、搬运和检查。垛距一般为0.5～0.8m，主要通道为2.5～4m。

（2）牢固。适当选择垛底面积、堆垛高度和垫衬材料，提高货垛的稳定性，保证堆码的牢固、安全，货垛必须不偏不斜，不歪不倒，不压坏底层的物品和地坪，与屋顶、梁柱、墙壁保持一定距离，确保堆垛牢固安全。

（3）定量。为了便于检查和盘点，能使保管人员过目成数，在物品堆码时，垛、行、层、包等数量力求整数，每垛应有固定数量，通常采用“五五化堆码”。对某些过磅称重物品不能成整数时，必须明确地标出重量，分层堆码，或成捆堆码，定量存放。

（4）整齐。堆垛排列整齐有序，同类物品垛形统一，形成良好的库容。货垛横成行、纵成列，物品包装上的标志一律朝外，便于查看与拣货。

（5）节约。坚持一次堆码成功，减少重复作业，回收苫垫物，节约备用品用料，降低消耗；堆码科学，节约货位，提高仓容利用率。

（6）方便。便于装卸搬运、收发保管、日常维护保养、检查点数、灭火消防，利于物品保管和安全。

按“五五化”堆码方法堆垛（如图6-2所示），即以五为基本计算单位，堆码成各种总数为五的倍数的货垛，即大的商品堆码成五五成方，小的商品堆码成五五成包；长的商品堆码成五五成行，短的商品堆码成五五成堆，带眼的商品堆码成五五成串。这种堆垛方式过目成数，清点方便，数量准确，不易出现差错，收发快，效率高，适用于按件计量的商品。

图6-2 五五化堆垛

3）货物堆码的方式

堆垛根据物品的基本性能、外形等不同，有各种形式。基本形式有重叠式、纵横交错式、仰俯相间式、压缝式、宝塔式、通风式、栽柱式、鱼鳞式、衬垫式和架子化等。现在将较为通行的若干式样介绍如下：

（1）散堆方式。它指将无包装的散货在库场上堆成货堆的存放方式。这种方式特别适合于大宗散货，如煤炭、矿石、散粮、散化肥等。这种方式简便，便于采用现代化的大型机械设备，节约包装费用，提高仓容利用率。散堆方式是目前货物库场堆存的一种趋势。如图6-3所示。

图6-3　散堆式堆垛

（2）垛堆方式。它指对包装货物或长、大件货物进行堆垛，以增加堆高，提高仓容利用率，利于保护货物质量。具体方式如下：

第一，重叠式堆垛（如图6-4所示）。逐件逐层向上重叠码高而成货垛，此垛形是机械化作业的主要垛形之一，适用于钢板、集装箱等货物，堆码板材时，可逢十纵横交错，以便计数。

第二，纵横交错式堆垛（如图6-5所示）。将长短一致、宽度排列能够与长度相等的货物，一层横放，一层竖放，纵横交错堆码，形成方形垛。长短一致的管材、棒材、狭长的箱装材料等均可用这种垛形。有些材料，如铸铁管、钢锭等，一头大、一头小的，要大、小头错开。化工品、水泥等外包装统一的货物，可采用“二顶三”“一顶四”等方法在同一平面内纵横交叉，然后再层层纵横交错堆垛，以求牢固。这种垛形也是机械堆垛的主要垛形之一。

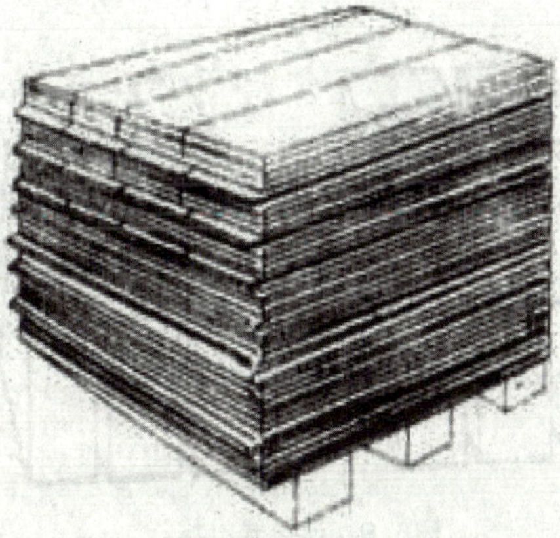

图6-4　重叠式堆垛

图6-5　纵横交错式堆垛

第三，仰俯相间式堆垛。对于钢轨、槽钢、角钢等货物，可以一层仰放、一层俯放，仰俯相间而相扣，使堆垛稳固。角钢和槽钢如果是露天存放，应该一头稍高，一头稍低，以利于排水。

第四，压缝式堆垛（如图6-6所示）。将垛底底层排列成正方形、长方形或环形，然后起脊压缝上码。由正方形或长方形形成的垛，其纵横断面呈层脊形，适用于阀门、缸、建筑卫生陶瓷等用品的堆垛。

第五，宝塔式堆垛（如图6-7所示）。它与压缝式堆垛类似，压缝式堆垛是在两件物体之间压缝上码，宝塔式堆垛则在四件物体之中心上码，逐层缩小，例如电线电缆的堆垛。

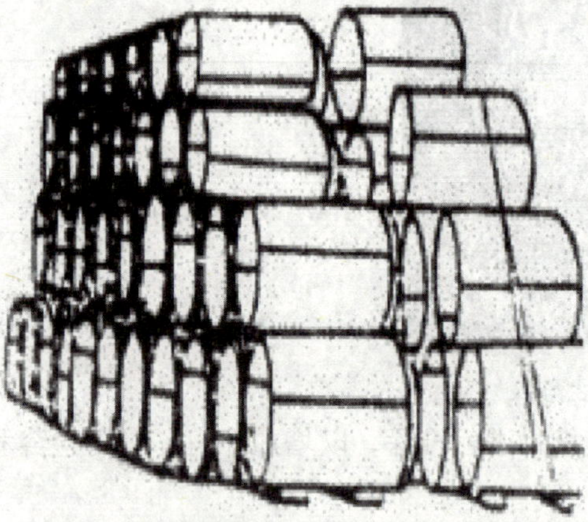

图6-6　压缝式堆垛

图6-7　宝塔式堆垛

第六，栽柱式堆垛（如图6-8所示）。在货垛的两旁栽上2~3根木柱或者钢棒，然后将材料平铺在柱中，每层或间隔几层在两侧相对应的柱子上用铁丝拉紧，以防倒塌。这种堆垛方式多用于金属材料中的长条形材料，例如圆钢、中空钢的堆码，适宜于机械堆码，采用较为普遍。

第七，衬垫式堆垛。在每层或每间隔几层商品之间夹进衬垫物，利用衬垫物使货垛的横断面平整，商品互相牵制，以增强货垛的稳固性。衬垫物需要视商品的形状而定。这种堆垛方式适用于四方整齐的裸装商品，如电动机。

第八，通风式堆垛（如图6-9所示）。需要防潮湿通风保管的商品，堆垛时每件商品和另一件商品之间都要留有一定的空隙以利于通风。

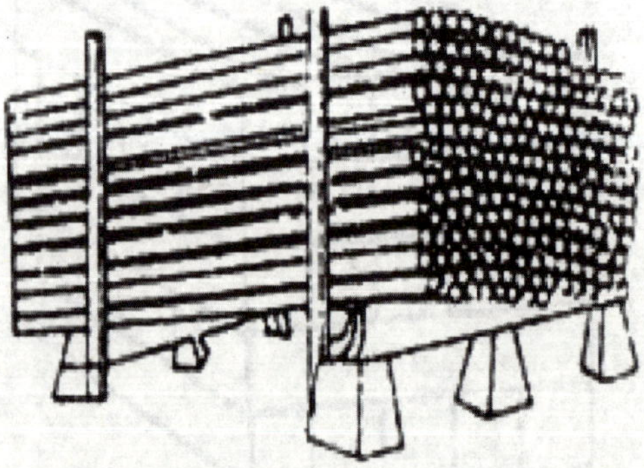

图6-8　栽柱式堆垛

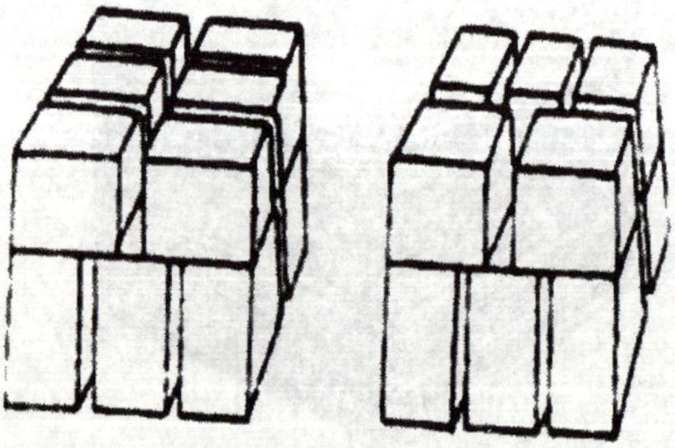

图6-9　通风式堆垛

（3）架式堆垛（如图6-10所示）。它是利用货架存放商品，主要用于存放零星或怕压的商品。对于零星或怕压的商品在堆码过程中遇到的最大问题就是如何提高空间利用率。如果采用上述的堆垛方法，零星商品数量小、品种杂，而不能够集中堆码；怕压商品必须降低堆放高度，因此都不利于存储空间的充分利用。这些商品如果使用货架储存就可以提高储存空间的利用率。在库房中货架一行一行地排列，中间留有通道以便取放商品。为了进一步提高库房的面积利用率，还可以采用移动式货架。移动式货架能够沿着两条导轨做水平方向的移动，这样就可以减少货架间的通道数量。

（4）成组堆垛。它指采用成组工具使货物的堆存单元扩大。常用的成组工具有货板、托盘、网格等。其中托盘式堆垛是近几十年来得到迅速发展的一种堆码方法。它的特点是商品直接在托盘上存放。商品从装卸、搬运入库，直到出库运输，始终不离开托盘，这就可以大大提高机械作业的效率，减少搬倒次数。

托盘式堆垛的运用范围很广，包装整齐又不怕压的商品可以使用平托盘（如图6-11所示）；散装或零星商品可以使用箱式托盘；怕压或形状不规则的商品，为了增加堆码高度，可以使用立柱托盘。堆码时四根立柱不但承受了上部重量，而且大大增强了稳定性。

图6-10　架式堆垛

图6-11　托盘式堆垛

随着仓库作业机械化水平的提高，托盘式堆垛将应用得更加广泛。托盘不仅在仓库堆码中被广泛使用，而且逐渐在运输中积极推广使用，这对减少装卸搬运次数、减轻劳动强度、加快商品流通中转具有显著作用。

4）堆码设计

根据保管场所的实际情况、商品本身的特点、装卸搬运条件和技术作业的过程的要求，企业应该对商品堆垛进行总体设计。内容包括：垛基、垛形、货垛参数、堆码方式、货垛苫盖、货垛加固等。

（1）垛形：是指货垛的外部形状。一般从货垛立面形状分，可以分为矩形、三角形、梯形、半圆形等，如图6-12所示。

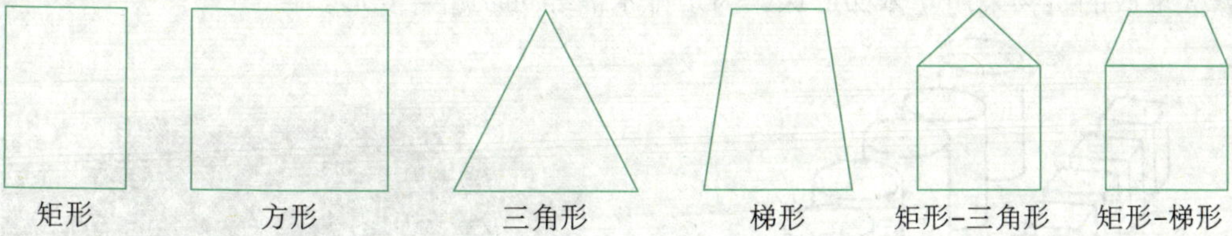

图6-12　货垛立面示意图

不同立面的货垛都有各自的特点。矩形垛易于堆码，便于盘点计数，库容整齐，但随着堆码高度的增加货垛稳定性就会下降。三角形、梯形和半圆形垛的稳定性好，便于苫盖，但是不便于盘点计数，空间的利用低于矩形货垛。

第　，平台垛。平台垛，即先在底层以同一个方向平铺摆放一层货物，然后垂直继续向上堆积，每层货物的件数、方向相同，垛顶呈平面，垛形呈长方体。如图6-13所示。

实际操作中并不都是采用层层加码的方式，往往从一端开始，逐步后移。

平台垛适用于同一包装规格整份批量货物、包装规则、能够垂直叠放的方形箱装货物、大袋货物、规则的软成组货物、托盘成组货物等。平台垛可以用于仓库内和无须遮盖的堆场放的货物码垛。

第二，起脊垛。先按平台垛的方法码垛到一定的高度，以卡缝的方式将每层逐渐缩小，最后使顶部形成屋脊形，如图6-14所示。起脊垛是堆场场地堆货的主要垛形。货垛表面的防雨遮盖从中间起向下倾斜，方便排泄雨水，防止水浸湿货物。有些仓库由于陈旧或建筑简陋有漏水现象，仓内的怕水货物也应采用起脊垛堆垛并遮盖。

图6-13 平台垛示意图

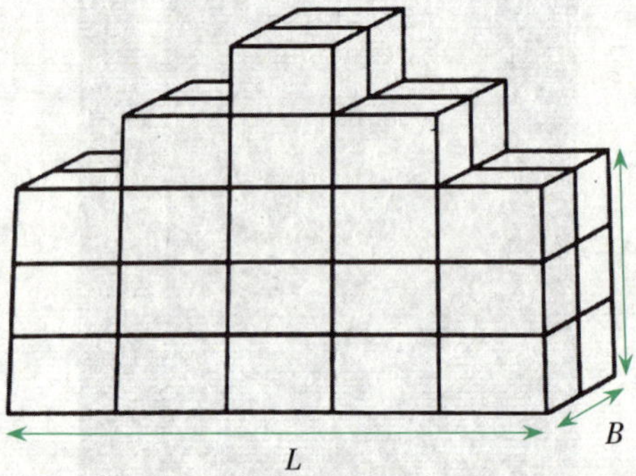

图6-14 起脊垛示意图

第三，行列垛。将每批次货物按行或列的方式进行排放，每行或列为一层或数层高。货垛呈长条形，如图6-15所示。行列垛适用于批量小的货物的码垛，如零担货物为了避免混货，每批货物单独码放。长条形的货垛使每个货垛的端头都延伸到通道边，作业方便而且不受其他物体的阻挡。但每垛货量较少，垛与垛之间都需留空，垛基小而不能堆高。因此占用较大的库场面积，库场利用率较低。

第四，立体梯形垛。它是在最底层以同一方向排放货物的基础上，向上逐层同方向减数压缝堆码，垛顶呈平面，整个货垛呈下大上小的立体梯形状，如图6-16所示。立体梯形垛适用于包装松软的袋装货物和上层面非平面而无法垂直叠码的货物的堆码，如横放的卷形、桶装、捆包货物。立体梯形垛极为稳固，可以堆放得较高，仓容利用率较高。对于在露天堆放的货物采用立体梯形垛，为了排水需要可以起脊变形。

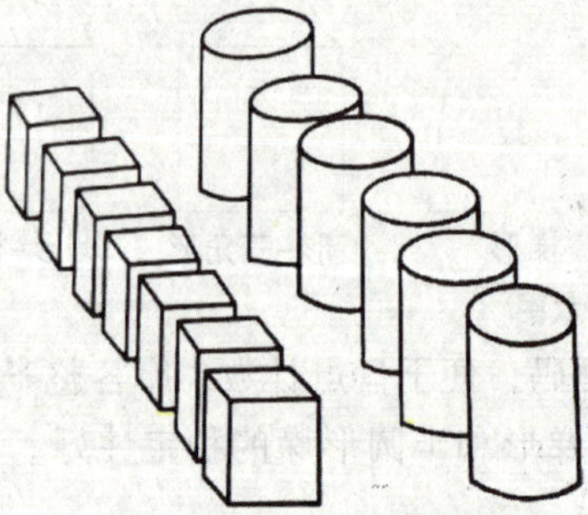

图6-15 行列垛示意图

图6-16 立体梯形垛示意图

第五，井形垛。用于长形的钢管、钢材及木方的堆码。它是在以一个方向铺放一层货物后，以垂直方向进行第二层的码放，货物横竖隔层交错逐层堆放。垛顶呈平面，如图6-17所示，井形垛不方便作业，需要不断改变作业方向。

第六，梅花形垛。对于需要立直存放的大桶装货物，将第1排（列）货物排成单排（列），第2排（列）的每件靠在第1排（列）的两件之间卡缝，第3排（列）同第1排（列）一样，然后每排（列）依次卡缝排放，形如梅花，如图6-18所示。这种垛形较为紧凑，充分利用了货件之间的空隙，更好地利用了仓容面积。

图6-17　井形垛示意图

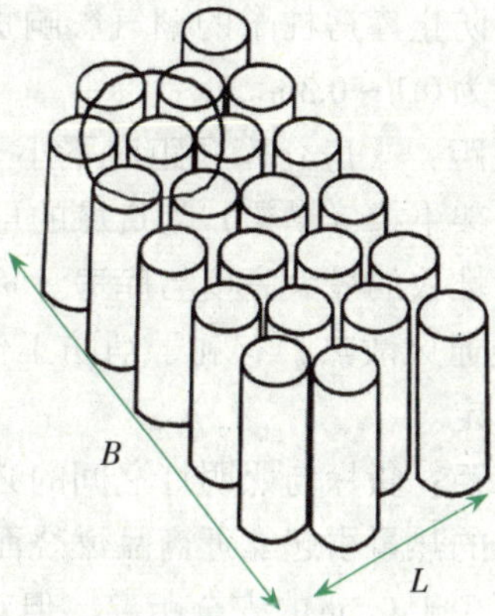

图6-18　梅花形垛示意图

（2）货垛堆码参数。

第一，垛高：货垛的垛高会直接影响仓库的容量、安全和货垛的稳定性。所以在确定垛高时要综合考虑仓库空间高度、仓库地坪设计载荷及货物自身特性和包装对垛高的要求三项指标。

实际货垛高度（H）具体由三个指标（H地坪、H货高、H库高）共同确定，选用三者中的最小值，这样才能在保证库场地坪安全以及货物本身不会损坏的前提下实现仓容利用的最大化。

第二，垛距。货物的堆码要保持通常所说的货垛“五距”，即指墙距、柱距、顶距、灯距和垛距，如图6-19所示。“五距”的主要作用是通风、防潮、散热、安全、方便。五距的确定要严格遵守《中华人民共和国消防法》《危险品安全管理条例》的要求，不得随意修改。

墙距

柱距

顶距

灯距

垛距

图6-19　货垛五距示意图

①墙距：为了防止库房墙壁和货场围墙上的潮气对商品的影响，也为了散热通风、消防工作、建筑安全、收发作业，货垛必须留有墙距。墙距可分为库房墙距和货场墙距，其中，库房墙距又分为内墙距和外墙距。内墙距是指货物离没有窗户墙体的距离，此处潮气相对少些，一般距离为0.1～0.3m；外墙距是指货物离有窗户墙体的距离，这里湿度相对大些，一般距离为0.1～0.5m。

②柱距：货垛或货架与库房内支撑柱子之间应留有不小于0.2～0.3m的距离。

为了防止库房柱子的潮气影响货物，也为了保护仓库建筑物的安全，必须留有柱距。柱距一般为0.1～0.3m。

③顶距：平房仓库顶距应不小于0.3m；多层库房顶距不得小于0.5m；人字形屋架库房，以屋架下檐（横梁）为货垛的可堆高度，即垛顶不可以触梁。

货垛堆放的最大高度与库房、货棚屋顶横梁间的距离，称为顶距。顶距便于装卸搬运作业，能通风散热，有利于消防工作，有利于收发、查点。顶距一般为0.5～0.9m，具体视情况而定。

④灯距：货垛与照明灯之间的必要距离称为灯距。为了确保储存商品的安全，防止照明灯发出的热量引起靠近商品燃烧而发生火灾，货垛必须留有足够的安全灯距。灯距按规定应有不少于0.5m的安全距离。但对危险货物应按其性质，另行规定。

⑤垛距：它是指货垛与货垛或货架与货架之间的必要距离。库房的垛距应不少于0.5m；货架与货场货垛间距均不少于0.7m。

货垛与货垛之间的必要距离，称为垛距，常以支道作为垛距。垛距能方便存取作业，起到通风、散热的作用，方便消防工作。库房垛距一般为0.3～0.5m，货场垛距一般不少于0.5m。

5）货垛牌

为了在保管中及时掌握物品的资料，需要在货垛上张挂有关该垛物品的资料标签。该标签被称为货垛牌，或称物品标签、料卡等。货物码垛完毕，仓库管理人员就需要根据入库物品资料、接收物品情况制作货垛牌，并排放置或悬挂在货垛正面明显的位置，货架上的货垛牌要插挂在货架的立柱上。

想一想　货垛牌的内容有哪些？

货垛牌的主要内容有：货位号、物品名称、规格、批号、来源、进货日期、存货人、该垛数量、接货人等，也可以根据不同特点相应增减项目。

6.1.2 货物组托

组托指托盘的码放，是货物堆码常见的业务。一般按方便、牢固、整齐、节约的原则进行组托。

1）组托方法

组托形式主要有以下三种：

（1）重叠式组托。各层排列方式、数量完全相同，层间无交叉搭接，垛形整齐。这种垛形的优点是操作简单、计数容易、收发方便，缺点是稳定性差，易倒垛，因而常采用绳子、绳网、塑料弹性薄膜等辅助材料来防塌，如图6-20所示。

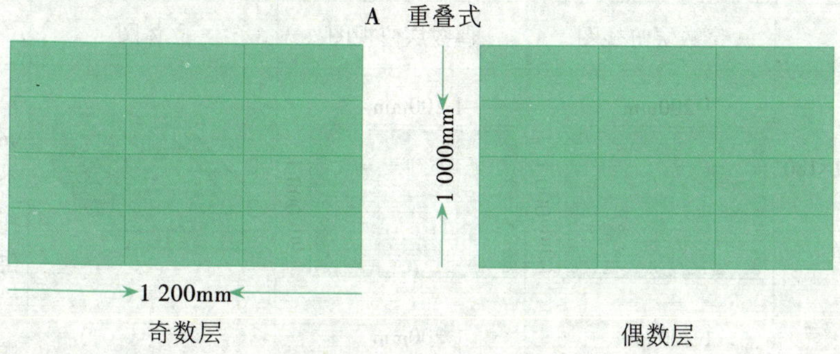

图6-20　重叠式示意图

（2）纵横交错式组托。相邻两层货物的摆放旋转90度，一层呈横向放置，另一层呈纵向放置，层间纵横交错堆码。这种形式的优点是稳定性较好，缺点是只能用于正方形托盘，是机械化作业的主要垛形之一。

（3）旋转交错式组托。第一层相邻的两个包装体都互为90度，两层间的码放又相差180度，这样，相邻两层之间咬合交叉，如图6-21所示。

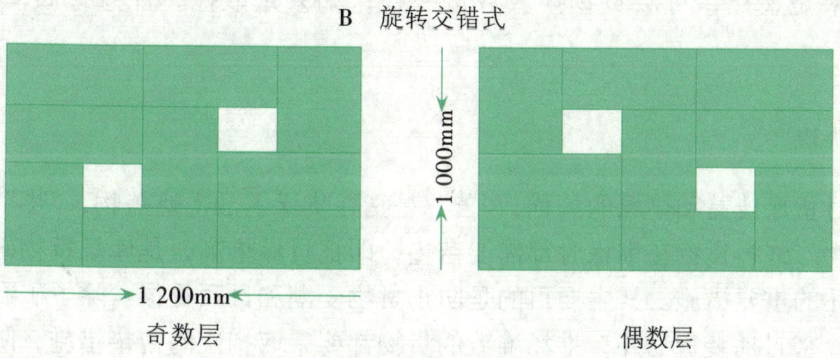

图6-21　旋转交错式示意图

想一想　纵横交错式组托图形是怎样的？

2）货物组托的要求

微课6-2　组托

（1）组托前的要求。其包括：①商品的名称、规格、数量、质量已全部查清；②商品已根据物流需要进行编码；③商品外包装完好、清洁、标志清楚；④部分受潮、锈蚀以及发生质量变化的不合格商品，已加工恢复或已剔除；⑤为便于机械化作业，准备堆码的商品已进行集装单元化。

（2）组托操作中的要求。其包括：①堆码整齐，货物堆码后四个角成一条直线；②货物品种不混堆，规格型号不混堆，生产厂家不混堆，批号不混堆；③堆码合理、牢固，要求奇偶压缝、旋转交错、缺口留中、整齐牢固；④不能超出货架规定的高度。

3）组托方式的计算

（1）计算托盘每层最大摆放数量。

托盘每层最大摆放数量=已知托盘标准尺寸（1 000mm×1 200mm）÷货物包装尺寸（Lmm×Wmm）

（2）计算托盘堆码高度。

托盘堆码高度=货架高度-货架横梁高度-托盘厚度-叉车上架作业空间

（3）画出每层摆放示意图（如图6-22所示）。

货品信息	奇数层俯视图	偶数层俯视图	立体图	备注信息
婴儿纸尿裤 规格：316×211×180 重量：5kg 入库箱数：96	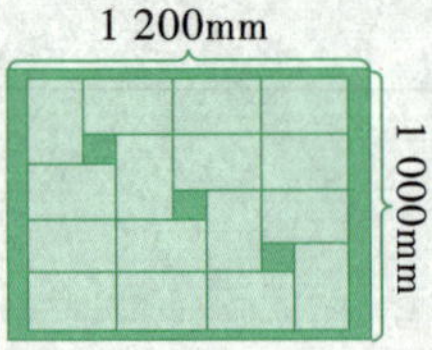	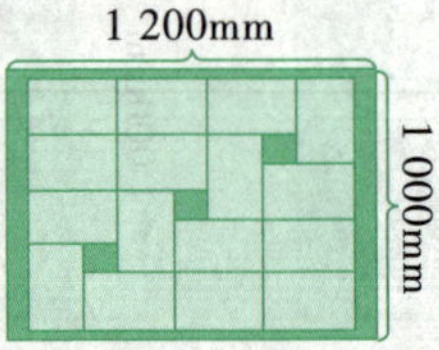		婴儿纸尿裤共96箱，共组托2个托盘，每个托盘分为3层，每层16箱
顺心奶嘴 规格：448×276×180 重量：8kg 入库箱数：27	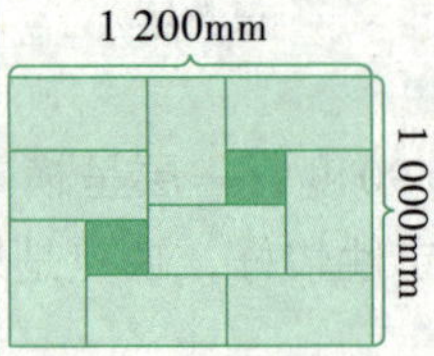	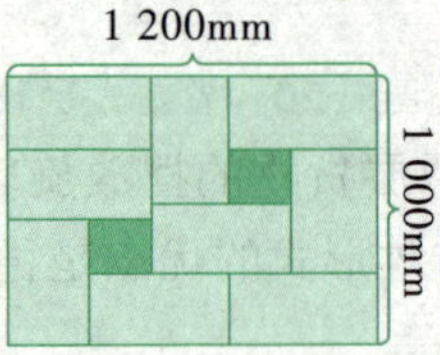		顺心奶嘴共27箱，共组托1个托盘，码放3层，每层9个

图6-22 货物组托示意图

（4）如果是整托，每层货物摆放数量一致；如果是散托，注意最后一层货物摆放方式。

6.1.3 垫垛

苫垫是对货垛苫盖和垫垛的统称，“苫”是指在货垛上加上遮盖物，“垫”是指在货物垛底加衬垫物。许多货物在堆垛时都需要苫垫，即把货垛垫高，是库场货物码垛和保管中防止货物损坏的重要措施。其主要目的是防止货物受潮和日晒受损。除了矿石、原木等天然产品和部分密封桶装货物外，堆场堆放的货物都要采取相应的苫垫措施，防止货物受风雨和日晒以及地面积水或潮气的危害，防止货物受压不均造成损坏，确保货物质量。在仓库内则根据需要采取相应的苫垫措施，防止货物受损。

（1）垫垛的概念。垫垛就是在货物堆垛前，根据货垛的形状、底面积大小和重量、商品保管养护的需要、负载重量等要求，在垛下预先铺好垫垛物的作业。

（2）垫垛的目的。其包括：①提高货物底部高度，防止地面积水浸湿货物；②隔离地面，避免地面潮气浸湿货物，防止货物受潮霉变、生虫；③防止地面尘埃脏污货物；④架空而形成的一定空隙，使货底具有较好的通风条件；⑤利用垫垛材料使地面平整，使不规则货物能够整齐，稳固堆垛；⑥利用衬垫物使地面接触面小的超重货物对地面的压力分散，增加库场的容积利用率；⑦方便装卸操作；⑧吸收货物可能遗漏出的液体。

（3）垫垛材料。垫垛的材料要根据垫垛的目的来确定。为了垫高货底最好采用有较大高度的货架、水泥板块、枕木、道轨等；为了隔离地面可以采用垫仓板、油布等；为了分散压力则采用强度大的钢板、枕木、道轨等；为了通风则使用空隙较多的货架、排放方条等方法。

目前，库场常用的垫垛材料有：专门制作的水泥墩或石墩、枕木、木板及防潮纸、货架（货盘、地台板）、垫仓板、废旧道轨、油布（帆布）、铁架、钢板、水泥预制件

(条、块)、黄沙等。由于垫垛是一项重复而又繁重的劳动，所以现在正在逐步推行固定式的垛基，如用水泥预制件代替枕木，可以不移动重复使用，节省劳动力，提高作业效率。

垫垛材料的选择首先要满足垫垛目的的实现；其次是经济的因素，要求成本低、可重复使用、便于保管等；最后是操作方便。

(4) 垫垛的基本要求。

① 地面一定要平整夯实，防止承载负荷后下沉、倾斜倒塌造成货物变形或损坏。

② 垫垛高度足够，保证货物不受水浸或潮湿。场地垫垛要求30～50cm，场地地台或仓库内防水垫垛要求10cm以上。

③ 要疏通排水沟道，防止积水浸泡。

④ 所使用的衬垫物不会与拟存货物发生不良影响，具有足够的抗压强度。

⑤ 衬垫物要摆平放正，并保持同一方向；铺垫物的间隙不超过10cm，空隙对空隙并朝向通道，以利通风。

⑥ 层垫物间距适当，直接接触货物的衬垫面积与货垛底面积相同，垫物不伸出货垛外。

(5) 垫垛的基本方法。

第一，在露天货场垫垛。露天货场的货垛垫底，先要平整、夯实地面，周围挖沟排水，再采用枕木、石墩、水泥墩作为垫底材料，墩与墩之间视具体情况，留有一定的间距，这样有利于空气流通，可免用枕木和代用木材。必要时，可在垫墩上铺一层防潮纸或塑料薄膜，而后再放置储存的商品。垫垛高度可保持在30～50cm。

第二，在库房和货棚内垫垛。底层库房和货棚内有货垛垫底，要根据地坪和商品防潮要求而定。一般水泥地坪只需安放一层垫墩，高度20cm以上即可。有的商品可以不垫，只需铺一层防潮纸。有的库房地坪已设隔潮层，一般情况下可不垫垛。而对化工材料、棉麻及其制品以及容易受潮霉烂的商品，应尽可能加高垫层，使垛底通风。而在使用垫板垫架、稻糠等物料时，垫底物料的排列，要注意将空隙对准走道和门窗，以利通风散潮。

(6) 垫垛面积计算。

【例6-1】某场地现要堆放一台重150t，包装箱为2m×3m的变电器。该场地的单位面积技术定额为10t/m²。问：需不需要垫垛？至少需要多大的衬垫面积？如果考虑衬垫钢板每件1.5m×3m，重为1t，需要多少块钢板衬垫？

例6-1

分析提示

6.1.4 苫盖

(1) 苫盖的目的。为了防止商品直接受到风吹、雨打、日晒、冰冻的侵蚀，存放在露天货场的商品一般都需苫盖，只有这样才能使货物避免受潮、淋雨、暴晒等，保证储存养护货物的质量。货物苫盖是防止各种自然条件对库存货物质量产生不良影响的一项安全措施。

在露天货场存放的货物，除了下垫外，一般还应苫盖，以防止货物直接受雨、露、雪、风、沙及阳光的侵蚀。

苫盖的基本要求是苫盖严密，货物不外露，苫盖材料不拖地。刮风不开，下雨不漏，垛要起脊，肩有斜度。一般屋脊形的堆垛容易苫盖，具有排水性能，不怕雨、雪、风及日光侵蚀的货物，或使用时必须进行再加工的原材料，如生铁等，露天存放也可以不苫盖。

想一想　苫盖的材料有哪些?

(2) 苫盖材料。通常使用的苫盖材料有：塑料薄膜、(草、芦) 席、油毡纸、铁皮铁瓦、纤维瓦、苫布（帆布、油布）等，如图6-23所示，也可以利用一些商品的旧包装材料改制成苫盖材料。苫盖材料的选择首先是依据满足苫盖的功能，起到遮挡雨水，挡风遮日晒的目的；其次是方便操作。由于港口货物的苫盖随着货物周转，苫盖、揭盖次数极为频繁，方便操作的苫盖材料会大大减少工作量，因而大面积的帆布成为库场苫盖的主要材料；苫盖材料的选择还应符合经济的原则，成本低廉、能重复使用。

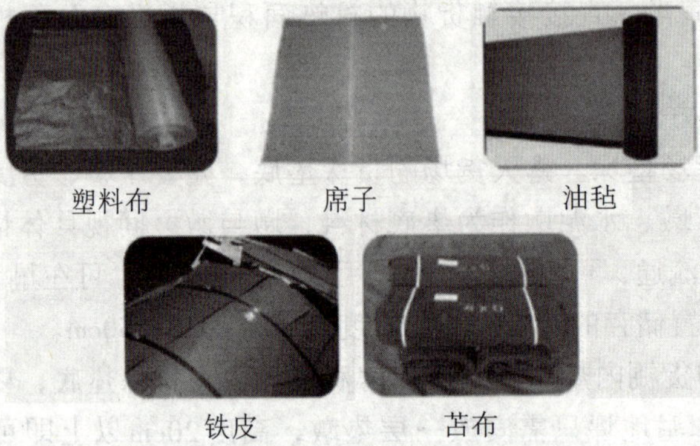

图6-23　各种苫盖材料示意图

(3) 苫盖方法。苫盖的方法主要有以下几种：

第一，就垛苫盖法，即使用大面积苫盖材料（帆布）按照货垛的形状完整地自上而下苫盖的苫盖方式。苫盖后的垛形仍然显示出原先货垛形状。就垛苫盖法大都使用帆布、油布等大面积材料，操作较为方便、快速，密封效果好，是库场货垛苫盖的主要方法。但就垛苫盖法的密封性不适用于需要通风的货物苫盖，如图6-24所示。

第二，席片鱼鳞式苫盖法。即使用小苫盖材料自下而上逐层交叠围盖，从外形看似鱼鳞状逐层交叠，每块苫盖材料都要采取固定措施。使整个垛显得层层叠叠，状似鱼鳞。鱼鳞式苫盖法操作极为不便，甚少使用。对于不使用帆布苫盖的货物，可使用铁皮铁瓦、纤维瓦等材料采用鱼鳞式苫盖法。货物如需要顶部或四周有通风条件，可将席子下部翻卷起来隔离苫垛，如图6-25所示。

第三，活动棚苫盖法。货物堆垛完毕，根据垛形的大小和高度，安装移动货棚将货垛苫盖的方法。移动货棚制成一定开头的棚架，在货物堆垛完毕后，移动棚架到货垛遮盖；或者采用即时安装活动棚架的方式苫盖。活动棚苫盖法较为快捷，具有良好的通风条件，但活动棚本身需要占用仓库位置，也需要较高的购置成本，不能适用太大的货垛苫盖，如图6-26所示。

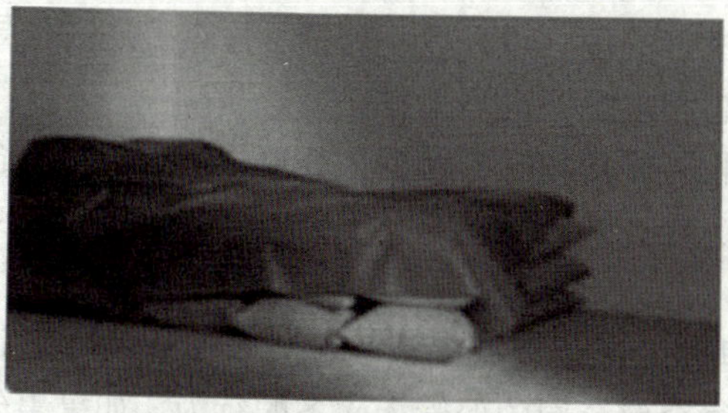

图6-24　就垛苫盖示意图

图6-25　鱼鳞式苫盖示意图

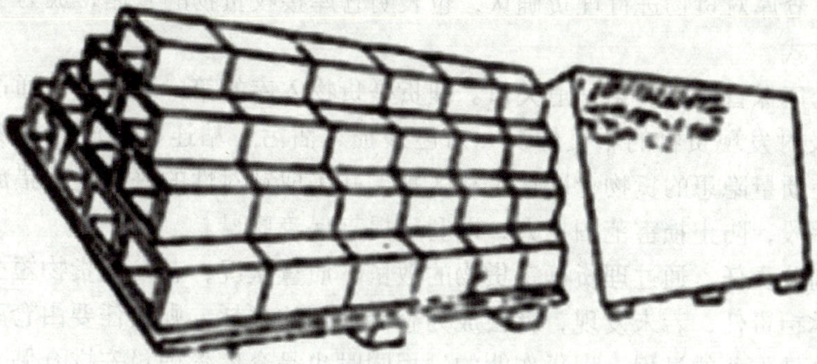

图6-26　活动棚苫盖示意图

(4) 苫盖的要求。苫盖的目的是给货物遮阳、避雨、挡风、防尘，苫盖的要求具体体现在：

第一，选择合适的苫盖材料。选用符合防火、无害的安全苫盖材料；苫盖材料不会与货物发生不利影响，如硫会腐蚀帆布，帆布苫盖鱼骨粉会发生自燃等。

第二，经济合理。选择的苫盖材料要成本低廉，不易损坏，能重复使用没有破损和霉烂。

第三，苫盖要固定妥当。每张苫盖材料都需要牢固固定，必要时在苫盖物外用绳索、绳网绑扎或者采用重物镇压，确保刮风揭不开。

第四，苫盖的接口要顺风叠盖，避免迎风叠口。苫盖的接口要有一定深度的互相叠盖，不能迎风叠口或留空隙；苫盖必须拉挺、平整，不得有折叠和凹陷，防止积水。

第五，苫盖的底部与垫垛平齐，不腾空或拖地，并牢固地绑扎在垫垛外侧或地面的绳桩上，衬垫材料不露出垛外，以防雨水顺延渗入垛外。

第六，使用旧的苫盖物；在多雨季节，垛顶或者风口需要加层苫盖，确保雨淋不透。

任务二　货物在库保养

6.2.1　理货

1）理货

理货指在货物储存、装卸过程中，对货物的分票、计数、清理残损、签证和交接的作业。货物装卸中，理货是指对照货物运输票据进行的理（点）数、计量、检查残缺、指导装舱积载、核对标记、检查包装、分票、分标志和现场签证等工作。

（1）理货的作用。仓库理货是指仓库在接收入库货物时，根据入仓单、运输单据、仓储合同和仓储规章制度，对货物进行清点数量、检查外表质量、分类分拣、数量接收的交接工作。理货在实际工作中的作用如下：

第一，仓库履行仓储合同的能力。仓库理货工作是仓库确认收存货物实物的作业过程，经过理货意味着接收货物，因而是仓库履行仓储合同的保管人义务的行为。如果事先未订立合同，仓库对货物进行理货确认，也表明仓库接收货物的仓储，成为一种通过行为订立合同的方式。

第二，仓库保管质量的第一道关口。理货是货物入库的第一次检查，通过对货物的全面检查，可及时发现货物的不良情况，对已残损、沾污、粘连、变质的货物可以拒绝接收；对已存在质量隐患的货物予以认定和区别，并采取针对性的妥善处理措施，或者采用特别的保管手段，防止损害范围扩大，以利于提高保管质量。

第三，划分责任。通过理货确定货物的数量、质量状况，若发现货物短少、残损，则送货人对其承担责任；若未发现，就会成为仓储期间的损耗，则责任要由仓库承担。

第四，仓储作业的过程。理货作业的过程同时也是仓库管理员安排仓储、指挥装卸搬运作业的过程，仓库承担对货物分类、分拣的作业过程。

第五，交接工作。货物经理货确认，由理货人员与送货部门或者承运人办理货物交接手续，签署送货单或交接清单及单证，接收送货文件。

（2）理货的内容。仓库理货是仓库管理人员在货物入库现场的管理工作，其工作内容不只是狭义的理货工作，还包括货物入库的一系列现场管理工作。理货的内容如图6-27所示。

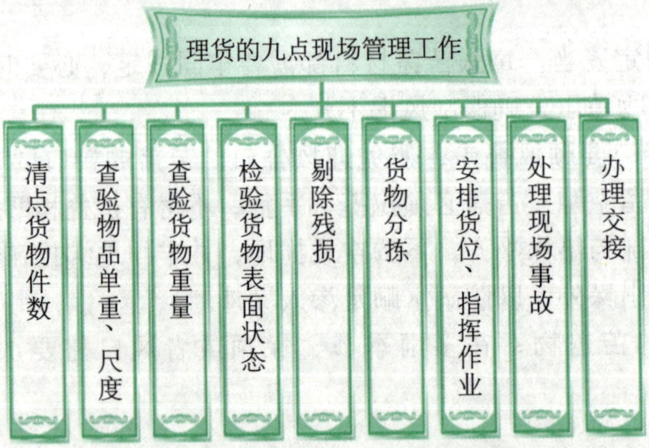

图6-27 理货内容示意图

第一，清点货物件数。对于件装货物，包括有包装的货物、裸装货物、捆扎货物，根据合同约定的计数方法，点算完整货物的件数。如合同没有约定，则仅限于点算运输包装件数（又称大数点收）。合同约定计件方法为约定细数及需要在仓库拆除包装的货物，则需要点算最小独立（装潢包装）的件数，包括捆内细数、箱内小件数等；对于件数和单重同时要确定的货物，一般只点算运输包装件数。对入库拆箱的集装箱则要在理货时开箱点数。

第二，查验货物单重、尺寸。货物单重是指每一运输包装的货物的重量。单重确定了包装内货物的含量，分为净重和毛重。对于需要拆除包装的需要核定净重。货物单重一般通过称重的方式核定。

对于以长度或者面积、体积进行交易的商品，入库时必然要对货物的尺寸进行丈量，以确定入库货物数量。丈量的项目（长、宽、高、厚等）根据约定或者根据货物的特性确定，通过使用合法的标准量器，如卡尺、直尺、卷尺等进行丈量。同时货物丈量还是区分大多数货物规格的方法，如管材、木材的直径，钢材的厚度等。

第三，查验货物重量。它是指对入库货物的整体重量进行查验。对于计重货物（如散装货物）、件重并计（如包装的散货、液体）的货物，需要衡定货物重量。货物的重量分为净重和毛重，毛重减净重为皮重。根据约定或具体情况确定毛重或净重。

衡重方法可以采用：①衡量单件重量，则：总重等于所有单件重量之和。②分批衡量重量，则：总重等于每批重量之和。③入库车辆衡重，则：总重=总重车重量-总空车重量。④抽样衡量重量，则：总重=（抽样总重/抽样样品件数）×整批总件数。若抽样重量核定的误差在1%以内，则总重=货物单件标重×整批总件数。

此外，对设有连续法定计量工具的仓库，可以直接用该设备进行自动衡重。连续计量设备主要有：轨道衡、皮带衡、流量计等。连续计量设备必须经国家计量行政管理部门检验发证（审证）方可有效使用。

第四，检查货物表面状态。理货时应对每一件货物的外表进行感官检验，查验货物外表状态，以接收货物外表状态良好的货物。外表检验是仓库的基本质量检验要求。用于确定货物有无包装破损、变质、油污、散落、标志不当、结块、变形等不良质量状况。

第五，剔除残损。在理货时发现货物外表状况不良，或者怀疑内部货物损坏等，应将不良货物剔出，单独存放，避免与其他正常货物混淆。待理货工作结束后进行质量确定，确定内部货物有无受损以及受损程度。对不良货物可以采取退货、修理、重新包装等措施处理，或者制作残损报告，以便明确划分责任。

第六，货物分拣。仓库原则上采取分货种、分规格、分批次的方式储存货物，以保证仓储质量。对于同时入库的多品种、多规格货物，仓库有义务进行分拣分类分储。理货工作就是要进行货物确认和分拣作业。对于仓储委托的特殊的分拣作业，如对外表分颜色、分尺码等，也应在理货时进行，以便分存。当然需要开包进行分拣时，则需要进行独立作业。

第七，安排货位、指挥作业。由理货人员进行卸车、搬运、垛码作业指挥。根据货物质量检验的需要，指定检验货位，无须进一步检验的货物，直接确定存放位置。要求作业人员按照预定的堆垛方案堆码货物或者上架。如果货垛需要垫垛，堆垛完毕需要苫盖作业，则指挥作业人员按要求进行。作业完毕，要求作业人员清扫运输、搬运工具、收集地脚货物。

第八，处理现场事故。对于在理货中发现的货物残损，不能退回的，仓库只能接收，但要制作残损记录，并由送货人、承运人签署确认。对作业中发生的工损事故，也应制作事故报告，由事故责任人签署。

第九，办理交接。由理货人员与送货人、承运人办理货物交接手续。接收随货单证、文件，填制收费单据，代表仓库签署单证，提供单证由对方签署等。

（3）理货的方法

第一，在运输工具现场进行理货。仓库理货必须在送货入库的运输工具现场进行理货。一般在车旁与卸货同时进行；或者在车上点数，卸车时查验外表状态。

第二，与送货人共同理货。理货又称为理货交接，是货物交接的一个环节，因此理货必须由交接双方在场共同进行，以免将来发生争议。如果送货人或存货人拒绝参与理货，表明其放弃理货权利，只能接受仓库单方面的理货结论。

第三，按送货单或者仓储合同理货。仓库员在理货时，按照仓储合同的约定或者送货单的货物记载、质量要求进行理货，只要货物符合单据、合同所描述的状态和质量标准，符合送货人提供的验收标准，就可以验收，无须要求货物质量绝对合格。如运单记载货物使用旧包装，则并不要求包装物表面无污迹。没有约定质量标准的，按照国家标准、行业标准或者能保证储藏保管质量不发生变化的要求验收货物的品种、规格、数量、外表状态、包装状态等。

第四，在现场进行记录和及时签署单证。对在理货中查验的事项、发现的问题，理货员应在现场进行记录和编写单证，并要求送货人给予签署证明，不能等待事后补编补签。

6.2.2 保管保养

商品在库养护管理就是商品入库后，研究商品性质以及商品在储存期间的质量变化规律，积极采取各种有效措施和科学的保管方法，创造一个适宜商品储存的条件，并且需要对不同性质的商品，在不同储存条件下采取不同的技术养护措施，以防止其质量劣化。

微课6-3

仓库温湿度管理

1）仓库的温湿度管理

做好仓库的调湿调温，是仓储工作人员最首要的一项重要工作，充分利用各种条件与手段掌握仓库的控制与调节温湿度的常用方法，如密封、通风、吸湿等。

（1）仓库温湿度含义。

①温度。它是指物体（包括空气）冷热的程度。温度的变化，可以提高或降低商品的含水量，引起某些易溶、易挥发的液体商品以及有生理机能的商品发生质量变化。为此，必须对仓库提出适合于商品长期安全储存的温度界限，即“安全温度”。对一般商品来说，要求的是最高温度界限；而一些怕冻商品和鲜活商品，则要求最低温度界限。

②湿度。它是指空气中水蒸气含量的程度。空气湿度的表示方法有绝对湿度、饱和湿度和相对湿度。

相对湿度表示空气中实际水蒸气量与饱和状态相比的程度，相对湿度越大空气就越潮湿，水分越不易蒸发，反之，即越易蒸发。相对湿度对仓储商品的质量有较大的影响，因此掌握空气的相对湿度对商品保管养护至关重要。

③温湿度的测定。使用温湿度测量仪可以测定仓库的温湿度。使用干湿球温度表是测定仓库温湿度的主要方法。

想一想　仓库使用的表示湿度的方法是哪几种？

（2）仓库温湿度的控制与调节方法

第一，密封。它是保持库存物品所需温湿度条件的一种技术措施，就是把商品尽可能严密封闭起来，减少外界不良气候条件的影响，以达到安全保管的目的。采用密封方法，一般可分为封库、封垛两种，要和通风、吸湿结合运用，如运用得法，可以收到防潮、防霉、防热、防溶化、防干裂、防冻、防锈蚀、防虫等多方面的效果。

一般情况下，对物品出入不太频繁的库房可采取整库封闭的方式，而对物品出入较频繁的库房，则采用封垛、封架、封件等措施。常用方法有以下三种：①关闭库房门、窗及通风口，将缝隙用胶条、泡沫等涂以树脂封堵；②库房大门上开一小门供人出入，减少湿气入侵；③利用塑料薄膜将货垛或货架全部遮盖包围至地面，以隔绝或减少湿气与物品接触。

密封保管应注意的事项有：在密封前要检查商品质量、温度和含水量是否适宜密封，注意包装材料不能过潮。要根据商品的性能和气候情况来决定密封的时间。怕潮、怕溶化、怕霉的商品，应选择在相对湿度较低的时节进行密封。

常用的密封材料有塑料薄膜、防潮纸、油毡、芦席等。这些密封材料必须干燥清洁，无异味。

第二，通风。通风降温是根据空气自然流动规律，利用库内外空气温度不同而形成的气压差，使库内外空气互相流通交换，来达到调节库内温湿度的目的。库内外温度差距越大，空气流动就越快；若库外有风，借风的压力更能加速库内外空气的对流，在天晴风力不超过5级时效果较好。

通风时还应注意季节性与时间性，一般秋冬季节较为理想，夏季不宜采用通风降温，但夏季有时会遇到有利的通风天气，可采用数小时通风办法降温。按通风的目的不同，可分为利用通风降温（或增温）和利用通风散潮两种。

在利用通风降温时，必须符合以下两个条件：①库外空气温度和绝对湿度低于库内空气温度和绝对湿度。②库外气温高于库内气温，库外绝对湿度低于库内绝对湿度，同时库内露点小于库内气温，库外露点小于库内露点。

第三，吸湿。在梅雨季节或阴雨天，当库内湿度过高，不适宜商品保管，而库外湿度也过大，不宜进行通风散潮时，可以在密封库内用吸潮的办法降低库内湿度。常用的吸潮手段有以下两种：① 吸湿剂。这是一种除湿的辅助办法，利用吸湿剂吸收空气中的水汽，达到除湿效果。常用的吸湿剂有生石灰、氯化钙、硅胶（如图6-28所示）、木炭、炉灰等。② 吸湿机。目前，仓库普遍使用机械吸潮方法，即使用吸湿机把库内的湿空气通过抽风机，吸入吸湿机冷却器内，使它凝结为水而排出。吸湿机一般适用于储存棉布、针棉织品、贵重百货、医药、仪器、电工器材和烟糖类的仓间吸湿散潮，如图6-29所示。

直接堆码的物品如有回潮现象，应该要求用垫板。垫板上铺一层袋子，如废豆粕袋之类，可起到一定的防潮作用。

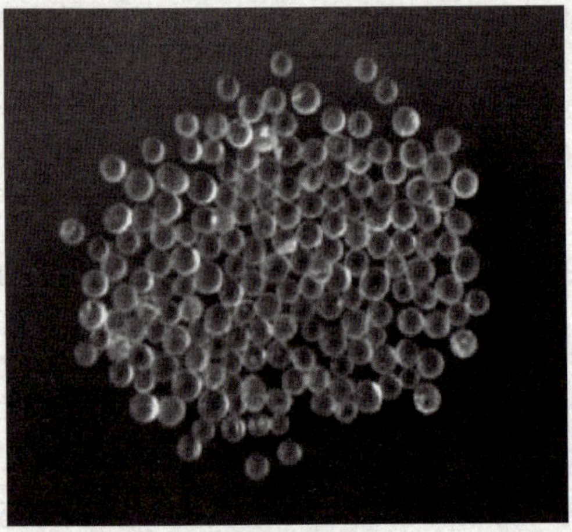

图6-28　硅胶干燥剂

图6-29　仓库机械吸湿器

（3）温湿度管理的具体方法。其包括：①在库内外适当地点设立干湿球温度计，一般可在每个库房内的中部悬挂一个，悬挂的高度离地面约1.5m，库外则应挂在百叶箱内。②指定专人每天按时观察和记录。③按月、季、年分析记录，统计该时期内最高、最低和平均温湿度，以便积累资料。④当发现库内温湿度超过要求时，应立即采取相应措施，以达到安全储存的目的。

想一想　库外放置温度计的百叶箱，门应该设置在南北哪个方向合适？

2）金属的防锈与除锈

防锈除锈作业是物品储存与养护中较为重要的一项内容。金属防锈主要的原理就是把空气中的氧与金属隔开，不让它们在自然环境中发生化学反应，生成锈蚀，金属制品在储存期间发生锈蚀，不仅影响外观质量，造成商品陈旧，而且使其机械强度下降，从而降低其使用价值，甚至导致报废。如各种刀具因锈蚀使其表面形成斑点、凹陷，难以平整并保持锋利。精密量具锈蚀，可能影响其使用的精确度。因此，要对金属类商品进行妥善保管和养护。仓储过程中常用的防锈措施主要有：

（1）控制和改善存储条件。其包括：①按照不同物品的化学物理性质，选择合适的场所存储，加强通风降温。②垛位上遮下垫、封垛、除湿、降温等。③防止金属表面形成水膜。

（2）喷涂防护层。根据金属制品的不同要求，选择合适的防锈油（漆）、封蜡或静电喷雾等，如硬膜防锈油、软膜防锈油、水基防锈液、水基蜂蜡、静电涂油机、辊式涂油机等。

（3）气相防锈。它是用气相缓蚀剂（挥发性缓蚀剂）对金属制品进行防锈处理的技术。气相缓蚀剂是一种能减慢或完全停止金属在侵蚀性介质中的破坏过程的物质，它在常温下即具有挥发性，在密封包装容器中，在很短的时间内挥发或升华出的缓蚀气体就能充满整个包装容器内的每个角落和缝隙，同时吸附在金属制品的表面上，从而起到抑制大气对金属锈蚀的作用。

传统方法在使用需要防锈处理的材料时，要先除去材料表面的防锈油才能使用；而使用这种方法可立即去除包装使用，且简便洁净、安全、无污染，用后还可重复作为防锈包装使用。正是由于气相防锈包装材料具有这些优点，因而获得越来越广泛的应用。国内企业也已陆续开发出多种不同的气相防锈产品，现已形成防锈液、防锈粉、防锈塑料膜、防锈铝箔复合膜、防锈纸等产品系列。

（4）人工除锈。它是借助简单的工具，如麻布、砂纸、木屑、刻刀等，用手工进行除锈。

（5）机械除锈。它是利用机械摩擦的方法，清除金属表面上的锈蚀。常用抛光机械和喷射法进行除锈。

（6）化学除锈。它是采用化学方法作用于被锈蚀的金属材料或其制品上，达到除锈的目的。化学方法除锈，主要使用除锈剂。例如，铬酐、磷酸与水按照一定的比例兑成溶液，将锈蚀金属浸入在溶液中，至锈蚀除净取出，并用清水冲洗后迅速放入钝化液（钝化液配方为：硅酸铜1.0%，碳酸钠2.0%，三乙醇胺0.5%，其他为水）中即可。

3）商品霉腐的防治

霉变是仓储商品的主要质量变化形式。霉变产生的条件有：商品受到霉变微生物污染；其中含有可供霉变微生物利用的营养成分（如有机物构成的商品）；处在适合霉变微生物生长繁殖的环境下。

商品霉变腐烂的防治主要是针对物品霉变的外因——微生物产生的环境条件，而采取相应的措施。实验证明，当空气湿度达75%以上时，多数商品的含水量可能导致霉腐微生物的生长繁殖，因而把75%这个相对湿度叫作商品霉腐临界湿度。除湿度以外，温度、光线、溶液浓度、空气成分都有可能是导致霉腐微生物产生的环境条件。

霉腐防治的主要措施和方法有以下几种：①加强入库验收；②加强仓库温湿度管理；③选择合理的储存场所；④合理堆码，下垫隔潮；⑤做好日常的清洁卫生；⑥化学药剂防霉腐；⑦气体防霉腐；⑧低温防霉腐。

防霉腐药剂种类很多，常用的工业品防霉腐药剂有亚氯酸钠、水杨酰苯胺、多聚甲醛等。另外，因为多数霉腐微生物在有氧条件下才能正常繁殖，所以，采用氮气或二氧化碳气体取代物品存储环境的空气，可以使物品上的微生物不能生存，达到防霉腐效果。这种方法常用于工业品仓库。

4）害虫的防治

仓库的害虫不仅蛀食动植物商品和包装，而且还能危害塑料、化纤等化工合成商品。因此，仓库虫害的防治工作是商品养护的一项十分重要的工作。

（1）物理防治。其包括：①灯光诱集，如图6-30所示；②高温杀虫；③低温杀虫；④电离辐射杀虫；⑤微波杀虫。此外，还可使用远红外线、高温干燥等方法进行防虫。

（2）化学防治。其包括：①杀虫剂。②熏蒸剂。如环氧乙烷等，注意熏蒸剂的选择要与养护产品相适应。③驱避剂。本身基本没有毒杀能力，但可驱散和使害虫忌避，以保护人、畜不受侵害的药剂。如苯甲醛和丙酸或石炭酸，也可在仓库内种养一些趋避害虫的植物，如除虫菊等。

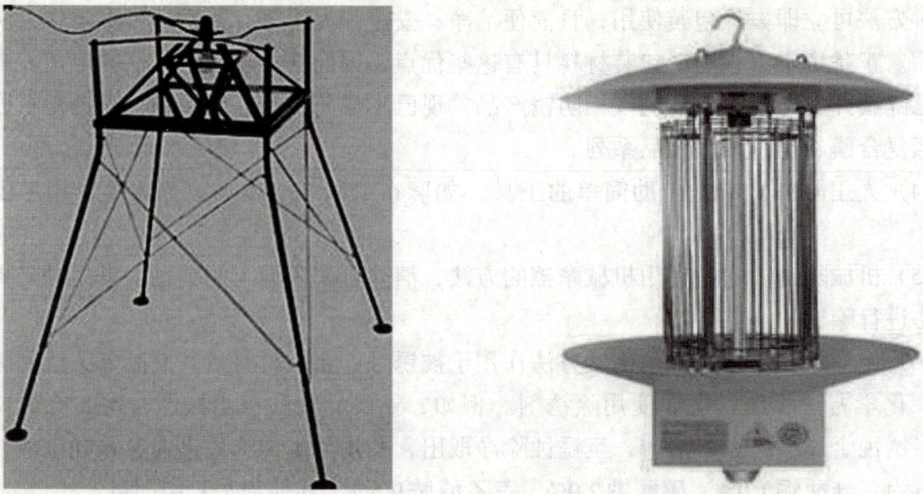

图6-30 灯光诱集器

想一想 仓库害虫的来源有哪些？

5）易燃易爆商品的养护与储存

（1）易燃物品。易燃物品，包括遇湿易燃品、自燃品、易爆品及遇氧化剂易燃品和强氧化剂。易燃物品按照物质的状态可分为：易燃固体、易燃液体与易燃气体；按照其易燃的程度分为：一级易燃品、二级易燃品、三级易燃品和自燃品。

易燃液体在常温下以液体形态存在，极易挥发和燃烧。

① 易燃液体在常温下不断挥发出可燃蒸气，这种蒸气一般均有毒性，有时还有麻醉性，所以在入库时必须严格检查包装是否漏损，在储存期内也应定期检查，发现问题及时解决；同时，库房必须通风，作业人员应穿戴防护用品，以免中毒。

② 易燃液体受热后蒸发出的气体，增大压力使容器膨胀，严重时可使容器破裂发生爆炸事故，所以容器不可装得过满，同时库房内和库区周围应严禁烟火，加强通风。

（2）易爆商品。其受到外界一定影响如高热、振动、摩擦、撞击或与酸碱等物质接触时，发生剧烈反应，产生大量气体和热量，由于气体的急剧膨胀，产生巨大压力而爆炸。按其性质，我们可将易爆商品分为点火即起爆器材（如点火绳、导爆索、雷管等）、炸药及爆炸性药品（如TNT、硝化甘油炸药、黑火药等）和其他爆炸性物品（如炮弹、枪弹、礼花炮、爆竹等）。

① 装卸和搬运爆炸品时，要轻拿轻放，严禁碰撞、拖拉与滚动。作业人员严禁穿有铁钉的鞋、工作服，严防产生静电。

② 储存易爆商品的仓库必须远离居民区，还应与周围建筑、交通干道、输电线路保持一定安全距离，库房一定要远离火源，必须保持通风干燥，同时还应安装避雷设备，保持适宜的温湿度。一般情况库温以15～30℃为宜，易吸湿爆炸品库房的相对湿度不得超过65%。仓库地面应铺垫20cm左右的木板。

③ 盛放或携带零星易爆商品时，不能用金属容器，要用木、竹、藤制的筐或箱，以免因摩擦而发生爆炸事故。

④ 易爆商品必须单独隔离，限量储存。

⑤ 仓库内的电气设备应符合安全要求，定期检修，下班断电。

任务三 在库货物盘点

6.3.1 盘点认知

微课6-4

盘点管理

1）什么是盘点

在仓储过程中不断地进行着出入库及调库的动态过程，其库存账面数量容易与实际数量不符；有些物品因存放时间过久、储存措施不恰当而变质、丢失。为了有效地掌握和控制物品的数量和质量，需要对在库物品进行定期或不定期的清点、查核，这一作业过程称为盘点作业。它可以查出作业环节和管理中存在的问题，是保证储存物品达到账、货、卡完全相符的重要措施之一。

2）盘点的目的

（1）确定现存量。由于在收发货作业中，容易出现以下现象：如记录库存数量时多记、误记、漏记，作业中物品损坏、遗失、验收与出库时清点有误，盘点时误盘、重盘和漏盘等，从而导致账面库存数量与实际库存数量不符。通过盘点可以查清实际库存数量，确认实际库存数量与账面库存数量的差异，并及时查清问题原因，做出适当处理。

（2）确定企业损益。库存商品总金额直接反映企业流动资产的使用情况，库存量过高，影响流动资金的正常运转，增加了企业库存成本。为了能准确计算出企业的实际损益情况，必须通过盘点搞清库存商品的盈亏情况，从而提出改进管理的措施。

（3）核实管理成效。通过盘点可以发现作业与管理中存在的问题，并通过解决问题来改善作业流程和作业方式，提高人员素质和企业的管理水平。

3）盘点的内容

（1）查数量。通过盘点查明库存商品的实际数量，核对账面库存数量与实际库存数量是否一致，这是盘点的主要内容。

（2）查质量。检查在库物品质量有无变化，有无超过有效期和保质期，有无长期积压等现象，必要时还必须对物品进行技术检验。

（3）查保管条件。检查保管条件是否与各种物品要求的保管条件相符合，这是保证在库商品质量完好的一个基本条件。例如，库内温湿度是否符合要求，场地是否有积水，库房是否有漏水等现象。

（4）查设备。检查各项设备的使用和养护是否合理；各类计重器具，如皮尺、磅秤以及其他自动装置等是否正确，使用和保管是否合理，检查时要用标准件校验。

（5）查安全。检查各项安全措施和消防设备、器材是否符合安全要求；商品堆码是否安全，有无倾斜；检查建筑物是否处于良好状态；对于地震、水灾和台风等自然灾害有无紧急处理对策等。

6.3.2 盘点程序

盘点作业的程序如图6-31所示。

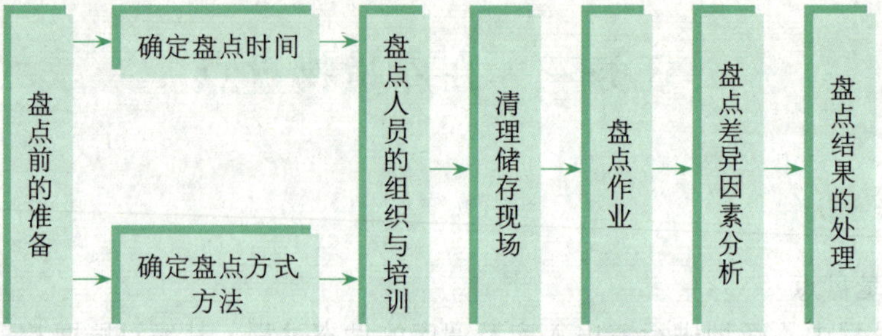

图6-31　盘点作业程序示意图

1）盘点前的准备工作

盘点前的准备工作是否充分，直接关系到盘点作业能否顺利进行，甚至盘点是否成功。事先对可能出现的问题、盘点工作中可能出现的差错，进行周密的研究和准备是非常重要的。准备工作主要包括：确定盘点的程序和具体的方法；配合财会人员做好准备；设计印制盘点用的各种表格；准备盘点使用的基本器具。常用的盘存单和盘点表分别见表6-1和表6-2，其均分为两个联次，第一联仓库联，第二联财务联。

表6-1　　盘存单

盘点日期：　　　　编号：

商品编号	商品名称	存放位置	盘点数量	复盘数量	盘点人	复盘人

主盘人：　　　　盘点人：　　　　复盘人：

表6-2　　盘点表

盘点范围：　　　　盘点时间：　　年　　月　　日

责任人签字	盘点项目品种	入库数量	出库数量	账面数量	实存数量	差量	批次	票号

主盘人：　　　　盘点人：　　　　复盘人：

2）确定盘点时间

（1）盘点频率的确定。从理论上讲，在条件允许的情况下，盘点的次数越多越好，但每一次盘点，都要耗费大量的人力、物力和财力，因此，应根据实际情况确定盘点的时间。货物周转频率比较低的企业，可以半年或一年进行一次货物盘点。货物周转量大的企业和库存品种比较多的企业，可以根据物品的性质、价值大小、流动速度、重要程度来分别确定不同的盘点时间。盘点时间间隔可以是每天、每周、每月、每季、每年。

(2) 盘点时间的确定。一般情况下，盘点的时间选择在财务决算前夕或销售淡季。选择在财务决算前可配合财务决算以查清财务状况；选择在销售淡季，业务不太频繁，盘点也比较容易，需要投入的资源较少，且人力调动比较方便。

3）确定盘点方法

不同的储存场所对盘点的要求不尽相同，盘点方法也会有所差异，为尽可能快速、准确地完成盘点作业，必须根据实际需要确定盘点的方法。

4）培训盘点人员

为保证盘点作业顺利进行，在正式盘点前必须对参与盘点的所有人员（包括盘点作业人员和相关管理人员）进行集中培训，培训的内容是盘点的方法、盘点作业的基本流程和要求、盘点的基本要领、表格及单据的填制技巧等。

5）清理储存场所

盘点现场，即储位管理包括的区域。盘点作业开始之前必须对其进行整理，以提高盘点作业的效率和盘点结果的准确性。清理包括以下内容：①对尚未办理入库手续的商品，应标明不在盘点之列；②对已办理出库手续的商品，要提前通知有关部门，运到相应的配送区域；③账卡、单据、资料均应整理后统一结清；④整理商品堆垛、货架等，使其整齐有序，以便于清点计数；⑤检查计量器具，使其误差符合规定要求；⑥确定在途运输商品是否属于盘点范围。

6）盘点作业

盘点时可以采用人工抄表计数，也可以用电子盘点计数器。盘点工作不仅工作量大，而且非常烦琐，易疲劳。因此，为保证盘点正确性，除了加强盘点前的培训工作外，盘点作业时的指导与监督也非常重要。

7）盘点差异因素分析

盘点会将一段时间以来积累的作业误差及其他原因引起的账物不符暴露出来，发现账物不符，而且差异超过容许误差时，应填写盘点盈亏汇总表（见表6-3），分为两个联次，第一联仓库联，第二联财务联，还应立即追查产生差异的原因。主要的差异因素通常有以下几个方面：①账物处理系统的管理制度和流程不完善，导致货物数据不准确；②盘点时发生漏盘、重盘、错盘等现象，导致数据不准确；③盘点前数据资料未结清，使账面数据不准确；④出入库作业时产生误差；⑤盘点人员在盘点过程中产生的过失，如货物损坏、丢失等。

表6-3　**盘点盈亏汇总表**

品名	规格	账面		实盘		盘盈		盘亏		差异原因	对策
		数量	金额	数量	金额	数量	金额	数量	金额		

主盘人：　　　　　　　盘点人：　　　　　　　复盘人：

8）盘点的盈亏处理

查清差异原因后，为了通过盘点使账面数与实物数保持一致，需要对盘点盈亏和报废品一并进行调整。按差异的主要原因，制定解决方法。对废品、不良品应视为盘亏。货物在盘点时除了产生数量的亏损外，有些货物在价格上也会发生增减情况。这种价格变化经主管部门批准后，利用盘点盈亏和价格调整表格的形式更正过来。表6-4是盘点盈亏调整表，表6-5是盈亏价格调整表。

表6-4　盘点盈亏调整表

编号	名称	单位	账面数量	实存数量	单价	盘盈		盘亏		备注
						数量	金额	数量	金额	

表6-5　盈亏价格调整表

编号	名称	单位	数量	原价	金额	现价	金额	差异		备注
								单价	金额	

6.3.3　盘点方法

盘点分为账面盘点及现货盘点两种。

账面盘点又称为“永续盘点”，就是把每天出入库商品的数量及单价记录在电脑或账簿的“存货账卡”上，并连续地计算汇总出账面上的库存结余数量及库存金额。

现货盘点又称为“实地盘点”或“实盘”，就是实际去库内查清数量，再依商品单价计算出实际库存金额的方法。现货盘点按盘点时间频率的不同又有两种方法，即期末盘点法与循环盘点法。期末盘点法是在会计计算期末统一清点所有货物数量的方法；循环盘点法是在每天、每周清点一小部分货物，一个循环周期将每种货物至少清点一次的方法。

想一想　两种不同的盘点方法的优缺点各是什么？

任务四　货物移库

北京中富百货商贸有限公司有两个仓库，一个在北京市南郊，另一个在北京市北郊的批发大厅，仓库用于存储客户自提商品。每当批发大厅仓库商品不足时，业务部门就会从南郊仓库调拨商品补充，这种移货是商品在各个仓库之间的调拨。

仓库和卖场之间以及同一仓库不同货位之间的调整调拨也归结为商品移库。同样，仓库之间存货的异地调拨业务或部门之间的内部存货调拨业务也是通过移库来实现的。

微课6-5

移库作业

6.4.1　移库作业认知

1）什么是移库

商品移库是指商品存放地点的变动。某些商品由于业务上的需要，或由于商品特性的原因而需要变更储存场所，从一个仓库转移至另一仓库储存时，必须根据有关部门开具的商品移库单来组织商品出库。

2）移库原因

产生移库的原因有：①商品种类细分，造成的储位移动，如酒品类，又下设啤酒和红酒、洋酒等。②流程作业间的储位转变及暂存的需求，如半成品仓转移到加工仓。③日常仓库整理作业的需求，即库内的“碎片整理”工作。④仓库储位安排变更，如仓库减能需求，临时整合多个分仓为一个主仓。⑤营销战略调整需求，如总部与分公司之间、分公司与分公司之间的商品调拨。

3）移库后数据的变化

移库业务涉及两方库房，一方是调出库房，另一方是调入库房。商品移库后，数据会发生变化：

（1）商品的变化。移库完成后，被调拨的商品从调出库房出库，相关人员将商品搬运至调入库房，调入库房将商品入库。

（2）库房商品的变化。被调拨的商品从调出库房出库后，调出库房的商品数量减少；商品调入库房后，调入库房的商品数量增加。

（3）库房商品账的变化。库房商品账分为两份：一份是调出库房账，另一份是调入库房账。调出库房账的商品数量减少，商品金额减少；调入库房账的商品数量增加，商品金额增加。两份账的库房金额都是根据成本单价来核算的，但总库房的商品数量和商品金额是不变的。

4）商品移库的使用范围

商品移库一般是在企业内部，如总部与分公司之间、分公司与分公司之间、部门与部门之间、库房与库房之间进行的商品调拨。

5）商品移库的作用

移库是为了完善仓库货物的存放环境、适应销售库存的需求以及货物的合理摆放。企业应根据内部需要合理安排商品调拨，从而既保证商品的供应能力，同时又可以把库存降到最合理的程度。

6.4.2　移库作业工作过程

1）移库的基本过程

移库的基本过程包括：①根据业务部门销售的需要和仓储部门商品存储的需要提出移库计划；②制作调拨单；③仓库保管员根据调拨单完成商品移库作业。

2）具体移库操作

（1）制订移库计划。移库计划生成，原则上根据项目需求，做出储位移动计划，其中原则上需要包含移出库位，移入移库，移出托盘，移入托盘以及计划移动时间。移库计划的制订，一般需要提前统一安排，但如遇小量的日常巡仓仓整则可由各库组长现场处理。

（2）移库细节由于货架式仓库的进出，往往伴随大量独立储位、机具的使用以及储位移动时间较长的问题，因此现场作业需要注意几个细节。

① 货架库位较多，故移库计划生成后，需要用到WMS系统，在现场再次确认库位及托盘信息，减少计划与执行间的差错率。

② 库位移动的任务生成与实物移动中间的间隔期也较长，且往往操作的地点不同或多人操作。故库位移动计划在现场作业中往往要扫描两次，即用PDA扫描库位取出货品，移入新库位后扫描一次库位标签。

③ 制作调拨单需要确定的数据，包括移库商品及其数量、商品的移出货位和移入货位、移库日期。

（3）移库后复核。由于一个品项的库位移动任务步骤分解后，往往伴随多条操作，因此在人工拣选方面，复核变得格外重要。而这方面的复核功能，往往需要WMS系统帮助，即大家熟悉的移库功能。在工作时间允许的情况下，尽量根据库位移动计划进行逐条排查。

跟着以上移库步骤走，并配合PDA+WMS系统，可以更为轻松高效地完成移库作业，并且不影响正常的仓库运营，非常适合中大型且移库频繁的仓库使用。

基本训练

基本训练6

一、单项选择题

1.每垛按5或5的倍数存放，便于清点计数，这是（　）。

A.重叠式堆码　　B.五五化堆码

C.交错式堆码　　D.压缝式堆码

2.（　）是货垛的基础。

A.垛形　　B.货垛参数　　C.垛基　　D.货垛加固

3.矿石、煤炭一般采用（　　）进行堆码。

A.五五化堆码　　B.散堆方式　　C.仰伏相间式堆码　　D.重叠式堆码

4.同一层中不同列的货物以90度垂直码放，相邻两层的货物码放形式是另一层180度的形式，这种堆码方式是（　　）。

A.纵横交错式堆码　　B.正反交错式堆码　　C.旋转交错式堆码　　D.以上都不对

5.用席子、苫布等苫盖材料，自下而上呈鱼鳞式逐层交叠围盖的苫盖方法是（　）。

A.垛形苫盖法　　B.隔离苫盖法　　C.活动棚架苫盖法　　D.鱼鳞苫盖法

6.实际去库内查清数量，再依据商品单价计算出实际库存金额，这种盘点叫（　　）。

A.账项盘点　　B.实地盘点　　C.定期盘点　　D.期末盘点

7.塑料物品容易发生的化学变化是（　　）。

A.水解　　B.锈蚀　　C.老化　　D.风化

8.日常工作中提到的“湿度”是指（　　）。

A.绝对湿度　　B.饱和湿度　　C.相对湿度　　D.以上都不对

9.在干燥的季节里，应采用（　　）方式来调节仓库湿度。

A.密封　B.通风　C.吸湿　D.洒水

10.在（　　）的环境下，霉菌易于生长和繁殖。

A.低温低湿　B.低温高湿　C.高温高湿　D.高温低湿

二、多项选择题

1.货物的分区分类储存要遵循（　　）原则。

A.性能一致　B.养护措施一致　C.作业手段一致　D.价值大小一致

2.在进行分区分类储存时，下列做法正确的有（　　）。

A.布鞋、棉布可以存放在一起

B.油脂类物品应存放在温度较低的货位

C.火药、鞭炮应存放在市区繁华的地方，便于严格监管

D.汽油和木柴可以存放在一起

3.在进行堆码操作时，应注意（　　）基本要求。

A.安全　B.合理　C.方便　D.整齐

4.货垛的“五距”包括（　　）。

A.车距　B.垛距　C.墙距　D.柱距

5.下列货物中，适合采用重叠式堆码的有（　　）。

A.木板　B.槽钢　C.圆钢　D.托盘

6.常见的垫垛材料有（　　）。

A.枕木　B.石墩　C.圆钢　D.防潮纸

7.盘点的目的包括（　　）。

A.确定现存量　B.确定企业损益　C.核实管理实效　D.确定货物出库量

8.盘点的内容包括（　　）。

A.查数量　B.查质量　C.查保管条件　D.查设备

9.物理机械变化包括（　　）。

A.挥发　B.破碎　C.水解　D.溶化

10.霉腐现象产生的三个条件是（　　）。

A.物品受到霉腐微生物污染

B.物品中含有可供霉腐微生物利用的营养成分

C.物品处在适合霉腐微生物生长繁殖的环境条件下

D.物品处在干燥的气候环境里

三、判断题

1.科学合理的堆码和苫垫，可以提高入库货物的储存保管质量、仓容利用率、收发作业及养护工作的效率。（　　）

2.货物在库房中因不断地搬运和进出库，其库存账面数量容易与实际数量产生不符。（　　）

3.盘点就是对货物数量的清点。（　　）

4.在仓库盘点时，仓库的收货和发货工作应正常进行。（　　）

5.在库物品的日常养护需要了解物品的特性，从而采取一系列物品的保养、维护工作

措施，以确保物品的质量完好和数量无误。（ ）

四、简答题

1.进行堆码时，有哪些要求？

2.简述盘点的作业流程。

五、计算题

某仓库内要存放一台自重30t的设备，该设备底架为两条2m×0.2m的钢架。该仓库库场地面单位面积技术定额为3t/m²，这台设备需不需要垫垛？如果需要垫垛，如何采用尺寸为2m×1.5m、自重为0.5t的钢板垫垛？

六、实训题

实训目的：掌握货物在库养护、安全检查，并对异常情况进行处理。

实训方式：情景实训。根据所给资料，完成实训任务。

实内容及步骤：

1.任务描述

呼和浩特三通物流公司的仓库管理人员会定期对仓库及在库货物进行检查，并每天进行巡查。请正确填写货物养护检查记录表、库房安全检查记录表、巡查记录表（每日填写）、仓库异常情况报告表（每日填写）。

2.实训工具

货物养护检查记录表（见表6-6）、库房安全检查记录表（见表6-7）、巡查记录表（见表6-8）、仓库异常情况报告表（见表6-9）。

表6-6 货物养护检查记录表

库房名称： 日期：

检查项目	检查结果	备注
1.检查库房是否整洁、整齐、有序，物流通道是否畅通		
2.库房屋顶、墙壁是否漏水、渗水，地上有无积水、污渍		
3.库存的温度是否在物料需要的控制范围内		
4.库房内的通风设备是否处于良好状态		
5.物料是否离地存放，是否按规定的行间距整齐摆放		
6.包装材料的“五防”设施是否完好，是否出现受潮、发霉等现象		
7.是否存在过期未用的物料，切割的废料是否摆放合理		
8.物料存放位置是否与物料标识一致		
9.物料是否有变形、破损、划伤、起皱、开裂、破包等情况		
10.挥发性物料的包装是否渗漏，包装是否完好		

异常情况及处理意见：

记录人： 主管：

表6-7

库房安全检查记录表

库房名称：　　　　　　　　　　　　日期：

检查项目	检查结果	备注
1.是否配备足够的消防设备，标志是否明显		
2.是否定期对消防器材进行养护和检查		
3.易燃、易爆物品是否存放于危险品库，是否有专人保管；是否进行了有效隔离并杜绝火源		
4.油类和胶类物品是否混存，存放方式是否符合标准		
5.库存物品堆放是否整齐，间距是否符合规定		
6.库房内是否保持通风良好和清洁整齐，照明是否正常		
7.库房是否设置了必要的防盗设施，门窗、门锁是否牢固完好		
8.物品的取放是否严格按顺序进行，取放时有无碰撞		
9.辅料的包装容量是否严密，有无渗漏和破损		
10.库房内温度是否控制在安全限度内，运输工具是否定期保养		

异常情况及处理意见：

记录人：　　　　　　　　　　　　主管：

表6-8

巡查记录表

检查项目	月　日	月　日	月　日	月　日	月　日	月　日	月　日
	星期一	星期二	星期三	星期四	星期五	星期六	星期日
货物状态							
库房清洁							
作业通道							
用具归位							
库房温度							
相对湿度							
照明设备							
消防设备							
消防通道							
防盗措施							
托盘维护							

检查人：　　　　　　　　　　　　主管：

表6-9 仓库异常情况报告表 编号：

报告日期	
异常情况	
原因分析	
处理结果	
经办人：	主管：

3.操作指导

（1）仓库管理员需根据库房存储货物的性能要求，适时测定温度、湿度，一般在上午8—10时，下午2—4时各观测一次，记录资料妥善保存，定期分析。

（2）仓库管理员控制管理好常见易霉腐商品，预防为主，必要时采取救治措施。

（3）仓库管理员需掌握常见虫害预防方法，做好金属防锈工作。

（4）仓库管理员每天清理仓库，保持卫生。检查作业通道、消防设备及通道，查验货物状态，对托盘进行维护。

（5）仓库管理员每天填写巡查记录表（见表6-8），碰到异常问题，在权限范围内，能够处理的及时处理，填写仓库异常情况报告表（见表6-9）；不能解决的，及时汇报有关领导。

（6）仓库管理员根据企业规章制度，定期填写货物养护检查记录表（见表6-6）、库房安全检查记录表（见表6-7），并对异常情况及时处理或汇报。

实训结果：提交养护检查完成后的各种文档资料。

项目七　出库作业及组织

本项目思维导图

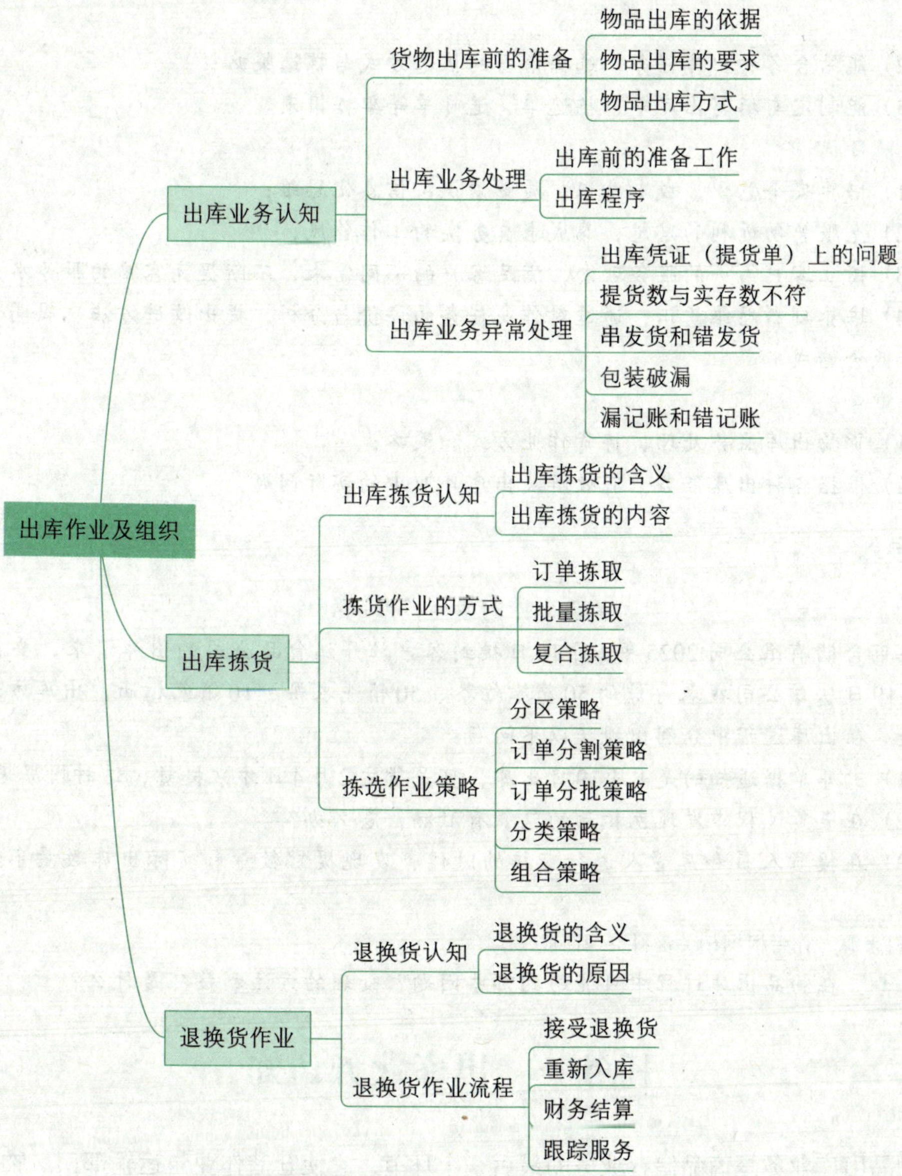

学习目标

知识目标：

（1）掌握货物出库的依据和出库形式；

（2）理解货物出库的要求；

（3）掌握货物出库作业的基本流程；

（4）掌握货物拣选方式与拣选策略；

（5）了解货物退货作业流程。

能力目标：

（1）能根据出库作业操作要领、基本技能和作业细节，解决货物出库业务中的实际问题；

（2）能结合各种出库任务，选择恰当的拣选方式与拣选策略；

（3）能制定与填写出库单、拣选单、退货单等单据报表。

素养目标：

（1）培养安全意识、成本意识、质量意识、信息化思维；

（2）克服急功近利的思想，养成求真务实的工作作风；

（3）树立客户第一的服务理念，满足客户的不同需求，不断提高客户的服务水平；

（4）培养创新思维意识，通过对作业任务的评价与分析，提出改进方法，提高仓储效率，降低仓储成本。

重难点：

（1）货物出库业务处理、拣货作业方式和策略；

（2）根据各种出库任务，有效解决出库作业中的实际问题。

案例导入

物品出库时发生问题的处理

某市仓储有限公司2025年1月16日接到客户牡丹江食品公司的出库请求，要在2025年1月19日从该公司提取存储的50箱冰红茶、50箱洗衣粉、10箱色拉油，出库方式为货主自提。在出库过程中分别出现了以下问题：

（1）出库单据通知的是1月19日出库，可是货主2月4日才来提货，这种情况怎么办？

（2）在提货过程中发现色拉油的包装有泄漏，怎么办？

（3）在提货人员和库管人进行交接的时候，发现提货数量和实际出库数量不符，怎么办？

资料来源 作者根据相关资料整理而成.

思考：在物品出库过程中可能遇到哪些问题？处理的方法和技巧是什么？

任务一 出库业务认知

物品出库业务是商品储存业务的最后一个环节，它使仓储作业与运输部门、物品使用部门单位直接发生联系。因此，做好出库作业对改善仓储经营管理，降低作业费用，提高服务质量有重要作用。

物品出库是仓储经营人根据存货人或仓单持有人所开出的商品出库凭证（提货单、领料单、调拨单、仓单），按其所列的货物名称、规格、数量、时间和交货方式等项目，组织物品出库的一系列工作的总称。对于物品出库，要求准确、及时、保质、保量、安全地交给用户，满足其经营需要。

7.1.1　货物出库前的准备

1）物品出库的依据

物品出库必须依据货主开出的物品出库凭证方可进行。在任何情况下，仓库都不得擅自动用、变相动用或者外借货主的库存商品。

货主的出库通知或出库请求的格式不尽相同，不论采用何种形式，都必须是符合财务制度要求的有法律效力的凭证，要坚决杜绝凭信誉或无正式手续的发货。仓库业务部门根据提货人的提货凭证办理提货手续，并签发出库单（见表7-1，本单一式三联，第一联：仓库部门；第二联：财务部门；第三联：客户），指示仓库保管部门交货。

表7-1　出库单

提货单位：　　　　出货仓库：　　　　出库日期：　年　月　日

物资编号	品名	规格	单位	计划数量	实发数量	单价	包装押金	备注

主管审批：　　　　仓管员：　　　　提货人：

2）物品出库的要求

（1）三不。未接单据不翻账，未经审单不备货，未经复核不出库。

（2）三核。在发货时，要核实凭证，核对账卡，核对实物。

（3）五检查。对单据和实物要进行品名检查，规格检查，包装检查，件数检查，重量检查。

物品出库要严格执行各项规章制度，提高服务质量，杜绝差错事故，使顾客满意。

3）物品出库方式

出库方式是指仓库用什么样的方式将货物交付用户。选用哪种方式出库，要根据具体条件，由供需双方事先商定。

想一想　物品出库的方式有哪几种？

（1）客户自提。这种发货形式是由收货人或其代理人持取货凭证直接到库取货，仓库凭单发货。仓库发货人与提货人可以在仓库现场划清交接责任，当面交接并办理签收手续。

（2）仓库送货。仓库根据货主单位的出库通知或出库请求，通过发货作业把应发物品交由运输部门送达收货单位或使用仓库自有车辆把物品运送到收货地点的发货形式，就是通常所称的送货制。

仓库实行送货具有多方面的好处：仓库可预先安排作业，缩短发货时间；收货单位可避免因人力、车辆等不便而发生取货困难；在运输上，可合理使用运输工具，减少运费。

（3）过户。它是一种就地划拨的形式，物品实物并未出库，但是所有权已从原货主转移到新货主的账户中。仓库必须根据原货主开出的正式过户凭证，才予办理过户手续。

（4）取样。货主由于商检或样品陈列等需要，到仓库提取货样（通常要开箱拆包、分割抽取样本）。仓库必须根据正式取样凭证发出样品，并做好账务记载。

（5）转仓。它是指货主为了业务方便或改变储存条件，将某批库存自甲库转移到乙库。仓库也必须根据货主单位开出的正式转仓单，办理转仓手续。

7.1.2 出库业务处理

1）出库前的准备工作

出库前的准备工作可分为两个方面：

一方面是计划工作，即根据货主提出的出库计划或出库请求，预先做好物品出库的各项安排，包括货位、机械设备、工具和工作人员，提高人、财、物的利用率。

另一方面是要做好出库物品的包装和标志标记。发往异地的货物，需经过长途运输，包装必须符合运输部门的规定，如捆扎包装、容器包装等；成套机械、器材发往异地，事先必须做好货物的清理、装箱和编号工作。在包装上挂签（贴签）、书写编号和发运标记（去向），以免错发和混发。

2）出库程序

出库程序包括核单备货-复核-包装-点交-登账-清理等过程。出库必须遵循“先进先出，推陈储新”的原则，使仓储活动的管理实现良性循环。不论是哪一种出库方式，都应按以下程序做好管理工作：

（1）核单备货。如属自提物品，首先要审核提货凭证的合法性和真实性；其次核对品名、型号、规格、单价、数量、收货单位、有效期等。

出库物品应附有质量证明书或副本、磅码单、装箱单等，机电设备、电子产品等物品，其说明书及合格证应随货同付。备料时应本着“先进先出、易坏先出、推陈储新”的原则，易霉易坏的先出，接近失效期的先出，不利保管的先出。

备货过程中，凡计重货物，一般以入库验收时标明的重量为准，不再重新计重。需分割或拆捆的应根据情况进行。

备货要做好拣选、补货、配货等方面的工作。

（2）复核。为了保证出库物品不出差错，备货后应进行复核。出库的复核形式主要有专职复核、交叉复核和环环复核三种。除此之外，在发货作业的各道环节上，都贯穿着复核工作。例如，理货员核对单货，守护员（门卫）凭票放行，账务员（保管会计）核对账单（票）等。这些分散的复核形式，起到分头把关的作用，都十分有助于提高仓库发货业务的工作质量。

想一想　出库复核内容包括哪些方面？

复核的内容包括品名、型号、规格、数量是否同出库单一致；配套是否齐全；技术证件是否齐全；外观质量和包装是否完好。只有加强出库的复核工作，才能防止错发、漏发和重发等事故的发生。

（3）包装。它是仓库生产过程的一个组成部分。包装时，严禁互相影响或性能互相抵触的物品混合包装。包装后，要写明收货单位、到站、发货号、本批总件数、发货单位等。

出库物品如需托运，包装必须符合运输部门的要求，选用适宜包装材料，其重量和尺寸，便于装卸和搬运，以保证货物在途的安全。

① 包装整理、标志重刷。仓库应该清理原包装，清除积尘、玷污物。对包装已残损的，要更换包装。对原包装标志脱落、标志不清的进行补贴；提货人要求标注新标志的，应在提货日之前进行。出库物品的包装如有破损、潮湿、捆扎松散等不能保障运输中安全的，应加固整理，破包破箱不得出库。各类包装容器上若有水渍、油迹、污损，均不能出库。

② 零星货物组合。为了作业方便，对零星货物进行装配，使用大型容器收集或者堆装在托盘上，以免提货时遗漏。

③ 根据要求装托盘或成组。若提货人要求装托盘或者成组，要及时进行相应作业，保证作业质量。

④ 将要出库的货物预先搬运到备货区，以便及时装运。

（4）点交。出库物品经过复核和包装后，要向提货人点交。同时应将出库物品及随行证件逐笔与提货人当面核对。在点交过程中，对于有些重要物品的技术要求、使用方法、注意事项，保管员应主动向提货人交代清楚，做好技术咨询服务工作。

需要托运和送货的，应由仓库保管机构移交调运机构；属于用户自提的，则由保管机构按出库凭证向提货人当面交清。

（5）登账。点交后，保管员应在出库单上填写实发数、发货日期等内容，并签名。然后将出库单连同有关证件资料，及时交货主，以便货主办理货款结算。

（6）现场和档案的清理。经过出库的一系列工作程序之后，实物、账目和库存档案等都发生了变化。应按下列几项工作彻底清理，使保管工作重新趋于账、物、资金相符的状态：

想一想　现场和档案清理工作包括哪几项？

①按出库单，核对结存数。

②如果该批货物全部出库，应查实损耗数量，在规定损耗范围内进行核销，超过损耗范围的查明原因，进行处理。

③一批货物全部出库后，可根据该批货物入出库的情况、采用的保管方法和损耗数

量，总结保管经验。

④清理现场，收集苫垫材料，妥善保管，以待再用。

⑤代运货物发出后，收货单位提出数量不符时，属于重量短少而包装完好且件数不缺的，应由仓库保管机构负责处理；属于件数短少的，应由运输机构负责处理。若发出的货物品种、规格、型号不符，由保管机构负责处理。若发出货物损坏，应根据承运人出具的证明，分别由保管及运输机构处理。

在整个出库业务程序过程中，复核和点交是两个最为关键的环节。复核是防止差错的重要和必不可少的措施，而点交则是划清仓库和提货方两者责任的必要手段。

⑥由于提货单位任务变更或其他原因要求退货时，可经有关方同意，办理退货。退回的货物必须符合原发的数量和质量，要严格验收，重新办理入库手续。当然，未移交的货物则不必检验。

7.1.3 出库业务异常处理

出库过程中出现的问题是多方面的，应分别对待处理。

想一想　出库过程中会出现哪些问题？

1）出库凭证（提货单）上的问题

（1）凡出库凭证超过提货期限，用户前来提货，必须先办理手续，按规定缴足逾期仓储保管费，然后方可发货。任何非正式凭证都不能作为发货凭证。提货时，用户发现规格开错，保管员不得自行调换规格发货。

（2）凡发现出库凭证有疑点，以及出库凭证发现有假冒、复制、涂改等情况时，应及时与仓库保卫部门以及出具出库单的单位或部门联系，妥善处理。

（3）商品进库未验收，或者期货未进库的出库凭证，一般暂缓发货，并通知货主，待货到并验收后再发货，提货期顺延。

（4）如客户因各种原因将出库凭证遗失，客户应及时与仓库发货员和账务人员联系挂失；如果挂失时货已被提走，保管人员不承担责任，但要协助货主单位找回商品；如果货还没有提走，经保管人员和账务人员查实后，做好挂失登记，将原凭证作废，缓期发货。

2）提货数与实存数不符

若出现提货数量与商品实存数不符的情况，一般是实存数小于提货数。造成这种问题的原因主要有以下几方面：

（1）商品入库时，由于验收问题，增大了实收商品的签收数量，从而造成账面数大于实存数。

（2）仓库保管人员和发货人员在以前的发货过程中因错发、串发等差错，而形成实际商品库存量小于账面数。

（3）货主单位没有及时核减开出的提货数，造成库存账面数大于实际储存数，从而开出的提货单提货数量过大。

（4）仓储过程中造成了货物的毁损。

当遇到提货数量大于实际商品库存数量时，无论是何种原因造成的，都需要和仓库主管部门以及货主单位及时取得联系后再处理。

3）串发货和错发货

串发货和错发货，主要是指发货人员由于对物品种类规格不很熟悉，或者由于工作中的疏漏把错误规格、数量的物品发出库的情况。

如果物品尚未离库，应立即组织人力，重新发货。如果物品已经离开仓库，保管人员应及时向主管部门和货主通报串发货和错发货的品名、规格、数量、提货单位等情况，会同货主单位和运输单位共同协商解决。一般在无直接经济损失的情况下由货主单位重新按实际发货数冲单（票）解决。如果形成直接经济损失，应按赔偿损失单据冲转调整保管账。

4）包装破漏

包装破漏是指在发货过程中，因物品外包装破损引起的渗漏等问题。这类问题主要是在储存过程中因堆垛挤压、发货装卸操作不慎等情况引起的，发货时都应经过整理或更换包装，方可出库，否则造成的损失应由仓储部门承担。

5）漏记账和错记账

漏记账是指在出库作业中，由于没有及时核销明细账而造成的账面数量大于或小于实存数的现象。错记账是指在商品出库后核销明细账时没有按实际发货出库的商品名称、数量等登记，从而造成账实不符的情况。

无论是漏记账还是错记账，一经发现，除及时向有关领导如实汇报情况外，同时还应根据原出库凭证查明原因调整保管账，使之与实际库存保持一致。如果由于漏记账和错记账给货主单位、运输单位和仓储部门造成了损失，应予赔偿，同时应追究相关人员的责任。

出库后异常情况的处理见表7-2。

表7-2　出库后异常情况处理表

出库后异常情况	处理办法
发货后，用户反映规格混串、数量不符	如确属仓库发货差错，应予以纠正、致歉；如不属于仓库一方责任，应耐心向用户解释说明，请用户另行查找原因。 凡是属于易碎物品，发货后用户要求调换，应以礼相待，婉拒；如果用户要求帮助解决易碎配件，要协助其解决
属于用户原因，型号规格开错，制票员同意退货	保管员应按入库验收程序重新验收入库。如属于包装或产品损坏，保管员不予退货。待修好后，按有关入库质量要求重新入库
属于产品的内在质量问题，用户要求退货和换货	应由质检部门出具检查证明、试验记录，经物资主管部门同意，方可退货或换货
货物出库后，保管员发现账实（结存数）不符	多发或错发的要派专人及时查找追回以减少损失，不可久拖不决

任务二 出库拣货

在接到出库单据后，要根据出库单据生成“拣货单”或“分货单”，然后进行拣货作业。高效、准确地完成拣货工作对于仓储从业人员是一项重要的职业技能要求。

7.2.1 出库拣货认知

1）出库拣货的含义

出库拣货是库场根据客户订单所规定的货物名称、数量和储存仓位，将货物从货垛或货架上取出，并分放在指定货位，完成客户配货要求的活动。拣货作业流程如图 7-1 所示。

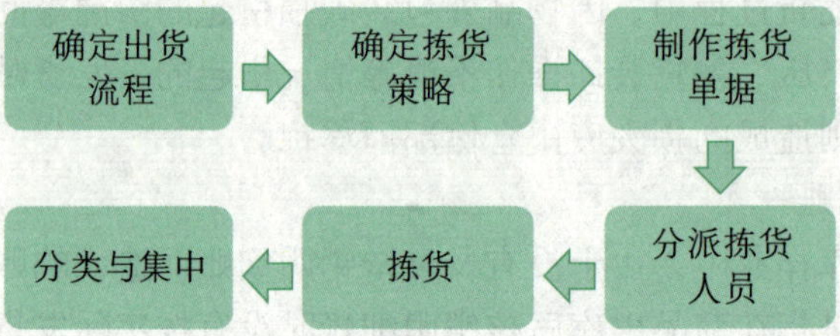

图7-1 拣货作业流程

2）出库拣货的内容

拣货作业的情况大致包含四个方面：

（1）形成拣货信息。拣货开始前，拣货的单据或信息必须先行处理完，主要是制作或生成拣货单（见表 7-3），也可以将客户订单或库场送货单作为拣选作业的指示凭据。

表7-3 拣货单

拣货单号		客户订单号		拣货时间	
客户名称				复核时间	
拣取储位				拣货员签名	
出货日期				复核员签名	

序号	储位号码	商品名称	商品编号	包装单位				拣货转换	拣取数量	备注
				箱	盒	散品	零散总数			
合计										

（2）行走或搬运。拣货时，拣货作业人员或机器必须直接接触并拿取货物，从而形成拣货过程中的行走与货物的搬运活动。这一过程有“人-物”和“物-人”两种方式，两种行走或搬运方式的比较见表7-4。

表7-4　两种行走或搬运方式的比较

方式	方 法	特 点
人-物	拣货人员以步行或搭乘拣货车辆方式到达货物储存位置	货物静止，移动方为拣货人员
物-人	主要移动方是货物，拣取人员在固定位置作业，不必寻找商品的储存位置	拣货人员静止，货物处于动态，如轻负载自动仓储、旋转自动仓储等

（3）拣货。当货物出现在拣取人员面前时，一般采取两个动作：拣取与确认。拣取是抓取货物的动作，确认则是确定所拣取的货物名称、数量、型号是否与指示拣货的信息相同。

（4）分类与集中。库场收到多个客户的订单后，可以批量拣取。拣取完毕后再根据不同的客户或送货线路分类集中，有些需要流通加工的还需要根据加工方法进行分类，加工完后再按一定方式出货。分货过程如图7-2所示。

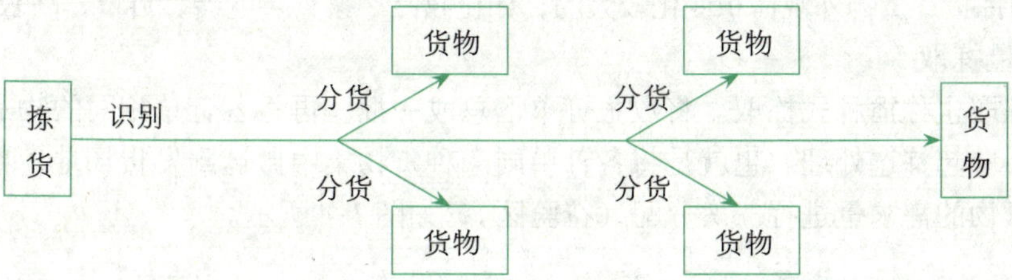

图7-2　分货过程

7.2.2　拣货作业的方式

拣货作业的方式可分为订单拣取、批量拣取和复合拣取三种。

1）订单拣取

订单拣取，也称摘果式拣取，是指让拣货搬运巡回于储存场所，按某个要货单位的订单挑选出每一种货物，巡回完毕也就完成了一次拣取作业。然后将配齐的货物放置到发货场所指定的货位，再进行下一个要货单位的拣货。

摘果式分拣就像在果园中摘果子那样去拣货物。作业人员拉着集货箱在排列整齐的仓库货架间巡回走动，按照订单上所列的品种、规格、数量等客户所需的货物拣出及装入集货箱内。在一般情况下，每次拣选只为一个客户装配；在特殊情况下，也可以为两个以上的客户装配。目前，仓库推广和应用了自动化分拣技术，并装配了自动化分拣设施等，大大提高了分拣作业的效率，如图7-3所示。

订单拣取的优点：作业方法简单；订单处理前置时间短；一人负责一单，出错的机会较少，易于追查；作业人员责任明确，派工容易、公平；拣货后不必再进行分拣作业，配货作业与拣选作业同时完成，简化了作业程序，有利于提高服务质量。

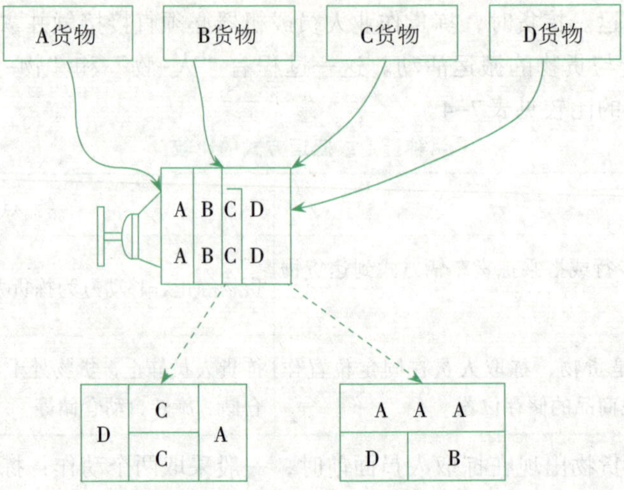

图7-3　订单拣取拣货示意图

缺点：货物品种多时，拣货行走路线过长，拣取效率降低；拣取区域大时，搬运困难；少量、多批次拣取时，会造成拣货路径重复太多，人力负荷太重，效率降低。

适用范围：客户不稳定，波动较大；需求种类不多；需求差异较大，配送时间要求不一；季节性强的拣货；货物外观体积变化较大的，如化妆品、家具、电器、百货、高级服饰等。

2）批量拣取

批量拣取也称播种式拣取。将数张订单汇总成一批，再将各订单相同的物品订购数量汇总起来，一起拣选处理。也就是将各订单同一种货物集中搬运到发货场地，再根据各用户对该种货物的需求量进行二次分配（待验区），如图7-4所示。

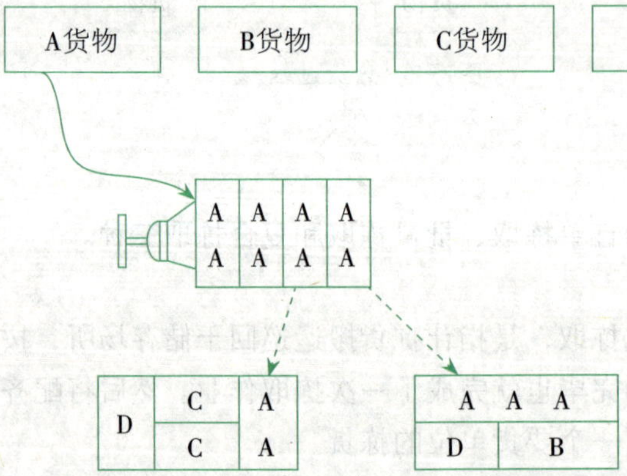

图7-4　批量拣取拣货示意图

优点：适合订单数量庞大的系统；可以缩短拣取时的行走搬运距离，增加单位时间的拣取量；越要求少量、多批次的配送，批量拣取就越有效。

缺点：对订单的到来无法做及时的反应。必须等订单达到一定数量时才做一次处理，因此会有停滞时间产生。

适用范围：货物易于集中移动且对同一种货物有需求量的情况。

播种式分拣货物类似于在田野中的播种操作。

为了完好无损地运送货物和便于识别装备好的货物，有些已经经过分拣、装配好的货物尚需重新包装，并且要在包装上贴上标签，记载货物的品种、数量、收货人的姓名、地址及运抵时间等。

3）复合拣取

复合拣取是将订单拣取和批量拣取组合起来的拣货方式，即根据订单的品种、数量及出库频率，确定哪些订单适合按订单拣取，哪些适合按批量拣取，然后分别采取不同的拣货方式。

想一想　三种不同的拣货方式的适用性？

【例7-1】新年刚过，物流企业接到客户订单，订单详情分别见表7-5、表7-6。企业需依据客户订单组织出库作业。请根据实际情况设计摘播拣选单。

表7-5　A超市订单

订单编号：D20230101　　订货时间：2025.01.20

序号	商品名称	单位	单价（元）	订购数量	金额（元）	备注
1	棒棒糖	箱	100	6	600	
合计					600	

表7-6　B超市订单

订单编号：D20230102　　订货时间：2025.01.20

序号	商品名称	单位	单价（元）	订购数量	金额（元）	备注
1	棒棒糖	箱	100	3	300	
2	伊利酸奶	箱	50	4	200	
3	娃哈哈八宝粥	箱	50	1	50	
合计					550	

7.2.3　拣选作业策略

例7-1 分析提示

拣货策略是影响拣货作业效率的关键，对不同的订单需求应采取不同的分拣策略，主要包括分区、订单分割、订单分批、分类四种策略。这四种策略还可组合，形成多种拣货策略。

1）分区策略

分区策略是将拣货作业场地作区域划分，一般有三种分类方法，见表7-7。

表7-7　拣货分区分类方法

分类方法	优　点
按拣货单位分区	可分为箱装拣货区、单件拣货区、冷冻品拣货区；便于拣取与搬运单元化和拣取作业单纯化
按拣货方式分区	可将作业区单纯化、一致化，以减少不必要的重复行走的时间
按工作分区	在相同的拣货方式下，将拣货作业场地细分为不同的分区，由一个或一组固定的拣货人员负责拣取区域内的货物；能减少拣货人员所需记忆的存货位置及移动距离，缩短拣货时间

2）订单分割策略

当订单中所订购的商品种类较多时，为了能在较短时间内完成拣货处理，可利用订单分割策略将订单切分成若干子订单，交由不同的拣货人同时进行拣货作业，以加快拣货速度。

将订单按拣货区域进行分解的过程叫订单分割。订单分割一般是与拣货分区相对应的，下面是常用的几种订单分割方法：

（1）拣选单位分区的订单分割策略，如图7–5所示。

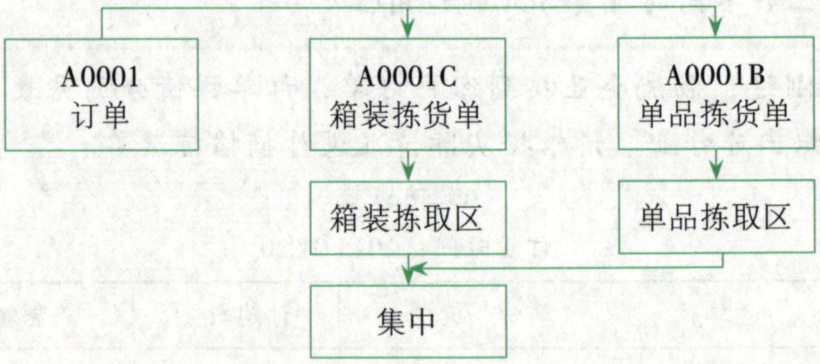

图7–5　拣选单位分区的订单分割策略示意图

（2）拣选方式分区的订单分割策略，如图7–6所示。

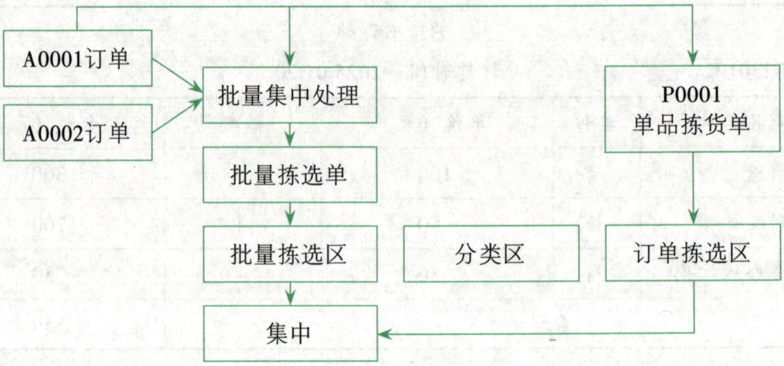

图7–6　拣选方式分区的订单分割策略示意图

（3）工作分区的订单分割策略，如图7–7所示。

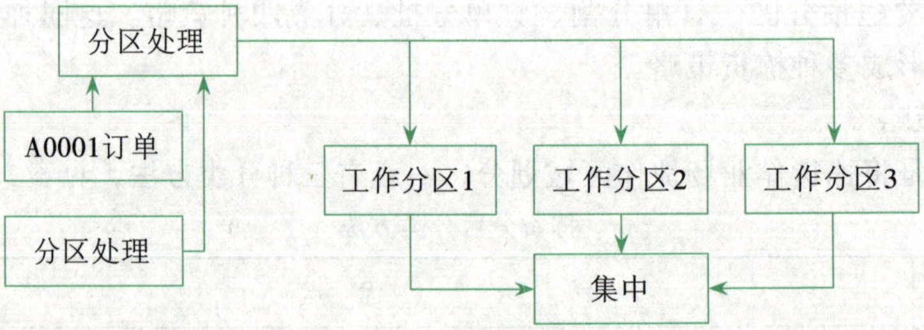

图7–7　工作分区的订单分割策略示意图

3）订单分批策略

订单分批是为了提高拣货作业效率而把多张订单集合成一批，进行批次拣取的作业。

若再将每批次订单中的同一商品汇总拣取，然后把货品分类至每客户的订单，则形成批量拣取。这样不仅缩短了拣取时平均行走搬运的距离，也减少了重复寻找储位的时间，进而提高了拣货效率。订单分批主要有总合计量分批、时窗分批、固定订单量分批和智慧型分批四种。

（1）总合计量分批。计算拣货作业前所有累积的订单中每一商品项目的总量，然后再按这一总量进行拣取，这样便可将拣取路径缩至最短，同时使储存区域较为单纯化，但这需要功能强大的分类系统来支持。此种方式适合于周期性配送，例如，可在中午前搜集所有订单，在下午做合计处理，隔日一早再进行拣取、分类工作。

（2）时窗分批。当订单要求紧急发货时，可利用此策略，开启短暂而固定的时窗，如5或10分钟，再将这一时窗中所有的订单做成一批，进行批量拣取。这一方式常与分区策略及订单分割策略联合运用，特别适合到达间隔时间短而平均的订单形态；同时，订购量及种类不宜太多。这种分批方式较适合密集频繁的订单，且能应付紧急插单的需求。

（3）固定订单量分批。订单分批按先到先处理的基本原则，当订单累积达到设定的数量时，开始进行拣货作业。这种方式偏重维持较稳定的作业效率，但在处理速度上慢于时窗分批方式。

（4）智慧型分批。订单输入计算机，经处理后，将拣取路径相近的订单分成一组。采用这种分批方式的配送中心通常将前一天的订单汇总后，经过计算机处理，在当日产生拣货单据，速度较快。

4）分类策略

若采用订单分批拣货，随后必须有分类策略与之配合。通常有在拣货的同时将货物分类到各订单中、拣取后再集中分类两种形式。

以上四类拣货策略可单独使用，也可联合运用，还可以不采取任何策略，直接按订单拣取。

5）组合策略

分区策略、订单分割策略、订单分批策略、分类策略这四种策略可以组合，形成多种组合拣货策略，如图7-8所示。

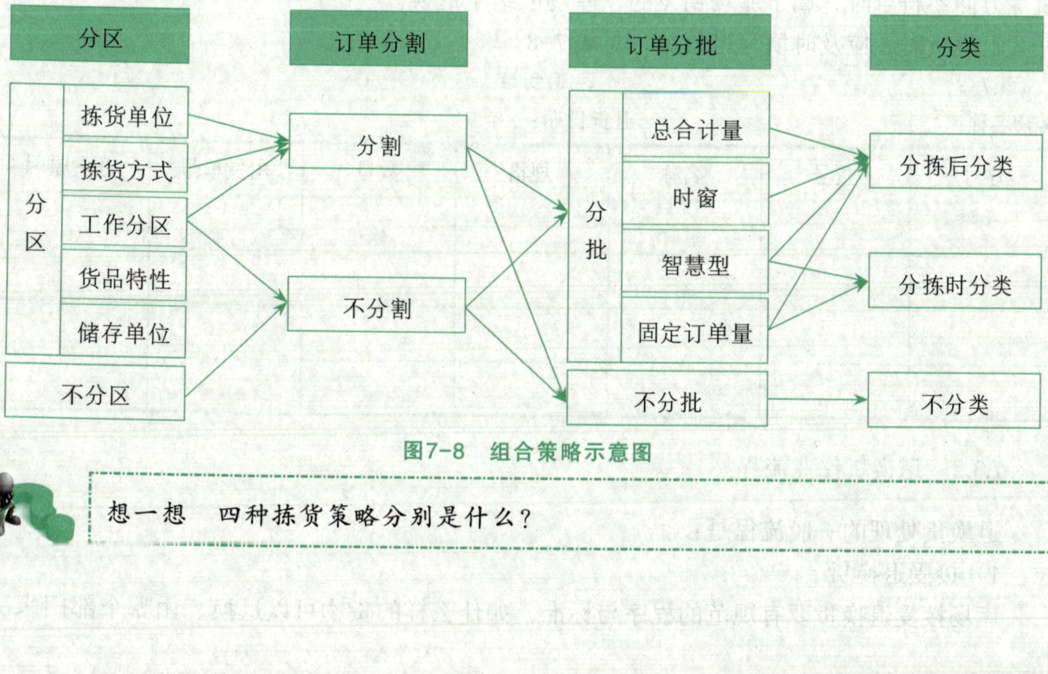

图7-8　组合策略示意图

想一想　四种拣货策略分别是什么？

任务三 退换货作业

7.3.1 退换货认知

1）退换货的含义

退换货，是指库场按订单或合同已经发货出库并已办理出库手续的商品，因某种原因而要退回库场或按规定要求调换的过程。通常这是企业售后服务的一项工作。

退货会减少企业的营业额、降低利润，因此企业要了解退货的原因，加强营运管理，提高营运绩效。

2）退换货的原因

商品退货到仓库有多种原因，有的是仓库按出库凭证发错了货，有的是运输途中商品受到损坏经客户单位同意退回，有的是收货人订货的错误，还有的是由于商品存在质量问题等。

（1）依照协议退货。客户与库场订有特别协议的季节性货物、试销货物、代销货物等，协议期满后的剩余货物将由库场予以退回；或者作为库场增值服务的一部分，库场经营人与供应商之间签订退换货协议，库场可承担供应商供货原因产生的退换货工作。

（2）有质量问题的退货。对于不符合质量要求的货物，接收单位提出退货，库场也将给予退换。

（3）搬运途中损坏的退货。货物在搬运过程中造成包装破损或污损，或者在送货过程中，由于运输不当造成货物包装破损或货物本身损坏，库场将给予退回。

（4）货物过期的退货。食品及有保质期的货物，在送达接收单位时或者销售过程中超过货物的有效期，库场给予退回。

（5）货物送错的退货。送达客户的货物与订单所要求的货物在品名、规格、质量、数量等方面不符合时，属于库场错发的，库场应给予退换。

退换货时，应及时填写退货单，见表7-8。

表7-8 退货单

客户名称： 退货日期：

序号	货号	名称	规格	数量	出货单号	退货原因

7.3.2 退换货作业流程

退换货处理的一般流程是：

1）接受退换货

库场接受退换货要有规范的程序与标准，如什么样的货物可以退换、由哪个部门来决定、信息如何传递等。

库场的业务部门接到客户传来的退货信息后，要尽快将退货信息传递给相关部门，运输部门安排取回货物的时间和路线，库场人员做好接收准备，质量管理部门确认退货原因。

一般情况下，退货由送货车带回，直接入库。批量较大的退货，要经过必要的审批程序。如要求退货人填写“退货申请表”，并且该申请表必须经客户单位确认同意。

2）重新入库

对于客户退回的货物，库场的业务部门要认真清点退货，详细做好记录；核对退回的商品与“退货申请表”所列的内容是否相符，若有异议必须以书面形式提出。由于质量问题产生的退货，要堆放在为不良品而准备的区域，以免和正常货物混淆。退货货物要进行严格的重新入库登记，及时输入企业的信息系统，核销客户应收账款，并通知货物供应商。

3）财务结算

退货发生后，对整个供应系统造成的影响是非常大的，如对客户端的影响、库场在退货过程中发生的各种费用、货物供应商要承担相应货物的成本等。如果客户已经支付了货物费用，财务要将相应的费用退给客户。

同时，由于销货和退货的时间不同，同一货物价格可能出现差异，库场财务部门在退货发生时要进行退回货物货款的确认，将退货货物的数量、单价等信息输入企业信息系统，并根据销货退回单办理扣款手续。

4）跟踪服务

退货发生后，要跟踪处理客户提出的意见，统计退货发生的各种费用，通知供应商退货的原因，履行退货手续。库场产生的退换货，如订单处理错误、错发货、漏发货、装卸搬运导致破损等产生的退换货，库场要认真统计，及时分析总结，将相关信息反馈给有关业务部门和管理部门，以便整改。

基本训练

一、填空题

基本训练7

1.在仓储业务中，仓库中商品出货方式一般有________、________、________、________、________。

2.出库物品经复核后，要向提货人员________。同时应将出库物品及随行证件逐笔向提货人员当面________。

3.在提货制中为划清交接责任，仓库发货人与提货人对出库物品当面交接并办理________手续。

4.物品进库未验收，提货期________，保管员不得代发代验。

5.________是货主退货、换货和索赔的依据。

二、单项选择题

1.在仓储作业中减少不必要的停顿或等待，反映了仓储作业（　　）原则。

A.连续性　　B.节奏性　　C.低成本　　D.安全性

2.出库程序包括核单备货、复核、（　　）、点交、登账、清理等过程。

A.检验　　B.计价　　C.包装　　D.清理现场

3.将数张订单汇总成一批，再将各订单相同的物品订购数量汇总起来，一起拣选处理的方式是（　　）。

A.单人拣选　B.分区接力拣选　C.分区汇总拣选　D.批量拣选

4.以下不属于出库复核内容的是（　　）。

A.品种数量是否准确　B.外观质量和包装是否完好

C.技术证件是否齐备　D.出库方式是否自提

5.在拣选作业开始前，首先要（　　）。

A.核对出库信息　B.选择拣选方法

C.生成拣选信息　D.检查库存

三、多项选择题

1.播种式拣货的适用条件包括（　　）。

A.订单品种差异大　B.单一订单　C.订单品种差异小

D.多张订单　E.订单货品品种少

2.下列商品不经业务部门允许不准出库的有（　　）。

A.质量不合格　B.规格不符　C.缺件不配套　D.包装不牢

3.物品出库要求做到"三不、三核、五检查"，其中三核是指在发货时要核实（　　）。

A.凭证　B.账卡　C.实物　D.货物质量

4.出库的物品必须注意（　　）。

A.包装完整　B.标记清楚　C.时间准确　D.数量准确

5.下列各项作业属于出库准备的有（　　）。

A.拣货　B.补货　C.配货　D.加工、包装

四、判断题

1.拣货方式主要有播种式和摘果式两种，其中拣货人员按某一要货订单要求挑选出每一种商品，巡回完毕，完成一次拣货作业的方式称为播种式。（　　）

2.仓库作业中，信息流一般是实物流的前提，控制着流量、流向、流速和节奏。（　　）

3.仓库必须建立严格的出库和发运程序，严格遵循"先进后出"的原则。（　　）

4.物品出库作业是仓储作业管理的最后一步，也是仓储作业管理的重要环节。（　　）

5.如属收货人自提出库，则不需要核查提货单有无财务部门准许发货的签章。（　　）

五、简答题

1.简述出库作业的"三不""三核""五检查"原则。

2.拣货作业的策略包括哪几种？

六、实训题

实训目的：①对客户订单进行分析，判定订单有效与否；②通过判别客户优先级别来分配现有库存；③设计摘播拣选单，为最终实施有效拣选做好准备工作。

实训方式：情景实训。根据所给资料，完成实训任务。

实训内容及步骤：

1.任务描述

呼和浩特三通物流公司接到客户订单，订单详情分别见表7-9、表7-10、表7-11。

公司需依据客户订单组织出库作业。

表7-9　A超市订单

订单编号：D20220101　订货时间：2025.01.20

序号	商品名称	单位	单价（元）	订购数量	金额（元）	备注
1	棒棒糖	箱	100	6	600	
合计					600	

表7-10　B超市订单

订单编号：D20220102　订货时间：2025.01.20

序号	商品名称	单位	单价（元）	订购数量	金额（元）	备注
1	棒棒糖	箱	100	3	300	
2	伊利酸奶	箱	50	4	200	
3	娃哈哈八宝粥	箱	50	1	50	
合计					550	

表7-11　C超市订单

订单编号：D20220103　订货时间：2025.01.20

序号	商品名称	单位	单价（元）	订购数量	金额（元）	备注
1	棒棒糖	箱	100	4	400	
2	伊利酸奶	箱	50	9	450	
合计					850	

2. 实训工具

客户订单（见表7-9至表7-11）、客户档案（见表7-12）、现有库存盘点表（见表7-13）、货位编号（见表7-14）。

表7-12　客户档案

项目	A超市	B超市	C超市
信用额度（万元）	200	5	150
应收账款（万元）	199.8	4.6	149.95
客户类型	伙伴型	普通型	重点型
客户级别	A	B	C
忠诚度	高	一般	较高
满意度	高	较高	一般

表7-13 现有库存盘点表

商品品种	货架	现有库存	A超市	B超市	预出库存	剩余库存
7喜冰爽柠檬味汽水550ml	L	8	0	0	0	8
伊利酸奶	H	7	0	4	4	3
阿尔卑斯饮用天然矿泉水500ml	G	20	0	0	0	20
艾本四六级听力耳机	D	7	0	0	0	7
奥德美状元满屋答题卡铅笔	D	7	0	0	0	7
棒棒糖	H	8	6	3	9	-1
百岁山饮用天然矿泉水348ml	G	20	0	0	0	20
冰露包装饮用水550ml	G	20	0	0	0	20
娃哈哈八宝粥	H	8	0	1	1	7

表7-14 货位编号

商品名称	货位编号	备注
棒棒糖	H2-02-03-01	数量充足
伊利酸奶	H2-02-03-02	数量充足
娃哈哈八宝粥	H2-02-02-01	数量充足

3.操作指导

(1) 仓储人员根据客户订单金额，结合客户信用额度、应收账款，判定订单是否有效，对无效订单进行处理。

(2) 将现有库存进行盘点，检查存货有无缺货。

(3) 如有缺货，结合客户档案，进行客户优先权判别。

(4) 按优先权对库存进行分配。

(5) 根据订单特点，设计摘播拣选单。

实训结果：提交出库过程中的各种表格、单证，如订单有效性判定、无效订单处理、客户优先权判别、库存分配表、摘播拣选单等。

项目八　库存控制与安全管理

本项目思维导图

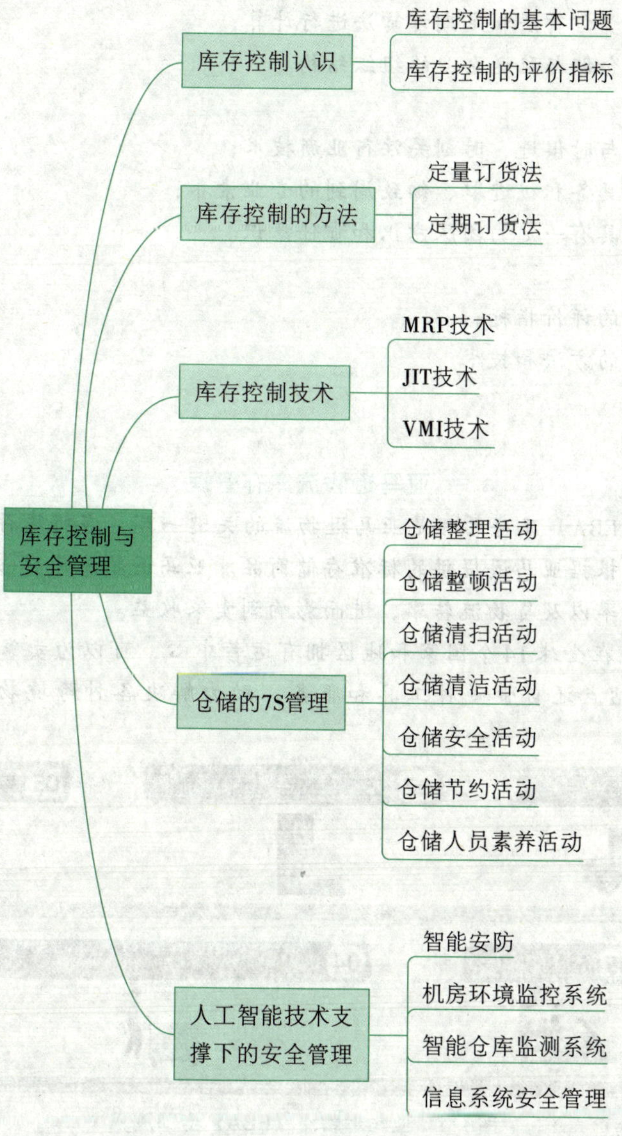

学习目标

知识目标：

（1）了解库存控制的基本问题；

（2）了解库存控制的评价指标；

（3）掌握库存控制的方法和技术；

（4）了解仓储的7S管理；

（5）掌握人工智能下安全管理的技术。

能力目标：

（1）能够分析判断库存控制的问题；

（2）会使用定量订货法和定期订货法进行计算；

（3）能够识别仓储与配送企业的组织结构。

素养目标：

（1）培养学生与时俱进，时刻关注行业新技术；

（2）培养学生具备积极进取、细致周到的专业素养；

（3）培养学生具有一定的团队意识和责任意识。

重难点：

（1）库存控制的评价指标；

（2）库存控制的方法和技术。

案例导入

亚马逊物流库存管理

亚马逊物流（FBA）库存管理是亚马逊物流的关键一环，在将库存运送到亚马逊运营中心后，卖家可以根据亚马逊提供的标准存储商品。亚马逊物流库存管理关系到卖家成本控制、资金利用效率以及货物流转率，进而影响到卖家收益。

目前，亚马逊在全球14个国家和地区拥有运营中心，可以为卖家提供细致高效的支持和服务。各大站点还自带多种工具和服务，助力解决各种跨境物流需求（如图8-1所示）。

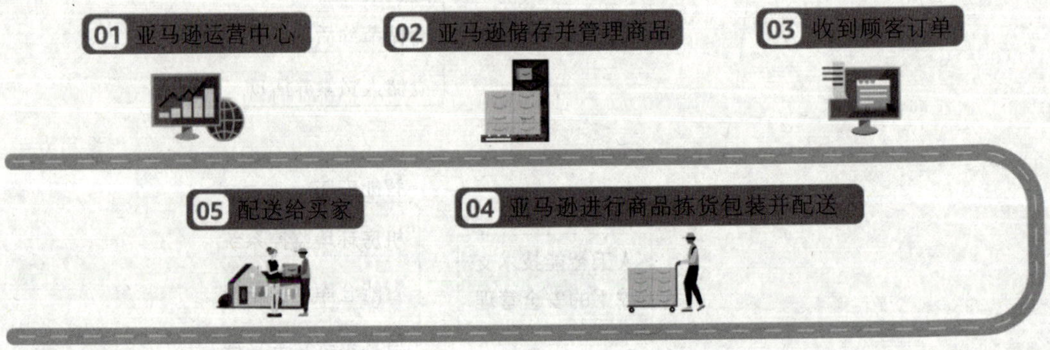

图8-1 亚马逊物流（FBA）全部流程

可维持销售周数（WOC）是根据做出库存补货决定的三个主要数据点计算而来的：

销售速度（平均每周销量）、现有库存（可配送数量）和亚马逊调配中的库存。亚马逊建议您尽量使您的可维持销售周数介于4～8周之间，同时，您也需要根据不同的销售阶段检查您的可维持销售周数（如图8-2所示）。

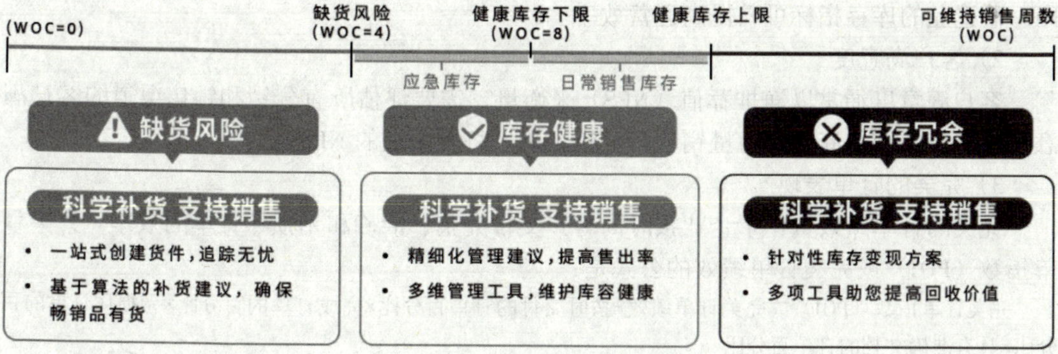

图8-2　亚马逊物流库存健康状况

大多数卖家在亚马逊物流（FBA）收到其首件商品之后的约15周后，获得第一个库存绩效指数（Inventory Performance Index，IPI），帮助了解库存健康状况、协助进行亚马逊物流库存管理。同时根据冗余库存、售出率、无在售信息的亚马逊库存、有存货库存等信息，为卖家提供库存优化建议。

库存绩效指数（IPI）会直接影响卖家能够使用的亚马逊物流仓储容量。

资料来源　作者根据网络相关资料整理.

任务一　库存控制认识

8.1.1　库存控制的基本问题

库存量过大所产生的问题：增加仓库面积和库存保管费用，从而提高了产品成本；占用大量的流动资金，造成资金呆滞，既加重了货款利息等负担，又会影响资金的时间价值和机会收益；造成产成品和材料的有形损耗和无形损耗；造成企业资源的大量闲置，影响其合理配置和优化；掩盖了企业生产、经营全过程的各种矛盾和问题，不利于企业提高管理水平。

库存量过小所产生的问题：服务水平下降，影响销售利润和企业信誉；生产系统原材料或其他物料供应不足，影响生产过程的正常进行；使订货间隔期缩短，订货次数增加，订货（生产）成本提高；影响生产过程的均衡性和装配时的成套性。

8.1.2　库存控制的评价指标

库存KPI是企业做出明智决策所需的详细信息，包括从监控库存水平和周转率到跟踪交付和指示业务中的关键绩效指标。根据对业务有益的特定、可衡量、可实现、相关和基于时间（又名SMART）的KPI方法，以及对制造商的调查，以下是10个最有效的库存KPI和指标。

1）需求预测准确性

一个出色的库存管理指标，可用于确定制造运营中的协作程度，需求预测准确性反映了实际或实际需求的变化以及工厂级别的估计值。通过缩小预测需求和实际需求之间的差距，制造业的库存指标可以提高运营效率。

2）客户满意度

客户满意度通常以净推荐值（NPS）来衡量，需要评估所有分销和销售渠道的客户满意度。一流的制造商分别衡量销售和分销，确定每个渠道的NPS。

3）完美的订单表现

完美的订单绩效量化了企业按时向客户交付完整、准确和无损坏订单的效率。完美订单指数（POI）或完美订单绩效的公式是：

完美订单指数（POI）或完美订单绩效=按时交付的订单百分比×完成订单的百分比×无损坏订单的百分比×具有准确文档的订单百分比

4）执行率效率占所有订单的百分比

在选择库存指标和KPI来管理企业的运营时，衡量供应链协作需要成为优先事项。以占所有订单百分比的形式跟踪填充率有效性，它直接反映了有多少订单或来自生产中心的材料请求是否得到满足。进一步采用该指标可以深入了解生产中心管理生产库存以确保准确的交货日期。

5）按产品、生产设施和业务部门划分的毛利率

一流的库存管理解决方案旨在提供跨多个不同业务维度的毛贡献率（GCM）绩效水平。GCM是企业可以用来评估跨业务部门协作情况的最有效指标之一。如果您知道归属于生产中心的GCM，则可以按位置跟踪绩效和效率水平。

6）订单周期时间

此库存指标也称为订单提前期，但订单周期时间是更流行的迭代。订单周期时间衡量从客户下订单到他们收到购买的产品的时间。该指标反映了您的库存管理、供应链、生产和履行操作的有效性。

7）订单拣货、包装和发货准确性

这衡量了库存管理系统中最核心的功能之一。拣货、包装和发货是定位库存以及包装订购物品和发货以履行客户订单的过程。客户可以是订购发货产品的任何其他部门、组织或第三方制造商。

跟踪这些库存管理指标可以揭示企业的仓库流程在哪些方面特别强，在哪些方面薄弱。跟踪更具体的拣货、包装和运输KPI，如每件商品和每小时的人工成本以及其他指标，以全面了解企业的仓库管理效率。

8）库存周转率

该库存指标衡量制造商的库存在特定时期内被销售、更换或周转的次数。库存周转率衡量企业的整体业务效率，较高的周转率通常意味着更高的效率。但是，虽然企业的某些物品的周转速度可能比其他物品慢，但如果它们对企业的业务来说是很好的赚钱工具，那么它们在货架上花费的额外时间可能是值得的。

有两种最常用于计算库存周转率的方法。第一个是将特定时期的销售额除以平均库存。第二个是将销售成本（COGS）除以特定时期的平均库存。

9）存货的持有成本

这是一个非常宝贵的库存指标，用于衡量制造商的营运资金有多少被库存占用，该指标提供了对难以找到的物品成本的洞察。其中包括入库、报废成本以及仓库管理系统（WMS）在降低履行成本方面的有效性。

10）供应商质量指数

衡量供应商的表现对于完善企业的业务战略至关重要。如果企业不使用特定数据点来跟踪供应商，那么永远无法确定还有多少改进空间。跟踪由于错误或异常而必须退回材料的频率，还可以查看按时收到了多少订单。

任务二　库存控制的方法

8.2.1　定量订货法

1）定量订货法的原理

定量订货方式是指当库存量下降到预定的最低库存数量（订货点）时，按规定数量（一般以经济订货批量EOQ为标准）进行订货补充的一种库存管理方式。

2）定量订货法参数的确定

（1）在需求和订货提前期确定的情况下，不需设置安全库存

订货点=订货提前期（天）×全年需求量/360

即$R = LT*D/360$

（2）在需求和订货提前期都不确定的情况下，需要设置安全库存

订货点=（平均需求量*最大订货提前期）+安全库存

即$R = LT*D/360 + S$

安全库存=安全系数×$\sqrt{\text{最大订货提前期} \times \text{需求变动值}}$（注：最大订货提前期需要开根号）

【例 8-1】某企业使用A物资，每月需求量为10吨，假设A物资从下订单到货物入库需要60天，安全库存为半个月的需求量，且该企业每年制订一次生产计划，若采用定量订货法，请问该企业的最低库存数量是多少？

例 8-1

分析提示

3）经济订货批量

经济订货批量（EOQ）是指通过平衡采购进货成本和保管仓储成本，以实现总库存成本最低的最佳订货量。其计算公式为：

$EOQ = \sqrt{2SD/H}$

【例 8-2】某公司代销一种医疗设备，每年销售量1 000件，公司需向上游供应商订货，每次产生订货费10元，年单位库存持有成本约为2.5元/件，请问该公司经济订购批量是多少？

例 8-2

分析提示

8.2.2　定期订货法

1）定期订货法的原理

定期订货法是按预先确定的订货时间间隔进行订货补充库存的一种管理方法。预先确

定一个订货周期和最高库存量，周期性地检查库存，根据最高库存量、实际库存、在途订货量和待出库商品数量，计算出每次订货量，发出订货指令，组织订货。

2）定期订货法参数的确定

（1）订货周期T的确定

$$T^* = \sqrt{2S/CiR}$$

式中，T^*——经济订货周期；S——单次订货成本；Ci——单位商品年储存成本；R——单位时间内库存商品需求量（销售量）。

（2）最高库存量Q的确定

$Q\max$=订货提前期*日需求量+安全库存量

（3）订货量的确定

$$Qi = Q\max + Qni - Qki - Qmi$$

式中，Qi——第i次订货的订货量；$Q\max$——最高库存量；Qni——第i次订货点的在途到货量；Qki——第i次订货点的实际库存量；Qmi——第i次订货点的待出库货量。

例 8-3

分析提示

【例 8-3】某电商仓库可口可乐的期初库存为30件，平均每天销售3件，订货提前期为3天，如果仓库最多存放50件可口可乐，安全库存为0，订货周期为5天，那么第一个周期要订多少件可口可乐？第一个周期到货后仓库总计库存为多少？第二个周期订货量为多少？请用定期订货法计算。

想一想 定量订货法与定期订货法的区别是什么？

任务三 库存控制技术

8.3.1 MRP技术

1）MRP技术的含义

物资需求计划（Material Requirement Planning，MRP）即指根据产品结构各层次物品的从属和数量关系，以每个物品为计划对象，以完工日期为时间基准倒排计划，按提前期长短区别各个物品下达计划时间的先后顺序，是一种工业制造企业内物资计划管理模式。MRP是根据市场需求预测和顾客订单制订产品的生产计划，然后基于产品生成进度计划，组成产品的材料结构表和库存状况，通过计算机计算所需物料的需求量和需求时间，从而确定材料的加工进度和订货日程的一种实用技术。

2）制订MRP需要的基本数据

第一项数据是主生产计划，它指明在某一计划时间段内应生产出的各种产品和备件，它是物料需求计划制订的一个最重要的数据来源。

第二项数据是物料清单（BOM），它指明了物料之间的结构关系，以及每种物料需求的数量，它是物料需求计划系统中最为基础的数据。

第三项数据是库存记录，它把每个物料品目的现有库存量和计划接受量的实际状态反映出来。

第四项数据是提前期，决定着每种物料何时开工、何时完工。

应该说，这四项数据都是至关重要、缺一不可的。缺少其中任何一项或任何一项中的数据不完整，物料需求计划的制订都将是不准确的。因此，在制订物料需求计划之前，这四项数据都必须先完整地建立好，而且保证是绝对可靠的、可执行的数据。

3）MRP的计算步骤

一般来说，物料需求计划的制订是遵照先通过主生产计划导出有关物料的需求量与需求时间，然后，再根据物料的提前期确定投产或订货时间的计算思路。其基本计算步骤如下：

(1) 计算物料的毛需求量。即根据主生产计划、物料清单得到第一层级物料品目的毛需求量，再通过第一层级物料品目计算出下一层级物料品目的毛需求量，依次一直往下展开计算，直到最低层级原材料毛坯或采购件为止。

(2) 净需求量计算。即根据毛需求量、可用库存量、已分配量等计算出每种物料的净需求量。

(3) 批量计算。即由相关计划人员对物料生产做出批量策略决定，不管采用何种批量规则或不采用批量规则，净需求量计算后都应该表明有否批量要求。

(4) 安全库存量、废品率和损耗率等的计算。即由相关计划人员来规划是否要对每个物料的净需求量作这三项计算。

(5) 下达计划订单。即指通过以上计算后，根据提前期生成计划订单。物料需求计划所生成的计划订单，要通过能力资源平衡确认后，才能开始正式下达计划订单。

(6) 再一次计算。物料需求计划的再次生成大致有两种方式，第一种方式会对库存信息重新计算，同时覆盖原来计算的数据，生成的是全新的物料需求计划；第二种方式则只是在制订、生成物料需求计划的条件发生变化时，才相应地更新物料需求计划有关部分的记录。这两种生成方式都有实际应用的案例，至于选择哪一种要看企业实际的条件和状况。

8.3.2 JIT技术

1）JIT技术的含义

JIT指的是，将必要的零件以必要的数量在必要的时间送到生产线，并且只将所需要的零件、只以所需要的数量、只在正好需要的时间送到生产线。这是为适应20世纪60年代消费需要变得多样化、个性化而建立的一种生产体系及为此生产体系服务的物流体系。

2）JIT技术的实现目标

JIT生产方式将“获取最大利润”作为企业经营的最终目标，将“降低成本”作为基本目标。在福特时代，降低成本主要是依靠单一品种的规模生产来实现的。但是在多品种中小批量生产的情况下，这一方法是行不通的。因此，JIT生产方式力图通过“彻底消除浪费”来达到这一目标。

浪费，在JIT生产方式的起源地丰田汽车公司，被定义为“只使成本增加的生产诸因素”，也就是说，不会带来任何附加价值的诸因素。任何活动对于产出没有直接的效益便被视为浪费。其中，最主要的有生产过剩（即库存）所引起的浪费。搬运的动作、机器准备、存货、不良品的重新加工等都被看作浪费；同时，在JIT的生产方式下，浪费的产生通常被认为是由不良的管理所造成的。比如，大量原材料的存在可能便是由于供应商管理不良所造成的。因此，为了排除这些浪费，就相应地产生了适量生产、弹性配置作业人数以及保证质量这样三个子目录。

3）JIT技术的实施手段

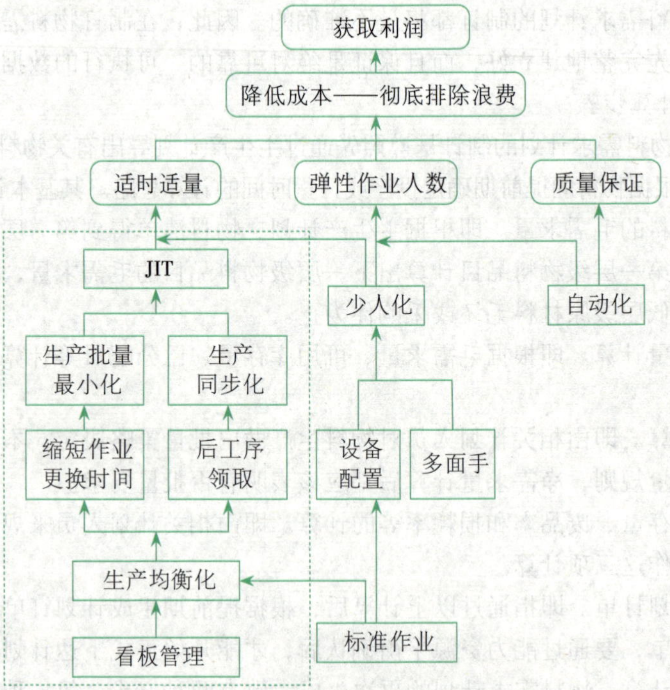

图8-3 JIT技术的实施过程

如图8-3所示，JIT技术的实际应用包含了纷繁复杂的内容，从实施手段和工具的角度也因企业和生产方式的差异而不同。但从JIT的核心思想出发，为了达到降低成本这一基本目标，对应于上述基本目标的三个子目标，JIT生产方式的基本手段也可以概括为下述三方面：

（1）生产流程化。它是按生产汽车所需的工序从最后一个工序开始往前推，确定前面一个工序的类别，并依次恰当安排生产流程，根据流程与每个环节所需库存数量和时间先后来安排库存和组织物流。尽量减少物资在生产现场的停滞与搬运，让物资在生产流程上毫无阻碍地流动。

“在需要的时候，按需要的量生产所需的产品”。对企业来说，各种产品的产量都必须能够灵活地适应市场需要量的变化。众所周知，生产过剩会导致人员、设备、库存费用等一系列的浪费。避免这些浪费的手段就是适时适量生产，只在市场需要的时候生产市场需要的产品。

（2）生产均衡化。它是实现适时适量生产的前提条件。生产的均衡化，是指总装配线在向前工序领取零部件时应均衡地使用各种零部件，生产各种产品。为此在制订生产计划时就必须加以考虑，然后将其体现于产品生产顺序计划之中。在制造阶段，均衡化通过专用设备通用化和制定标准作业来实现。专用设备通用化，是指通过在专用设备上增加一些工夹具的方法使之能够加工多种不同的产品。标准作业是指将作业节拍内一个作业人员所应担当的一系列作业内容标准化。

生产中将一周或一日的生产量按分秒时间进行平均，所有生产流程都按此来组织生产，这样流水线上每个作业环节上单位时间必须完成多少作业就有了标准定额，所在环节都按标准定额组织生产，因此要按此生产定额均衡地组织物资的供应、安排物品的流动。因为JIT生产方式的生产是按周或按日平均的，所以与传统的大生产、按批量生产的方式不同，JIT的均衡化生产中无批次生产的概念。

（3）资源配置合理化。它是实现降低成本目标的最终途径，具体指在生产线内外，所有的设备、人员和零部件都得到最合理的调配和分派，在最需要的时候以最及时的方式到位。

就设备而言，设备包括相关模具实现快速装换调整，例如，丰田公司发明并采用的设备快速装换调整的方法是SMED法。丰田公司所有大中型设备的装换调整操作均能够在10分钟之内完成，这为“多品种、小批量”的均衡化生产奠定了基础。

在生产区间，需要设备和原材料的合理放置。快速装换调整为满足后工序频繁领取零部件制品的生产要求和“多品种、小批量”的均衡化生产提供了重要的基础。但是，这种频繁领取制品的方式必然增加运输作业量和运输成本，特别是如果运输不便，将会影响准时化生产的顺利进行。合理布置设备，特别是U型单元联结而成的“组合U型生产线”，可以大大简化运输作业，使得单位时间内零件制品运输次数增加，但运输费用并不增加或增加很少，为小批量频繁运输和单件生产单件传送奠定基础。

8.3.3 VMI技术

1）VMI技术的含义

VMI，全称Vendor Managed Inventory，即供应商库存管理，是一种以供需双方都获得最低成本为目的，在一个共同的协议下由供应商管理库存，并不断监督协议执行情况和修正协议内容，使库存管理得到持续地改进的合作性策略。

VMI是在QR（快速响应，Quick Response）和ECR（有效客户响应，Efficient Customer Response）基础上发展而来的，其核心思想是供应商通过共享用户企业的当前库存和实际耗用数据，按照实际的消耗模型、消耗趋势和补货策略进行有实际根据的补货。如图8-4所示。

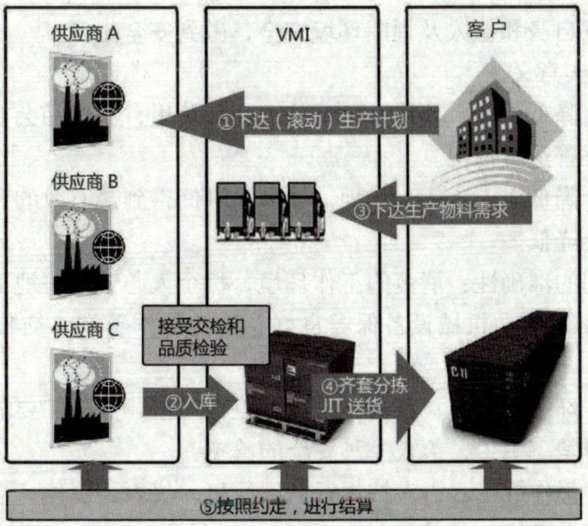

图8-4　供应商-制造商VMI运作模式

2）VMI技术的特点

（1）信息共享。零售商（在制造业为生产商）帮助供应商更有效地做出计划，供应商从零售商处获得销售点数据并使用该数据来协调其生产、库存活动及零售商的实际销售活动。

（2）供应商拥有、管理库存。供应商完全管理和拥有库存，直到零售商将其售出为止，但是零售商对库存有看管义务，并对库存物品的损伤或损坏负责。

实施VMI有很多优点：首先，供应商拥有库存，对零售商来说，可以省去多余的订货部门，使人工任务自动化，可以从过程中去除不必要的控制步骤，使库存成本更低，服务水平更高。其次，供应商拥有库存，他会对库存考虑更多，并尽可能进行更为有效的管理，通过协调向多个零售商生产与配送，进一步降低总成本。

（3）需求准确预测。供应商能按照销售时点的数据，对需求做出预测，能更准确地确定订货批量，减少预测的不确定性，从而减少安全库存量，存储与供货成本更小，同时，供应商能更快响应用户需求，提高服务水平，使用户的库存水平也降低。

想一想 以上几种技术分别适用于哪种情况？

任务四 仓储的7S管理

1）7S管理的定义

整理：制定标准，区分要与不要的东西，要的东西整理好，不要的东西处理掉。

整顿：要用的东西定点、定位、定区、定量地放置整齐，明确标识。

清扫：清除工作区域内的一切脏污、防止污染发生、美化环境。

清洁：将前面的3S作为基准、制定制度，保持其取得的成果。

素养：人人按规章制度行事，仪表、仪体、端庄、养成良好的习惯。

节约：人人自我约束，从小事做起，培养节约意识。

安全：时刻注意自身和他人及周围环境安全，做到安全生产。

2）7S管理的现实意义

（1）提升质量，降低不良：整洁、美观的工作环境里，不良品会非常显眼，及时地加以管控，能有效地改善这种情况。

（2）减少浪费，降低成本：人、场地、物品、时间得到最有效的利用，将浪费减少到最低，成本自然就会降低。

（3）确保交货期的准确性：清爽的工作环境，每个人心情愉快地工作，物品、工具摆放得清清楚楚、一目了然，机械设备保养良好，运输工作正常，交货的日期自然就不会延误。

（4）安全保障、环境无伤害：整洁、整齐的工作环境，危险品要隔离管制，要做好标识，目视标识卡要清楚、明了，给人一种安全的感觉。

（5）气氛融洽、工作规范：人人按规章制度行事，仪表、仪体、端庄、养成良好的习惯。现场人员人际关系良好、和谐。

任务五　人工智能技术支撑下的安全管理

8.5.1　智能安防

智能安防是指服务的信息化、图像的传输和存储技术，应具备防盗报警系统、视频监控报警系统、出入口控制报警系统、保安人员巡更报警系统、GPS车辆报警管理系统和110报警联网传输系统等。

随着科学技术的发展与进步，信息技术已迈入了一个全新的领域，智能化安防技术与计算机之间的界限正在逐步消失。没有安防技术，社会就会显得不安宁，世界科学技术的前进和发展就会受到影响。

物联网技术的普及应用，使得城市的安防从过去简单的安全防护系统向城市综合化体系演变。城市的安防项目涵盖众多的领域，有街道社区、楼宇建筑、银行邮局、道路监控、机动车辆、警务人员、移动物体、船只等。特别是针对重要场所，如机场、码头、水电气厂、桥梁大坝、河道、地铁等场所，引入物联网技术后可以通过无线移动、跟踪定位等手段建立全方位的立体防护，兼顾了整体城市管理系统、环保监测系统、交通管理系统、应急指挥系统等应用的综合体系。特别是车联网的兴起，在公共交通管理、车辆事故处理、车辆偷盗防范上，可以更加快捷、准确地跟踪定位并处理，还可以随时随地地通过车辆获取更加精准的灾难事故信息、道路流量信息、车辆位置信息、公共设施安全信息、气象信息等信息来源。

8.5.2　机房环境监控系统

1）机房环境监控系统的含义

机房环境监控系统是一个综合利用计算机网络技术、数据库技术、通信技术、自动控制技术、新型传感技术等构成的计算机网络，提供的一种以计算机技术为基础、基于集中管理监控模式的自动化、智能化和高效率的技术手段。该系统的监控对象主要是机房动力和环境设备等设备（如配电、UPS、空调、温湿度、漏水、烟雾、视频、门禁、防雷、消防系统等）。

2）机房环境监控系统的功能

（1）监控功能。传统的机房管理采用的是每天定时巡视的制度，比如早晚各一次检查，并且将设备的一些核心运行参数进行人工笔录后存档。这样取得的数据只限于特定时段，工作单调而且耗费人力。而机房环境监控系统实时监控功能可解决此问题。

系统具有遥信、遥测、遥控和遥调等“四遥”功能，对整个系统进行集中监控管理，实现少人值守和无人值守的目标。

系统可实时收集各设备的运行参数、工作状态及告警信息。本系统能对智能型和非智能型的设备进行监控，准确地实现遥信、遥测、遥控及遥调等“四遥”功能，既能真实地监测监控现场对象设备的各种工作状态、运行参数，又能根据需要远程对监控现场对象进行方便的控制操作，还能远程对具有可配置运行参数的现场对象的参数进行修改。

系统设置各级控制操作权限。如果需要并得到相应授权，系统管理人员可以对系统监控对象、人员权限等进行配置；系统值班操作人员可以对有关设备进行遥控或遥调，以便处理相关事件或调整设备工作状态，确保机房设备等在最佳状态下运行。

（2）告警功能。

① 无论监控系统控制台处于任何界面，均应及时自动提示告警，显示并打印告警信息。所有告警一律采用可视、可闻声光告警信号。

② 不同等级的告警信号应采用不同的显示颜色和告警声响。紧急告警标识为红色标识闪烁，重要告警为粉红色标识闪烁，一般告警为黄色标识闪烁。

③ 发生告警时，应由维护人员进行告警确认。如果在规定时间内（根据通信线路情况确定）未确认，可根据设定条件自动通过电话或手机等通知相关人员。告警在确认后，声光告警应停止，在发生新告警时，应能再次触发声光告警功能。

④ 具有多地点、多事件的并发告警功能，无丢失告警信息，告警准确率为100%。

⑤ 系统能对不需要做出反应的告警进行屏蔽、过滤。

⑥ 系统能根据需要对各种历史告警的信息进行查询、统计和打印。各种告警信息不能在任何地方进行更改。

⑦ 系统除对监控对象具有告警功能外，还能进行自诊断（如系统掉电、通信线路中断等），能直观地显示故障内容，从而使系统具有稳定自保护能力。

⑧ 系统具有根据用户的要求，方便快捷地进行告警查询和处理的功能。

⑨ 系统告警可以根据不同的需求进行配置，如告警级别、告警屏蔽、告警门限值等。

⑩ 具有电子化闭环派单功能，实现派单、接单、维护、复单、销单的故障全处理过程。

3）配置管理功能

当系统初建、设备变更或增减时，系统管理维护人员，能使用配置功能进行系统配置，确保配置参数与设备实情的一致性。

当系统值班人员或系统管理维护人员有人事变动时，可使用配置功能对相关人员进行相应的授权。

在系统运行时，系统管理维护人员也可使用系统配置功能，配置监控系统的运行参数，确保监控系统高效、准确地运行。

系统管理维护人员也可使用系统配置功能，对设备参数的显示方式、位置、大小、颜色等进行配置，以达到美化界面的效果。

配置管理操作简单、方便、扩容性好，可进行在线配置，不会中断系统正常运行。

监控系统具有远程监控管理功能，可在中心或远程进行现场参数的配置及修改。

系统按片区、按专业进行配置，按片区、按专业进行显示。

4）安全管理功能

系统提供多级口令和多级授权，以保证系统的安全性；系统对所有的操作进行记录，以备查询；系统对值班人员的交接班进行管理。

监控系统有设备操作记录，设备操作记录包括操作人员工号、被操作设备名称、操作内容、操作时间等。

监控系统有操作人员登录及退出时间记录。

监控系统有容错能力，不能因为用户误操作等原因使系统出错、退出或死机。

监控系统具有对本身硬件故障、各监控级间的通信故障、软件运行故障的自诊断功能，并给出告警提示。

系统具有来电自启动功能。

系统具有系统数据备份和恢复功能。

5）报表管理功能

系统能提供所有设备运行历史数据、统计资料、交接班日志、派修工单及曲线图的查询、报表、统计、分类、打印等功能，供电源运行维护人员分析研究之用。

系统还具备用户自定义报表功能。

本系统可对被监控设备相关的信息进行管理，包括设备的各种技术指标、价格、出厂日期、运行情况、维护维修情况、设备的安装接线图表等，可以收集、显示并记录管辖区内各机房监视点的状态及运作数据资料，为管理人员提供全方位的信息查询服务。

8.5.3　智能仓库监测系统

仓库作为储存物品的设施，具备储存保管、调节供需、调节货物运输、信息传递、流通配送等功能，其中，针对存储物品性质的特殊性，需要对仓库进行管理。

1）传统仓库面临的主要问题

（1）仓库分类多，工作温度范围不一样，专业性强、管理难度大。

（2）人工操作管理，大面积、多库房管理强度高。

（3）人工巡查易出现巡查不到位，无法发现故障隐患，无法做到24小时管理。

（4）仓库的制冷、制热等环控设备故障发现有时差，造成物品损坏、变质。

（5）仓库实时环境数据监控不到位，导致长期存储的物品品质下降。

2）智能仓库监测系统组成

（1）感知系统：安装于仓库内，常用设备有空气温湿度传感器、烟雾传感器、水浸报警器、声光报警器等，负责实时监测仓库各项指标及现场报警。

（2）测控终端：负责对仓库环控设备的控制，以智能控制终端为主，配合智能控制面板等设备，实现对环控设备的启停控制。

（3）监控平台：负责数据的接收、过滤、存储、处理、统计分析并提供实时数据查询等任务，以安卓/iOS手机APP、电脑网页/软件等形式应用在信息终端上，可实时了解到各仓库车间环境指数。

3）智能仓库监测系统功能：

（1）在线监测：24小时在线监测仓库的温湿度、烟感、水浸情况等参数，直观以数字、曲线图形式显示仓库实时状态。

（2）远程控制：具备逻辑控制功能，根据监测参数变化与预设管理规则，自动控制空调、风机、冷凝器、加热器等设备的启停，稳定仓库环境。

（3）自动示警：当发生温度、二氧化碳浓度过高或过低等紧急事件，或联动控制设备出现异常状况时，系统自动以平台信息推送、微信公众号通知、管理者手机信息等方式告警，提醒管理人员介入排查。

（4）数据管理：历史数据自动存储，形成统计报表，可以时间为条件查询历史记录，支持查询报表导出，导出Excel形式，可打印。

（5）系统联用：支持与智慧楼宇、智能照明等物联网系统联用。

（6）功能扩展：支持对机柜微环境监测、门磁门禁等系统进行管理；支持定制服务。

8.5.4 信息系统安全管理

1）信息系统安全管理的认识

在信息系统工程中，信息安全涵盖了人工和自动信息处理的安全。网络化和非网络化的信息系统安全，泛指一切以声、光、电信号、磁信号、语音以及约定形式为载体的信息的安全。

信息系统安全是指确保以电磁信息为主要形式的、在信息网络系统进行通信、处理和使用的信息内容，在各个物理位置、逻辑区域、存储和传输介质中，处于动态和静态过程中的保密性、完整性和可用性，以及与人、网络、环境有关的技术安全、结构安全和管理安全的总和。

2）从不同角度看待信息系统安全管理的意义

信息系统安全的具体含义和侧重点会随着观察者的角度而不断变化。

从个人用户的角度来说，最为关心的信息系统安全问题是如何保证涉及个人隐私的数据的安全。

从企业用户的角度来说，是如何保证涉及商业利益的数据的安全。这些个人数据或企业的信息在传输过程中要保证其受到保密性、完整性和可用性的保护，避免其他人，特别是其竞争对手利用窃听、冒充、篡改、抵赖等手段，对其利益和隐私造成损害和侵犯，同时用户也希望其保存在某个网络信息系统中的数据，不会受其他非授权用户的访问和破坏。

从网络运行和管理者角度来说，最为关心的信息系统安全问题是如何保护和控制其他人对本地网络信息的访问、读写等操作。比如，避免出现漏洞陷阱、病毒、非法存取、拒绝服务、网络资源非法占用和非法控制等现象，制止和防御网络“黑客”的攻击。

从安全保密部门和国家行政部门角度来说，最为关心的信息系统安全问题是如何对非法的、有害的或涉及国家机密的信息进行有效过滤和防堵，避免非法泄露。机密敏感的信息被泄露后将会对社会的安定产生危害，对国家造成巨大的经济损失和政治损失。

从社会教育和意识形态角度来说，最为关心的信息系统安全问题则是如何杜绝和控制网络上不健康的内容。有害的不健康的内容会对社会的稳定和人类的发展造成不良影响。

目前，信息系统工程在企业和政府组织中得到了真正的广泛应用。许多组织对其信息系统不断增长的依赖性，加上在信息系统上运作业务的风险、收益和机会，使得信息和信息安全成为企业和政府组织管理中越来越关键的部分。我们同时也要注意到，对于信息化的不同应用，安全的策略和安全管理的目的也有所不同。

基本训练

基本训练8

一、单项选择题

1.在定量订货法中，主要靠控制（　　）这两个参数来控制订货。

A.安全库存与订货量　　B.订货点与安全库存

C.交纳周期与安全库存　　D.订货点与订货量

2.订货提前期是（ ）。

A.从发出订货算起到接收该订货所用的时间

B.从发出订货算起到下一次订货间隔的时间

C.从接收上一次订货的时间算起到下一次接收订货所用的时间

D.从接收上一次订货的时间算起到发出下一个订货所用的时间

3.公司计划在未来一年内采购C货物8 000千克，每次采购相同的数量，已知每次采购成本为50元，每千克货物的全年库存成本为5元，C货物的价格为80元/千克。C货物的经济订货批量为（ ）千克。

A.1 600　B.400　C.40　D.8 000

4.单次订购数量过小，会造成（ ）。

A.采购成本过高　B.储存成本过高

C.安全库存水平过高　D.库存风险成本过高

5.以下（ ）不属于有批量价格折扣的EOQ模型的假设条件。

A.不考虑缺货成本　B.每天的需求量是固定的

C.采购价格与订货数量无关　D.对单次采购量无最大或最小的限制

6.下列有关多周期库存的描述正确的是（ ）。

A.也叫一次性订货

B.在较长时间内需求反复发生，需要不断补充库存

C.这种需求具有较高的时效性

D.只有订货量是该问题的决策变量

二、多项选择题

1.库存控制的方法有（ ）。

A.定量订货法　B.定期订货法　C.ABC分类法　D.动态调整法

2.库存控制的技术包括（ ）。

A.MRP　B.JIT　C.VMI　D.MTO

3.以下属于智能仓库监测系统组成部分的有（ ）。

A.数据平台　B.感知系统　C.监控平台　D.测控终端

4.物料需求计划（MRP）系统的主要输入包括（ ）。

A.主生产计划（MPS）　B.产品结构清单（BOM）

C.库存记录　D.市场销售数据

5.准时制（JIT）库存管理的主要特点包括（ ）。

A.大量安全库存　B.供应商频繁小批量送货

C.高库存周转率　D.依赖精确的需求预测

6.供应商管理库存（VMI）的特点包括（ ）。

A.供应商负责监控和补充客户的库存　B.客户自行决定订货时间和数量

C.信息透明度较低　D.适用于供应链合作关系紧密的场景

三、简答题

1.库存控制的基本问题是什么？

2.JIT技术有哪些优缺点？

3.人工智能技术给库存管理带来哪些便利？

四、实训题

实训目的：掌握物动量ABC分析的原理与操作流程，能通过数据分析识别关键物料，制定分类管理策略，提出优化建议，提升仓库拣货效率，降低库存成本。

实训内容及步骤：

步骤1　数据处理

1.根据图8-5计算每种物料的总出库量（出库次数×单次出库量）。

物料编号	月出库次数	单次出库量（件）	货架位置
M001	180	25	A区-01
M002	150	20	B区-05
M003	120	18	A区-03
M004	100	15	B区-02
M005	90	12	A区-06
M006	85	10	B区-08
M007	80	9	C区-04
M008	75	8	B区-07
M009	70	7	C区-10
M010	65	6	A区-09
M011	60	5	C区-12
M012	55	5	B区-11
M013	50	4	C区-15
M014	45	4	A区-14
M015	40	3	B区-13
M016	35	3	C区-17
M017	30	3	A区-16
M018	25	2	B区-18
M019	20	2	C区-20
M020	18	2	A区-19
M021	15	2	B区-21
M022	12	2	C区-22
M023	10	2	A区-23
M024	8	2	B区-24
M025	6	2	C区-25
M026	5	2	A区-26
M027	5	1	B区-27
M028	4	1	C区-28
M029	3	1	A区-29
M030	2	1	B区-30

图8-5　某仓库30种物料的数据

2.按总出库量从高到低排序，生成排序表。

步骤2　物动量ABC分类计算

1.计算每项物料占总出库量的百分比及累计百分比。

2.根据累计百分比划分ABC类（参考标准：A类累计70%、B类累计90%、剩余为C类）。

3.绘制帕累托图（出库量分布曲线和累计百分比折线），标注ABC分类线。

步骤3　分类策略制定

1.对ABC三类物料提出管理策略。

2.结合货架位置现状，提出拣货路径优化建议。

实训结果：

1.提交分析报告（含数据表、帕累托图、分类结果表）。

2.用PPT展示优化方案，需包含当前仓库问题分析、ABC分类结果及依据、具体管理策略与预期效果。

项目九　智慧配送与运营管理

本项目思维导图

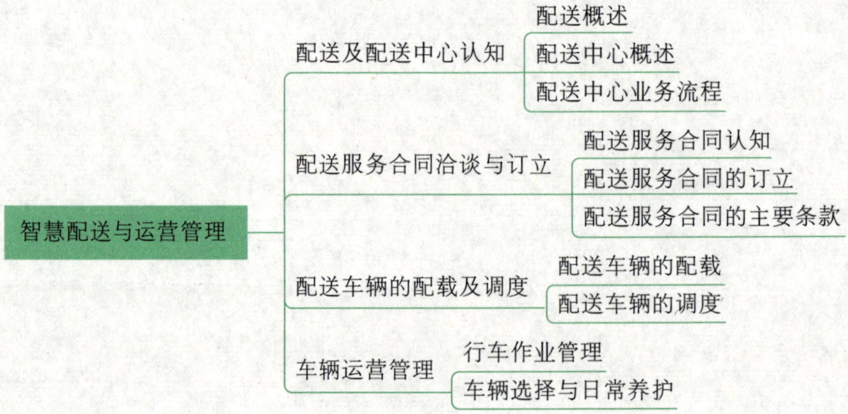

学习目标

知识目标：

（1）了解配送的相关概念；

（2）了解配送服务合同的内容；

（3）了解配送车辆的配载及调度；

（4）了解车辆运营管理的方法。

能力目标：

（1）能够进行配送业务操作；

（2）能够掌握配送合同的相关条款；

（3）能够进行车辆调度；

（4）具备车辆行车作业管理的能力。

素养目标：

（1）培养学生具备独立思考、分析问题和解决问题的能力；

（2）培养学生对待工作认真细致的态度；

（3）培养学生的安全意识，引导学生要自觉规范操作。

重难点：

（1）配送中心业务流程；

（2）配送中心的功能；

(3) 车辆调度工作的原则。

案例导入

依托供应链生态体系 实施城乡一体化配送

青岛日日顺物流有限公司（以下简称日日顺物流），是海尔集团旗下物流服务品牌，先后历经了企业物流、物流企业、平台企业、生态企业四个发展阶段。日日顺物流依托先进的管理理念和物流技术，整合网络资源，搭建起开放的专业化、标准化、智能化大件物流场景生态服务平台，为品牌商和用户提供“仓、干、配、装、揽、鉴、修、访”全链路、全流程服务体验，曾获得国家发改委和商务部联合授予的“国家智能化仓储物流示范基地”，美国供应链管理专业协会评选的“中国供应链管理示范企业”等荣誉称号。

日日顺物流建立到村的农村物流体系——“城村通”平台（如图9-1所示），平台由县级共配中心、镇级服务站、村级服务站和班车线路组成，以县城为仓储共配物流枢纽，依托乡镇建立前置仓，打通辐射乡村的班车路线，开展城市与农村之间定点、定时、定线往返配送，实现工业品、快消品、快递等产品到镇到村，农特产品上行到城市。

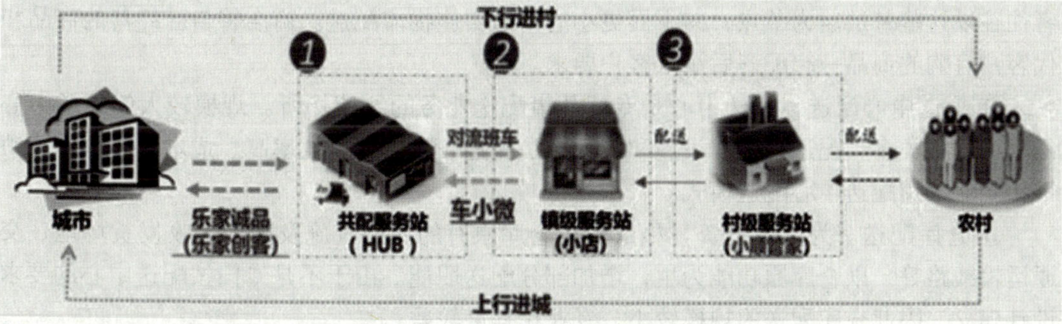

图9-1 “城村通”物流服务平台

“城村通”作为开放的物流服务平台，整合各类快递（三通一达等）、快运资源，搭建便于操作的统一系统流程，帮助村民选择适合的物流服务产品，满足村民“在家门口”收发件需求，有效解决乡镇快件进城难、成本高难题，同时规避了电商、快递、快运企业为派件揽件重复建设网点的问题。一方面，平台为用户、商家、快递企业提供县→镇→村的零担运输服务，按照重量、体积计费，用户可自行下单，由县级、镇级运营中心提供配送、安装等服务。另一方面，在各镇、村揽件后，统一送至县级物流枢纽，再按村民各自选择的快递、快运企业进行分拨。

资料来源 作者根据网络相关资料整理.

任务一 配送及配送中心认知

9.1.1 配送概述

1）配送的概念

配送是指在经济合理的区域范围内，根据用户的要求，对物品进行拣选、加工、包装、分割、组配等作业，并按时送达指定地点的物流活动（参见《中华人民共和国国家标准物流术语》）。配送是物流中一种特殊的、综合的活动形式，配送集存储、运输、装卸搬运、包装、信息处理于一身，几乎包括了所有的物流功能要素，是现代物流的一个缩影。特殊的配送还涉及流通加工。配送业务中，除了送货，还有拣选、分货、包装、分割、组配、配货等工作，这些工作必须依靠先进的信息管理系统、条形码技术（BarCode）、地理信息系统（Geographical Information System，GIS）、全球卫星定位系统（GPS）、射频技术（Radio Frequency Identification，RFID）等，以提高工作准确性和工作效率，使配送工作在规模、水平、效率、速度、质量等方面远远超过以往的送货形式，使配送作业成为一种现代化的作业系统。

微课 9-1

配送模式

2）配送的分类

为了满足不同企业、不同产品、不同流通环境的要求，配送分为多种形式。

第一，按配送组织者不同分类。根据配送组织者不同，配送可以分为商店配送、配送中心配送、仓库配送、生产企业配送。

① 商店配送。有些商店或连锁直营店除具备销售商品功能外，为了节约成本，组织者往往以这些基层店为节点，向下面更小的商店实施物流配送。商店将自己经营的商品和代客户订购的商品一起配齐后满足客户要求。

② 配送中心配送。配送中心是专门从事配送业务的物流场所。规模较大的配送中心经营商品种类多、配送量大、设施和管理方法先进，物流配送效率高、成本低。很多连锁零售企业采用配送中心配送模式。

③ 仓库配送。为减少投资，尽量利用仓库原有的储备设施及能力、收发货场地、交通运输线路等，以仓库原功能为主，增加部分配送职能。由于不是专门按配送中心的要求设计建立，因此仓库配送的规模较小，专业化程度较差。

④ 生产企业配送。进行多品种生产的大型企业，可以直接由本企业进行配送而无须再将产品发运到配送中心中转。

第二，按配送的商品种类及数量不同分类。按配送的商品种类及数量不同，配送可以分为少（单）品种、大批量，多品种、少批量，配套成套配送。

① 少（单）品种、大批量配送。对于规模较大的工业企业，由于原材料等需求量大，少量几个品种或单独一个品种就可以实现整车运输。因为几乎不需要进行商品搭配，此时从生产企业将这些商品直接运给用户，效果往往较好。

② 多品种、少批量配送。随着市场竞争的加剧，在避免产品过时滞销和降低库存成本的双重压力下，许多生产企业、商业企业都减少了进货存货量，以快捷的配送替代库存的策略得到广泛实施。因此，多品种、少批量配送日益增加。现在许多连锁企业都实施了多品种、少批量配送。这种配送形式难度较大，对管理程度要求较高。

③ 配套成套配送。一些汽车组装等装备型企业，需要的零部件品种规格很多，这些零部件往往由众多的供应商分别供应。组装企业为减少流动资金的占用，降低库存成本，一次要货量逐步减少，每个供应商单独送货导致了单品送货成本高、零部件配套烦琐等问题。在适当的位置设立配送中心，集齐零部件后按组装要求事先进行零部件的配套，再按

生产节奏向企业定时送达配好的成套零部件。配送中心承担了生产企业大部分的供应工作，使生产企业专注于生产组装环节。

第三，按配送时间及数量不同分类。按配送时间及数量不同，配送可以分为定时配送，定量配送，定时、定量配送，定时、定线路配送，即时配送。

① 定时配送。它是指按规定时间间隔进行配送，比如数天或数小时等。这种配送模式计划性强，相对易于操作。

② 定量配送。它是指按照规定的批量，在一个指定的时间范围内进行配送。由于数量固定，备货工作较为简单，能够有计划地利用托盘、集装箱等组配货物，实现整车配送，提高配送效率。

③ 定时、定量配送。它是指按照所规定的配送时间和配送数量进行配送。对于生产节奏相对稳定的企业，在一段时间内可以采用。

④ 定时、定线路配送。它是指在规定的运行路线上，制定到达时间表，按到达时间表进行配送。在经济发达、用户较多的地区，通常采用这种方式安排固定的班线进行配送。

⑤ 即时配送。它是指完全按照用户突然提出的时间、品种、数量等配送要求，随即进行配送的方式。这种配送方式要求配送企业有较高的灵活性和应急性，配送成本往往较高。

第四，按经营形式不同分类。按经营形式不同，配送可以分为销售配送，供应配送，销售-供应一体化配送，代存、代供配送。

① 销售配送。它是指为已销售商品进行的配送服务工作。以低成本、高效快捷的配送服务满足客户需求是销售企业的竞争策略之一，良好的配送服务可以增加客户的满意度和忠诚度。

② 供应配送。它是指为了企业的生产或销售需要进行的配送。例如，连锁零售企业集中采购后以配送中心为据点向若干连锁门店进行供应配送，汽车组装企业将采购的零部件成套配套后向组装车间进行供应配送。

③ 销售-供应一体化配送。它是指销售企业可以在自己销售商品的同时，承担向其他用户配送供应商品的职能。一些连锁直营店兼具向加盟店进行供应配送的职能。

④ 代存、代供配送。它是指用户将属于自己的货物委托给配送企业代存、代供，有时还委托代订。这种配送在实施时不发生商品所有权的转移，商品所有权在配送前后都属于用户所有，所发生的仅是商品物理位置的转移。配送企业只是用户的委托代理人，仅从代存、代供中获取收益。

9.1.2 配送中心概述

1）配送中心的概念

配送中心是指从事配送业务的物流场所或组织，应基本符合下列要求：①主要为特定的用户服务；②配送功能健全；③完善的信息网络；④辐射范围小；⑤多品种、小批量；⑥以配送为主，储存为辅。这是《中华人民共和国国家标准物流术语》的描述。

2）配送中心的功能

（1）采购功能。配送中心必须采购所要供应配送的商品，才能及时准确地为用户提供配送服务。有些商品是配送中心根据配送业务预估，事先实施采购，有些商品可能等到有顾客配送订单后再实施采购，然后快速配送。

（2）存储保管功能。为满足用户的随机需求，保证正常配送的需要，配送中心需要保持一定量的商品储备，同时要做好商品保管、保养工作，以确保储备商品的数量准确，质量完好。一些存储功能强大的配送中心普遍采用立体货架，增加单位面积的存储数量。

（3）分拣、配组功能。每个用户对商品的品种、规格、型号、数量、质量、送达时间等要求不同，配送中心必须按用户订单要求对商品进行分拣和配组。强大的分拣能力是配送中心实现按客户要求组织送货的基础。有些配送中心分拣业务量很大，为了同时向不同的用户配送多种货物。配送中心必须采取适当方式拣选货物，提高拣选效率和拣选准确率。分拣、配组是配送中心的重要特征之一，也是与传统仓库的明显差别。

微课 9-2

流通加工

（4）流通加工功能。为解决生产及采购中追求大批量、少规格和消费中追求小批量、多样化要求的矛盾，配送中心按照用户对货物的不同要求对商品进行分装、配组、分割、贴标签等简单加工，满足用户小批量、多批次、个性化的配送要求。某些配送中心对不同供应商的零部件进行配套后送货供应，以平衡生产成本和流通成本。

（5）信息处理功能。配送中心可以对采购商品、数量、到货情况、库存品种及数量、货物储位、保质期、周转情况、人力安排、客户订单特性、成本构成等多种信息进行汇总、分析，为管理决策提供参考依据，并把相关信息传递给企业有关部门，加强部门间合作和供应链管理，提升管理效益。

（6）送货功能。将组配好的货物按顺序装车，按客户要求及优化的线路进行送货。运输车辆可用自己的车队或租用社会车辆。

（7）集散及衔接功能。在一个大的物流系统中，配送中心将不同生产企业的产品集中后，通过分拣、配货、配装等环节向多家用户进行发送。配送中心凭借其在物流系统中的特殊地位，在产、销之间建立起缓冲平台，衔接生产与消费、供应与需求。

9.1.3 配送中心业务流程

配送中心在运转过程中，必须合理安排各个作业环节及其先后顺序，即优化配送业务流程，减少浪费环节和无效劳动，提高作业效率，降低运作成本。配送中心因其在供应链中所处环节不同，配送货物特性、用途、需求状况、服务水平、服务对象等存在差别，各配送中心的配送流程也不尽相同，同一配送中心不同的货物或同一种货物针对不同客户的配送流程都有较大差异。为满足零售店铺多品种、小批量的订货需要和消费者在购买商品后对配送的时限要求，配送中心必须合理安排备货、储存、拣选、分拣、流通加工、配货、配装、送货等作业环节。以多品种、少批量、多批次、多用户为特点的商品需求，能够最有效地通过配送实现末端的资源配置。这种类型的配送对象，配送工艺流程比较复杂，具有代表性。这种配送流程通常被确定为标准的配送流程，如图9-2

所示。

想一想　如何确定最合适的配送路线？

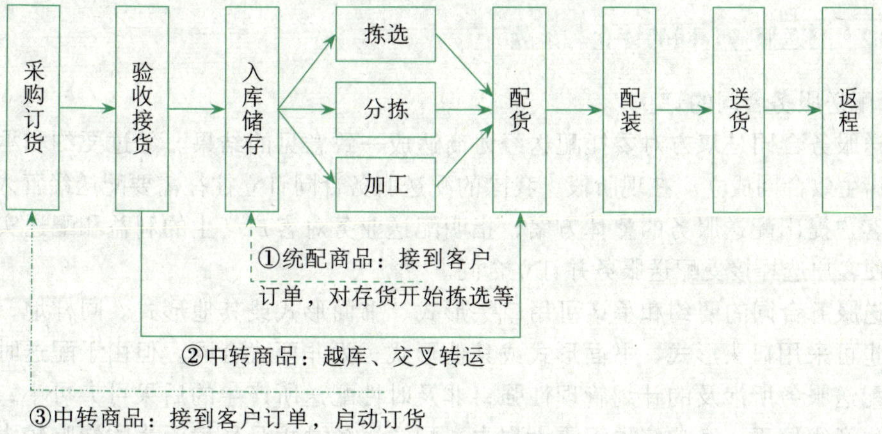

图9-2　标准配送流程

任务二　配送服务合同洽谈与订立

9.2.1　配送服务合同认知

1）配送服务合同的概念

配送服务合同是指配送经营人与配送委托人签订的有关确定配送服务权利和义务的协议。或者说，是配送服务经营人收取费用，将委托人委托的配送物品，在约定的时间和地点交付给收货人而订立的合同。委托人可以是收货、发货、贸易经营、商品出售、商品购买、物流经营、生产企业等配送物的所有人或占有人，也可以是企业、组织或者个人。

2）配送服务合同的种类

（1）独立配送服务合同。由独立经营配送业务的配送企业或个人或兼营配送业务的组织与配送委托人订立的仅涉及配送服务的独立合同。该合同仅仅用于调整双方在配送服务过程中的权利和义务关系，以配送行为为合同标的。

（2）附属配送服务合同。它是指在加工、贸易、运输、仓储或其他物质经营活动的合同中，附带地订立配送服务活动的权利和义务关系，配送服务活动没有独立订立合同。附属配送服务合同主要有仓储经营人与保管人在仓储合同中附带配送协议、运输合同中附带配送协议、销售合同中附带配送协议、物流合同中附带配送协议、生产加工合同中附带配送协议等。

（3）配送服务合同的其他分类。配送服务合同依据合同履行的期限还可分为定期配送服务合同和定量配送服务合同。定期配送服务合同是指双方决定在某一期间，由配送人为委托人承担的某些配送业务而订立的合同。定量配送服务合同则是配送人按照委托人的要求，按一定量的物品进行配送，直到该数量的物品配送完毕，则合同终止。

配送服务合同按照配送委托人身份的不同还可分为批发配送、零售配送、工厂配送等合同；依据配送物的不同可分为普通商品配送、食品配送、水果蔬菜配送、电器配送、原材料配送、零部件配送等合同；按照配送服务地理范围的不同可分为市内配送、地区配送、全国配送、跨国配送、全球配送等合同。

9.2.2 配送服务合同的订立与条款

1）配送服务合同的订立

配送服务合同是双方对委托配送经协商达成一致意见的结果。经过要约和承诺的过程，承诺生效合同成立。在现阶段，我国的配送服务合同订立往往需要配送经营人首先要约，向客户提出配送服务的整体方案，指明配送业务对客户产生的利益和配送实施的方法，以便客户选择接受配送服务并订立合同。

配送服务合同的要约和承诺可用口头形式、书面形式或其他形式。同样地，配送服务合同也可采用口头形式、书面形式或其他形式，为非要式合同。但由于配送时间延续较长，配送服务所涉及的计划管理性强；非及时性配送所产生的后果可大可小，甚至会发生如生产线停工、客户流失等重大损失；配送服务过程受环境因素的影响较大，如交通事故等，为了便于双方履行合同、利用合同解决争议，采用完整的书面合同最为合适。

2）配送服务合同的主要条款

无论是独立的配送服务合同，还是附属配送服务合同，都需要对配送服务活动当事人的权利和义务协商达成一致，并通过合同条款准确地表述。配送服务合同的主要条款包括以下几个方面：

（1）合同当事人。其是合同的责任主体，是所有合同都须明确表达的项目。

（2）配送服务合同的标的。它是将配送物品有计划地在确定时间和确定地点交付收货人。配送服务合同的标的是一种行为，因而配送服务合同是行为合同。

（3）配送方法，即配送要求，是合同双方协商同意配送所要达到的标准，是对合同标的完整细致的表述，根据委托方的需要和配送方的能力协商确定。配送方法有定量配送、定时配送、定时定量配送、即时配送、多点配送等多种方法。需要在合同中明确时间及其间隔、发货地点或送达地点、数量等配送资料。配送方法还包括配送人对配送物处理的行为约定，如配装、分类、装箱等。配送方法变更的方法，如订单调整等。

（4）标的物。配送的对象，可以为生产资料或生活资料，但必须是动产，有形的财产。配送物的种类品名、包装、单重、尺度体积、性质等决定了配送的操作方法和难易程度。

（5）当事人权利与义务。在合同中明确双方当事人需要履行的行为或者不作为的约定。

（6）违约责任。约定任何一方违反合同约定时都需向对方承担的责任。违约责任约定有违约行为需支付的违约金的数量，违约造成对方损失的赔偿责任及赔偿方法，违约方继续履行合同的条件等。

（7）补救措施。其本身是违约责任的一种，但由于配送合同的未履行可能产生极其严重的后果，为避免损失的扩大，合同约定发生一些可能产生严重后果的违约补救方法，如紧急送货、就地采购等措施的采用条件和责任承担等。

（8）配送费和价格调整。配送费是配送经营人订立配送合同的目的。配送人的配送费应该弥补其开展配送业务的成本支出和获取可能得到的收益。合同中需要明确配送费的计费标准和计费方法，或者总费用，以及费用支付的方法。

由于配送合同持续时间长，在合同期间因为构成价格的成本要素价格发生变化，如劳动力价格、保险价格、燃料电力价格、路桥费等变化，为了使配送方不至于亏损，或者委托方也能分享成本降低的利益，允许对配送价格进行适当调整，在合同中订立价格调整条件和调整幅度的约定。

（9）合同期限和合同延续条款。对于按时间履行的配送合同，必须在合同中明确合同的起止时间，起止时间用明确的日期方式表达。由于大多数情况下配送关系建立后，都会保持很长的时间，这就会出现合同不断延续的情况。为了使延续合同不会发生较大的变化，简化延续合同的合同订立程序，往往在合同中确定延续合同的订立方法和基本条件要求。如提出续约的时间、没有异议时自然续约等约定。

（10）合同解除条款。配送服务合同都需要持续较长时间，为了使在履约中一方不因另一方能力的不足或没有履约诚意而招致损害，或者出现合同没有履行必要和履行可能时，又不至于发生违约，在合同中约定解除合同条款，包括解除合同的条件、解除合同的程序等。

（11）不可抗力和免责。不可抗力是指由于自然灾害、当事人不可抗拒的外来力量所造成的危害，如风暴、雨雪、地震、雾、山崩、洪水等自然灾害，还包括政府限制、战争、罢工等社会现象。不可抗力是《民法典》规定的免责条件，但《民法典》没有限定不可抗力的具体现象，对于一般认可的不可抗力虽已形成共识，但仅对配送仓储行为影响的特殊不可抗力的具体情况，如道路塞车等，以及需要在合同中陈述的当事人认为必要的免责事项需要在合同中明确。不可抗力条款还包括发生不可抗力的通知、协调方法等约定。

（12）其他约定事项。配送物种类繁多，配送方法多样，当事人在订立合同时需充分考虑到可能发生的事件和合同履行的需要，并达成一致意见，是避免发生合同争议的最彻底的方法。特别是涉及成本、行为的事项，更需事先明确。如以下几个方面：

配送容器的使用合同中约定在配送过程中需要使用的容器或送料厢等的尺度、材料质地；配送容器的提供者，是免费使用还是有偿使用，如何使用，合同期满时的处理方法等。损耗约定在配送中发生损失的允许耗损程度和耗损的赔偿责任；配送物超过耗损率时对收货人的补救措施等；发生收货人退货时的处理方法。一般约定由配送人先行接受和安置，然后向委托人汇报和约定委托人进行处理的要求与费用承担。与退货相类似的还可能约定配送废弃物、回收旧货等的处理方法，配送溢货的处理方法。信息传递方法约定双方使用的信息传递系统、传递方法、报表格式等。如采用生产企业的信息网络、每天传送存货报表等约定。

（13）争议处理。合同约定发生争议的处理方法，主要是约定仲裁、仲裁机构，或者约定管辖的法院。

（14）合同签署。合同由双方的法定代表人签署，并加盖企业合同专用章。私人订立合同的由其本人签署。合同签署的时间为合同订立时间，若两方签署的时间不同，后签时间为订立时间。

想一想 在拟定配送服务合同时要考虑哪些因素？

任务三 配送车辆的配载及调度

9.3.1 配送车辆的配载

微课 9-3

配装配载

1）车辆配载的原则

一般来说，轻重搭配是配载的最简单的原则。也就是说用重货铺底，以充分利用运输工具的载重量，轻泡货搭配以充分利用其可用空间体积。最后的结果是，轻重货的总重量加起来能无限接近限定载重量的最大值，轻重货的总体积加起来能无限接近限定体积数的最大值。但轻重货的搭配并不是随意的，而是要达到上面所说的目的，无论是重量还是体积都要无限接近最大化，同时还要产生最佳的经济效益，这要有一个科学的依据、有一个科学的比例才能保证上述目的的达成。长期以来，物流公司的员工都是凭经验来给运输工具进行配载的，也能获取一定的效益。但这只是凭经验而已，是否已经达到运输工具使用率的最大化、配载效益的最大化，也从未有人去评估，同时这种经验对于新员工来说是不具备的。能否有个公式化的计算办法让大家都会给运输工具进行配载呢？其实很简单，我们在集货时一般都是以重量或体积来计量货物的，这样我们就可以知道所集货物密度的近似值，从而推出轻重货的配载比例。

2）车辆配载的注意事项

配载时应注意以下几点：①根据运输工具的内径尺寸，计算出其最大容积量。②测量所载货物的尺寸重量，结合运输工具的尺寸，初步算出装载轻重货物的比例。③装车时注意货物摆放顺序、堆码时的方向，是横摆还是竖放，要最大限度地利用车厢的空间。④配载时不仅要考虑最大限度地利用车辆的载重量，还要具体情况具体分析，根据货物的价值来进行价值的搭配。⑤以单位运输工具能获取最大利润为配载总原则。

9.3.2 配送车辆的调度

1）车辆调度的概念

车辆调度是指制定行车路线，使车辆在满足一定的约束条件下，有序地通过一系列装货点和卸货点，达到诸如路程最短、费用最小、耗时最少等目标。

2）车辆调度工作的原则及程序

(1) 原则。

第一，按制度调度：坚持按制度办事，按车辆使用的范围和对象派车。

第二，科学合理调度：科学性，就是要掌握单位车辆使用的特点和规律。调度合理就是要按照现有车辆的行驶方向，选择最佳行车路线，不跑弯路和绕道行驶；在一条线路上重复派车；在一般情况下，车辆不能一次派完，要留备用车辆，以应急需。

第三，灵活机动：就是对于制度没有明确规定而确定需要用车的、紧急的，要从实际出发，灵活机动，恰当处理，不能误时误事。

(2) 程序。

第一，做好用车预约：应坚持做到：当班用车一小时前预约，下午用车上午预约，次日用车当日预约，夜间用车下班前预约，集体活动用车两日（三日）前预约，长途用车三日或一周前预约等。调度对每日用车要心中有数，做好预约登记工作。

第二，做好派车计划：调度根据掌握的用车时间、等车地点、乘车人单位和姓名、乘车人数、行车路线等情况，做计划安排，并将执行任务的司机姓名、车号、出车地点等在调度办公室公布或口头通知司机本人。

第三，做好解释工作：对未能安排上车辆，或变更出车时间的人员，要及时说明情况，做好解释工作，以减少误会，或造成误事。

调度工作应做到原则性强，坚持按制度办事，不徇私情；要有科学性，即掌握单位车辆使用的特点和规律；还要加强预见性，做好车辆的准备工作。

3）车辆调度的要求

(1) 车辆调度的总体要求：各级调度应在上级领导下，进行运力和运量的平衡，合理安排运输，直接组织车辆运行并随时进行监督和检查，保证月度生产计划的实现。

① 根据运输任务和运输生产计划，编制车辆运行作业计划，并通过作业运行计划组织企业内部的各个生产环节，使其形成一个有机的整体，进行有计划的生产，最大限度地发挥汽车运输潜力。

② 掌握货物流量、流向、季节性变化，全面细致地安排运输生产，并针对运输工作中存在的主要问题，及时反映，并向有关部门提出要求，采取措施，保证运输计划的完成。

③ 加强现场管理和运行车辆的调度指挥，根据调运情况，组织合理运输，不断研究和改进运输调度工作，以最少的人力、物力完成最多的运输任务。

④ 认真贯彻汽车预防保养制度，保证运行车辆能按时调回进行保养，严禁超载，维护车辆技术状况完好。

(2) 车辆调度人员的责任：为了做好各项工作，一般调度部门设置计划调度员、值班调度员、综合调度员和调度长。

第一，计划调度员责任：①编制、审核车辆平衡方案和车辆运行作业计划，并在工作中贯彻执行，检查总结。②掌握运输计划及重点物资完成情况，及时进行分析研究，提出措施和意见。

第二，值班调度员责任：①正确执行车辆运行计划，发布调度命令，及时处理日常生产中发生的问题，保证上下级调度机构之间的联系。②随时了解运输计划和重点任务的完成进度，听取各方面反映，做好调度记录，发现有关情况及时向领导指示、汇报。③随时掌握车况、货况、路况，加强与有关单位的联系，保证单位内外协作。④签发行车路单，详细交代任务和注意事项。⑤做好车辆动态登记工作，收集行车路单及有关业务单据。

第三，综合调度员责任：①及时统计运力及其分布、增减情况和运行效率指标。②统计安全运输情况。③统计运输生产计划和重点运输完成进度。④统计车辆运行作业计划的完成情况及保养对号率。⑤及时进行有关资料的汇总和保管。

第四，调度长责任：全面领导和安排工作，在调度工作中正确地贯彻执行有关政策法令，充分地发挥全组人员的积极性，确保运输任务的完成。

(3) 调度工作的“三熟悉、三掌握、两了解”。

第一，三熟悉：①熟悉各种车辆的一般技术性能和技术状况、车型、技种、吨位容积、车身高度、自重、使用性能、拖挂能力、技术设备、修保计划、自编号与牌照号，驾驶员姓名。②熟悉汽车运输的各项规章制度、安全工作条例、交通规则、监理制度的基本内容。③熟悉营运指标完成情况。

第二，三掌握：①掌握运输路线、站点分布、装卸现场的条件及能力等情况并加强与有关部门的联系。②掌握货物流量、流向、货种性能、包装规定，不断地分析研究货源物资的分布情况，并能加强与有关部门的联系。③掌握天气变化情况。

第三，两了解：①了解驾驶员技术水平和思想情况、个性、特长、主要爱好、身体健康情况、家庭情况等。②了解各种营运单据的处理程序。

(4) 车队的工作要求。车队在生产上的工作应围绕和服务于汽车运行，为使运行安排和调度命令能够顺利实施，应做好如下工作：

第一，加强对驾驶人员服从调度指挥的教育，对不服从调度指挥的驾驶员应进行帮助教育。

第二，车队应经常和调度室取得联系，及时将车队的车辆技术状况，驾驶员身体情况和完成任务等情况告诉调度室，并出席有关业务会议。

第三，驾修合一，车队应按计划保修车辆，提高修保质量，为运输生产提供安全、质好、量大的车辆。

第四，及时收集和反映对调度工作的意见，帮助改进调度工作。

第五，车队应主动配合调度部门的工作，不要干预车辆运行。驾驶人员应服从调度指挥，严禁无调度行车，对调度如有意见应向车队和调度室反映，在调度未作更改以前仍不得拒绝执行。

调度部门编制好车辆运行计划，仅仅是调度工作的开始，更主要的是要保证车辆运行计划的全面实施。在运输生产过程中，调度员既是运输生产的参谋，又是车辆运行的指挥员；既是工人、驾驶员的勤务员，又是宣传员。驾驶员必须听从调度员的指挥。

在行车作业中，驾驶员遇到各种障碍，调度员都可以从组织上、技术上给予帮助，消除障碍。凡是作业计划打乱，不能及时完成，调度员都可以适当采取措施，调剂运力，恢复正常运行；如果车辆发生故障，也可与调度员联系派车修理。调度员还可以将各种道路、货源、现场、装卸等变化及时通知驾驶员，以免造成不必要的损失。驾驶员在行车中必须听从调度员的指挥，驾驶员还应将行车中发生的千变万化的情况，及时反映给调度部门，以进一步完善货运计划。

4）车辆调度的技术设备

车辆调度的技术设备按设备功能可分为三类：①电子计算机及其终端设备，用以存储、处理信息和编制汽车运行作业计划。②反映车辆在途中运行动态的设备，如调度板、运输网路示意图、各种信号与显示装置和工业闭路电视等。③通信设备，由于汽车运输生产具有流动分散的特点，所以调度机构必须掌握车辆的运行动态，根据变化的情况及时修正运行计划，下达调度命令，实现调度中心与车辆的双向联系（直接与驾驶员联系或经过沿线调度员与驾驶员联系）。用于联系的通信设备主要有有线电话、无线电话（包括语音和数字传输）和各种信号装置。在汽车运行路线固定的条件下，最常用的工具是选号直通电话；对于不固定的路线和长距离路线，常利用市内电话或无线电设备。利用后者时，在调度部门和每辆汽车上都设置无线电话收发机。

1970年前后，西欧和美国的一些大城市中先后设置了各种用于客运调度管理的“电子控制系统”。调度中心的计算机通过沿线设置的公共汽车自动跟踪装置（能随时确定公共汽车所在位置），监控车辆是否正点运行，并将车速调整指令及其他调度命令自动发送给有关车辆。有的企业还在公共汽车的停车站上设置了可显示下一辆车位置和载客数量的指示牌，使候车乘客能估计所需的候车时间。

中国于1979年起，在上海、北京、天津等市先后开展了应用电子计算机调度汽车的试验和研究。上海市采用微型电子计算机实现城市货运汽车的车队调度，已于1983年底获得成功。

5）车辆调度的工作特点

（1）计划性。汽车运输调度工作，必须以生产经营计划，特别是运行作业计划为依据，要围绕完成计划任务来开展调度业务。同时，调度人员要不断总结经验，协助计划人员提高生产经营计划的编制质量。

（2）权威性。调度工作必须高度集中统一。要建立一个强有力的生产调度系统，各级调度部门是同级生产指挥员的有力助手。他们应按照计划和临时生产任务的要求，发布调度命令，下一级生产部门和同级有关职能部门必须坚决执行。各级领导人员应当维护调度部门的权威。

想一想　车辆调度的管理制度是什么？

任务四　车辆运营管理

9.4.1　行车作业管理

行车的操作安全管理制度为：

（1）操作人员班前、班中严禁饮酒。操作时必须精神饱满，精力集中。

（2）操作人员在使用行车前，应进行例行检查，发现装置和零件不正常时，必须在使用前排除。

（3）开车前，必须鸣铃或报警。操作中行车接近人时，亦应给予断续铃声。

（4）非行车操作人员不准随便进入行车驾驶室。

（5）行车上有两人工作时，事先没有互相联系和通知，不得擅自开动行车。

（6）工作中遇到突然停电，应将所有控制器手柄扳回零位，在重新工作前应检查行车是否完好后方可使用。因停电重物悬挂半空时，操作人员应让地面人员紧急避让。

(7) 在任何情况下，吊运重物都不准从人的上方通过，吊臂下方不得有人。

(8) 操作人员进行行车维护保养时，应切断主电源并挂上标志牌。

(9) 严禁大小车及上下车三线同时使用。

(10) 控制器应逐步开动，不得将控制器手柄从顺转位置直接猛转到反转位置，应先将控制器转到零位，再换反方向。

9.4.2 配送车辆的选择与日常养护

1）配送车辆的选择

选择配送车辆时，需要考虑多个因素，包括货物类型、车辆装载能力、操控性和视野、行驶环境（城市或乡村）、成本预算以及政府政策等。以下是几种常见的配送车辆类型及其特点：

(1) 电动三轮车。适合城市内快递运输，灵活性强，适合进入各种小区、写字楼等地方派送。但货箱容积较小，单次装载量不多，适合小批量分散式派送。电动三轮车使用成本低，在市区可以走非机动车道避免堵车，但质量参差不齐、安全系数低，且快递员经常需要在户外工作，面临风吹雨淋、严寒酷暑。

(2) 小轻卡。尺寸和载重大于微卡，能运输体积较大或较重的货物，如大家电。在城市窄道或居民巷路等可以自由行走，但灵活性不如电动三轮车，且市区内限行。

(3) 微型车。属于合法合规产品，安全性、舒适性均有保障。新能源微型车可上绿牌汽车牌照，不受单双号、路段、时间的限制，适合在不受限行的城市使用。但购置成本较高，不适合所有快递企业。

(4) 中型面包车。既能接中面的订单，也能接小面的订单，是货运平台的主流车型。中型面包车单子相对较好，适合短距离运输或固定线路运输。

(5) 小型面包车。同样适合货运平台，竞争压力较小，是赚钱的选择。

此外，选择配送车辆时，还应考虑车辆的经济效益、政府政策扶持等因素。例如，纯电动物流车在每日运营消耗、服务保养方面的支出较燃油汽车更节省，整体运行费用不足燃油汽车的一半，且路权优势明显，尤其针对一些限行的城市。

2）配送车辆的养护

配送车辆日常维护，是出车前、行车中、收车后的作业，由驾驶员负责执行，作业中心内容是清洁、补给和安全检视，是保持车辆正常工作状况的经常性、必需的工作。一级维护是由专业维修企业负责执行的，作业中心除日常维护作业外，以清洁、润滑、紧固为主，并检查有关制动、操纵等安全部件。二级维护是由专业维修企业负责执行的，作业中心除一级维护作业外，以检查、调整为主，并拆检轮胎，进行轮胎换位。二级维护前应进行检测诊断和技术评定，根据结果，确定附加作业或小修项目。各级维护的周期，依汽车类型和运行条件而定。

日常汽车保养非常重要。对日常保养稍有大意不仅会给车辆造成无谓的损伤而且危及行车安全。如润滑油缺乏会引起拉缸烧瓦，车辆某一部分功能失常引发交通事故等；反之，如果日常工作做得仔细认真，不仅能使车辆保持常新，同时掌握车辆各部分的技术状况，避免机械事故和交通事故。

其实，日常保养工作很简单，归纳起来就是：清洁、紧固、检查、补充。

（1）清洁。空气中含有大量灰尘、泥沙和酸性物质，不仅容易被泄漏的燃油黏附，在高温烘烤下容易形成坚硬的保温层，使机件的散热性能变差，而且容易被车身静电吸附而侵蚀油漆面，使其过早褪色。

① 清洁空气滤清器。空气滤清器过脏会阻碍新鲜空气进入气缸，导致混合气过浓、燃烧不完全、功率下降、排气超标。现代空气滤清器一般都采用纸质滤芯，清洁时注意：不用水或油洗，应采用轻拍法和吹洗法。轻拍法即轻轻拍打滤芯端面，使灰尘脱落。吹洗法即用压缩空气从滤芯内部往外吹洗，空气压力不应超过0.3MPa。

② 清洁机油滤清器。机油滤清器堵塞会阻碍润滑油的流动，使发动机润滑不良、磨损加大甚至烧瓦等。为此，应定期清洗或更换。通常每行驶8 000km更换一次，若气候干，应缩短为5 000km更换一次。

③ 清洁蓄电池。现代轿车一般都采用免维护蓄电池，首先清洁蓄电池顶部，避免极柱间因电解液或其他杂质而造成短路；其次清洁蓄电池接线柱，防止接头产生氧化物而导致接触不良。通气孔应畅通，以免蓄电池内压力或温度过高而使之爆炸。

（2）紧固。车辆清洗干净后，就要对各连接处进行紧固。由于车辆行驶过程中的振动、颠簸、摇摆等原因，必然造成连接件松动、磨损。因此，在日常保养中要及时紧固。连接件的日常紧固工作直接关系到行车安全，特别是重要部件转向、制动、传动等，切不可掉以轻心。

首先，对发动机周围各胶管的接头进行紧固，防油液泄漏。

其次，紧固各线路及用电设备的连接器，防止断路、短路、搭铁等情况影响用电设备的正常工作。

最后，对主要的连接件进行检查紧固，如发电机传动带、转向联动机制动装置联结点、传动系以及轮胎等。

（3）检查。连接件紧固后，应检查油液的高度和品质，在高温下油液会逐渐损耗与氧化而导致液面降低和性能变差。

第一，检查蓄电池液面高度。用一个直径为5～6mm的试管，从加液口插入，直至与滤网接触后，用大拇指封闭住试管的上端，提起管，测其液柱的高度即蓄电池液面高度，标准应为10～15mm。

第二，检查润滑油液面的高度。冷车时取出机油尺，擦净后，插入油底壳底部，拔出后观察其高度应在上下标线之间。热车时应熄火，待机油全部流入油底壳后再进行测量。

第三，检查冷却液液面的高度。冷车时水箱中的冷却液应是满的，膨胀箱内液面高度应在标线之间。热车时液面高度应略高于上标。

第四，检查制动液、转向液液面高度。旋下螺栓，直接观察液面是否在规定标线范围内。

第五，检查油液的品质。无论是何种油液，均可采用下列方法检查：①外观法：查看取出的油液样品，若比较透明，表明污染不严重；若呈雾状，则油液中渗有水；若呈灰色，可能是被铅或其他磨料污染；若呈黑色，则是被高温废气所污染。②扩散法：将取出的油液样品滴一滴于滤纸上，若扩散很宽且油滴区与扩散区无明显的区别，表明油液的洁净性良好；反之则为油液洁净性变差。

(4) 补充。

① 油液的补充。检查时若没有发现油液有明显的变质，应查找是否泄漏，若有应予以排除，并及时补足同等级别的油液。

② 油液的更换。若油液变质或超过更换周期，应及时更换。通常，每行驶8 000km或半年就更换一次机油；每行驶2万～4万km或2年更换一次制动液；使用1～2年更换一次冷却液；每使用一年或行驶4万km更换一次液压油。

想一想　不同类型的车辆保养频率是否相同？

基本训练

基本训练9

一、单项选择题

1.以下不属于配送服务合同必须具备的条款是（　　）。

A.合同的当事人　　B.合同的标的和标的物

C.配送服务费用　　D.合同订立程序

2.以下属于配送委托人权利的是（　　）。

A.向经营人交付配送服务费用

B.向经营人提交适宜配送和配送作业的物品

C.向经营人提供有关送货业务的相应单据文件

D.向经营人提出定期提供存货信息和各种配送报表的要求

3.以下不属于常用的配送车辆调度方法的是（　　）。

A.经验调度法　　B.运输定额比法　　C.节约里程法　　D.作图法

4.以下不属于行驶作业记录管理方式的是（　　）。

A.驾驶日报表管理方式　　B.行车作业记录卡管理方式

C.行车记录仪管理方式　　D.GPS跟踪方式

5.配送服务合同具有（　　）的法律特征。

A.无名合同　　B.诺成合同　　C.双务有偿合同　　D.非要式合同

二、多项选择题

1.车辆调度的基本原则包括（　　）。

A.计划性原则　　B.合理性原则

C.局部服从全局的原则　　D.安全第一的原则

2.订立配送服务合同的原则主要有（　　）。

A.平等、自愿原则　　B.等价有偿原则

C.诚实守信原则　　D.守法和不损害社会公共利益原则

3.关于行车安全操作管理制度，下列说法不正确的有（　　）。

A.操作人员班前、班中严禁饮酒。操作时必须精神饱满，精力集中

B.操作人员在使用行车前，应进行例行检查、发现装置和零件不正常时，必须在使用前排除

C.开车前，必须鸣铃或报警。操作中行车接近人时，亦应给予断续铃声

D.非行车操作人员不准随便进入行车驾驶室

4.配送服务合同的主要条款包括（　　）。

A.合同当事人　　B.配送服务合同的标的

C.配送方法　　D.标的物

三、简答题

1.简述车辆调度的流程。

2.简述配送服务合同的种类。

3.常见的确定配送路线的方法有哪几种?

4.配送车辆积载应遵循的原则有哪些?

5.列举3种以上配送中心在确定配送路线时的目标。

6.配送车辆调度遵循的一般原则有哪些?

四、实训题

实训目的：理解配送服务的主要内容，学会配送服务合同的谈判与合同内容的拟定。

实训方式：①学生4～8人为一组，每组分别分成合同中的甲方和乙方。②甲乙双方进行角色扮演，模拟进行配送服务合同谈判。

实训内容及步骤：

1.根据以下资料，各小组中的甲乙双方分别代表珠海格力电器有限公司和广东邮政物流有限责任公司进行配送服务合同谈判。

甲方欲委托乙方配送其在该区域销售的家电产品；具体配送区域包括广东省境内各市县：合同期限为一年，合同期满后，双方可就合同约定价格再行协商，在同等条件下可以优先续签；配送费用结算方式为每两个月的第15天结算第一个月的费用，不按时结算配送费用，每超一天偿付给乙方当月结算费用1%的违约金；运输途中发生的其他一切费用（如过路、过桥费等）全部由乙方负责；配送中送货到达时间每晚于规定时间一天，需向甲方支付当次运输费10%的违约金（租车、修路、交通管制除外），如果送达目的地错误，需自费将货物送达规定的目的地，造成的损失由乙方负责赔偿。乙方要求配送货物必须按照国家主管机关规定的标准包装，没有统一标准的，应根据保证货物运输安全的原则包装；要求作为甲方在该区域的唯一配送商。

2.各小组制定一份正式的配送服务合同。

实训结果：①以小组为单位提交本组拟定的配送服务合同。②各组派一位代表在全班汇报，全班评比。

项目十　配送作业处理

本项目思维导图

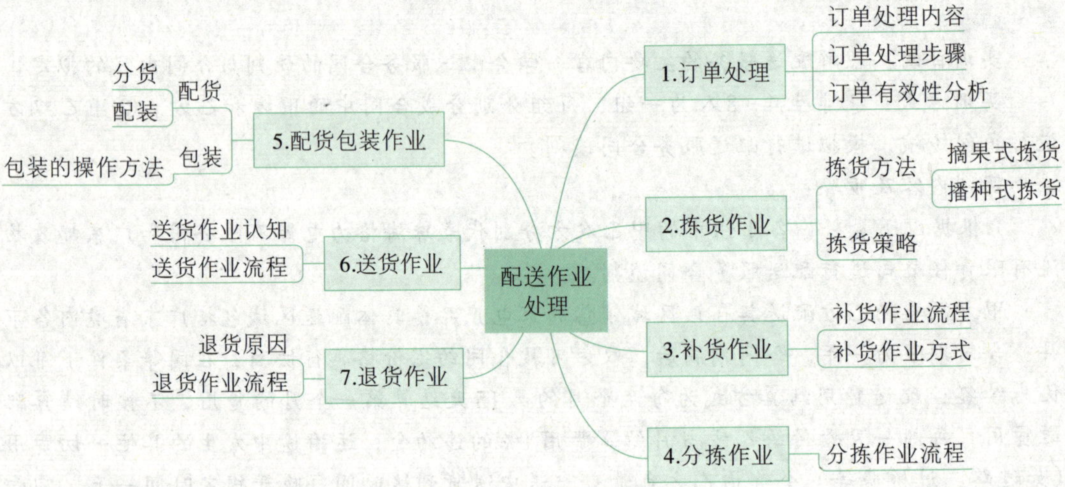

学习目标

知识目标：

（1）熟悉配送作业的整体流程；

（2）掌握拣货作业的两种方式（摘果式拣选和播种式拣选）的不同；

（3）了解补货作业的几种方式；

（4）熟悉分拣作业的方法。

能力目标：

（1）能熟练完成订单的处理；

（2）能根据客户信息，对订单进行有效性分析；

（3）能正确处理客户的退换货。

素养目标：

（1）培养学生作业规范意识，确保流程合规；

（2）培养学生的责任心和严谨态度，确保货物安全、准确、按时交付。

重难点：

（1）熟悉配送流程，并掌握核心环节的业务流程；

（2）在熟悉配送作业知识后能独立完成配送作业。

案例导入

DeepSeek席卷千行百业，同城即配如何汲取营养？

在同城即配行业，顺丰同城近年来发展迅猛。2021年12月14日，顺丰同城在香港联交所主板挂牌上市，成为港股第三方即时配送平台第一股。而聚焦“一对一急送”的闪送，也于2024年10月4日成功登陆纳斯达克。如今，两家同城即配平台成功接入DeepSeek，试图从中借力、降本增效。

据悉，通过这次接入，顺丰同城将依托DeepSeek低成本、高性能、高开放度的三重优势，进一步在用户需求偏好分析、商户运营策略、智能客服问答、配送流程及运力调度管理等全流程实现体验升级和效率提升。这一动作体现了顺丰同城一直以来推进运营数字化和AI决策智能化的深度布局，也将为顺丰同城全场景业务和全生态链参与者智慧化赋能。顺丰同城将依托自身在物流领域的运营沉淀和内容积累，结合DeepSeek在意图理解、多模态生成等方面的优势，给即时物流行业带来想象空间。

作为同城即配行业的“老玩家”，闪送坚持“一对一急送”。截至2024年6月，闪送平台上近300万骑手为超1亿注册用户提供过急送服务，业务覆盖全国290座城市。闪送方面表示，自DeepSeek大模型发布后，闪送技术团队第一时间就做了研究，并实现了私有化的全面部署。“目前，闪送已经在业务侧开始落地测试应用，通过几天的测试，在业务分析及决策上有大幅度的效率提升，预计未来业务策略及分析周期将压缩至更短的时间维度。”闪送方面表示，2025年技术部门会加大对DeepSeek的对接使用，强化与现有系统的融合，通过持续深化AI技术应用，提升用户交互体验，增强骑手端的接单及调度效率。未来技术团队将探索即时物流领域垂直模型，推动平台智能化建设进入新阶段。

资料来源 佚名.继顺丰同城后，闪送宣布接入DeepSeek，AI为即时配送行业带来哪些提升［EB/OL］.［2025-02-19］.https：//mp.weixin.qq.com/s？__biz=MzA5MzUyMDgwNw==&mid=2649772117&idx=1&sn=c6621a71e68dc528ca71902bbf0f6bd3&chksm=89d5f1b1e234f3d9d5f27bbd4c1d8bfd18cc93f9d55c62896de3babf79d1b401ee511d8b8a9b&scene=27.有删减.

任务一 订单处理

10.1.1 订单处理认知

1）订单处理的含义

订单处理是指从接到客户订单开始到着手准备拣货之间的作业阶段。

2）订单处理的内容

订单处理的主要内容包括订单确认、存货查询、单据处理等，这一过程涉及与客户的直接沟通，并对后续的拣选作业、调度和配送产生直接影响。订单处理是物流活动中的关键环节，它包括接收客户订单并协调发货的过程，同时也涉及向内部和外部客户发送订单的计划、协调和控制。

10.1.2 订单处理的基本步骤

随着物流和电子商务的不断发展，订单处理已成为企业日常运营中不可或缺的一部分。订单处理流程的良好运作是保证客户满意度和企业盈利能力的重要因素之一。

1）接收订单

接收订单是整个订单处理流程中最重要的环节之一。通常情况下，客户通过电子商务平台或者电话等方式向企业提交订单。在这个环节中，企业需要做好以下几个方面：

（1）确认订单信息：确认客户提交的订单信息准确无误，包括商品名称、数量、价格、配送地址等。

（2）验证库存：根据客户订购商品数量和当前库存情况进行比对，确保能够满足客户需求。

（3）确认付款：确认客户已经完成支付，并且支付金额与实际应付金额相同。

2）备货及配送

在接收到客户订单后，企业需要对商品进行备货，并将商品配送至客户指定地址。这个环节中需要注意以下三点：①备货：根据客户订购商品数量，从仓库中取出相应数量的商品进行备货。②包装：对备货完成的商品进行包装，确保商品在运输过程中不受损坏。③配送：根据客户提供的配送地址和要求，选择合适的物流方式进行配送。

3）订单跟踪

订单跟踪是指企业在整个订单处理流程中对订单状态进行实时监控和跟踪。这个环节中需要注意以下两点：

（1）订单状态更新：对订单状态进行实时更新，确保客户能够及时了解到订单处理进展情况。

（2）物流信息查询：通过物流平台或者其他渠道查询物流信息，确保能够及时了解到商品配送情况。

4）售后服务

售后服务是指企业在将商品交付给客户后，为客户提供各种问题解答和技术支持等服务。这个环节中需要注意以下两点：

（1）问题解答：对于客户的各种问题和疑问进行及时解答，并且提供有效的技术支持。

（2）售后维修：针对因商品质量或者其他原因引起的问题，提供售后维修服务。

5）数据分析

数据分析是指企业通过对订单处理流程中所涉及的各种数据进行收集和分析，以便优化整个流程。这个环节中需要注意以下两点：

（1）数据收集：对订单处理流程中所涉及的各种数据进行收集，包括订单数量、配送时间、客户满意度等。

（2）数据分析：通过对收集到的数据进行分析，找出流程中存在的问题和瓶颈，并提出优化方案。

以上就是订单处理的基本流程，企业可以根据自身需求和实际情况进行灵活调整和优化。

想一想　什么样的订单是有效订单呢？

10.1.3　订单有效性分析

1）含义

订单有效性分析即根据判断订单无效的标准对订单是否有效进行判断。当仓管人员接到订单之后，首先需要对订单进行有效性分析。只有有效订单，才能按照正常的出入库程序进行作业。而问题订单需要主管处理。

2）无效订单

（1）订单信息不完整，缺乏关键信息，视为无效订单。

（2）当客户累计应收账款超过信用额度15%，其订单视为无效订单。

3）订单有效性分析的具体流程

（1）确认货物的数量及日期，如果存货数量不足，则为问题订单。

（2）确认客户信用程度，一般设定累计应收账款超过信用额度的15%为无效订单。

（3）客户优先权分析，根据客户忠诚度、满意度等指标，判定客户优先权，如存货不能满足后续客户订单，则为问题订单。

（4）对无效订单处理，所有问题订单需要主管进行处理，确定后续步骤。

想一想　根据客户档案判断客户订单是否有效（见表10-1）。

表10-1　客户档案

客户编号	2012041201						
公司名称	华光店				助记码	HG	
法定代表人	董华	家庭地址	福建省泉州市鲤城区常兴路500			联系方式	68669123
证件类型	营业执照	证件编号	120109278369890			营销区域	鲤城区
公司地址	福建省泉州市鲤城区常兴路500			邮编	571100	联系人	王大
办公电话	67530877		家庭电话	63520555		传真号码	67530445
电子邮箱	huaguang@162.com		QQ账号	263820344		MSN账号	huaguang@162.com
开户银行	新华商业银行			银行账号	62839047352		
公司性质	中外合资	所属行业	商业	注册资金	100万元	经营范围	食品、办公用品
信用额度	5万元	忠诚度	一般	满意度	较高	应收账款	4.5万元
客户类型	普通型			客户级别	B		
建档时间	2012年4月			维护时间	2022年6月		
WEB主页	www.huaguang.com						
备注：							

任务二 拣货作业

10.2.1 拣选作业认知

1）拣选作业的含义

仓库或配送中心在发货过程中，针对客户的订单，将每个订单上所需的不同种类的商品，由仓库或配送中心取出集中在一起，包括拆包或再包装，即所谓的拣选（分拣、拣货）作业。

2）拣选的流程

拣选作业动作可以归纳分析出完整的拣选流程，如图10-1所示。

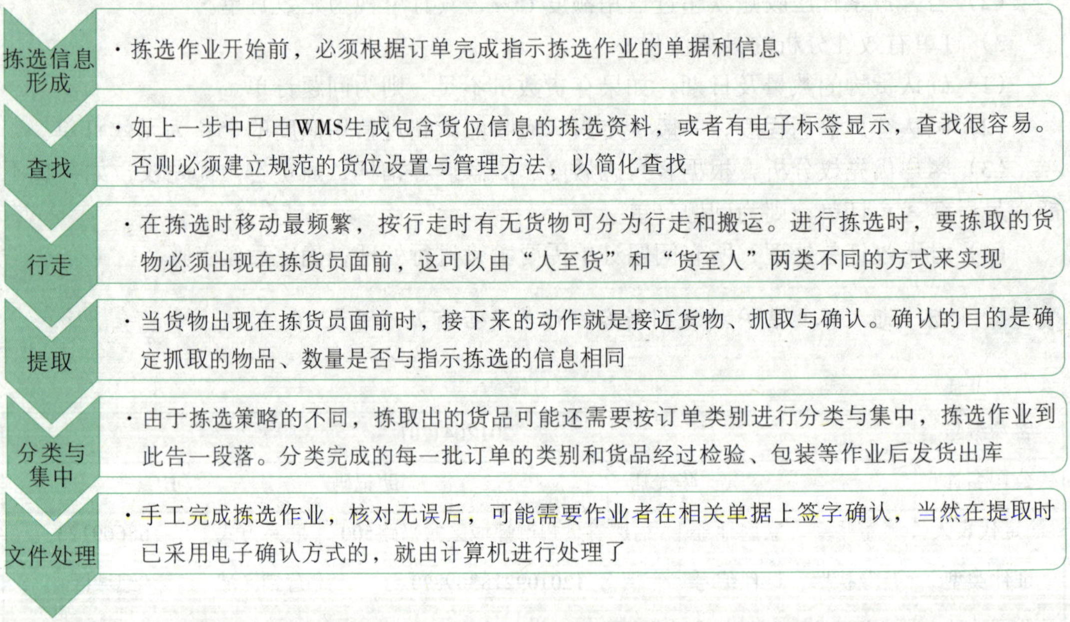

图10-1 拣选流程

想一想 拣选的方法有哪些？

10.2.2 拣选方法

1）摘果式拣选

摘果式拣选也就是订单分别拣选，这种作业方式是针对每一张订单，作业员巡回于各个库位，将客户所订购的商品逐一从仓储库位中取出，形似摘果，故称其为摘果式。

2）播种式拣选

播种式拣选可以分解为批量拣选，把多张订单集合成一批，把其中每种商品的数量分别汇总，然后依客户订单逐个品种对所有客户进行分货，形似播种，因此称其为播种式。

以上两种拣选方法的优缺点见表10-2。

表10-2　摘果式拣选和播种式拣选的优缺点

拣选方法	优　点	缺　点
摘果式拣选	(1) 作业方法单纯前置时间短 (2) 导入容易且弹性大 (3) 作业员责任明确，派工容易、公平 (4) 拣货后不用再进行分类作业，适用于商品量大订单的处理	(1) 商品品项多时，拣货行走路径加长，拣取效率降低 (2) 拣货区域大时，搬运困难，行走路径长
播种式拣选	(1) 适合订单数量庞大的系统 (2) 可以缩短拣取时行走搬运的距离，提高仓库的拣货量	对订单的到来无法做即刻的反应，必须等订单累积到一定数量时统一做一次处理，因此会有停滞的时间产生

10.2.3　拣选策略

拣货策略是指在执行物理拣货时的策略。拣货策略有很多种，但影响拣货策略的核心要素包括4个：分区、订单分割、订单分批、分类。我们来探讨一下：

1）分区策略

(1) 按照货物特性分区。我们可以按照外形尺寸来分区，分为：大件区、散件区、成件区。按出货频率分为：快速流转区和慢速流转区。

(2) 按拣货单位分区。在同一储存区内分区时，要将储存单位与拣货单位分类统一，以方便拣取与搬运作业单元化，将拣取作业单纯化。如以瓶、箱、托盘等为拣货单位。

(3) 按拣货方式分区。在同一拣选单位分区之内采取不同的拣选方式或设备，就必须考虑拣选方式的分区，如电子标签货架拣选区、RF拣选区、台车拣选区等。

(4) 按工作分区。由一个或一组固定的拣货人员负责拣货区域内的货物。

工作分区数=总拣选能力需求/单一工作分区预估拣选能力

2）订单分割策略

当一张订单所订购的商品项目较多，可利用此策略将订单切分成若干子订单，交由不同的拣货人员同时进行拣货作业以加快拣货的速度。

(1) 拣选单位分区的订单分割策略。先按订单分割，再按摘取式拣选，按不同的订单、不同的拣选单位进行拣选。

(2) 拣选方式分区的订单分割策略。按播种式，先集中拣选，再分拨。

3）订单分批策略

把多张订单集合成一批，进行波次拣选作业。订单分批的原则和批量的大小是影响拣选效率的主要因素。具体可查看波次部分的分批方法。

4）分类策略

分类方式有两种：拣选时分类与分拣后集中分类。

任务三 补货作业

10.3.1 补货作业认知

微课10-1

补货作业

1）补货作业的含义

补货作业是将货物从仓库保管区域搬运到拣货区的工作。补货作业的目的是向拣货区补充适当的商品，以保证拣货作业的需求。通常以托盘为单位，从商品保管区将商品移到拣货区域。

2）补货作业的时机

补货作业发生与否取决于拣货区的物品数量能否满足要求。因此，何时补货取决于拣货区的物品存量，同时也取决于临时补货对整个出货时间的影响。补货作业时机示意图如图10-2所示。

批次补货	定时补货	随机补货
•指通过计算机查询每天需要的总补货量以及拣货区存货量的情况，将补货量一次性补足的方式。批次补货比较适合一个工作日内作业量变化不大、紧急插单较少或每批次拣取量大的情况	•指每天规定几个时间点，补货人员在这几个时段内检查拣货区的存货量情况，若货架上的存货量已经降到预先规定的水平以下，则立即进行补货。定时补货适合拣选时间固定，且紧急配送情况较多的仓库	•通常是仓库（配送中心）指定专门的补货人员，随时巡视拣货区的物品存量，发现存量不足则立即补货。随机补货适合每批次补货量不大，但紧急插单较多、不确定性大的情况

图10-2 补货作业时机

想一想 拣选的方法有哪些？

10.3.2 补货作业流程

补货是非常重要的一项工作，它涉及库存管理、销售预测和供应链协调等方面。下面我们来看一下补货的基本流程。

第一步是要有一个完善的库存管理系统。这个系统能够实时监控各个商品的库存状况，并能根据销售情况自动生成补货建议。通过这个系统，零售商可以知道每个商品的库存量、销售情况以及销售预测等信息，从而为补货提供依据。

第二步是进行销售数据的分析。通过分析销售数据，我们可以了解每个商品的销售趋势和销售规律。比如，某个商品的销售量在周末会有明显的增加，而在平时则比较平稳。还有一些商品可能存在季节性销售的特点，需要根据季节的变化进行调整。通过对这些数据的分析，我们可以做出合理的销售预测，从而为补货提供参考。

第三步是制订补货计划。根据销售预测和库存管理系统的建议，我们可以制订出补货计划。补货计划包括补货的时间、补货的数量和补货的方式等。在制订补货计划时，我们需要考虑销售预测的准确性、供应链的运作情况以及补货成本等因素。

第四步是与供应商进行补货协商。在与供应商进行补货协商时，我们需要根据需求量和补货计划来确定补货的时间和数量等。同时，我们需要和供应商协调好物流运输的安排，确保货物能够及时到达。在与供应商的合作中，双方需要保持良好的沟通和协调，以提高补货效率和减少库存风险。

第五步是执行补货计划。在执行补货计划时，我们需要及时跟踪补货进度，并及时调整计划以应对变化。同时，我们需要注意库存的管理，确保新补的货物能够及时上架和销售。在执行补货计划时，我们还需要进行一些数据的记录和分析，以了解补货的效果和改进计划。

综上所述，补货作业流程包括库存管理、销售数据分析、补货计划制订、补货协商和补货执行等环节。这些环节相互协作，共同完成补货的任务。通过科学的补货作业流程，可以提高补货的效率，减少库存风险，并满足市场的需求。

10.3.3　补货作业方式

补货作业方式取决于货物的物品特性，以及场地、设备等。主要的补货作业方式有：拼/整箱补货、托盘补货和货架之间补货。补货作业所需的设备主要为拣选搬运设备，如堆高机、电动式拖板车等。

1）拼/整箱补货

这种补货作业方式是由货架保管区补货到流动货架的拣货区。其中，保管区为料架储放区，而动管拣货区为两面开放式的流动棚拣货区。拣货员在流动棚拣货区拣取单品放入浅箱（篮）中之后把货物放入输送机并运到发货区。当动管区的存货低于设定标准时，则进行补货作业（如图10-3所示）。

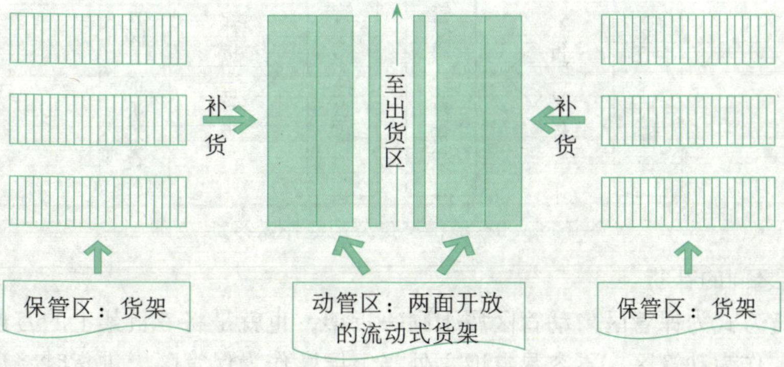

图10-3　整箱补货

2）托盘补货

这种补货方式是以托盘为单位进行补货。根据补货的位置不同，又分为两种情况：一种是地板至地板；另一种是地板至货架。

（1）地板至地板的整托盘补货（如图10-4所示）。在此种补货方式下，保管区以托盘为单位地板平置堆叠储放，动管区也以托盘为单位地板平置堆叠储放。不同之处在于保管区的面积较大，储放物品量较多，而动管区的面积较小，储放物品量较少。

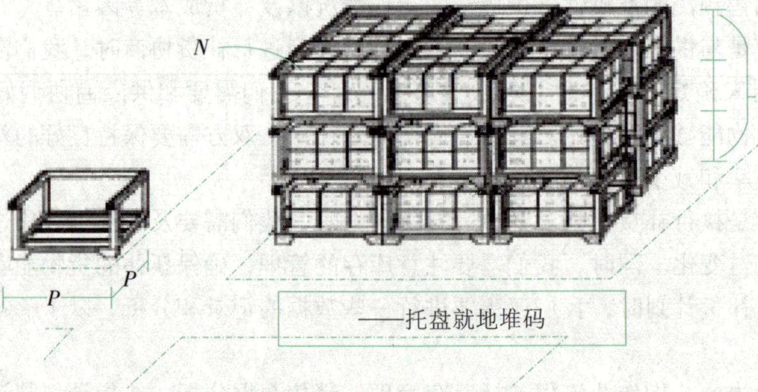

图10-4　地板至地板的整托盘补货

拣取时，拣货员从拣取区拣取托盘上的货箱，放至中央输送机上出货；或者，可使用堆高机将托盘整个送至出货区（当拣取大量种类时）。当拣取后发觉动管拣取区的存货低于水准之下时，则要进行补货动作。其补货方式为：作业员以堆高机由托盘平置堆叠的保管区搬运托盘至同样是托盘平置堆叠的拣货动管区。

（2）由地板至货架的整托盘补货（如图10-5所示）。在此种补货方式下，保管区以托盘为单位地板平置堆叠储放，动管区则为托盘货架储放。拣取时，拣货员在拣取区搭乘牵引车拉着推车移动拣货，拣取后再将推车送至输送机轨道出货。一旦发觉拣取后动管区的库存太低，则要进行补货动作。其补货方式为作业员使用堆高机很快地从地板平置堆叠的保管区搬回托盘，送至动管区托盘货架上储放。此种保管、动管区储放形态的补货方式较适合体积中等或中量（以箱为单位）出货的物品。

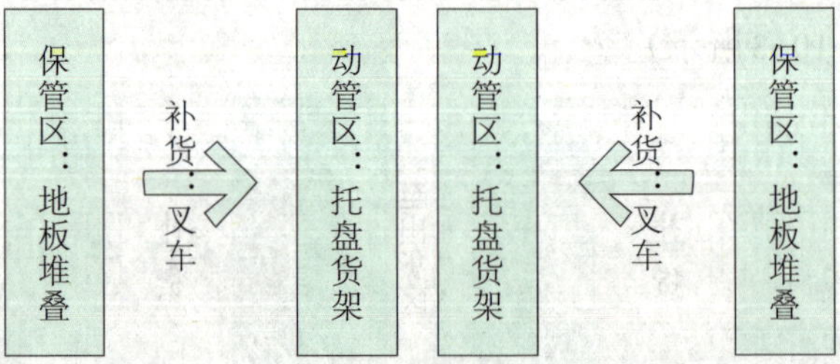

图10-5　地板至货架的整托盘补货

3）货架之间的补货

此种补货方式为保管区与动管区属于同一货架，也就是将一货架上的方便两手拿取之处（中下层）作为动管区，不容易拿取之处（上层）作为保管区。进货时将动管区放不下的多余货箱放至上层保管区。对动管拣取区的物品进行拣货，而当动管区的存货低于水准之下时，则可利用叉车将上层保管区的物品搬至下层动管区补货，此保管、动管区存放形态的补货方式较适合体积不大、每品项存货量不高，且出货多属中小量（以箱为单位）的物品（如图10-6所示）。

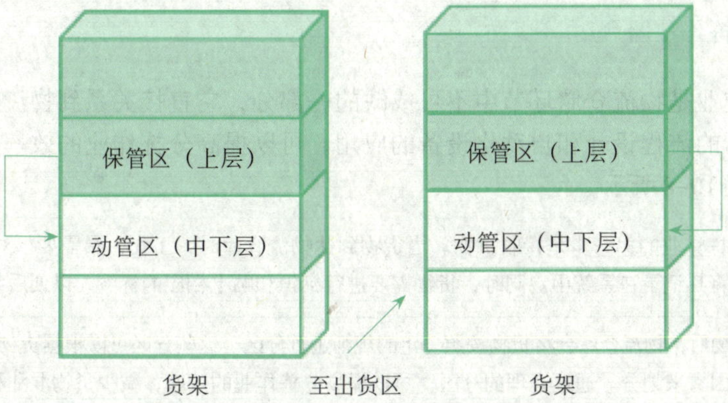

图10-6　货架之间的补货

任务四　分拣作业

10.4.1　分拣作业认知

1）分拣作业

分拣作业是指在仓储和物流领域中将货物按照一定的规则和要求进行分类、归类和排列的一种操作方式。分拣作业方式不仅能提高仓库和物流的效率，还能减少错误和损坏的发生。

2）分拣作业方式

常见的分拣作业方式如图10-7所示。除了图10-7中所示的几种常见的分拣作业方式外，还有一些其他的方法，如按照订单优先级进行分拣、按照货物重量进行分拣等。在实际应用中，需要根据仓库的具体情况，选择适合的分拣作业方式。无论采用什么样的分拣作业方式，都应该注重分拣的准确性和效率，提高仓库和物流的运作效果。

批量分拣法	逐一分拣法	分区分拣法	自动分拣法
•批量分拣法适用于大批量的货物分拣。首先将大批量的货物按照相同的特征进行分类，然后再按照不同的分类逐一进行分拣。这种方法可以减少分拣的操作次数，提高分拣效率。例如，将相同品牌的商品放在一起分拣，将相同型号的商品放在一起分拣，将相同颜色的商品放在一起分拣等	•逐一分拣法适用于物品种类繁多、数量较少的情况。在逐一分拣法中，每个货物都要逐个处理，按照不同分类的标准进行分拣。这种方法虽然操作复杂，但能保证每个货物都得到正确的处理和分类。例如，在服装行业中，逐一分拣法可以按照不同的款式、颜色、尺码等分类进行分拣	•分区分拣法是将一个大的仓库或者空间划分成若干个小的分区，每个分区分配给一个分拣员负责。分拣员只负责自己所在分区的分拣工作，这样能够减少分拣员之间的干扰和混淆。同时，还可以根据不同的货物特征将分区进行划分，提高分拣的效率。例如，将相同品牌的商品放在一个分区，将相同型号的商品放在一个分区等	•随着科技的发展，越来越多的仓库和物流企业开始引入自动分拣设备，如物流机器人、智能搬运设备等。自动分拣法主要依靠这些设备来完成货物的分拣工作，大大提高了分拣的效率和准确性。这种方法适用于货物种类繁多、数量庞大的情况。同时，自动分拣法也可以为人工分拣提供辅助，减轻人工劳动强度

图10-7　分拣作业方式

10.4.2 分拣作业流程

物流分拣作业是物流仓储环节中不可或缺的一部分，它直接关系到物流效率和客户满意度。通过合理的流程设计和自动化设备的应用，可以提高分拣作业的效率和准确性。分拣作业流程如图10-8所示。

- **接收货物**：•物流分拣作业的第一步是接收货物。当货物到达物流仓库时，工作人员需要核对货物数量和品种，并将其记录在系统中。同时，货物需要进行标识和贴上相应的标签，以便后续的分拣作业
- **货物分区**：•接收货物后，物流仓库会将货物按照一定的规则进行分区。这些分区可以根据货物的种类、尺寸、重量等因素来划分。通过合理的分区，可以提高分拣作业的效率，减少货物混乱和错放的情况
- **分拣作业**：•分拣作业是物流分拣作业的核心环节。在这一步骤中，工作人员根据系统中的订单信息，将货物从不同的分区中取出，并按照目的地进行分类和分拣。通常情况下，分拣作业会使用自动化设备（如输送带、机械臂等）来辅助完成，以提高作业效率和准确性
- **质量检查**：•当货物出现在拣货员面前时，接下来的动作就是接近货物、抓取与确认。确认的目的是确定抓取的物品、数量与指示拣选的信息相同
- **包装和打包**：•经过质量检查后，货物需要进行包装和打包。这一步骤是为了保护货物，在运输过程中不会损坏。根据货物的性质和尺寸，可以选择不同的包装材料和包装方式。同时，在打包过程中，需要将货物与相应的订单信息进行匹配，确保准确无误
- **标记和上架**：•经包装完成后，货物需要进行标记和上架。标记是为了方便货物的追踪和管理，通常会使用条形码或RFID等技术进行标记。上架是将货物按照一定的规则和要求，放置到仓库的指定位置，以便后续的存储和配送
- **出库配送**：· 当客户下单后，物流仓库会根据订单信息，将货物从仓库中取出，并进行配送。在这一步骤中，需要确保货物的准确性和及时性，以满足客户的需求

图10-8 分拣作业流程

任务五 配货与包装作业

10.5.1 配货作业

配货作业是指把拣取分类完成的货品经过配货检查过程后，装入容器和做好标示，再运到发货准备区，待装车后发送。配货主要包括分货和配装两个方面：

分货是指根据出货单上的内容说明，按照出货的优先顺序、储位区域号、配送车辆趟次号、门店、先进先出等出货原则和方法，把需要出货的商品整理出来，经复核人确认无误后，放置到暂存区，准备装货上车的工作。

配装是指集中不同客户的配送货物，进行搭配装载，以充分利用运能、运力的工作。

10.5.2 包装作业

1）货物包装

货物包装是在流通过程中为了保护货物、方便储运、促进销售而按一定技术方法采用的容器、材料及辅助物等的总称，也指为了达到上述目的而采用容器、材料和辅助物且施加一定技术方法等的操作活动。

仓储环节中的货物包装主要是指物流包装，为了适应不同的进出货需要和保护货物的安全，仓储部门往往需要对货物包装进行整理、加固、换装等。

2）包装的操作方法

包装的操作方法如图10-9所示。

填充和加固	•填充是将货物装入包装容器的操作，有装放、填充与灌装三种形式。在填充货物时，如包装箱内有空余空间则可根据货物特点合理采用塑料泡沫、充气垫等缓冲物填充，或用绳、带、弹簧等将其悬吊，以达到保护包装箱内货物的作用
封口和捆扎	•有一定形状的包装物，如袋、瓶常需要封口，而松软的包装或有弹性的货物以及容易散裂的货物一般需要捆扎，如成卷钢丝的捆扎
裹包	•裹包是用一层挠性材料包覆货物或包装件的操作
加标和检重	•加标是将标签贴或拴挂在货物或包装上，检重是检查内装物重量，以便计算运费

图10-9 包装的操作方法

任务六 送货作业

10.6.1 送货作业认知

送货是配送活动的核心，也是备货和理货工序的延伸。在物流活动中，送货实际上就是货物的运输。在送货过程中，常常进行三种选择：运输方式、运输路线和运输工具。

送货作业是利用配送车辆把用户订购的物品从制造厂、生产基地、批发商、经销商或配送中心送到用户手中的过程。送货通常是一种短距离、小批量、高频率的运输形式，它以服务为目标，以尽可能满足客户需求为宗旨。

想一想 送货作业流程是怎样的？

10.6.2 送货作业流程

在送货作业的操作过程中，需要明确订单内容、掌握货物的性质、明确具体配送地点、适当选择配送车辆、选择最优的配送线路及充分考虑各作业点装卸货时间。送货作业流程如图10-10所示。

图10-10　送货作业流程

任务七　退货作业

10.7.1　退货作业认知

微课 10-2

配送异常处理

退货作业涉及退货商品的接收和退货商品的处理。而退货商品的处理，还包含着退货商品的分类、整理（部分商品可重新入库）、退供货商或报废销毁以及账务处理。

10.7.2　退货作业流程

正常回库：对于正常退货，仓库管理员收到退货产品和退货单（必须由车队主管签字确认），经品控验收后直接放入良品区域，作为正常出货产品。仓库财务凭正常退货单，当天把数据输入电脑中。

质量退货：因公司产品本身质量问题及其他原因，仓库管理员收到退货后，立即放入不良品区域，不得与良品混放在一起。品控验收后，依照公司相关条款处理。如要报损，必须有相关部门领导审批和公司高层领导确认的报损单，仓库管理人员凭签字确认的报损单与品控检测人员做现场处理。仓库管理人员不得私自销毁处理品。

基本训练

基本训练 10

一、选择题

1.订单处理流程中，在接收订单环节，企业不需要做的是（　　）。

A.确认订单信息　　B.验证库存

C.选择物流方式　　D.确认付款

2.以下会使订单被视为无效订单的是（　　）。

A.客户累计应收账款超过信用额度的10%

B.订单信息部分不完整，但关键信息齐全

C.客户信用良好，但存货数量不足

D.客户忠诚度高，但订单信息不完整，缺乏关键信息

3.某订单订购商品数量较多，为加快拣货速度，可采用的拣选策略是（　　）。

A.分区策略　　B.订单分割策略　　C.订单分批策略　　D.分类策略

4.按照货物特性分区，不包括（　　）分区方式。

A.按外形尺寸　　B.按出货频率

C.按拣货单位　　D.按储存区域

5.补货作业的目的是（　　）。

A.调整库存结构　B.保证拣货作业需求

C.处理滞销商品　D.满足供应商要求

6.播种式拣选的优点不包括（　　）。

A.适合订单数量庞大的系统　B.可以缩短拣取时行走搬运的距离

C.对订单到来能即刻反应　D.能提高仓库的拣货量

7.以下（　　）不是常见的补货作业方式。

A.拼/整箱补货　B.托盘补货

C.货架补货　D.货位补货

8.配送运输通常是（　　）的运输形式。

A.长距离、大批量、低频率　B.短距离、小批量、高频率

C.长距离、小批量、高频率　D.短距离、大批量、低频率

9.对于正常退货，仓库管理员收到退货产品和退货单后应（　　）。

A.放入不良品区域　B.直接销毁处理

C.经品控验收后放入良品区域　D.等待上级指示再处理

10.订单处理流程中，数据分析环节不包括（　　）。

A.数据收集　B.数据整理

C.数据分析　D.优化方案提出

二、简答题

1.请详细说明订单处理的基本流程及每个步骤的要点。

2.什么是订单有效性分析？判断无效订单的标准有哪些？

3.请对比摘果式拣选和播种式拣选的优缺点。

4.请描述补货作业的基本流程。

三、实训题

实训目的：如何进行订单有效性分析。

实训内容：根据客户信用状况判断订单有效性。

现有超市A和超市B两个订单（见表10-3和表10-4），其中超市A和超市B的应收账款分别为125万元、9.8万元（不含此次订单货款），它们的信用额度分别为120万元和10万元。请分析这两份订单是否有效。（判定依据：累积应收账款超过信用额度的15%，则为无效订单）。

表10-3　超市A采购订单

序号	商品名称	单位	单价/元	订购数量	金额
1	云南优质咖啡	盒	25	10	250
2	鑫利达板栗	箱	76	5	380
3	神奇松花蛋	箱	46	10	460
4	幸福方便面	箱	35	20	700
5	脆香饼干	箱	143	6	858

表10-4 超市B采购订单

序号	商品名称	单位	单价/元	订购数量	金额
1	娃哈哈矿泉水	件	45	20	900
2	芝麻官水果罐头	箱	55	5	275
3	婴儿美羊奶粉	桶	335	10	3 350
4	海尔洗衣机	台	6 500	2	13 000
5	隆达葡萄籽油	件	456	10	4 560

项目十一　配送路线优化设计

本项目思维导图

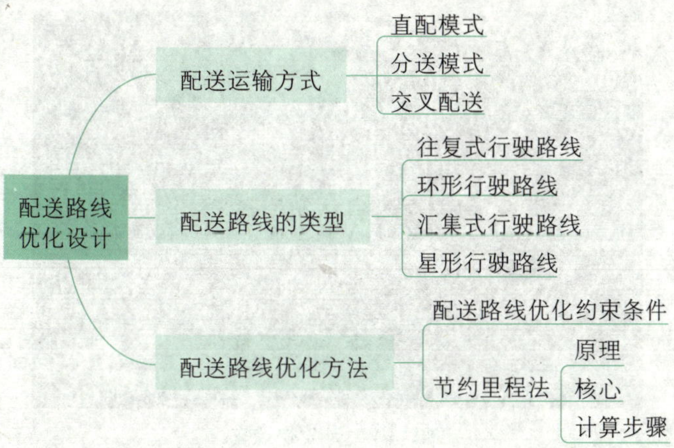

学习目标

知识目标：

（1）了解配送运输方式；

（2）了解配送路线的类型；

（3）掌握节约里程法的基本思想和计算步骤。

能力目标：

（1）能够掌握路线优化方法；

（2）了解识别配送路线优化的约束条件；

（3）能够用节约里程法设计最佳配送路线。

素养目标：

（1）培养学生独立思考、分析问题和解决问题的能力；

（2）培养学生绿色物流理念，掌握低碳路线优化方法；

（3）培养学生的团队协作意识，共同制定最优路径。

重难点：

（1）配送路线优化的核心思想；

（2）节约里程法的计算步骤。

案例导入

无人快递车上岗

打开专属App，扫码，开启车厢，放入快件，关车厢，发送指令，无人快递车上路了（如图11-1所示）。这是记者5月9日在呼和浩特市邮政分公司寄递事业部直投中心看到的一幕。正在现场操作无人快递车装货、出仓的公司寄递事业部区域集散揽投部负责人告诉记者："目前，公司投入无人车2台，主要用于站点间的运输，分为两条线路：一是医科大学，往返30千米，途经伊利大街；二是工业大学，往返50千米，途经金海路、巴彦北路、鄂尔多斯西街、通道北路、成吉思汗西街、哲里木路。为了保证快件安全送达，我们采取专人注册扫码的方式，而且，通过专属App可以随时查看车辆上路运行情况。"

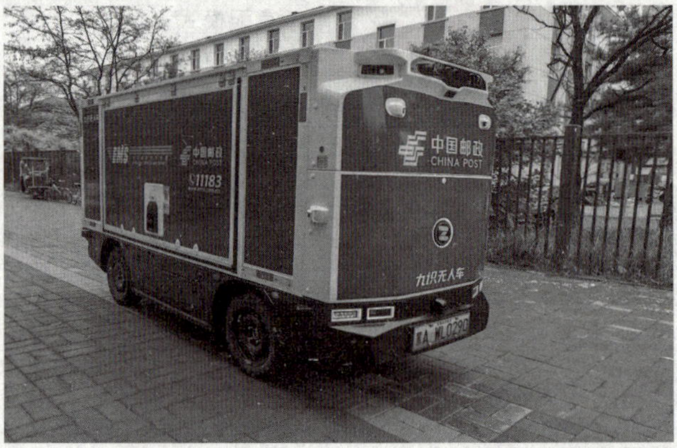

图11-1 无人快递车

"从试运行到正式上岗用时半个月，从目前反馈情况看，日均邮件为1 000件/台，平均运行时速为40千米，随着线路的不断优化，很快将达到2 000件/台以上。届时，相当于原来两台汽车的运输量。"接受记者采访时，呼和浩特市邮政分公司寄递事业部直投中心负责人侯锦波说，使用无人快递车一是降本增效，提高配送效率和经济效益；二是推动智能化发展，提升竞争力。与过去相比，其缓解了人力不足的压力，降低了车辆损耗和燃油成本，而且可以多频次配送，不受疲劳、休息等因素限制。加之创新举措，规划智能路径，遇有突发情况能快速重构备用线路；同时，实现了智能终端远程监控、操作与管理，以及无人车和快递驿站的有效配合。

资料来源 佚名. 邮政无人快递车上岗［EB/OL］.［2025-05-12］. http：//www.huhhot.gov.cn/msfwzq/xhd/202505/t20250512_1888950.html.

任务一 配送运输的方式

11.1.1 配送运输认知

1）配送运输的概念

配送运输指将顾客所需要的货物通过运输工具从供应点送至顾客手中的活动。

2）配送运输的特点

配送运输通常是一种短距离、小批量、高频率的运输形式。如果单从运输的角度看，它是对干线运输的一种补充和完善，属于末端运输、支线运输。它以服务为目标，以尽可能满足客户要求为优先。

11.1.2　配送运输方式

1）直配模式

直配模式（Direct Store Delivery，DSD）也称为点对点配送模式，是指生产企业直接将产品从生产地点发往终端客户的配送方式。在这种模式下，每次配送只涉及一个客户，配送路径较短，一般适用于终端客户分布较为密集且订单量小的情况。

从物流优化的角度看，直送式客户的基本条件是其需求量接近或大于可用车辆的额定重量，需专门派一辆或多辆车一次或多次送货。因此，在直送情况下，货物的配送追求的是多装快跑，选择最短配送线路，以节约时间、费用，提高配送效率。

2）分送模式

分送式（Distribution）配送运输是指一辆车集中配装几家的货，进行送货的一种配送运输方式。当客户需求商品的配送量较小，就要考虑用一辆车向多个客户送货的问题。这样不仅节约了车辆数，节约了费用，而且缓解了交通压力。这种方式，无论从配送企业本身角度还是从社会角度来看都是有益的。在这种模式下，集散中心的作用是收集来自不同生产企业的产品，按照一定的规划进行配送，可以实现批量配送和集约化管理。

3）交叉配送模式

交叉配送模式（Cross Docking）也称为交叉配送中心模式，是指生产企业将产品配送到指定的交叉配送中心，再由交叉配送中心进一步配送到各个终端客户。与集配模式类似，交叉配送模式也可以实现批量配送和集约化管理，但相较于集配模式更加灵活，可以实现不同生产企业之间的配送合作和资源共享。

任务二　配送线路的类型分析

11.2.1　配送路线的约束条件

一般配送的约束条件有：①满足所有收货人对货物品种、规格、数量的要求；②满足收货人对货物发到时间范围的要求；③在允许通行的时间内进行配送；④各配送路线的货物量不超过车辆容积和载重量的限制；⑤在配送中心现有运力允许的范围内。

11.2.2　配送路线的类型

1）往复式行驶线路

一般是指由一个供应点对一个客户的专门送货。从物流优化的角度看，其基本条件是客户的需求量接近或大于可用车辆的核定载重量，需专门派一辆或多辆车一次或多次送货。可以说，往复式行驶线路是配送车辆在两个物流节点间往复行驶的路线类型。根据运载情况，它具体可分为三种形式：

（1）单程有载往复式行驶线路

单程有载往复式行驶线路，是指车辆在运送货物的过程中，回程不载货（如图11-2所示）。

图11-2 单程有载往复式行驶线路示意图

（2）回程部分有载往复式行驶线路

回程部分有载往复式行驶线路，是指车辆在完成去程的运输任务后，回程运输也是有载的，但回程货物不是运到线路的始点，而只是运到线路上中途的某个货运点（如图11-3所示）。

图11-3 回程部分有载往复式行驶线路示意图

（3）双程有载往复式行驶线路

车辆在双程有载往复式行驶线路行驶时，不仅从装货点到卸货点的去程载有货物，而且从卸货点到装货点的回程也载有货物（如图11-4所示）。

图11-4 双程有载往复式行驶线路示意图

2）环形行驶线路

环行行驶线路是指配送车辆在由若干物流节点间组成的封闭回路上，所作的连续单向运行的行驶路线。车辆在环形行驶路线上行驶一周时，至少应完成两个运次的货物运送任务。由于不同运送任务装卸作业点的位置分布不同，环形行驶线路可分为四种形式，如图11-5所示。

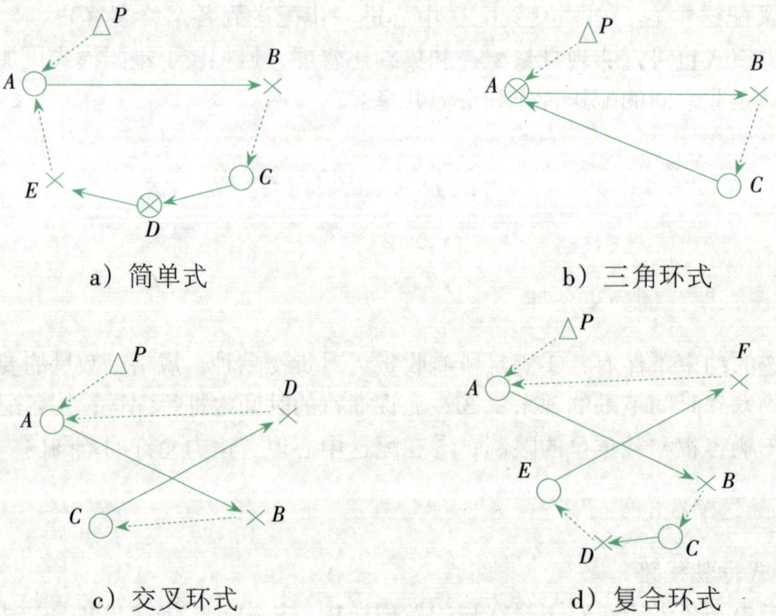

图11-5 环形行驶线路示意图

3）汇集式行驶线路

汇集式行驶线路是指配送车辆沿分布于运行线路上各物流节点间，依次完成相应的装卸任务，而且每一运次的货物装卸量均小于该车核定载重量，沿路装或卸，直到整辆车装满或卸空，然后再返回出发点的行驶线路。汇集式行驶线路可分为直线形和环形两类，其中汇集式直线形线路实质上是往复式行驶线路的变形。这两种类型的线路各自都可分为分送式、聚集式和分送-聚集式。

(1) 分送式

车辆在 A 地装货后，沿线路上的各个卸货点依次卸货，直到卸完所有待卸货物后，返回出发地 A 的行驶线路，如图 11-6 所示。

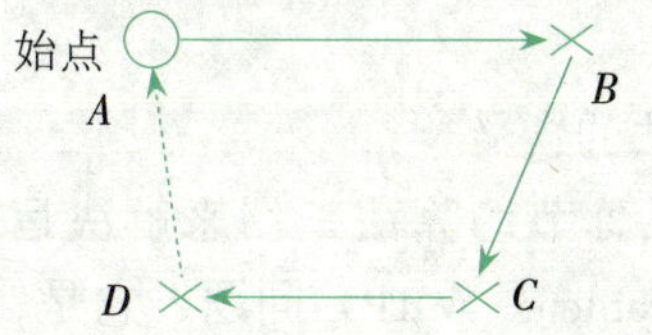

图11-6　分送式行驶线路示意图

(2) 聚集式

车辆在 A 地自空车发出后，沿线路上的各个装货点依次装货，直到装完所有待装货物后，返回出发地 A 的行驶线路，如图 11-7 所示。

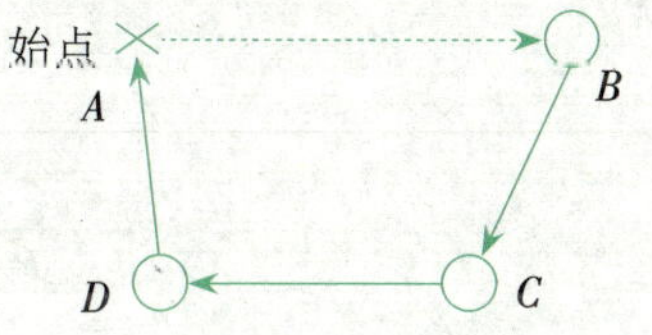

图11-7　聚集式行驶线路示意图

(3) 分送-聚集式

车辆在 A 地装货后，沿线路上的各个货物装卸作业点，分别装或卸货物，直到完成所有待装卸货物的装卸作业后，返回出发地 A 的行驶线路，如图 11-8 所示。

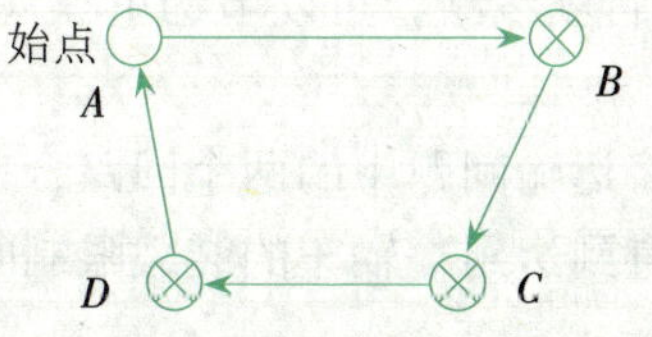

图11-8　分送-聚集式行驶线路示意图

(4) 星形行驶线路

星形行驶线路是指车辆以一个物流节点为中心，向其周围多个方向上的一个或多个节点行驶而形成的辐射状行驶线路。

任务三　配送线路优化方法

11.3.1　配送线路的优化约束条件

随着配送的复杂化，配送路线的优化一般要结合数学方法及计算机求解的方法来制订合理的配送方案。目前，确定优化配送方案的一个较成熟的方法是节约法，也叫节约里程法。利用节约法确定配送路线的主要出发点是：根据配送中心的配送能力（包括车辆的多少和载重量）和配送中心到各个用户以及各个用户之间的距离来制订使总的车辆运输的吨公里数最小的配送方案。利用节约法制订出的配送方案除了使配送总吨公里最小外，还满足以下条件：①能满足所有用户的要求；②不使任何一辆车超载；③每辆车每天的总运行时间或行驶里程都不超过规定的上限；④能满足用户到货时间的要求。

实际上，配送路线的优化就是采用最优化理论和方法，如线性规划的单纯形法、非线性规划、动态规划等方法建立相应的数学模型，再利用计算机进行求解，最后得出最优方案。

11.3.2　最短配送线路设计

微课 11-1

配送线路优化设计

1）节约里程法的含义

节约里程法又称节约算法，用来解决运输车辆数目不确定的车辆路径（Vehicle Routing Problem，VRP）问题，它是一种启发式算法。

2）节约里程法的原理

节约里程法的基本原理是：三角形的两边之和大于第三边。假设 P 到 A 和 B 各有一趟运输任务，如图 11-9 所示。

a）行驶线路为P-A-P和P-B-P　　b）行驶线路为P-B-A-P

图11-9　节约里程法基本原理示意图

在图a）中，车辆的行驶总里程为（$2a+2b$）；而在图b）中，车辆的行驶总里程为（$a+b+c$）。如果使用图b）所示的车辆行驶线路，可以节约里程（$a+b-c$）。

3）节约里程法的核心

节约里程法的核心是依次将运输问题中的两个回路合并成一个回路，每次使合并后的总运输距离减少的幅度最大，直到达到一辆车的装载限制时，再进行下一辆车的优化。

4）节约里程法的计算步骤

基于节约里程法的基本思路，在配送网络中尽量使运输车辆多载，尽量节约总配送时间和总配送里程。其具体计算步骤如图 11-10所示。

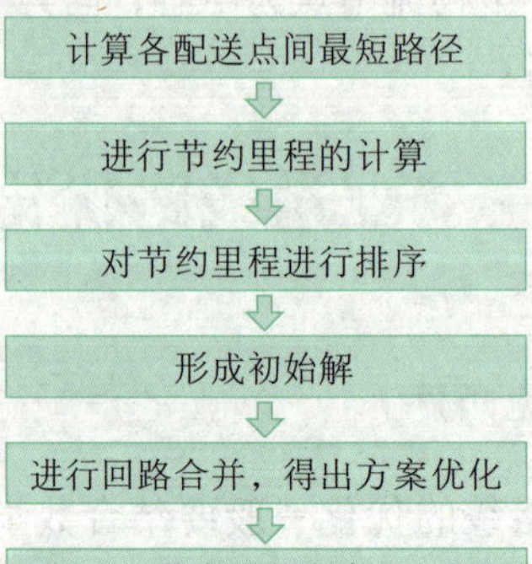

图11-10　节约里程法的计算步骤

【例 11-1】已知配送中心P_0向5个用户P_j配送货物，其配送路线、配送中心与用户的距离以及用户之间的距离如图11-11所示，配送中心有3辆2t卡车和2辆4t卡车可供使用。利用节约里程法制订最优的配送方案。

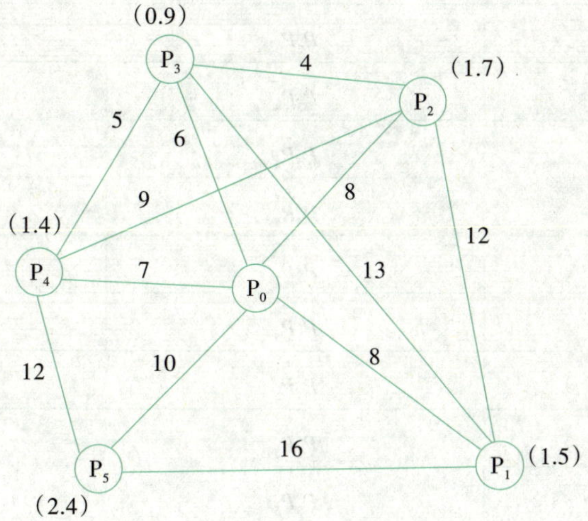

图11-11　配送中心的配送网络

第一步，计算各配送点间最短路径，列出配送中心到用户及用户间的最短距离（如图11-12所示）。

用户	需求量	P_0					
P_1	1.5	8	P_1				
P_2	1.7	8	12	P_2			
P_3	0.9	6	13	4	P_3		
P_4	1.4	7	15	9	5	P_4	
P_5	2.4	10	16	18	16	12	P_5

图11-12　各配送点间最短路径

第二步，按节约里程公式求得相应的节约里程数（如图11-13所示）。

需求量	P_0					
1.5	8	P_1				
1.7	8	12 4	P_2			
0.9	6	13 1	4 10	P_3		
1.4	7	15 0	9 6	5 8	P_4	
2.4	10	16 2	18 0	16 0	12 5	P_5

图11-13　节约里程数计算

第三步，将节约里程按从大到小顺序排列（见表11-1）。

表11-1 节约里程数排序

序号	路线	节约里程
1	P_2P_3	10
2	P_3P_4	8
3	P_2P_4	6
4	P_4P_5	5
5	P_1P_2	4
6	P_1P_5	2
7	P_1P_3	1
8	P_2P_5	0
9	P_3P_5	0
10	P_1P_4	0

第四步，根据载重量约束与节约里程大小，顺序连接各客户节点，形成两个配送线路（如图11-14所示）。

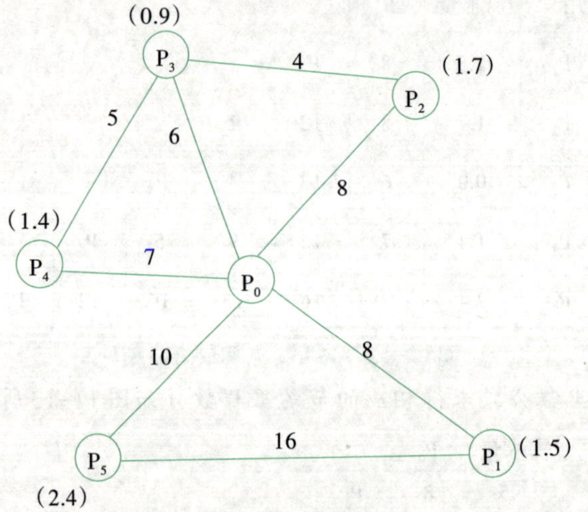

图11-14 配送线路

得出结果：

配送线路一：

运量=1.7+0.9+1.4=4（t）

运行距离=8+4+5+7=24（km）

用一辆4t车运送，节约距离为18km。

配送线路二：

运量=2.4+1.5=3.9（t）<4t

运行距离=8+10+16=34（km）

用一辆4t车运送，节约距离为2km。

综上是节约里程法的基本思路和计算步骤。节约里程法可以在极快的时间内求出一个比较优秀的结果，比起耗费大量人力物力而不切实际地求解更优，使用节约里程法就显得更为经济有效了。

基本训练

一、单项选择题

基本训练11

1.配送运输的特点不包括（　　）。

A.短距离　　B.大批量

C.小批量　　D.高频率

2.直配模式适用于以下（　　）情况。

A.终端客户分布分散且订单量大　　B.终端客户分布密集且订单量小

C.客户需求商品配送量较大　　D.不同生产企业之间的配送合作

3.分送模式的优点不包括（　　）。

A.节约车辆数　　B.缓解交通压力

C.实现批量配送和集约化管理　　D.对每个客户的配送更精准

4.交叉配送模式与集配模式相比，其优势在于（　　）。

A.更适合大规模配送

B.车辆调度更简单

C.配送成本更低

D.更加灵活，可实现不同生产企业之间的配送合作和资源共享

5.以下（　　）不是配送路线的约束条件。

A.满足收货人对货物包装的要求

B.满足收货人对货物发到时间范围的要求

C.在允许通行的时间内进行配送

D.各配送路线的货物量不超过车辆容积和载重量的限制

6.往复式行驶线路的基本条件是（　　）。

A.客户的需求量小于可用车辆的核定载重量

B.由一个供应点对多个客户送货

C.客户的需求量接近或大于可用车辆的核定载重量

D.配送车辆在封闭回路上连续单向运行

7.环形行驶线路的特点是（　　）。

A.配送车辆在两个物流节点间往复行驶

B.车辆在封闭回路上连续单向运行，行驶一周至少完成两个运次的货物运送任务

C.配送车辆沿分布于运行线路上的各物流节点间，依次完成装卸任务，直到整辆车装满或卸空

D.车辆以一个物流节点为中心，向周围多个方向上的节点行驶

8.汇集式行驶线路可分为（　　）。

A.直线形和往复式　　B.环形和星形

C.直线形和环形　　　　　　　　　　　　D.聚集式和分送式

9.节约里程法确定配送路线的主要出发点是（　　）。

A.使配送总时间最短

B.使配送总费用最低

C.根据配送中心能力和距离制订使总车辆运输吨公里数最小的方案

D.使每辆车的配送路线最短

10.在节约里程法的计算步骤中，第二步是（　　）。

A.计算各配送点间最短路径

B.按节约里程公式求得相应的节约里程数

C.将节约里程按从大到小顺序排列

D.根据载重量约束与节约里程大小，顺序连接各客户节点

二、简答题

1.请分别阐述直配模式、分送模式和交叉配送模式的含义及适用情况。

2.请说明往复式行驶线路、环形行驶线路、汇集式行驶线路和星形行驶线路的特点。

3.阐述节约里程法的核心及计算步骤。

三、实训任务

实训目的：用节约里程法计算最佳配送路线。

实训内容：某货物运输公司要完成车辆从货运站P出发至5个卸货点的送货任务。各点之间的距离以及各卸货点的货物收货量如图11-15所示。运输公司配备有载重量分别为2t和4t的货车各5辆，并且，要求货车的一次巡回行走里程不能超过35km，设用户对送货时间没有特殊要求，试求最优的车辆行驶线路。

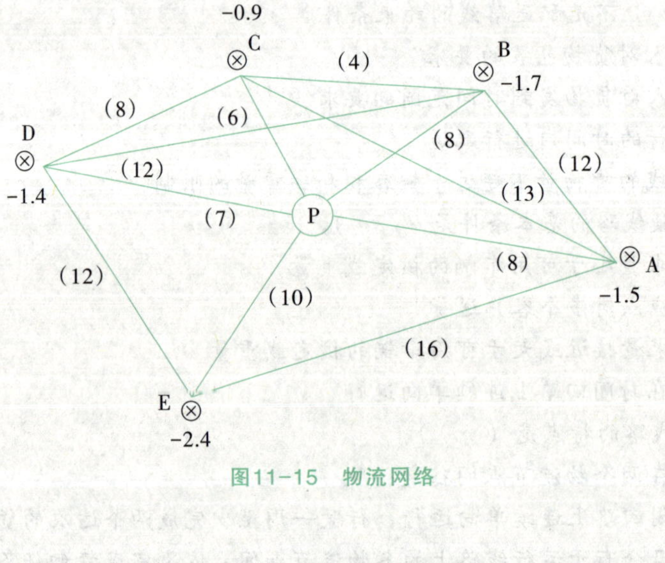

图11-15　物流网络

项目十二　仓储与配送成本核算

本项目思维导图

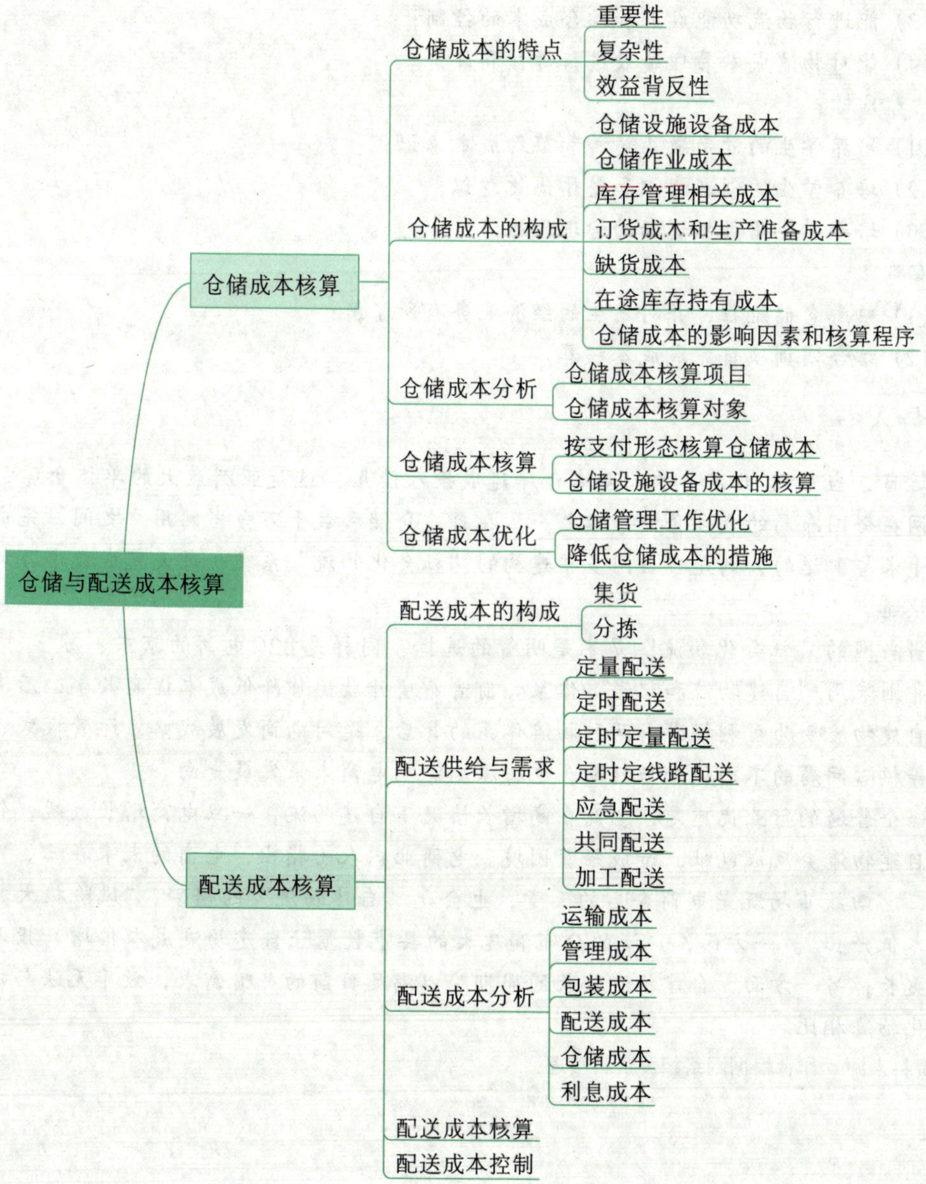

学习目标

知识目标：

(1) 了解仓储成本的构成内容；

(2) 能够阐述仓储成本核算的一般程序；

(3) 初步计算企业的仓储成本；

(4) 能对仓储成本进行日常控制。

能力目标：

(1) 能运用正确的物流成本观念服务物流业；

(2) 能进行物流成本的核算、预算作业；

(3) 能进行物流功能成本和综合成本的控制；

(4) 能对物流成本管理绩效进行考核和评价。

素养目标：

(1) 培养学生的爱岗敬业精神和节约成本意识；

(2) 培养学生的创新意识和整体优化意识；

(3) 培养学生用数据说话的管理思维。

重难点：

(1) 熟悉仓储流程，并对发生的经济业务有所了解；

(2) 结合实训项目完成成本核算。

案例导入

近日，当当网10万平方米天津仓库建成投入使用，这是亚洲最大的单体仓库，也是当当网在全国布局的众多仓储中心之一。在自建仓储和数千万当当网用户之间，完成“最后一千米”配送的，则是当当网多年建构的“社会化物流”系统，每天完成数十万订单的物流快递。

当当网的“社会化物流”是不是明智的选择？同样是B2C电商的京东、苏宁、易迅，近两年则采用“自建物流和配送”体系。前者希望开放协作降低成本提高效率，后者希望通过自建物流变为盈利模式，两种物流体系的背后，是对电商发展战略、运营模式、物流发展等核心问题的不同认知与判断，也将深刻影响电商未来发展走向。

一个普遍的行业忧虑是，电商在高增长情况下自建物流，一旦电商增长放缓，销量下滑，自建物流会反成包袱，造成经营困境。电商业内人士指出，电商的未来在三、四线市场，三、四线市场既是电商今后的天堂，也会是“自建物流”的噩梦，“风险极大就在于高投入低产出”。一方面，广泛的分布和庞大的县市数量让自建物流成本倍增，投入回收周期更长；另一方面，自建物流较长的周期难以满足目前的井喷需求，效率无法与成熟的社会化物流相比。

资料来源 作者根据网络相关资料整理.

任务一 仓储成本核算

12.1.1 仓储成本特点

想一想 家里储存物品会有什么成本?

国外研究表明，一个企业如果越重视仓储成本的管理，发展就越健康稳定。要核算和控制仓储成本，首先就要熟悉仓储成本的特点。通常来说，其特点如下：

1）重要性

物流离不开仓储，因而仓储成本是物流成本的重要组成部分。一般情况下，企业的仓储成本及与仓储相关的库存成本占到企业物流总成本的1/3左右，其占比仅次于运输成本。如2023年物流业的运输费用、保管费用、管理费用分别是9.8万亿元、6.1万亿元、2.3万亿元，且分别同比增长2.8%、1.7%、2.0%。可见，保管费用在我国社会物流总费用中占比达33.52%。

2）复杂性

从构成上看，仓储成本不仅包括企业为仓储活动支付的显性成本费用，而且还包括无法在现行财务会计账簿中反映的隐性成本费用。从资金使用用途上看，仓储成本既包括被流动资产占用的资金，也包含仓库和仓储机械设备等设施设备购置耗费的固定资产投资。从核算上看，现行会计制度对仓储成本核算无统一标准，隐性成本的计算比较困难。

3）效益背反性

物流业务是综合性的一体化服务，仓储成本与运输成本、配送成本、服务质量之间存在着效益背反性。比如，要缩短客户的等待时间，提高可得性，就必须提高仓储配送中心的密度，增加配送的频率，但这样的结果是增加了仓储成本和运输成本。倘若要降低仓储成本，降低仓库密度自然也是一个办法，但是其结果又会导致运输成本增加。所以，仓储成本的管理就是在寻找一种平衡，即成本与服务水平之间的均衡。

12.1.2 仓储成本构成

从狭义角度看，仓储成本分为两部分：一是获得仓储设施设备的成本；二是实施仓储作业的成本。前者是指企业建造、租赁仓库设施和设备所发生的各项费用支出。后者主要是指实施出入库操作、分拣、装卸搬运及流通加工等仓储作业所发生的相关支出。

1）获得仓储设施设备的成本

通常，企业获得仓储设施设备的方式有三种：一是自行建造或购置；二是根据需要租赁仓库；三是利用公共仓库。因此，这三种方式所对应的成本具体如下所述：

（1）自有仓库使用成本。自有仓库均由企业自行建造或购置，都属于企业的固定资产。比如自行建造的仓库，购置的货架、叉车和分拣设备等。此类设施设备与存货不同，它们的使用寿命都在1年以上，单位价值也较高。其价值和使用价值都是伴随着生产经营逐渐被消耗的，以折旧的名义转移到成本之中。因此，自有仓库使用成本的实质就是自有仓储设施设备的折旧额。

（2）租赁仓库使用成本。租赁仓库就是企业作为承租人与仓库设施设备出租人签订租赁协议，支付租金获得设施设备的使用权。在这种方式下，出租人一般仅提供仓储设施设备，很少或根本不提供其他物流服务，仓储作业活动由承租人自行组织。仓库租金通常是按照使用的天数和占用的面积来计收，仓储设备的租金按照使用的天数或完成的业务量计算。租赁协议一旦签订，不论是否使用仓库和设备都需要按期支付租金。可见，租赁仓库使用成本的实质就是为所租赁的设施设备支付的租金。

（3）公共仓库使用成本。公共仓库也被称为“第三方仓库”，企业利用公共仓库可以减少投资风险，节省资金投入，缓解存储压力。从承租人与出租人的关系来看，两者不仅仅是简单的租赁关系，还可以是合作伙伴关系。公共仓库与租赁仓库相比，除了提供仓储设施设备外，还可以提供标准化和定制化的物流服务。租金的计收也具有灵活性，往往基于短期合同，根据市场和库存数量进行调整变化。实际上，公共仓库的使用成本就是一定时期支付给公共仓库的保管费和服务费。

2）实施仓储作业的成本

仓储功能的发挥离不开仓储作业，仓储作业的耗费就是仓储作业成本。需要说明的是，仓储作业除了表内所述的以外，还可能涉及装卸搬运作业、流通加工作业等。这两项作业的成本原则上应当计入装卸搬运成本和流通加工成本，具体参见后续章节内容。仓储一词中的“储”就是收存、保管和交付使用的意思，这表明仓储与库存具有天然联系。为此，人们认为库存管理相关成本也应属于仓储成本。因为，库存的高低影响着仓储成本的大小。比如，大量的库存就要求企业应当拥有相匹配的仓储设施、设备和从业人员，还要支付保险费、仓储作业费用等，这些都无疑抬高了仓储成本。可见，要降低仓储成本就必须关注和分析企业的库存成本。

3）库存管理相关成本的构成

库存持有成本是指为保持库存而发生的成本，主要包括与库存水平有关的资金成本、税金、保险、库存风险成本和仓储空间成本5项。

（1）库存资金成本是指库存产品占用资金产生的机会成本。企业用资金购买产品入库后即形成库存，被库存占用的这部分资金就丧失了其他投资获利的机会。企业将库存产品用于其他投资所能实现的收益就作为库存投资的资金成本，这种成本是对可能丧失的获利机会的反映，是库存占用资金与相关收益率的乘积。此处的收益率可以选用银行同期存贷款利率或企业投资必要报酬率等。

（2）税金是指我国税法对符合征税规定的存货要计征的税费。如在增值税计征上，实行统一核算的商业企业在不同县市存在两个及以上销售机构，销售机构之间的货物移送就属于“视同销售”行为，要征缴增值税。还有些地方，把存放在配送设施中的存货作为财产，计征有关税费。由于存货经常受到进出库的变化而不固定，因此常用平均存货水平作为税基。

（3）保险是库存必须安全可靠，这是基本要求。为了预防和转嫁各类风险，企业往往会支付一定的保险费用。保险费用的大小受到保险标的物性质、企业的抗风险能力和其他外界因素等三个主要方面的影响。通常来说，库存货物性质越特殊，单位价值越高，保险费率就越高。此外，企业的风险防范水平，如安保系统、仓库的消防设备配套情况等也会影响保费金额。

（4）库存风险成本是指企业库存物品由于库存原因造成的贬值、损坏、丢失以及霉烂变质且得不到保险补偿的损失。库存风险成本具体还可以细分为损坏成本、废弃成本、移仓成本和损耗成本。对于库存风险成本的计算大多是根据经验来确定的。防止此类风险的办法主要是加强盘点、养护和安保。

（5）仓储空间成本是指物品占用存储建筑物（一般指仓库）内的立体空间，以及把物品运进运出所发生的成本。比如，企业为了仓储而发生的租赁费、照明费、修理费和取暖费等。但是从严格意义上说，仓储空间成本应当不包括搬运成本，搬运成本理论上要计入企业的装卸搬运成本。仓储空间成本经常随着库存数量的变动而变化，属于变动成本。如果企业是以租赁方式获得仓储空间的，仓储空间成本就是指租赁费。

4）订货成本或生产准备成本

订货成本或生产准备成本是指企业向外部的供应商发出采购订单的成本或指企业内部为生产产品而进行准备的成本。

（1）订货成本。它是指企业为了实现一次订货而进行的各种活动的费用，包括处理订货的办公费、差旅费、通信费、订单文书处理费等各项支出。订货成本中有一部分与订货次数无关，如常设的采购机构的基本开支等，被称为订货的固定成本；另一部分与订货的次数有关，如差旅费、邮资等，被称为订货的变动成本。

（2）生产准备成本。它是指当库存的某些产品不由外部供应而是企业自己生产时，企业为生产一批货物而进行改线准备的成本。其中更换模具、夹具需要的工时或添置某些专用设备等属于固定成本，与生产产品的数量有关的费用，如材料费、加工费等属于变动成本。

想一想　订货成本与库存持有成本的关系。

订货成本和库存持有成本随着订货次数或订货规模的变化而呈反方向变化，起初随着订货批量的增加，订货成本的下降比库存持有成本的增加要快，即订货成本的边际节约额比库存持有成本的边际增加额要多，使得总成本下降。当订货批量增加到某一点时，订货成本的边际节约额与持有成本的边际增加额相等，这时总成本最小。此后，随着订货批量的不断增加，总成本持续增加。

5）缺货成本

缺货成本是指因库存供应中断而产生的各种损失，一般包括因原材料供应中断造成的停工损失、产成品或商品库存缺货造成的延迟发货损失和丧失销售机会的损失，以及企业的信誉损失。

（1）保险库存的持有成本。由于生产和消费的不同步，以及需求的不确定性，都要求企业应当保持一定的保险库存。保险库存可以预防因存货供应中断造成的停工损失，或者因库存商品不足所出现的失销。但是，保险库存必然增加企业的库存持有成本。

（2）延期交货成本。延期交货有两种方式：第一，缺货商品在下次订货中补充；第二，利用快速延期交货。如果采用第一种方式，企业实际上没有经济损失，但是频繁的延期交货可能导致商誉的损失，从而失去客户。如果采用第二种方式，就会发生特殊订单处理和运输费用。需要提醒的是，特殊订单处理费用与延期交货商品的运输费用相对都较高。企业一般是根据额外订单成本和额外运输费用来计算延期交货成本的。

（3）失销成本。如果客户不允许延期交货，则会产生失销成本。许多公司都有生产替代商品的竞争者，当一个供应商没有客户所需要的产品时，客户就会从其他供应商处购买，从而形成失销。其直接损失是这种产品的利润损失，可以通过计算产品的利润，再乘以客户的订货数量来计算直接损失。除了直接损失外，还存在由于负责这笔业务的销售人员的人力、精力的浪费，称为机会损失。由于机会损失往往难以计量，这就导致在多数情况下企业的失销成本也很难确定。

（4）失去客户的成本。因为缺货，客户可能永远转向另一个供应商，企业因此而失去客户。客户的流失意味着企业失去了未来的一系列收入。这种缺货造成的损失很难估计，需要用管理科学的技术以及市场营销研究方法来分析和计算。除了未来利润的损失，缺货还将造成信誉损失。

缺货成本的计算分为两种，即某次缺货成本的计算和平均一次的缺货成本的计算。计算前者时，需要先确定该次缺货的类型是延期交货成本、失销成本还是失去客户的成本，然后将该次缺货造成的各种损失成本费用相加。后者则是先分别计算延期交货成本、失销成本和失去客户的成本，然后确定3种缺货成本类型的比例，再利用加权平均法计算平均一次的缺货成本。

【例12-1】某物流配送公司调查缺货后客户的态度。问卷调查结果显示，一旦出现货物短缺现象，70%的客户同意延期交货；20%的客户会放弃本次订单，选择其他企业；10%的客户将永远不再与公司往来。已知延期交货成本是2 000元，失销成本是5 000元，失去客户的成本是8 000元，请计算该公司的平均一次缺货成本。

【解析】

平均一次缺货成本=2 000×70%+5 000×20%+8 000×10%

=1 400+1 000+800=3 200（元）

6）在途库存持有成本

在途库存持有成本是指货物在运送的过程中，作为库存方面所造成的成本。如果企业以目的地交货价格销售商品，就意味着企业要负责将商品送达客户，当客户收到订购商品时，商品的所有权才转移。从财务角度来看，商品仍然是销售方的库存。因为这种在途商品在交付给客户之前仍然属于企业所有，运货方式及所需的时间是储存成本的一部分，企业应该对运输成本与在途库存持有成本进行分析。库存持有成本包括存货资金占用成本、仓储维护成本、仓储运作成本、仓储风险成本等。

7）仓储成本的影响因素和核算程序

（1）仓储成本的影响因素。要正确计算企业的仓储成本，就应当分析影响企业仓储成本的因素。从仓储成本的构成内容可以看出，仓储成本受到多方面因素的影响。有来自企业外部的因素，诸如市场环境、竞争对手和社会环境等，还有一些因素主要来自企业内部，比如企业性质及规模、企业管理水平、员工的成本意识和财务核算能力等。企业性质及规模的不同会直接反映到仓储成本核算上，比如物流企业仓储成本是物流成本的一部分，计算难度较小。但是生产制造企业、商品流通企业仓储业务与其他经营业务交织在一起，必须进行拆分或遴选，计算难度较大。众所周知，仓储成本核算离不开对作业过程进行记录的原始单据、表格和账目，而这些基础数据的质量很大程度上取决于企业管理水平和员工的成本意识。当然，财务核算能力的强弱也十分重要。

（2）仓储成本的核算程序。如何计算仓储成本，目前尚无统一的标准。从简便易行角度看，利用企业会计报表有关数据，结合明细账簿和原始单据进行调整计算可以达到事半功倍的效果。

12.1.3 仓储成本核算

1）确定仓储成本核算项目

核算仓储成本时，由于原始数据主要来自财务部门提供的数据。因此，仓储成本核算首先要按成本费用的支付形态确定各成本核算项目。在这种情况下，对外支付的保管费可以直接作为仓储物流成本统计。而企业内发生的仓储费用是与其他部门发生的费用混合在一起的，需要将仓储成本从中剥离出来，具体来讲包括以下几个方面：

（1）材料费。它是指与仓储有关的包装材料、消耗工具、器具备品、燃料等费用，可以根据材料的出入库记录，将此期间与仓储有关的消耗量计算出来，再分别乘以单价，便可得出仓储材料费。

（2）人工费。它是指从事仓储作业的操作工人与其他有关人员的工资、奖金、津贴、福利、五险一金等职工薪酬。人工费可以从仓储人员的工资、奖金、补贴等报酬的实际支付金额得到，以及由企业统一负担部分按人数分配后得到的金额计算出来。

（3）维护费。它是指与仓库即保管货物有关的费用，具体包括仓储设施的折旧费、设施设备维修保养费、租赁费、保险费、税金、燃料与动力消耗费等。维护费应根据本期实际发生额计算，对于经过多个期间统一支付的费用（如租赁费、保险费等），可按期间分摊计入本期相应的费用中。

（4）一般经费。它是指除了人工费和维护费之外的其他与仓库或仓储业务相关的费用，如仓库业务人员办公费、差旅费、会议费、通信费、水电费、煤气费等。其中，对于办公费、差旅费、会议费等使用目的明确的费用，可直接计入仓储成本；对于水电、煤气等费用，可以从安装在仓库设施上的用量记录来获取相关数据，也可以根据仓储作业设施的比例和仓储作业人员的比例简单推算。

（5）特别经费。它一般是指折旧费和企业内利息等。折旧可根据设施设备的折旧年限、折旧率来计算；利息可根据仓储相关资产的贷款利率计算。

（6）对外支付保管费用。它是指企业向外部物流机构所支付的保管费用。可根据本期的实际发生额进行计算，全额计入仓储成本。

2）确定仓储成本核算对象

仓储成本核算对象是指成本计算过程中归集和分配仓储成本的对象，是仓储成本的承担者。在进行仓储成本核算时，仓储成本如何归集、分配和核算取决于对所评价与考核的成本核算对象的选取。在实际工作中，必须先明确仓储成本的核算对象，否则成本的核算也就失去了存在的意义。

根据成本核算目的的不同，可按支付形态计算存货的仓储成本，也可按商品、地区、客户等计算仓储成本，从而分析不同成本对象对仓储成本的影响。如果按商品核算，就是将根据各成本项目计算出来的仓储成本，按不同的标准分配给各类商品，以此计算各类商品的仓储成本。

仓储成本核算对象的确定要以因果关系为依据，找到仓储成本的承担者，从而对仓储成本进行正确的归集与分配。简言之，仓储成本核算对象的确定就是找到仓储成本的具体耗费者。假如所耗仓储成本仅涉及单一的仓储业务，应将所发生的所有仓储成本直接归属于该项仓储业务；如果仓储成本涉及多项仓储业务的费用，则应根据因果关系按一定的分配比例分配给不同的仓储业务。

12.1.4 核算仓储成本

仓储成本核算时，要注意核算的口径和范围，按照核算对象和核算项目搜集数据，做好归集与分配。仓储成本的归集是将仓储成本按支付形态从财务会计核算项目中抽取出来，进行归并。对于直接仓储费用，如直接人工费、材料费等，可直接计入仓储成本；对于间接费用，则按一定的分摊标准，核算出应计入本期仓储成本的费用。当存在多个仓储成本核算对象时，对于它们共同耗用的费用需要进行分配。如水电费、共同耗用的材料费和直接管理费用等间接费用，在明确分摊对象的基础上，再按一定的分配标准进行分配。分配标准的选择必须反映仓储活动与费用成本之间存在的因果关系。

1）按支付形态核算仓储成本

按支付形态核算仓储成本是指按支付形态的不同分类将仓储成本从财务会计核算的相关科目中抽出，并进行计算，即先将企业发生的各项管理等费用按仓储搬运费、仓储保管费、材料消耗费、人工费、仓储管理费、仓储占用资金利息等支付形态分类，然后将各项目费用乘以一定的比例计算出仓储成本的总额。

2）核算获得仓储设施设备的成本

自有仓库使用成本即为折旧费，租赁仓库使用成本和公共仓库使用成本均为租金。租金属于对外支付的费用，企业直接计入即可。折旧费是指对在仓储活动中所使用的各种物流设施设备按规定方法提取的折旧。计提折旧的方法主要包括：直线法、工作量法、双倍余额递减法和年数总和法。其中，直线折旧法最为常用，使用该方法计算的折旧额，每一期的金额都是相等的。工作量法，是指以物流设施设备完成的业务量为依据计算折旧，其金额的大小与业务量成正比。双倍余额递减法和年数总和法都属于加速折旧法，加速折旧法的特点是在固定资产使用初期计提折旧较多而在后期计提折旧逐渐较少。

12.1.5 仓储成本优化

针对公司存在的一些问题，可以从员工素质的提高、仓储场地的规划、仓储信息化的管理、库存模型的控制等方面提出优化方案。

建立严格的岗位责任制，明确各岗位履行的职责和应具备的基本要求，做到合理分工，各司其职，责任清楚，职权明确。加强绩效考核，使之不仅与作业量挂钩，还与作业效率挂钩，有奖有罚，充分调动员工的积极性。

1）仓储管理工作优化方案

（1）建立培训体系，提高员工素质。根据员工素质要求，采用“走出去、请进来”的方法进行培训。将总经理和管理层人员送到专门的物流知识培训点去系统学习，对其他在职人员每年定期进行一次业务理论知识培训。新进、新上岗人员应进行岗前培训，以老带新，使其具备上岗基本技能。员工每年进行理论知识、业务技能比武、考核，奖优惩劣，倡导学技术、用技术的正气之风。同时完善制度，加强绩效考核。建立严格的岗位责任制，明确各岗位履行的职责和应具备的基本要求，做到合理分工，各司其职，责任清楚，职权明确。加强绩效考核，使之不仅与作业量挂钩，还与作业效率挂钩，有奖有罚，充分调动员工的积极性。

（2）合理规划仓储场地，完善仓储设施与设备。合理的仓储网络设计，能提高仓库的利用率和仓储的运作效率，减少固定成本支出，提升效益：①调整仓库网络。电脑上可以清楚地查找到产品方位，加快备货速度，提高出货效率。②合理规划库区布局。分行政区、作业区、后勤服务区等。③合理划分库区，定置定放。④将A字架改为凹字架。不仅充分利用了场地，更可以减少搬运量并防止产品因重压而变形。

（3）全面推进仓储信息化管理。应用完善的仓储管理系统，可优化企业的作业流程，自动分配货位，实现仓储管理的信息化、自动化、智能化，提高企业的管理水平。

第一，系统功能设计。用友U8是一个标准化系统，实现了业务流、信息流、物流、资金流的真正集成和“加强监督控制、提升管理水平”的最终目标：①数据录入。②数据检索。③数据统计。④数据查询。⑤数据打印。⑥数据维护。⑦系统安全管理。⑧数据的转移。⑨图表显示。Excel图表，使统计数据更形象直观。

第二，流程设计（分别如图12-1、图12-2所示）。

（4）建立有效的库存控制模型。有效的库存控制，可以避免超储或缺货，提供优质服务；减少库存空间占用，降低库存总费用；控制库存资金占用，加速资金周转。

第一，重视供应链管理，实施ERP，获取物流管理“第三方利润源泉”。加强供应链知识培训，使全体人员懂得实施物流管理的意义和作用，知道“第三方利润源泉”的巨大，从而改变理念，并将物流管理思想应用于实际工作，提高管理水平，向管理要效益。

第二，应用库存控制方法，尽量减少库存量。

ABC分类法是一种有效的库存管理方法，通过将库存物品分为A、B、C三类，帮助企业优化库存管理。具体步骤如下：①数据收集：收集所有库存物品的相关数据，包括物品名称、单价、年消耗量等。②计算年消耗金额：将每种物品的单价与其年消耗量相乘，得到年消耗金额。③排序：按照年消耗金额的大小对所有库存物品进行降序排列。④确定分类标准：根据年消耗金额和库存物品数量的累计占比，划分A、B、C三类库存。⑤制定管理策略：针对不同类别的库存，制定相应的管理策略。例如，A类库存实行定期订货，B类库存实行定量订货等。通过这种方法，企业可以有效减少库存成本，提高管理效率。

定量库存控制法：指当库存量下降到预定的最低库存量（订货点）时，按规定数量（一般以经济批量EOQ为标准）进行订货补充的一种库存控制方法。

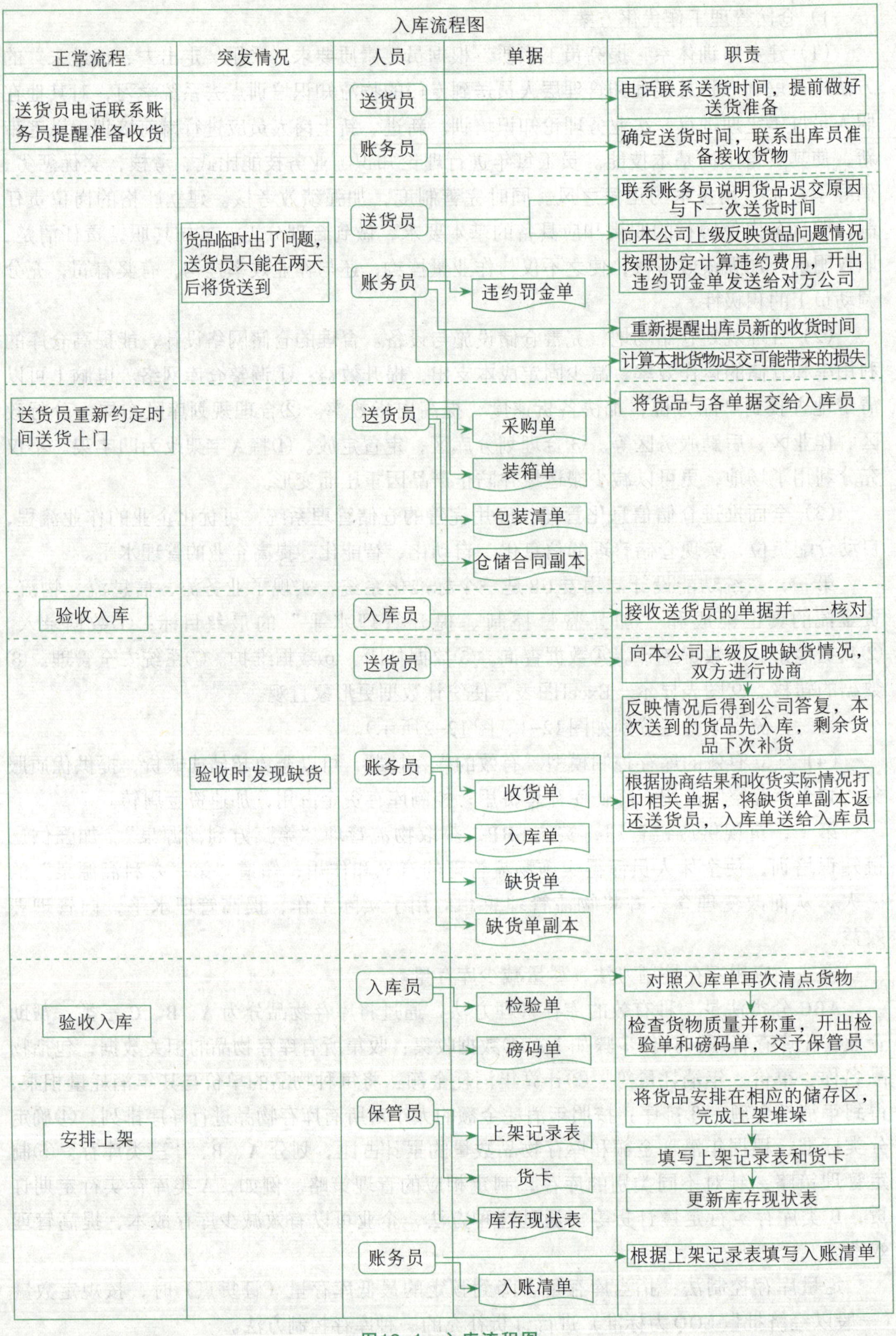
入库流程图
正常流程
突发情况
人员
单据
职责
送货员电话联系账务员提醒准备收货
送货员
电话联系送货时间，提前做好送货准备
账务员
确定送货时间，联系出库员准备接收货物
货品临时出了问题，送货员只能在两天后将货送到
送货员
联系账务员说明货品迟交原因与下一次送货时间
向本公司上级反映货品问题情况
账务员
按照协定计算违约费用，开出违约罚金单发送给对方公司
违约罚金单
重新提醒出库员新的收货时间
计算本批货物迟交可能带来的损失
送货员重新约定时间送货上门
送货员
将货品与各单据交给入库员
采购单
装箱单
包装清单
仓储合同副本
验收入库
入库员
接收送货员的单据并一一核对
验收时发现缺货
送货员
向本公司上级反映缺货情况，双方进行协商
反映情况后得到公司答复，本次送到的货品先入库，剩余货品下次补货
账务员
根据协商结果和收货实际情况打印相关单据，将缺货单副本返还送货员，入库单送给入库员
收货单
入库单
缺货单
缺货单副本
验收入库
入库员
对照入库单再次清点货物
检验单
检查货物质量并称重，开出检验单和磅码单，交予保管员
磅码单
安排上架
保管员
将货品安排在相应的储存区，完成上架堆垛
上架记录表
填写上架记录表和货卡
货卡
更新库存现状表
库存现状表
账务员
根据上架记录表填写入账清单
入账清单

图12-1　入库流程图

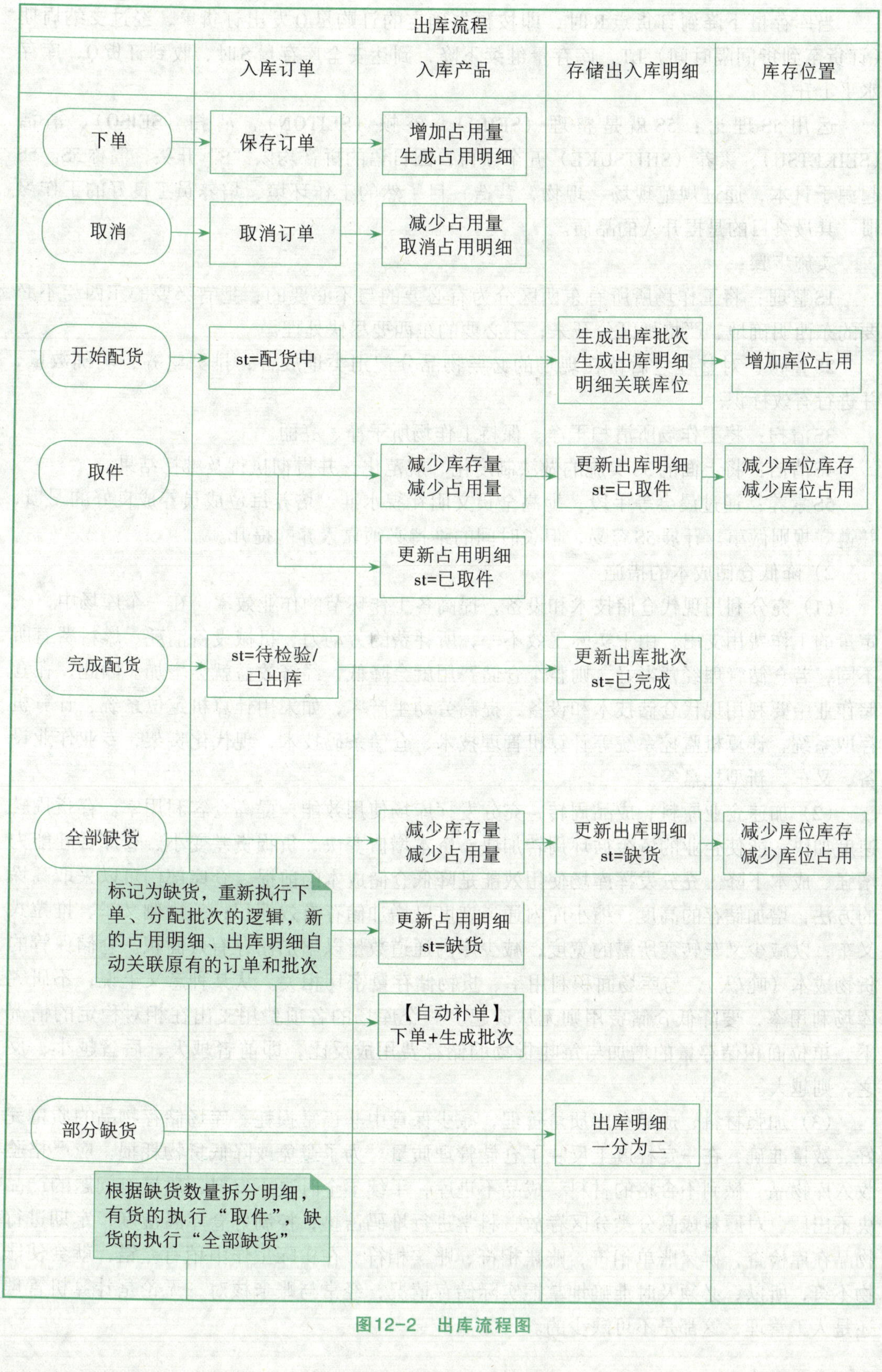
出库流程
入库订单
入库产品
存储出入库明细
库存位置
下单
保存订单
增加占用量
生成占用明细
取消
取消订单
减少占用量
取消占用明细
开始配货
st=配货中
生成出库批次
生成出库明细
明细关联库位
增加库位占用
取件
减少库存量
减少占用量
更新出库明细
st=已取件
减少库位库存
减少库位占用
更新占用明细
st=已取件
完成配货
st=待检验/已出库
更新出库批次
st=已完成
全部缺货
减少库存量
减少占用量
更新出库明细
st=缺货
减少库位库存
减少库位占用
标记为缺货，重新执行下单、分配批次的逻辑，新的占用明细、出库明细自动关联原有的订单和批次
更新占用明细
st=缺货
【自动补单】
下单+生成批次
部分缺货
出库明细
一分为二
根据缺货数量拆分明细，有货的执行“取件”，缺货的执行“全部缺货”

图12-2　出库流程图

当库存量下降到订货点R时，即按预先确定的订购量Q发出订货单，经过交纳周期（订货至到货间隔时间）LT，库存量继续下降，到达安全库存量S时，收到订货Q，库存水平上升。

运用5S理论：5S就是整理（SEIRI）、整顿（SEITON）、清扫（SEISO）、清洁（SEIKETSU）、素养（SHITSUKE）五个项目，因日语的拼音均以“S”开头，简称5S。5S起源于日本，通过规范现场、现物，营造一目了然的工作环境，培养员工良好的工作习惯，其最终目的是提升人的品质。

实施步骤：

1S整理：将工作场所所有东西区分为有必要的与不必要的，把有必要的东西与不必要的东西明确地、严格地区分开来；不必要的东西要尽快处理。

2S整顿：对整理之后留在现场的必要物品分门别类地放置，排列整齐，明确数量，并进行有效标识。

3S清扫：将工作场所清扫干净。保持工作场所干净、亮丽。

4S清洁：将上面的3S实施的做法制度化、规范化，并贯彻执行及维持结果。

5S素养：通过晨会等手段，提高全员文明礼貌水准。培养每位成员养成良好的习惯，并遵守规则做事。开展5S容易，但长时间的维持必须靠素养的提升。

2）降低仓储成本的措施

（1）充分利用现代仓储技术和设备，提高各工作环节的作业效率。在一个库场中，一定量的工作费用支出，由于实际工效不一，所耗费的劳动力、机械设备消耗、燃料费有所不同，若仓储管理经营得好，则整个仓储费用就会降低，经济效益就会增加。因此，在仓储作业中要利用现代仓储技术和设备，提高劳动生产率，如采用计算机定位系统、计算机存取系统、计算机监控系统等计算机管理技术，仓储条码技术，现代化货架，专业作业设备、叉车、新型托盘等。

（2）加速企业原料、成品周转，充分发挥库场使用效能，提高仓容利用率。存货周转速度加快，能使企业的资金循环周转加快、资本增值变快、货损货差变小、仓库吞吐能力增强、成本下降。充分发挥库场使用效能是降低仓储成本的前提。仓库部门可以采取高垛的方法，增加储存的高度；缩小库内通道宽度以增加储存有效面积；采用侧叉车、推拉式叉车，以减少叉车转弯所需的宽度；减少库内通道数量以增加储存有效面积。仓储保管的货物成本（吨/天），与库场面积利用率、货物储存量密切相关。从某种意义上说，不研究库场利用率，要降低仓储费用则无从谈起。一个库场的各项费用支出在相对稳定的情况下，单位面积储存量的增加与每吨货物的储存费用成反比，即前者越大，后者越小；反之，则越大。

（3）加强材料、成品在库质量管理，减少保管中非正常损耗。库场储存物品的质量完好、数量准确，在一定程度上反映了仓储管理质量。为了避免或降低货物耗损，应严格验收入库物品，做到不合格的材料、成品不进库，手续不全时决不发料，质量有问题的产品决不出厂。对原料成品分类分区存放，科学进行堆码苫垫，控制好仓库温湿度，定期进行物品在库检查，确保账单相符、账账相符、账实相符。在实际工作中稍有差错，就会使账物不符，所以，必须及时准确地掌握实际储存情况，经常与账卡核对，无论是计算机管理还是人工管理，这都是不可缺少的。

任务二　配送成本管理

12.2.1　配送成本的构成

集货是将分散的或小批量的物品集中起来，以便进行运输、配送的作业。集货是配送的重要环节。

分拣是将物品按品种、出入库先后顺序进行分门别类堆放的作业。这种作业一般有人工、半自动和全自动三种形式，按照货单人工或使用分类机进行分类。

配货是使用各种拣选设备和传输装置，将存放的物品，按客户的要求分拣出来，配备齐全，送入指定发货地点。

配装在单个客户配送数量不能达到车辆的有效载运负荷时，就存在如何集中不同客户的配送货物，进行搭配装载以充分利用运能、运力的问题，这就需要配装。

配送运输是运输中的末端运输、支线运输，和一般运输形态的主要区别在于：配送运输是较短距离、较小规模、额度较高的运输形式，一般使用汽车做运输工具。

送达服务要圆满地实现运到物品的移交，并有效地、方便地处理相关手续并完成结算，还应和客户协商卸货地点、卸货方式等。

配送加工是按照配送客户的要求所进行的流通加工。在配送中，配送加工这一功能要素不具有普遍性，但往往是有重要作用的功能要素。

在执行完配送任务之后，配送车辆需要回程。在一般情况下，回程车辆往往空驶，这是降低配送效益、提高配送成本的原因之一。

12.2.2　配送供给与需求

配送分为企业对企业的配送，企业内部配送，企业对消费者的配送三种。表12-1是按配送方式对配送的分类。

表12-1　按配送方式分类

方式	内容
定时配送	根据配送企业和用户双方达成的配送时间协议，按照规定的时间和时间间隔进行配送
定量配送	按事先双方协议规定的数量进行配送。可以按托盘、集装单元及车辆的装载能力有效地选择配送的数量，配送效率高
定时定量配送	按照规定的配送时间和配送数量进行配送。这是一种精密的配送方式
定时定线路配送	在规定的运行路线上，制定配送车辆到达的时间表，按运行时间表进行配送
应急配送	完全按照用户突然提出的配送要求随即进行配送的方式
共同配送	为了提高物流效率，对许多企业一起进行配送。共同配送可以分为以货主为主体的共同配送和以物流企业为主体的共同配送两种类型
加工配送	加工配送是指配送和流通加工相结合，通过流通加工后进行的配送

12.2.3　配送成本分析

配送运输费用分为车辆费用以及营运间接费用。

（1）分拣人工费用是从事分拣工作的作业人员及有关人员工资、奖金、补贴等费用的总和。

（2）分拣设备费用是分拣机械设备的折旧费用及修理费用。

（3）在流通加工过程中从事加工活动的管理人员、工人及有关人员工资、奖金等费用的总和。

12.2.4　配送成本核算

配送成本费用的计算由于涉及多环节的成本计算，对每个环节都应当计算各成本计算对象的总成本（如图12-3所示）。

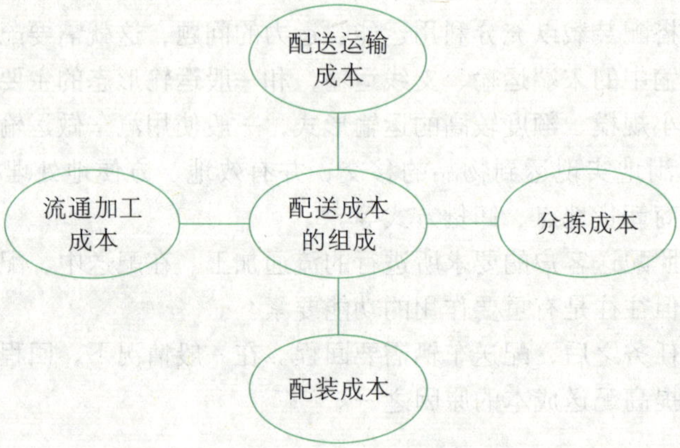

图12-3　配送成本的组成

（1）配送运输成本是指配送车辆在完成配送货物过程中所发生的各种车辆费用和配送间接费用。

（2）流通加工成本是指在商品从生产者到消费者的流动过程中，为了促进销售、维护商品质量、实现物流的高效率使商品发生形状和性质的变化而产生的成本。

（3）分拣成本是指拣货机械及人工在完成货物分拣中所发生的各种费用，包括拣货的直接费用和间接费用两种。

（4）配装成本是指在完成配装货物过程中所发生的各种费用。

12.2.5　配送成本控制

配送运输成本的计算方法，是指配送车辆在配送生产过程中所发生的费用，按照规定的成本计算对象和成本项目，计入配送运输成本的方法。物流配送企业月末应编制配送运输成本计算表，以反映配送总成本和单位成本。按各成本计算对象计算的成本降低率，是指该配送运输成本的降低额，与上年度实际单位成本乘以本期实际周转量计算的总成本比较的百分比。

配送环节的分拣成本的计算方法，是指分拣过程所发生的费用，按照规定的成本计算对象和成本项目，计入分拣成本的方法。物流配送企业月末应编制配送分拣成本计算表，以反映配送分拣总成本。配送分拣总成本是指成本计算期内成本计算对象的成本总额，即各个成本项目金额之和（如图12-4所示）。

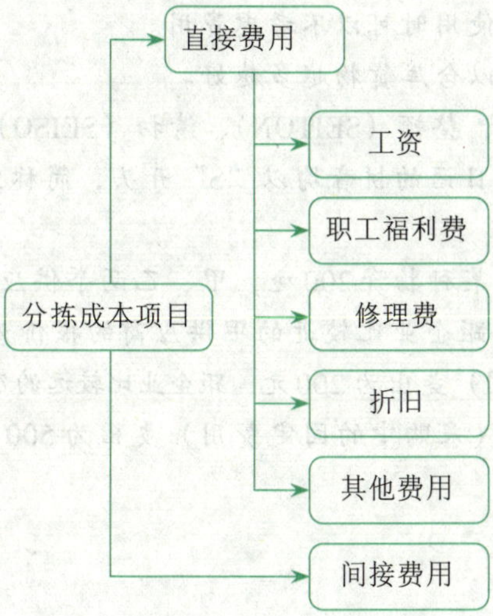

图12-4　分拣成本

12.2.6　配送成本控制和配装成本的核算

（1）配送成本是配送过程中所支付的费用总和。根据配送流程及配送环节，配送成本实际上是含配送运输费用、分拣费用、配装及流通加工费用等全过程的费用。配送成本费用的核算是多环节的核算，是各个配送环节或活动的集成。配送各个环节的成本费用核算都具有各自的特点，如流通加工的费用核算与配送运输费用的核算有明显的区别，其成本计算的对象及计算单位都不同。

（2）配装成本是指在完成配装货物过程中所发生的各种费用，包括：①配装直接费用，包括工资、职工福利费、材料、辅助材料、其他。②配装间接费用指配送配装管理部门为管理和组织配装生产所发生的各项费用、由配装成本负担的各项管理费用和业务费用。

（3）物流配送企业月末应编制配送环节配装成本计算表，以反映配装总成本。配装作业是配送的独特要求，只有进行有效的配装，才能提高送货水平，降低送货成本。

想一想　你能画出仓储的成本思维导图吗？

基本训练

一、单项选择题

基本训练12

1.配送成本不包括（　　）。

A.运输费用　　　　B.分拣费用

C.配装费用　　　　D.流通加工费用

2.定时配送是根据配送企业和用户双方达成的配送时间协议，按照规定的时间和（　　）进行配送。

A.时间间隔　　B.天气情况　　C.货物多少　　D.需要

二、判断题

1.企业有自己的仓库，使用时可以不考虑费用。（　）

2.考虑到防止缺货，所以仓库货物越多越好。（　）

3.5S就是整理（SEIRI）、整顿（SEITON）、清扫（SEISO）、清洁（SEIKETSU）、素养（SHITSUKE）五个项目，因日语的拼音均以“S”开头，简称5S。（　）

三、计算题

某单位计划期需要采购某种物资200吨，甲、乙两个供应商供应的物资质量均符合企业的要求，信誉也比较好。距企业比较近的甲供应商的报价为320元/吨，运费为5元/吨，订购费用（采购中的固定费用）支出为200元；距企业比较远的乙供应商的报价为300元/吨，运费为30元/吨，订购费用（采购中的固定费用）支出为500元。请判断，应如何选择该物资采购的供应商？

项目十三　智能设备性能和异常分析

本项目思维导图

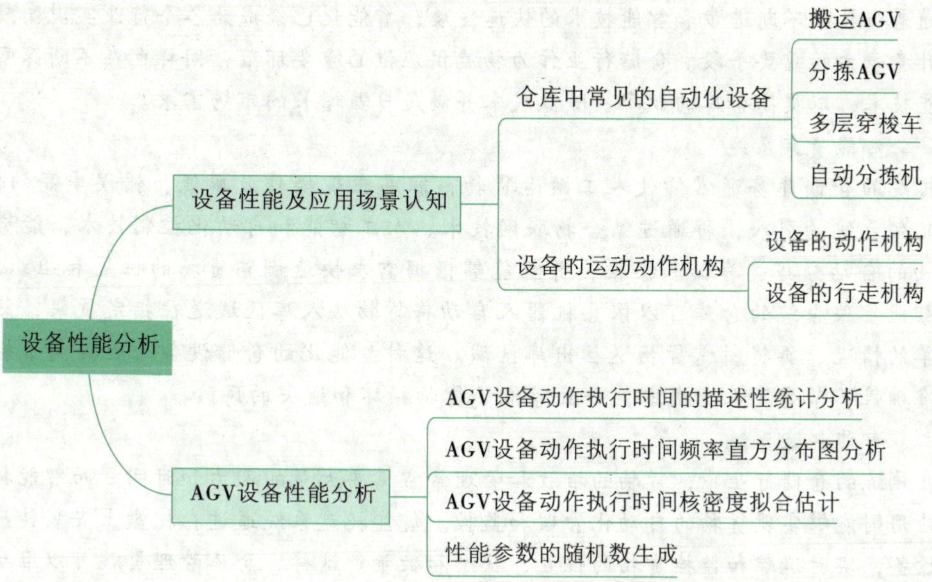

学习目标

知识目标：

(1) 了解仓库中常见的自动化设备及作业场景；

(2) 了解仓库中常见的自动化设备的运动动作机构及行走机构；

(3) 应用描述性统计指标对设备运行状态进行分析；

(4) 了解设备异常的定义、分类方法以及等级判定标准；

(5) 掌握对设备异常产生原因进行分析的方法。

能力目标：

(1) 掌握AGV设备动作执行时间描述性统计计算相关操作；

(2) 掌握绘制AGV设备动作执行时间频率分布直方图的相关操作；

(3) 掌握根据基本数据进行计算的能力，能够使用Excel相关函数进行分析；

(4) 能够对异常设备及产生原因进行分析；

(5) 能够进行一段时间内设备异常情况的描述性统计计算和可视化；

(6) 能够对码点、设备进行异常分析，并解读热力图。

素养目标：

（1）胜任仓储数据统计、分析与大数据处理岗位，养成细致、认真的数据分析与处理习惯；

（2）培养数据安全意识。

重难点：

（1）设备性能统计分析；

（2）基于信息熵的综合评价方法；

（3）数据可视化。

案例导入

仓储行业中的仓储设备智能化应用

随着科技的不断进步和智能技术的快速发展，智能化已经成为各个行业实现高效运营和提升竞争力的重要手段。仓储行业作为物流供应链的重要环节，同样也在不断探索和应用智能技术，以提高仓库的效率、降低成本并满足日益增长的市场需求。

一、智能货架系统

传统的仓储库房通常仰仗人工搬运货物，容易出现操作效率低、错误率高的问题。智能货架系统的引入，再通过结合物联网技术、人工智能和自动化控制技术，能够实现对货物的自动分拣、存储和检索，并且能够根据需求快速调整货物的位置和组织方式。运用智能货架系统的仓库可以依靠机器人自动将货物从入库区域送往指定货架，然后根据订单的情况，再将所需货物送往出库区域。这种智能化的仓储设备大大提高了操作效率和准确性，节省了人力成本，并且降低了货物损坏和遗失的风险。

二、智能托盘系统

在传统的仓储行业中，货物的堆放和管理常常需要大量的人力和时间。而智能托盘系统的应用则能够实现货物的自动化管理和监控。智能托盘系统通过在托盘上安装传感器和通信设备，实时追踪和监控货物的位置、状态和数量。这样，仓库管理员就可以准确地了解仓库中各个托盘上货物的情况，避免遗漏和错误。同时，智能托盘系统还能够配合仓库管理系统，实现对货物的调度和运输的智能化控制，提高仓库运营效率和准确性。

三、智能拣货系统

在仓储行业中，拣货是一个耗时且容易出错的环节。然而，智能拣货系统的出现改变了传统的拣货方式。智能拣货系统通过使用机器人、传感器和人工智能技术，实现对货物的自动拣选和分类。机器人可以根据订单和货物的特性，智能地选择并拿取指定货物，并将其送往指定位置。这种智能化的拣货系统能够大幅度提高拣货速度和准确性，减少操作中的错误和损失。

综上所述，仓储行业中智能仓储设备的应用案例多种多样，而且智能化技术的发展潜力还远未被完全开发。随着科技的不断创新和智能化技术的不断成熟，仓储设备的智能化应用将会有更广阔的发展前景。这些智能化设备的引入不仅能够提高仓库运营效率、降低成本，还能够满足日益增长的市场需求，为仓储行业带来更加便利和高效的物流服务。相信在不久的将来，智能仓储设备将成为仓储行业的发展趋势和重要的竞争优势。

1. 案例中使用了哪些智能化设备？
2. 请描述智能化设备为企业带来哪些好处。

任务一 智能设备性能分析

1）仓库中常见的自动化设备

（1）搬运AGV自动导引运输车（无轨）。有轨的为RGV。对AGV来讲，在传统工业厂房中早有应用，只是每个场景使用的设备数量不多，调度简单（如图13-1所示）。搬运型AGV（自动导引运输车）是一种基于自主导航技术（如激光SLAM、视觉或磁条导引）的无轨移动机器人，专为工业场景中的物料转运需求设计。其核心功能是通过精准路径规划（定位误差≤±5mm）与智能调度系统，实现原材料、半成品或成品的自动化搬运，以替代传统人工叉车或传送带。在仓储领域，AGV驱动“货到人”模式，将货架自动运送至工作站，使拣选效率提升3倍。

图13-1 AGV搬运小车

第一，按导引方式分类（见表13-1）。

表13-1 不同导引方式下AGV搬运小车对比信息表

导引方式	成熟度	技术难度	成本	应用	先进性	前景
电磁导引	成熟	低	低	较广	一般	较好
光学导引	成熟	低	低	较广	一般	较好
惯性导航系统导引	成熟	低	低	较广	一般	好
标识导引	成熟	中	中	较广	较先进	好
激光导引	较成熟	高	高	广	较先进	好
视觉导引	不成熟	高	高	少	很先进	很好
混合导引	不成熟	高	高	少	很先进	很好

第二，功能。具备的功能有前进、后退、顶升、货架旋转、车体自转、弧线旋转、货架底可穿行、自动充电、自主避障、地面适应能力强、无线开关机、急停、高容量电池、导航方式、容器识别、状态显示等。

（2）多层穿梭车。它也叫shuttle，是指在立体货架上穿梭的小车，自动进行周转箱等容器的存取作业。

第一，分类。多层穿梭车主要有两向穿梭车和四向穿梭车。

两向穿梭车是一种用来在货架之间搬运货物的自动化设备。它具有双向行驶的能力，可以在货架之间来回穿梭并搬运货物，提高仓储物流效率。两向穿梭车可以在仓库内准确、自动地搬运货物，提高货物出入库的效率和准确性。它可以适应不同的仓库布局和货架高度，能够灵活应对不同的物流需求（见表13-2）。

表13-2 两向穿梭车组成及功能信息表

组成	功能
车体	两向穿梭车通常由一个坚固的钢结构车体组成，具有足够的强度和稳定性。车体上配有操纵台和各种控制装置
传动系统	两向穿梭车通常采用电动传动系统，包括电机、减速器、链条或皮带传动装置等。电机驱动车辆运行，并提供所需的扭矩
导轨系统	为了确保两向穿梭车准确地在货架之间行驶，通常会在地面铺设导轨系统。导轨系统通常由轨道和导向装置组成，能够引导两向穿梭车沿预定轨道行驶
推拉机构	为了搬运货物，两向穿梭车通常配备推拉机构，用来将货物从货架上推出或推入。推拉机构通常由气动或液压装置驱动，具有足够的力量和准确性
控制系统	两向穿梭车采用自动控制系统进行操作和控制。它可以根据预设的指令和程序，在仓库内自主行驶并搬运货物。控制系统通常由计算机和各种传感器组成，能够实时监测和控制车辆的运行状态

四向穿梭车是一种用于货物密集存储管理的自动化仓储设备，具有四个方向行驶的特性（见表13-3），主要应用于自动化仓储管理领域，适用于对存储空间、货物存储和分拣效率要求高的企业、物流中心等。其操作技术和管理技术较为复杂，需要有一定的技术储备，同时还需要保持设备的正常维护和管理。但是，对提高企业仓储管理水平、降低运营成本、缩短存储时间、提高服务水平等方面有着非常显著的作用。

表13-3 四向穿梭车组成及功能信息表

组成	功能
轨道系统	用于支撑四向穿梭车的行驶轨道，一般采用双轨结构，轨距采取不同的设计，可根据实际场地情况确定
四向穿梭车	重要的核心组成部分，它可以垂直升降，能够自动将货架里的货物取出，并将货架推入指定的位置，其移动方式包括X、Y、Z三个方向的行驶，同时可以被配置成3位及4位操作系统，通过手持式控制器可控制并确定其行驶方向
固定式货架	用于储存货物，采用双侧柱的悬空式结构，每层可放置2个托盘。固定式货架是可重复利用的，具有优异的承重性和稳定性，能够承受2 000千克以内的重量
移动式托盘	用于装载货物，每个托盘可承载合理重量，一般为1 000～1 500千克，同时每个托盘上均配备有RFID或条形码等标识，以便于后期管理，提高设备操作的准确性和可靠性
自动输送设备	包括电梯、传送带等自动输送装置，用于穿梭车的升降和托盘的输送，提高货物的运输效率和准确性

第二，特点。四向穿梭车的特点见表13-4。

表13-4　四向穿梭车的特点

序号	特点
1	结构紧凑，具有更高效的作业效率
2	标准型和随动型穿梭车，适用多种场景，适用更多的箱型
3	配合换层提升机，可完成换层作业

（3）分拣AGV。应用二维码导航技术和智能调度策略，实现多机器人集群管理，完成小件包裹（商品）的搬运和投递。

第一，组成。分拣AGV组成示意图如图13-2所示。

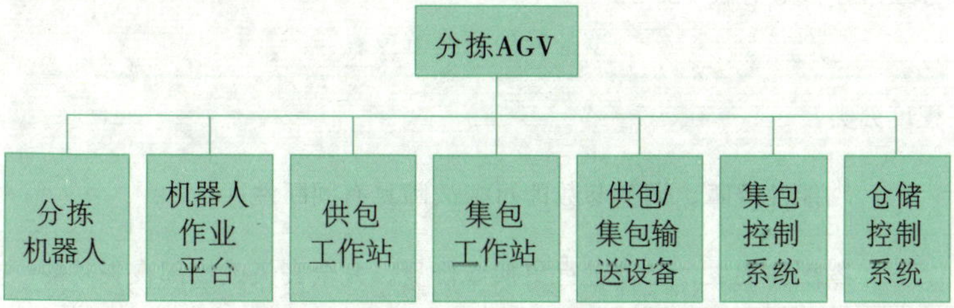

图13-2　分拣AGV组成示意图

第二，特点。分拣AGV的特点如图13-3所示。

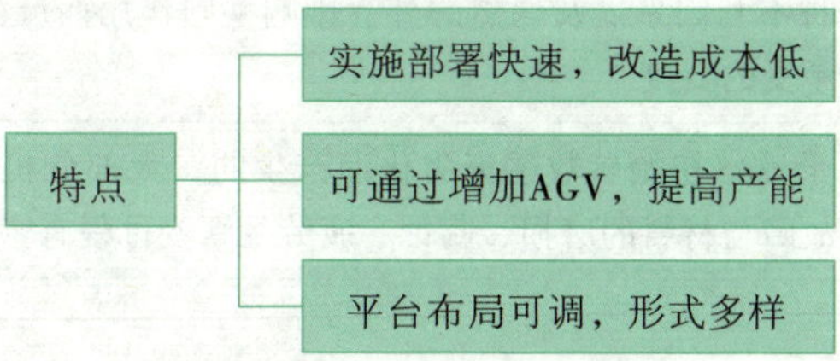

图13-3　分拣AGV的特点

2）设备性能分析

AGV设备的动作执行时间描述性统计计算：①AGV小车转弯；②托盘旋转；③托盘升降；④行驶速度。

完成以上性能的最大值、最小值、中位数、均值、峰度、偏度、标准差的计算。可利用Excel描述性统计分析，以行驶速度为例，具体操作请扫二维码。

操作训练13-1

3）AGV设备动作执行速度频率分布

（1）计算分组。完成最大值、最小值、极差、分组数、分组组距、分组值的计算。

（2）计算频率。根据分组，利用Frequency（）函数完成频数计算。

（3）计算正态分布曲线。根据均值、标准差、Normdist（）函数完成正态分布值计算。

完成以上计算可利用Excel函数和图表分析AGV设备执行速度频率分布直方图，具体操作请扫二维码。

操作训练13-2

任务二　智能设备异常分析

13.2.1　设备异常分析认知

1）设备异常定义

设备异常也称设备故障，一般是指设备失去或降低其规定功能的事件或现象，也即设备的某些零件失去原有的精度或性能，使设备不能正常运行、技术性能降低，从而使企业中断生产或效率降低而影响生产。

2）设备异常分类

设备异常分类信息表见表13-5。

表13-5　设备异常分类信息表

1.按异常的存在程度分类	
1）暂时性故障	功能性故障，调整参数即可，故障具有间断性
2）永久性故障	零部件损失，必须进行更换或修复，完全丧失或局部丧失功能
2.按故障发生、发展的进程分类	
1）突发性故障	是各种不利因素以及偶然的外界影响共同作用而产生的，这种作用超出了设备所能承受的限度
2）渐发性故障	是由于设备初始参数逐渐劣化而产生的，大部分机器的故障都属于这类故障。这类故障与材料的磨损、腐蚀、疲劳及蠕变过程有密切的关系
3.按故障严重程度分类	
1）破坏性故障	既突发又永久
2）非破坏性故障	既是渐发性又是局部性
4.按故障发生的原因分类	
1）外因故障	操作不当或条件恶化
2）内因故障	机器本身质量问题或者老化等问题引起
5.按故障相关性分类	
1）连带故障	间接故障
2）非连带故障	直接故障：零件本身引起

3）设备异常等级划分

仓库中的自动化设备的故障等级由高到低可以分为致命、严重、一般、提示（见表13-6）。

表13-6　设备异常等级划分表

等级	是否报警	是否显示	是否需要人为干预	是否需要进仓处理
致命	✓	✓	✓	✓
严重	✓	✓	✓	×
一般	✓	✓	×	×
提示	✓	×	×	×

4）设备异常产生的原因

设备异常产生的原因见表13-7。

表13-7　设备异常产生的原因

序号	原因
1	由硬件系统产生的异常：由设备本身硬件系统在使用过程中发生损坏或老化导致的异常
2	由软件系统产生的异常：由仓库中的WMS、WCS或者仓库网络系统紊乱所导致的异常
3	由仓库运营产生的异常：由于仓库本身生产存在不合理运营所造成的异常

5）设备异常的诊断及修理

对设备的诊断有不同的技术手段，较为常用的有振动监测与诊断、噪声监测、温度监测与诊断、油液诊断、无损探伤技术等。设备诊断技术尽管很多，但基本上离不开信息的采集，信息的分析处理，状况的识别、诊断、预测和决策三个环节（见表13-8）。

表13-8　设备异常的诊断及修理的主要内容

序号	主要内容
1	保证机械运转状态在设计范围内
2	随时报告运行状态的变化情况和恶化趋势
3	提供机械状态的准确描述
4	故障报警

13.2.2　设备异常综合分析

1）设备异常总量分析

设备异常分析的对象是设备上报的各类异常，这些异常以导航、运控、电机、编码器和电池模块为主。设备异常总量分析用于对仓库内自动化设备运行状态进行监控，及时发现设备异常，以减少或者避免设备异常对运营造成的影响。

设备异常总量分析的主要指标包括：设备总异常次数、平均每日异常次数、运营小车数和行驶距离

设备异常总量分析实例以天为单位计算一个月内AGV设备异常总量的集中趋势变量和离散趋势变量，并在Excel上用折线图进行可视化。

操作训练 13-3

2）设备异常分类统计

将一段时间内的异常数据按照异常等级归类，并用饼状图进行数据可视化（如图13-4所示）。具体操作请扫描二维码。

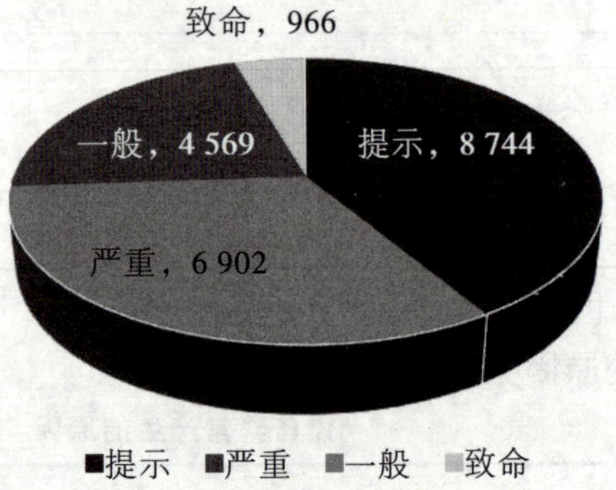

图13-4 设备异常统计示意图

3）设备异常数量变化趋势分析

观察、比较各类别异常数据在时间上的变化率，并通过柱形图比较两个月内的异常总量差异。设备异常次数环比分析见表13-9。

环比增长值=（本月异常数-上月异常数）÷上月异常数×100%

表13-9 设备异常次数环比分析表

AGV名称	9月总异常次数	10月总异常次数	环比增长率
AGV1	4 246	2 014	-52.57%
AGV2	1 356	612	-54.87%
AGV3	838	272	-67.54%
AGV4	243	135	-44.44%

13.2.3 设备异常原因分析

1）设备异常原因分析方法

AGV设备健康度是指设备在特定运行环境下，维持正常工作状态的能力。它综合反映了设备的技术性能、工业条件适应性及维护状态，是衡量设备可靠性、效率及寿命的核心指标。通过健康度模型，可判断出设备的故障发生时间及故障原因，从而合理备件、计划生产。

健康度模型——综合评价分析法：

定义：利用多项指标对某个评价对象的某种属性进行定性、定量评估，或者对多个评价对象的属性进行定性、定量评估，进行优劣顺序排序。

应用：对比-择优。

效果：支持决策，在基础建设、预防、临床及管理领域中应用广泛。

目的：对某一事物做出整体评价，考察某一综合目标的整体实现程度。

（1）综合评价法建模步骤（如图13-5所示）。

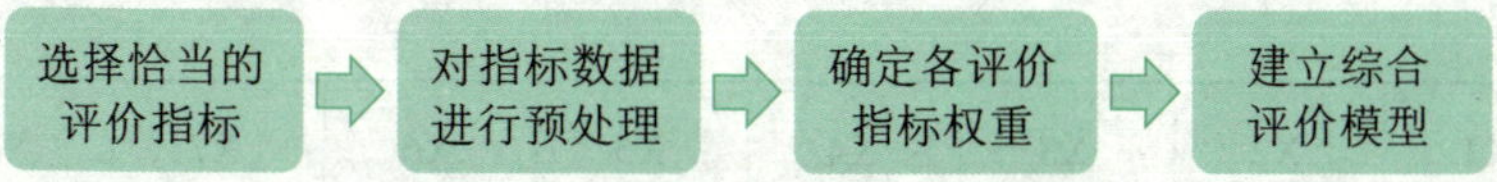

图13-5　综合评价法建模步骤

（2）选择恰当的评价指标。以AGV设备健康度为例，收集仓库A某月异常行为数据，其中包括行驶距离、异常数量、工作时长、耗电情况、各级别异常数量等9个指标，并进行打分（见表13-10）。

表13-10　仓库A某月AGV设备异常行为数据表

AGV	X1	X2	X3	X4	X5	X6	X7	X8	X9
A	100	90	100	84	90	100	100	100	100
B	100	100	78.6	100	90	100	100	100	100
C	75	100	85.7	100	90	100	100	100	100
D	100	100	78.6	100	90	100	94.4	100	100
E	100	90	100	100	100	90	100	100	80
F	100	100	100	100	90	100	100	85.7	100
G	100	100	78.6	100	99	100	55.6	100	100
H	85.7	100	85.7	100	100	100	100	100	100
I	100	100	92.9	100	80	100	100	100	100
J	100	90	100	100	100	100	100	100	100
K	100	100	92.9	100	90	100	100	100	100

（3）对数据进行标准化。将数据按比例缩放，使其落入一个小的特定区间。这种方法在某些比较和评价的指标处理中经常会用到，可以去除数据的单位限制，将其转化为无量纲的纯数值，便于不同单位或量级的指标能够进行比较和加权（见表13-11）。

数据规范化（正向指标）：$a_{H1} = x_i - \min\{x_j\} \max\{x_j\} - \min\{x_j\}$

数据规范化（逆向指标）：$a_{H1} = \max\{x_j\} - x_i / \max\{x_j\} - \min\{x_j\}$

表13-11　AGV异常数据标准化处理表

AGV	X1	X2	X3	X4	X5	X6	X7	X8	X9
A	1.00	0.00	1.00	0.00	0.50	1.00	1.00	1.00	1.00
B	1.00	1.00	0.00	1.00	0.50	1.00	1.00	1.00	1.00
C	0.00	1.00	0.33	1.00	0.50	1.00	1.00	1.00	1.00
D	1.00	1.00	0.00	1.00	0.50	1.00	0.87	1.00	1.00

续表

AGV	X1	X2	X3	X4	X5	X6	X7	X8	X9
E	1.00	0.00	1.00	1.00	1.00	0.00	1.00	1.00	0.00
F	1.00	1.00	1.00	1.00	0.50	1.00	1.00	0.00	1.00
G	1.00	1.00	0.00	1.00	0.95	1.00	0.00	1.00	1.00
H	0.50	1.00	0.33	1.00	1.00	1.00	1.00	1.00	1.00
I	1.00	1.00	0.67	1.00	0.00	1.00	1.00	1.00	1.00
J	1.00	0.00	1.00	1.00	1.00	1.00	1.00	1.00	1.00
K	1.00	1.00	0.67	1.00	0.50	1.00	1.00	1.00	1.00

（4）非负值平移。熵值法权重计算原理要求数据不能小于等于0，因为熵值法计算权重的过程中需要对数据进行对数函数变换，而对数函数要求数据互为正数，如果原始数据中出现负数或0，应当进行“非负平移”操作。“非负平移”，是指对观测值数据统一加上一个“平移值”，从而使该指标的所有数据为非负数，这个“平移值”无规定标准。这里直接加上0.01（见表13-12）。

表13-12　**AGV异常数据非负值平移表**

AGV	X1	X2	X3	X4	X5	X6	X7	X8	X9
A	1.01	0.01	1.01	0.01	0.51	1.01	1.01	1.01	1.01
B	1.01	1.01	0.01	1.01	0.51	1.01	1.01	1.01	1.01
C	0.01	1.01	0.34	1.01	0.51	1.01	1.01	1.01	1.01
D	1.01	1.01	0.01	1.01	0.51	1.01	0.88	1.01	1.01
E	1.01	0.01	1.01	1.01	1.01	0.01	1.01	1.01	0.01
F	1.01	1.01	1.01	1.01	0.51	1.01	1.01	0.01	1.01
G	1.01	1.01	0.01	1.01	0.96	1.01	0.01	1.01	1.01
H	0.51	1.01	0.34	1.01	1.01	1.01	1.01	1.01	1.01
I	1.01	1.01	0.68	1.01	0.01	1.01	1.01	1.01	1.01
J	1.01	0.01	1.01	1.01	1.01	1.01	1.01	1.01	1.01
K	1.01	1.01	0.68	1.01	0.51	1.01	1.01	1.01	1.01

（5）对数据进行归一化。用每一指标值除以本组数据的和值（见表13-13）。

表13-13　AGV异常数据归一化处理表

AGV	X1	X2	X3	X4	X5	X6	X7	X8	X9
A	0.1051	0.0012	0.1653	0.001	0.0722	0.0999	0.1012	0.0999	0.0999
B	0.1051	0.1245	0.0016	0.0999	0.0722	0.0999	0.1012	0.0999	0.0999
C	0.0010	0.1245	0.0559	0.0999	0.0722	0.0999	0.1012	0.0999	0.0999
D	0.1051	0.1245	0.0016	0.0999	0.0722	0.0999	0.0885	0.0999	0.0999
E	0.1051	0.0012	0.1653	0.0999	0.1431	0.0010	0.1012	0.0999	0.0010
F	0.1051	0.1245	0.1653	0.0999	0.0722	0.0999	0.1012	0.0010	0.0999
G	0.1051	0.1245	0.0016	0.0999	0.1360	0.0999	0.0010	0.0999	0.0999
H	0.0531	0.1245	0.0559	0.0999	0.1431	0.0999	0.1012	0.0999	0.0999
I	0.1051	0.1245	0.1110	0.0999	0.0014	0.0999	0.1012	0.0999	0.0999
J	0.1051	0.0012	0.1653	0.0999	0.1431	0.0999	0.1012	0.0999	0.0999
K	0.1051	0.1245	0.1110	0.0999	0.0722	0.0999	0.1012	0.0999	0.0999

（6）核算信息熵。在信息理论中，熵是对系统无序程度的度量，可以度量数据所提供的有效信息。熵值法是根据各指标传输给决策者的信息量大小来确定指标权数的方法。某项指标的差异越大，熵值越小，该指标包含和传输的信息越多，相应权重越大。信息熵计算公式如下：

$$H_j = -k\sum_{i=1}^{n} a_{ij} ln a_{ij}$$

$$k = 1/ln_n$$

可以通过表13-14求各指标的信息熵。

表13-14　各指标的信息熵

	X1	X2	X3	X4	X5	X6	X7	X8	X9
信息熵	0.9566	0.8759	0.8475	0.9626	0.94	0.9626	0.9623	0.9626	0.9626

（7）计算信息效用值（见表13-15）。

表13-15　各指标的信息效用值

	X1	X2	X3	X4	X5	X6	X7	X8	X9
信息效用值	0.0434	0.1241	0.1525	0.0374	0.06	0.0374	0.0377	0.0374	0.0374

（8）计算各指标的权重（见表13-16）。

权重 = 信息效用值/$\sum$信息效用值

表13-16　各指标的权重

	X1	X2	X3	X4	X5	X6	X7	X8	X9
权重	0.0764	0.2188	0.2687	0.066	0.1057	0.066	0.0665	0.066	0.066

（9）建立综合评价模型。

各指标的综合评价得分见表13–17。

$$y = \sum_{j=1}^{m} w_j * x_j$$

表13–17 各指标的综合评价得分

AGV	A	B	C	D	E	F	G	H	I	J	K
得分	95.70	93.19	93.19	92.82	95.83	98.00	91.19	95.20	95.98	97.81	97.04

2）异常频发码点分析

为找出异常频发的位置，分析人员通常对一定时间内的异常数据进行分析，统计每一个码点发生异常的次数和异常类型，为售后人员排查码点和维修设备提供信息。对码点的分析一般认为，一个月内发生15次以上即为频繁发生。结合以下3个指标，可以全面地反映码点的情况：

（1）“涉及AGV数量”是为了判断该异常的频繁发生是由少数车或多数车引起的，若涉及的AGV数量较多，则表明该码点大概率存在问题；

（2）“该码点发生异常数占该仓此类异常总数的比例”较高，表明该仓发生的异常大部分由该码点引起，同样表明该码点存在问题；

（3）“近七日的异常次数”用来判断该码点的问题在近期是否仍存在，若近期仍然发生异常，应及时进行处理

基本训练

基本训练13

一、单项选择题

1.出现以下（　　）现象时，该异常可以被认定为致命异常。

A.出现异常报警　　B.出现异常显示

C.需要人为干预　　D.需要进仓处理

2.设备状态监测及诊断技术的主要工作内容不包括（　　）。

A.随时报告运行状态的变化情况和恶化趋势

B.保证机械运转状态在设计的范围内

C.提供机械状态的准确描述

D.对设备进行维护

3.下列四台AGV中，AGV设备异常环比最多的是（　　）。

A.AGV1：9月总异常次数4 246，10月总异常次数2 014

B.AGV2：9月总异常次数1 356，10月总异常次数612

C.AGV3：9月总异常次数838，10月总异常次数272

D.AGV4：9月总异常次数243，10月总异常次数135

4.观察一个月内各天设备异常总量变化趋势一般使用的可视化工具是（　　）。

A.柱形图　　B.饼状图　　C.直方图　　D.折线图

5.下列四台AGV中，（　　）的异常情况最严重。

A.AGV1：总异常次数95，总行驶距离200万米

B.AGV2：总异常次数796，总行驶距离5 230万米

C.AGV3：总异常次数2 784，总行驶距离5 000万米

D.AGV4：总异常次数1 462，总行驶距离1 630万米

二、多项选择题

1.下列属于异常分类的常见方法的有（　　）。

A.按异常的存在程度分类　　B.按故障发生、发展的进程分类

C.按故障严重程度分类　　D.按故障相关性分类

2.自动化设备的异常产生的主要来源包括（　　）。

A.由硬件系统产生　　B.由软件系统产生

C.由仓库运营产生　　D.由于设备误操作产生

3.箱线图的作用有（　　）。

A.直观地识别数据集中的异常值　　B.判断数据集的数据离散程度和偏向

C.显示数据空值（NA）所占比例　　D.显示平均数在数据集中的位置

4.在进行设备异常总量分析时，需要理解的指标有（　　）。

A.设备总异常次数　　B.平均每日异常数

C.运营小车数　　D.行驶距离

5.通过构建（　　）指标，可以全面反映码点发送异常情况。

A.异常涉及AGV数量

B.该码点发生异常数占该仓此类异常总数的比例

C.运营小车数

D.近七日的异常次数

三、简答题

1.请简述存储系统的主要设备的保养。

2.请描述“货到人”拣选系统的特点。

3.对比分析“货到人”拣选系统和“人到货”拣选系统。

4.请描述AGV分拣机器人系统的作业流程。

5.请描述智能搬运系统的特点。

四、实训题

实训目的：通过数据分析了解一个月内AGV设备异常总量的集中趋势和离散趋势，并借助工具完成核算，实现数据可视化。

实训方式：教师安排学生在机房开展实训任务，并为学生讲述如何利用Excel工具完成AGV设备异常总量的集中趋势和离散趋势分析。

实训内容及步骤：

（1）让学生掌握如何使用Excel的“数据描述”功能。

（2）让学生掌握“数据描述”功能输出的集中趋势和离散趋势的指标值的实际意义。

（3）学生分组讨论AGV设备异常表现在哪里。

（4）学生分组讨论AGV设备异常的原因。

实训结果：描述AGV设备在一个月内出现了哪些异常，并描述产生这些异常可能的原因是什么？

参考文献

[1] 覃波，黄成菊. 智慧仓配运营［M］. 北京：机械工业出版社，2024.

[2] 郭妍，杨高英，李墨溪. 智慧仓配运营管理［M］. 北京：化学工业出版社，2023.

[3] 刘贵生，赵丽. 智能仓储与配送［M］. 北京：机械工业出版社，2023.

[4] 何庆斌. 仓储与配送管理［M］. 上海：复旦大学出版社，2019.

[5] 贾春玉，刘富成，钟耀广. 仓储与配送管理［M］. 2版. 北京：机械工业出版社，2023.

[6] 章根云，高树城. 智能仓储规划［M］. 北京：清华大学出版社，2023.

[7] 高俊. 人工智能技术在智慧物流的应用研究［J］.物流科技，2024（16）.

[8] 焦利剑，唐雄伟，王武军，等. 大宗商品智慧仓储体系构建的研究与实践——以物产中大物流公司钢铁仓储为例［J］.中国物流与采购，2024（6）.

[9] 石锦. 新质生产力驱动智慧物流革新：创新技术实施与绩效提升研究［J］.物流科技，2024（8）.